교육행정 및 교육경영

장 원 동 저

청목출판사

머리말

필자는 오래 전부터 교직과목의 하나인 '교육행정 및 교육경영'을 강의하면서 공부하는 학생들에게 사용할 적절한 교재를 개발할 필요성을 느끼면서 집필되었다. 이 책은 교원양성기관인 사범대학, 교육대학 및 일반대학의 교직과정에서 교원자격을 취득하려는 학생들과 교원임용고시를 준비하는 학생들을 위한 교재로 집필되었다.

우수한 교원이 되기 위해서는 학생들을 잘 가르칠 수 있는 지식과 기술, 그리고 학교행정 및 학급경영에 대한 지식과 기술도 아울러 겸비해야 한다. 그러므로 본서는 교원으로서 기초적으로 갖추어야 할 교육행정 및 경영능력을 제고하기 위해서뿐만 아니라, 대학원에서 재교육을 이수한 현직 교사들에게도 새로운 교육행정이론에 대한 정보를 좀더 다양하게 제공하기 위한 목표를 두고 만들어졌다.

본서는 13장으로 구성되었는데 제1장 교육행정의 이해, 제2장 교육행정이론의 발달, 제3장 교육제도론, 제4장 교육정책론, 제5장 교육기획론, 제6장 교육조직이론, 제7장 동기이론, 제8장 교육인사행정, 제9장 교육재정론, 제10장 장학론, 제11장 교육지도성이론, 제12장 학교행정론, 제13장 학급경영 등으로 이루어져 있다.

저자의 능력의 한계로 여러 가지 부족한 점이 많지만 이 책이 교육행정을 공부하는 사람들에게 많은 도움이 되었으면 한다. 또한 이 책이 출판되기까지 애써 주신 청목출판사 유성렬 사장님과 직원 여러분의 노고에 감사드린다. 아울러 원고정리를 맡아 수고한 나의 제자인 강세영양에게 고마운 뜻을 전한다.

2009년 7월

아현골 서재에서 지은이 씀

차 례

제 1 장

교육행정의 이해

1
chapter

교육행정의 이해

제1절 교육과 교육행정

교육행정이란 무엇인가? 이 질문에 대한 답을 하려면 교육행정이라는 개념에 대한 정의를 같은 시대, 같은 상황이라도 연구하는 사람의 관점에 따라 다양하게 정의된다. 교육행정을 교육의 핵심적 기능인 교수와 학습의 효율화를 기하기 위하여 제반 여건을 정비하는 수단적 봉사활동이라고 보는 입장도 있고, 일반 행정의 일부인 교육에 관한 행정으로서 교육 법규나 정책을 집행하는 국가 공권적 작용이라고 보는 입장이 있으며, 교육의 목적을 효과적으로 달성하기 위한 여러 사람의 협동적 행위라고 보는 입장이 있다.

이처럼 교육행정에 대한 입장은 각각 강조점이 다르고 아울러 부족한 면이 있기 때문에 이들의 미비점을 서로 보완하여 이해할 필요가 있다. 따라서 어느 하나의 입장으로만 교육행정을 만족스럽게 정의하기가 어렵다. 이러한 생각에서 교육행정을 좀더 포괄적으로 정의한다면 교육의 목적을 효과적으로 달성하기 위하여 교육법규나 정책을 집행하고 교수-학습에 필요한 인적·물적 제 조건을 정비 확립하며, 교육조직 성원의 협동적 행위를 능률적으로 조성하는 수단적 봉사활동의 과정이라고 할 수 있다.

이러한 교육행정은 교육의 목적을 효과적으로 달성하는데 있다. 좀 더 구체적으로는 교수와 학습의 효율화에 더하여 아동·학생의 성장과 발달을 실현하는데 귀착되지 않으면 안 된다. 교육의 목적은 교육행정의 과정을 통하여 이루어진다. 교육행정의 과정은 교육목표를 설정하고 설정된 목표를 달성하기 위하여 그 실천과 평가에 이르는 일련의 순환적 과정이다. 이러한 과정에서 교육행정가에게 요구되는 행정의 기술과 과업을 수행하는데 지침과 준거가 되는 행정의 원리가 있다. 전자에는 사전적 기술(technical skill), 인간관계 기술(human skill)을 제시하고 있으며, 후자는 시대적 상황에 따라 새롭게 생성되어 발전하여 왔다. 여기에서 말하는 원리는 자연과학에서 확립된 원리처럼 객관성과 타당성의 정도가 높거나 구체적 상황에 연역적으로 적용 가능한 법칙 같은 것이 아니다. 따라서 엄밀한 과학적 방법을 이용하여 축출된 원리라기보다는 사회과학의 제 원리와 마찬가지로 실제의 경험과 상식적인 판단에서 도출된 당위적이고 규범적인 원리이다.

일반적으로 원리는 어떤 일을 처음부터 마치는 데까지 실행하는데 요구되는 지침과 기준이 되는 동시에 이념, 평가, 기본방향을 제시하는 것이다. 따라서 어떤 일을 하려면 그 일의 원리를 따라야 하고 기계를 작동시키려면 기계의 원리를 따라야 하며, 인간이 살아가는 데도 인간으로서의 도리에 맞게 살아가야 한다. 이러한 도리와 원리에 어긋나게 되면 일은 순탄하게 수행되지 않고 문제가 생기며, 기계는 작동되지도 않고 망가지게 되며, 인간의 생활은 어려움에 부딪치고 비난과 비판을 받게 되는 것이다. 따라서 교육행정의 과정에서 과업을 수행하는 데도 교육행정의 원리를 따라야 한다. 이제부터 행정의 이념이나 원리가 시대와 상황에 따라 어떻게 변천해 왔는가를 고찰하고 여러 학자들의 교육행정 원리에 관한 연구를 종합하여 교육행정과 교육과의 관계를 살펴보고자 한다.

제2절 교육행정의 개념

교육행정의 개념은 교육행정영역구분론, 공권적 작용론, 기능주의론, 협동행위론 등 학자들의 접근 양태에 따라 다양하게 정의하고 있다.

교육행정영역구분론은 교육행정을 행정의 한 부분으로서 교육에 관한 행정으로 보는 정의이다. 공권적 작용론은 교육행정을 법정화된 교육정책을 실현하는 공권적 작용이라고 보는 정의이다. 기능주의론은 교육행정을 사회적·공공적 활동으로서 교육활동에 관하여 목표를 설정하고 그 목표 달성에 필요한 조건들을 정비 확립하고 조장하는 것으로 보는 정의이다. 그리고 협동적 행위론은 교육행정을 조직 목적을 효율적으로 달성하기 위하여 다른 사람과 협동하는 과정으로 보는 정의이다.

이러한 교육행정에 대한 다양한 관점이 있지만 기능주의 입장에서 교육행정을 다음과 같이 정의하고자 한다. 교육행정이란 '교육기관이 목적을 수립하고, 수립된 목적을 달성하기 위하여 인적, 교육적, 물적, 재정적 자원을 확보하여 이를 배분하고, 능률적으로 활용하여, 목표달성을 극대화하기 위하여 기획·운영·평가하는 일련의 활동'이다. 이러한 정의를 근거로 하여 교육행정의 특징을 다음과 같이 설명할 수 있다.

첫째, 교육행정에 있어서 교육의 목적이나 목표의 설정을 강조한다. Culbertson(1983)은 목적규정을 행정의 중심적 기능이라고 주장하고 있으며, Cyert(1975)도 교육목적을 달성하는 모든 수단적 봉사적 협동행위라고 진술함으로써 목적을 중요시하고 있다. 교육의 목적지향성을 강조하는 것은 교육행정에 관한 다양한 접근들의 공통점이다. 그렇지만 형식적 목적 진술에 대한 가치, 누구의 목적이 조직의 목표가 될 수 있는가, 그리고 그 조직의 목적이 결정되는 방법에 대해서는 의견이 일치하지 않는다.

둘째, 자원의 확보·배분·활용의 효율성이다. 여기에서 혹자는 자원을 인적·물적 자원으로 나누기도 하고, 혹자는 인적, 물적, 교육적, 재정적 자원으로 나누기도 한다. 인적자원은 학생·교사·사무원·학부모·행정가 등이 포함될 수 있는 인간적인 요소들이며, 교육적 자원은 교육목표·교육과정·교과서·학습자료·교수자료·시간·노력 등을 포함시킬 수 있고, 물적 자원은 시설과 설비 등이 포함될 수 있으며, 재정적 자원은 인건비·운영비·시설비 같은 금전적 요소가 포함된다. 이와 같은 여러 가지 자원들이 목표를 달성할 수 있는 적정수준 이상으로 확보되도록 노력하여야 한다. 뿐만 아니라 확보된 자원들은 합리적인 기준에 의하여 공정하게 배분되어야 하고, 능률적으로 활용되어져야 하겠다.

셋째, 목표달성을 극대화하는 것이다. 교육기관은 그 존재의 목적이 있고 설정된 구체적 목표 달성의 극대화를 추구한다. 교육행정은 교육목표의 달성을 극대화하는 것이 근본 목적이라고 할 수 있다. 이는 교육의 효과성과 직접 관련이 있다.

넷째, 기획·운영·평가의 과정을 거쳐야 한다는 것이다. 기획을 하기 위해서 기획위원회를 만들고 자료를 수집·분석하여 계획을 수립하고, 이를 실천하여, 그 결과를 평가하는 것이다. 이러한 평가결과는 다음 해의 경영 계획에 반영되어야 한다.

이상의 교육 행정의 개념은 첫째로 목표설정의 합리성을 추구하고, 둘째로 자원의 확보·배분·활용의 효율성을 강조하며, 셋째로 목표달성의 효과성을 추구하며, 넷째로 행정과정의 합리성을 중시하고 있다는 점이 특징이라 하겠다.

1. 교육행정에 대한 종래의 견해

1) 국가공권설

종래의 국가주의적 발상에 의하여 학교행정을 국가통치권의 하나의 작용으로 설명하는 입장인데, 이를 학교행정의 공권적 견해 또는 법규해석적 정의라고도 한다. 행정현상이 복잡하므로 그 적극적 개념규정을 단념하고 근대국가에 있어서의 삼권분립의 헌법체제를 전제로 하여 "입법도 사법도 아닌 나머지의 모든 활동"을 행정이라고 보는 견해에 입각해서 교육행정을 보는 것이다.

교육행정의 공권적 해석은 중앙집권적, 관료 통제적, 국가체제하에서의 교육행정의 성격일 뿐 아니라 교육 그 자체의 성격마저도 결정짓고 만다. 교육행정에서나 마찬가지로 교육실천면에 있어서도 국가에서 정한 법규나 상사의 명령에 대한 충실한 복종만이 중대 관심사가 된다. 자율적이고 독창적인 교육실천은 이단시되고 법령위반이 되어 교육을 획일적이고 통제적인 틀 속에 질식시키는 결과를 낳는다.

2) 조건정비설

교육행정의 공권적 해석은 "교육의 행정" 또는 "교육에 관한 행정"으로서 '교육을 행정한다'고 하는 교육보다 행정이 상좌를 차지하여 권력을 가지고 위에서 밑으로 통제하는 의미가 짙다. '교육을 위한 행정'이라는 밑에서 위로의 감을 자아내는 미국적 교육행정관이 여기서 말하는 조건설비이다. 이를 교육행정의 기능적 해석, 또는 조건정비적 정의(백기현, 1958)라고도 한다.

「모든 사회적 폐습을 타파하고 민주주의 제도를 확립」하려고 수립된 우리나라는 미국의 영향을 강력히 받아 민주적, 지방분권적, 자율적인 행정을 도입하려는 민주주의적 발상에 의해 국가권력에서 출발하지 않고 교육의 실제적 필요에 입각해서 기능적으로 말하자면 교육행정이 실제에 어떠한 활동을 하고 있는가 하는 사실 인식으로부터 출발하여 귀납적으로 학교행정의 본질을 파악하려는 입장이다. 행정이 교육을 통제하는 것이 아니라 교육의 필요에 의하기 위하여 행해지는 목적이나 주체가 아닌 수단으로서, 교육에 관한 조건을 정비하는 보조적인 봉사 활동이라고 보는 것이 중심원리가 된다.

3) 정책실현설

교육행정이 교육목적 달성을 위한 수단으로서, 조건 정비로서, 서비스 활동으로서 파악한 것은 교육행정에서 권력적인 요소를 크게 후퇴시킨 것을 의미한다. 아무리 민주적 국가라 하더라도 권력적 요소를 수반하지 않는 행정이란 생각할 수 없는 것이다. 그리하여 미국에서의 일부 학자들도 그러한 정의에 만족하지 않고 교육행정을 실제로 움직이고 있는 사회적 제 노력을 기초로 해서 고찰하려고 한다. 또한 수단으로서의 교육행정을 방향감이나 이념은 별로 문제시하지 않는다. 그리하여 교육행정을 정의하기를 "제도화된 교육정책을 실현하는 작용(백현기, 1962)"이라고 한다. 교육정책은 권력에 의해서 지배된 이념이기 때문에(남정걸, 1973) 교육행정이 권력의 행사 없이 교육정책을 실현한다는 것은 현실적으로 불가능한 것이다. 따라서 교육정책이 권력기관을 통해서 실현되는 과정이 교육행정이라는 견해이다. 이 입장은 정치와 행정, 즉, 정책결정과 정책의 집행을 분리시키는 이원론을 부정하고 행정의 본질을 정치와의 밀접한 관계에서 파악하여 정책결정의 기능까지도 행정으로 보는 일원론의 입장이다.

2. 교육행정에 대한 새로운 견해

오늘날 행정학의 성격이 행정을 받는 대상(공공기관, 기업체, 학교, 군대, 병원, 호텔) 등의 특수성보다는 이들의 공통점을 강조하는 경향에 있으며, 교육행정은 타분야의 행정이나 마찬가지로 많은 사회학자나 행동과학자들의 공헌에 힘입어 교육행정 고유의 개념과 이론수립을 위한 체계적이고 과학적인 연구가 주류를 이루고 있는바 이와 같은 교육행정에 대한 새로운 견해는 다음에 열거한 바와 같은 결과에 연유한다.

① 행정을 학(science)으로, 행정가를 전문가(professional person)로 규정하려는 노력

② 행정을 행위, 수행, 사회관계(social interaction), 인간관계 등과 같은 현상으로 하는 광범한 연구

③ 이론과 모형을 행정의 연구에 적용

④ 행정을 내용과 과정의 두 차원으로 분석 및 구분

⑤ 새로운 기술, 인구현상, 이념적 갈등과 가치체제의 변화, 지식폭발 등 행정에 있어서 새로운 전망을 형성하는 제 세력에 대한 인식

⑥ 행정의 과학적 연구에 대한 학자와 연구가들의 상승하는 관심

Simon 등은 가장 넓은 의미에 있어서 행정은 공동목표를 달성하기 위해서 협동하는 집단의 활동이라고 정의하고 있으며, Waldo는 행정을 고도의 합리성을 지닌 협동적 행동으로 보고 있다(남정걸, 1973). 이런 입장을 위하는 여러 학자들의 정의를 종합해 보면 결국 "행정이란 조기의 공동목표를 달성하기 위한 합리적 협동행위를 이룩하려는 작용"이라 정의할 수 있다. 합리적 협동행위를 이룩하려는 작용이란 정력, 시간, 비용 등을 될 수 있는 대로 적게 들이면서 최대의 효과를 올리기 위해 2인 이상의 힘을 합하고 조정하는 작용을 말한다. 이와 같은 해석을 교육 또는 학교에 적용한다면 교육행정이란 학교라는 교육 목표를 합리적으로 달성하기 위한 협동행위를 이룩하려는 작용으로 간단히 정의할 수 있다.

3. 교육행정과 그 유사개념

교육행정과 학교행정, 학교행정과 학교경영 및 학교관리 또는 교육경영 등 우리나라 교육행정상 야기되는 혼란은 이들 개념에 관한 통일된 견해가 없기 때문인데 우선 행정과 경영에 관한 성격을 밝히고 각각의 개념을 정리해 본다.

1) 교육행정과 교육경영

행정과 경영에 관해서는 행정학의 발생 이래 여러 학자가 각기 다른 견해를 진술하였으나 오늘날 일반적인 경향은 이 둘을 일원시하는 것이 지배적이다(Roald F. Campbell and others. introduction to Educational Administration, 3rd ed.(Boston: Allyn and Bacon, inc.. 1968, p. 83.)). 영어로는 public administration, private(or business)administration의 구별이 있을 정도로서 행정이라 번역하면 정부는 공공기관에 관하여 즐겨 쓰고 경영추구를 목적으로 하는 기업에 관하여는 경영을 즐겨 쓰는 경향이 있다. 다만 오늘날 경영학의 체제분석이론(systems analysis)을 공공기관에 도입하여 하나의 조직체 내지 체제를 운영해 나아가는 데 있어서 투입(input), 과정(process), 산출(output), 환경(environment) 등 제 요인의 상호작용적 측면에서 그 조직체의 효과성과 구성원의 효율성을 극대화하려는 시도가 도입되면서 정부나 공공기관의 행정에도 경영이라는 말을 쓰고 있으며 교육경영이라는 용어도 교육행정을 목적달성도를 극대화한다는 경영학적 측면에서 접근하려는 시도이다.

2) 교육행정과 학교행정

학교행정은 school administration을 번역한 말로 미국의 경우 주민들이 학교를 설립하여 학부모인 주민의 의사에 좇아 운영하였기에 학교행정은 그야말로 교육행정과 같은 의미였고 교육행정이란 말보다 더 보편적으로 쓰이게 되었다. 우리나라는 종래 보편적으로 쓰이던 교육행정에 미국의 민주적 교육제도의 도입과 더불어 학교행정이라는 말이 쓰이게 되었고 경우에 따라서는 교육행정이라는 말이 풍기는 (학교의 상위에서 학교를 지위 감독한다는) 관료적 이미지를 씻고 학교를 위해 봉사해야 한다는 새로운 민주적 행정이라는 이미지를 부각시키는 의미로도 사용되었다

교육행정은 학교행정보다 더 포괄적이고 상위개념으로 그 차이점을 구별하면 다음과 같다.

① **대상** : 교육행정은 교육 전반에 관한 행정으로 비단 학교교육뿐만 아니라 사회교육이나 학교 외 교육까지도 포함하는 일체의 교육에 관한 정책수립과 수립한 정책의 수행 및 여기에 필요한 제 조건의 정비를 의미하는데 비해 학교행정은 학교교육만을 주로 문제로 삼는다. 요즈음은 사회교육의 중시와 취학 전 교육, 평생교육 등 기타 교육외적 상황과의 상호관련성을 고려할 때 교육행정의 포괄성을 인정해야 할 것이다.

② **적용범위** : 교육행정은 국가전역에 걸쳐서 행해지지만 학교행정은 하나의 학교를 대상으로 함이 일반적이다. 따라서 영어의 elementary school administration, secondary school administration, public school administration을 각각 초등교육행정, 중등교육행정, 공교육행정 이라고 번역한다.

③ **주체** : 교육행정은 중앙기관으로서의 교육부, 지방교육기관으로서의 교육위원회와 교육장이 주최가 되어 운영하지만 학교행정은 교장에 의해서 행해지는 영역이다.

④ **과업** : 교육행정은 학교행정의 방침과 기준을 설정하며 학교행정은 그 방침과 기준에 준해서 행하여진다. 여기서 문제가 되는 것은 학교행정의 독자성인데 학교교육의 내적 사항에 관하여는 교장의 창의성

을 살리고 학교의 실정 및 지역사회의 상황을 고려하여 독자적인 구상으로 유효적절하게 운영되어야 할 것이다. 그러므로 동일지역 내에서도 학교에 따라 특색 있는 학교행정이 기대되어 그 학교 나름의 교풍과 전통이 형성될 수 있는 것이다.

⑤ **통제조건** : 교육행정은 상하의 권력관계나 명령, 지시의 계층이 표면화되어 나타나지만 학교행정은 지도, 조언과 전문성이 표면화된다. 교장의 지시 명령은 어디까지나 교육행정기구 조직상 말단에 위치하여 상부의 명령을 수행하는 소극적 자용에 그치고 학교행정가로서는 상호 이해와 협조와 조언으로 영향력을 발휘해야 하는 것이다.

3) 학교행정과 학교경영 및 학교관리

학교행정이 하나의 학교를 단위로 이루어질 경우 흔히 학교경영과 학교관리라는 말로도 표현된다. 행정과 경영과의 관계에서 경영을 관리에 종속시키는 관리우위론과 경영을 관리의 상위개념으로 파악하는 경영우위론과 양자를 동일한 개념으로 파악하는 경영관리 동의론의 셋으로 분류가 된다. 그러나 학문의 발달과정으로 보거나 경영학의 행정학에 의한 확산침투의 영향으로 보거나 행정과 경영을 동일시하는 거나 마찬가지로 경영과 영이를 동일시하는 입장이 일반적이다. 경영학에서 경영도 일반적으로는 경영관리를 의미한다. 따라서 학교행정은 학교경영을 학교관리로 의미하는 것으로 보아도 좋을 것이다. 어느 경우이던 영어로는 school administraion으로 표현되는 바와 같이 셋은 현실적으로는 하나로 융합되어 나타나는 불가분의 것이다.

학교경영과 학교관리는 실제로는 융합되어 있는 동일과정으로 보아야 할 것이지만 통념상 구분을 하면 다음과 같이 나타낼 수 있다.

① 학교경영이란 교장의 주관적, 이상적 관점에서 교육활동을 전개 운영하는 일차적, 직접적 배려라면 학교관리는 객관적, 법규적 관점에서 교육의 조건 내지 상태를 유지하고 정비는 2차적 간접적 배려이다.

② 학교경영은 학교경영자의 창의적 기능으로서 자주적, 자율적으로 교육의 이념과 목표를 실현하기 위한 교육내용 그 자체의 운영인데 학교관리는 교육법규나 권력에 의해서 의존적 타율적으로 교육내용을 운영하는데 필요한 제 조건과 시설을 정비 운용하는 것이다. 전자는 교육실천내용 그 자체의 운영이고 후자는 법에 의해 교육의 수준과 조건을 확보하려는 것이다.

③ 학교를 하나의 경영체로 보아 학교운영의 최고 방침을 결정하는 기능을 학교경영이라 하고 그 방침에 따라 학생을 교육하기 위해서 필요한 인적, 물적, 재정적 자원에 관한 기능이 학교관리 이다.

요약하면 학교관리는 객관적, 타율적, 법규적, 관료적, 집체적인 체제로서 학교를 운영하는 교육목적을 효과적으로 달성하기 위한 간접, 보조적인 활동으로서 주로 인사, 재정, 시설 등에 가해지는 배려이고 교장의 권한은 교육위원회의 위임사항에 의한 것이어서 행정기관의 말단 관리자의 위치에 서는 것이다. 학교경영은 동일한 관리체제라 하더라도 교장의 주관적, 자율적, 이상적, 민주적, 공권적 관점에서 교육목표 달성에 직접, 주체적으로 영향을 미치는 활동으로서 주로 교육정책, 방침, 내용(교육과정), 학습지도(교육방법), 교사의 활동 등에 대한 교직자체의 전문성에 대한 것이다.

오늘날과 같이 민주국가에 있어서 학교행정은 강제적인 법규해석의 적용이라기보다는 지도 조언에 의한 기능적인 작용으로 이해되기 때문에 학교관리에 있어서도 교장의 창의와 주체성을 인정하고 있으므로 학교경영과 학교관리는 형식적으로는 양자의 기능을 구별할 수 있어도 실제적으로는 양자가 일체가 되어야만 학교교육의 실효성을 거둘 수 있는 것이다.

제3절 교육행정의 성격

교육행정의 개념에서 엿볼 수 있듯이 교육행정의 성격도 교육행정의 정의에 따라 다르게 생각할 수 있다. 예컨대 법규해석적 입장에서 본 교육행정의 성격은 감독적 성격이 강하게 나타나고 기능주의적 입장에서는 조장적·봉사적 또는 수단적·기술적 성격이 강하게 나타난다.

교육행정의 성격은 교육이 갖는 특수성과 일반 행정과 교육행정이 갖는 공통성과 특수성을 포괄적으로 갖고 있기에 여기에 있어서는 이들에 관하여 설명하고자 한다.

1. 공공적 성격

교육은 고도의 공공성을 가지고 있으므로 국가는 모든 국민에게 교육을 받을 권리를 보장해 주어야 한다. 이와 같이 교육을 받을 권리를 헌법에 명기하게 된 것은 제2차 대전 후부터이다. 예를 들면, 프랑스 제4공화국 헌법(1946년)의 전문을 보면 "국가는 아동 및 청년의 교육·직업교육 및 교양교육을 균등하게 받을 것을 보장한다. 일정한 기초적 단계에 있어서 무상으로 세속적인 공교육을 조직하는 것은 국가의 의무이다"라고 규정하고 있다. 뿐만 아니라 일본의 헌법에서도 "능력에 따라 일정한 교육을 받을 권리"를 규정하였고, 우리나라 헌법 제31조 제1항을 보면 "모든 국민은 능력에 따라 교육을 받을 권리를 가진다"라고 명시되어 있다. 이는 교육이 국가적 차원에서의 공공사업임을 천명하고 있기 때문에 교육의 경영주가 사인이든 국가이든 관계없이 교육을 대상으로 하는 교육행정은 공공적 성격을 가지고 있는 것이다.

2. 조장적 · 봉사적 성격

교육행정을 국가공권설에서 보면 교육행정은 소극적으로 사회공공의 질서유지를 목적으로 하는 경찰행정과는 달리 적극적으로 사회공공의 복지증진을 목적으로 하는 조장행정, 보육행정에 속하기 때문에 권력이나 명령을 통한 강제적 성격보다는 심적, 물적, 봉사에 중점을 두어 지도 조언하는 조장적 성격을 지닌다.

교육행정은 교육목표를 달성하는데 필요한 교육조건을 마련하여 그 목표를 달성할 수 있도록 도와주는 조장적 활동이며 또 봉사적 활동이기 때문에서 조장적 · 봉사적 성격을 지닌다.

3. 수단적 · 기술적 성격

교육행정이 교육복적을 달성하기 위하여 필요한 인적, 물적 제 조건을 정비 확립한다는 기능성의 입장에서 보면 교육행정은 교육을 위한 행정으로서 그 수단적 성격을 띠지 않을 수 없다. 그러므로 교육행정을 조건 정비로 보는 기능적 측면에서는 수단성, 능률성, 합리성, 기술성을 그 특성으로 한다.

4. 전문적 성격

사회가 복잡해짐에 따라 각 부분의 행정에는 전문성과 특수성이 요청된다. 특히 교육행정의 과업이 그 독자성을 인정받고 그 과업 수행에 있어서 고도의 전문지식과 훈련을 필요로 하는 까닭에 특수행정으로서의 전문성이 요구된다.

5. 민주적 · 중립적 성격

교육행정의 작용이나 기능면에서 파악하는 조장적 성격이나 수단적 성격은 스스로의 이념이나 방향감을 가질 수 없다. 가치적인 요소는 도외시 될 수밖에 없다. 그러나 오늘날 정치와 행정의 일원론적 입장에서 교육정책을 수립하는 과정도 교육행정으로 파악할 때 교육행정이 지향하는 바 이념적, 가치적 요소를 배제할 수 없는 것이다. 우리나라의 국가사회의 이념이 민주주의이므로 교육행정에 필연적으로 요구되는 것이 민주적 성격이다. 사실 헌법 전문에서 비롯된 민주주의 이념은 우리나라의 교육법규에 가장 구체적으로 표현되어 있다 해도 무방할 것이다.

그러나 이상과 같은 조장적, 수단적, 민주적 성격은 비단 교육행정뿐만 아니라 민주국가의 복지행정에 관한 한 공통성을 띤 일반적 성격일 따름이다. 여기에 교육행정만이 갖는 독자성을 띤 특수성을 찾아야 한다.

6. 특수성 성격

교육행정의 특수적 성격은 여러 가지 측면에서 찾아볼 수 있다.

첫째, 교육은 국가의 백년지대계라고 한다. 교육은 장기적인 안목에서 계획하고 추진되어야 하기 때문에 교육행정이 지향하는 목표 달성의 장기성과 이에 따른 비긴급성을 들 수 있다. 특히 교육의 장기적 투자와 투자이익 회수의 장기성은 비생산적인 활동으로 여겨지기도 한다.

둘째, 교육행정은 타 기관이나 지역사회와의 고도의 협동성을 특색으로 한다. 교육의 목적은 학교뿐만 아니라 정치, 경제, 사회, 문화의 모든 역역에서도 항상 강력하게 실현됨으로써 사회의 존속 발전이 가능하며 교육의 효과적인 기능 여하에 따라 타 분야의 기능이 좌우되는 것이다. 교육에 관여하는 여러 집단(교사조직, 학생조직, 학부모조직, 지역사회조직 등)의 독자성과 협동성은 그대로 교육행정의 특수성을 잘 나타내고 있다.

셋째, 교육효과에 관한 직접적인 측정의 곤란성이다. 교육효과는 학생의 신체적·정서적·지적 능력 등 여러 측면의 다양한 변화로 나타난다.

넷째, 교육조직이 달성하려는 공동목표는 교육이므로 교육행정은 교육의 효과(effectiveness)와 능률(efficiency)을 극대화하는데 궁극적으로 이바지함이 특색이다. 교육행정은 비단 학교사회에서만이 아니라 학교 외의 어느 조직, 어느 분야나 교육의 기능이 있는 것이므로 이와 같은 교육기능 수행을 원활하게 도와주는 활동 역시 교육행정으로 간주한다. 여기에 학교행정 외에 사회교육행정이라는 개념존재의 근거가 있다.

다섯째, 교육은 일부 국민이 아닌 전체 국민을 직접대상으로 한다. 여기에 교육행정은 고도의 공개성과 여론에의 민감성을 특색으로 한다.

이러한 것이 개인의 발전과 사회의 발전으로 연결되어 평가되는 데에는 투입과 산출의 문제, 무형적인 성과, 효과의 장기성 등으로 인하여 측정이 곤란하기 때문에 일반 행정과 다른 교육행정만의 특수한 성격이라고 할 수 있다.

제4절 교육행정의 원리

교육행정 원리란 교육행정 발전의 평가기준으로서 교육행정은 '어떠해야 된다' 또는 '바람직한 교육행정은 어떠한 것이다'라고 말하는 경우의 지침이 되는 것 또는 이상으로 제시되는 것을 의미한다. 교육조직의 규모와 중요성이 점점 커지고 그 기능이 분화·전문화·복잡화되고 교육의 공공성에 대한 요청이 증대되고 있다. 따라서 교육행정은 전통적 방식에서 탈피하여 교육활동 자체의 변화나 그 사회적 환경의 변동에 따라 능동적으로 대응하지 않으면 아니 된다.

오늘날 우리의 교육행정 형태에 대하여 여러 가지 비판이 고조되고 있다. 이들은 대부분 교육내외의 여건변화에 능동적으로 적응하지 못하는 정태적 교육행정 현상에 대한 지적이다. 앞으로 교육행정은 현상유지보다 쇄신과 발전에 치중하는 동태적 행정으로 발전해야 할 것이다.

교육행정의 원리는 실천적 측면에서 교육행정의 규범이 되는 원리를 김종철은 Mort의 원리를 인용하면서 타당성의 원리, 민주성의 원리, 능률성의 원리, 적응성의 원리, 균형성의 원리 등 여섯 가지를 들고 있다(김종철, 1965).

백현기는 타당성의 원리, 능률성의 원리, 적응성의 원리, 안정성의 원리 등 네 가지를 교육행정의 기본원리를 제시하고 있다(백현기, 1958). 또 윤정일은 2000년대 한국 교육행정운영의 기본 원리로서 민주성, 효율성, 합법성, 기회균등, 지방분권, 자주성 존중, 안정성 유지, 전문성 보장 등 여덟 가지를 지적하고 있다(윤정일, 1987).

한편, Morphet, Johns와 Reller(1982)는 우리가 일반적으로 받아들이고 있는 행정과 조직의 여러 가지 원리들이 과학적인 의미에서는 원리가 아니며 다만 기준이나 지침으로 불리어져야 한다고 진술하고 있다. 그러면서도 이것들이 무엇으로 불리어지던 교육행정을 연구하는 데 있어서 유용한 개념들임에는 틀림이 없음을 강조하고 있다. 이러한 지침은 교육행정이 지향해야 할 당위적인 개념이나 가치로서 교육행정의 기본이념으로 규정될 수도 있다.

이와 같은 이념은 시대와 장소에 따라 달라질 수 있을 것이고, 시대에 따라 특히 강조되는 이념에도 차이가 있게 된다. 우리나라의 경우 1960~1970년대에는 교육행정에 있어 능률성이 강조되었으나 1980년대 후반부터는 민주성과 자율성이 교육행정의 이념적 기조를 이루고 있다고 할 수 있다. 여기서는 교육행정의 기본이념으로 자율성, 합법성, 효율성, 적응성, 민주성, 타당성, 안정성의 원리를 제시하고 간략하게 논의하고자 한다.

1. 자율성의 원리

자율성의 원리는 각종 교육기관이나 지방교육 행정기구가 자주적으로 운영되는 것을 말한다. 이 원리는 학교나 지방교육 행정기관이 그 조직의 관리·운영에 관하여 필요한 기준을 자주적으로 설정·집행하며, 조직발전에 필요한 제반정책을 독자적으로 결정하는 것을 의미한다. 이는 중앙정부의 지나친 통제 위주의 집권적 행정체제를 지양하고 지방분권을 도모함으로써 교육행정의 자율적 운영을 실현하고자 하는 원리이다 또한 이것은 자율의 폭을 학교행정에까지 확대할 것을 강조한다.

이 원리는 앞으로 개방사회에서 새로운 적응을 위해서는 다양성과 창의성이 존중되고 환경과 여건변화에 신축성 있게 대응할 수 있는 능동적 행정체제를 구축하자는 주장이다. 이것은 이러한 시대적·시간적 변화만이 아니라 공간적 변이에도 적응함으로써 법률적·획일적 접근을 시양하고 지방교육행정의 자율성과 신축성을 중대해야 한다는 견해이다. 그러나 교육의 공공성을 강조하는 관점에서 보면 자율성은 현실적으로 제한을 받게 된다. 즉, 국가나 공공단체는 교육의 공공성을 내걸고 학교에 대한 법률을 정하고 법류에 따라 통제를 하게 된다. 자율성을 신장하려면 행정요원의 전문성이 전제가 된다는 것도 유의할 필요가 있다.

2. 합법성의 원리

합법성의 원리는 모든 교육행정의 활동이 합법적으로 제정된 헌법을 비롯한 법령·규칙·조례 등에 따라야 법률적합성을 가져야 함을 말한다. 즉, 모든 행정은 법률의 근거가 필요하며 법이 정하는 범위 내에서 이루어져야 한다는 것이다.

합법성의 원리는 필연적으로 성문법주의를 수반하게 된다. 헌법 제31

조 제1항에 모든 국민은 능력에 따라 균등하게 교육을 받을 권리를 가진다고 규정한 것은 교육의 기회 균등의 원리를 천명한 것이다. 합법성에 의하여 국민의 교육권이 보장되고 국가예산이 효율적으로 집행되며, 공무원의 부당한 직무수행과 행정재량권의 남용이 방지될 수 있다. 그러나 합법성을 지나치게 강조하면, 행정의 합목적성·전문성, 그리고 기술성이 경시되고 법규만능으로 인하여 형식적이며 경직화된 행정이 초래되기 쉬우며, 사회적 능률을 저하시킬 가능성도 높다. 따라서 행정의 신축성을 부여하는 경향으로 나가지만 관료의 형태 여하에 따라 교육권이나 교육에 관한 공익이 침해될 위험도 있다.

3. 효율성의 원리

효율성의 원리란 효과성과 능률성을 동시에 표현하는 말로서 가능 능률적인 방법으로 최대의 목표 달성, 즉, 효율성의 원리는 교육행정이 효율적이고도 효과적으로 집행되어야 함을 말한다. 효율성(efficiency)이란 행정의 투입(input)에 대한 산출(output)의 비율을 높이는 것을 말한다. 즉, 교육활동에 최소한의 인적·물적 자원과 시간을 투입하여 최대의 교육적 성과를 가져오는 것이다. 여기서 효율성의 개념은 행정이론의 변천에 따라 다르게 해석 또는 강조되기도 한다. 행정학의 초기 단계에는 생산성을 높이는 데, 투입하는 모든 자원을 극소화하자는 기계적 효율성(mechanical efficiency)이 강조되었고, 1930년대에는 인간관계론이 등장하면서 조직구성원의 심리적 만족 또는 사기를 높여서 생산성을 증대시킨다는 사회적 능률성이 강조되었으며(안해균, 1984), 1960년대에 와서는 환경에 적응·생존·유지하려는 조직의 목표 달성을 위하여 경제적 투입과 사회적 투입을 적절히 해야 한다는 효율성을 요청하게 되었다(박동서, 전게서).

1960년대에 들어오면서, 교육행정은 조장적·봉사적 기능뿐만 아니라 변화와 발전을 주도하기 위하여 새로운 정책목표를 세우고 이러한 교육 정책의 목표달성도를 평가하는 개념으로서 효과(effectiveness)라는 원리를 사용한다. 이는 한정된 자원으로서 목표달성을 극대화하자는 생각이다. 요컨대, 투입과 산출의 비율관계로 평가하는 효율성 그리고 목표달성도, 즉 성과만을 평가하는 효과성은 모두 효율성의 원리에 포함되는 개념이요 원리다.

효율성의 원리는 최소의 노력과 비용으로 최대의 효과를 내도록 하는 경제성의 원리라고도 한다. 교육행정에서 효율성을 논할 때는, 단기적 평가보다는 장기적 관점에서, 그리고 경제적 효율성보다는 사회적 효율성이 강조되어야 한다. 왜냐하면 교육은 장기적 투자이며, 교육의 성과 역시 유형의 성과보다는 장기적이고 측정이 불가능한 무형의 성과가 더 중요하기 때문이다.

4. 적응성의 원리

적응성의 원리란 교육행정이 변화하고 발전하는 새로운 상황에 능동적이고 신축성있게 대응해 나감으로써 조화적 관계와 능률적 성과를 계속적으로 확보해 나가는 것을 의미한다. 교육행정의 동시다발적으로 많은 변화가 일어나는 현대 사회에 있어서 사회변화에 순응하는 한편, 능동적인 대처로 변화를 주도하고 질서 있게 조절하는 능력을 요구한다.

교육행정에서 고려할 적응의 문제는 시간과 공간을 초월하여 종합적인 안목을 가지고 교육현상의 변화와 균형을 유지하는 것이 필요하다. 과학기술의 발달에 따른 지식과 정보, 개발과 발전으로 인한 지역사회와 생활환경의 변화에 대한 적응력이 많이 요구된다. 따라서 이에 대하여 융통성 있게 적응하는 교육행정이 이루어져야 한다. 그러나 이러한 적응성의 원리를 강조하다 보면 교육장면의 특수성을 감안할 때 요구되는 안정성을 방해할 우려가 있음을 간과해서는 안된다. 변화에 신축성 있게 적응해 가면서도 교육 내부의 본질적인 측면은 안정성 있게 유지하는 기술이 요청되는 것이다.

5. 민주성의 원리

현대 교육행정은 교육행정 담당자만의 전유물이 아니다. 교육행정이 빈 진공관 속에서 이루어지는 것이 아니라 여러 관련 집단과의 역동적인 상호작용을 가지면서 수행되기 때문에 교사, 학부모, 지역사회 인사 등의 참여는 불가피한 일이 아닐 수 없다. 특히 논란이 많은 교육문제는 해결하는 과저에서 관련 집단의 폭넓은 참여가 필수적인 절차의 하나이다. 또한 교육행정 실제에 있어서도 상하간의 수직적 관계와 일방통행의 하향적 행정을 지양하는 반면에 조직구성원의 자발적 참여와 수평적 협동관계가 중시되고 1인의 독점행정보다는 집단사고에 기초한 참여적 행정이 강조되어야 할 것이다. 다시 말하면, 행정과정의 민주화가 이루어져야 한다는 것이다. 공개행정을 통하여 교사, 학생, 학부모들도 교육행정의 한 주체로서 이 과정에 직접적으로든 간접적으로든, 또는 참여야 정도가 많든 적든 어떠한 형태로든지 참여가 보장되어야 한다. 뿐만 아니라 권한과 업무도 적정하게 분산·위임되어 각각의 조직단위에서 책임행정을 구현할 수 있도록 하여야 한다.

민주성의 원리는 교육에 관한 중요한 정책을 수립하는 데 있어서 광범한 참여를 통하여, 공정한 민의를 반영하게 하며, 결정된 정책의 집행과정에서는 권한위양을 통하여 기관장의 독단과 전제를 막는 것을 의미한다. 즉, 교육행정이 민주성의 원리를 따라야 한다는 것은 국민의 의사를 행정에 반영하고 국민을 위한 행정을 해야 한다는 것이다. 따라서 교육행정 기관의 장은 국민과의 관계에 있어서 행정권의 남용을 최대한 통제하고 국민에 대한 책문성을 확보하며, 내적으로는 조직구성원의 심리적 만족, 결정 권한의 적정한 배분, 개방적, 수평적인 구성원 간의 상호작용 등 민주적 관리에 초점을 두어야 한다. 이 원리는 합법성보다는 훨씬 적극적인 개념이라고 할 수 있으며, 여기에 교육행정에의 주민참여, 행정의 공개성과 공익성, 행정과정의 공정한 대우 등이 포함된다(백완기, 1984).

교육행정기관이나 각종 교육기관의장이 그 기관의 운영에 관한 궁극적 책임을 가지고 있음에도 불구하고, 교육행정 기관장이 정책자문위원회, 각종 심의회 또는 위원회 등을 두어 시책의 결정과정에서 중지를 모으는 것이나 교장이 직원회·협의회·연구회 등을 두어 의사소통의 길을 열고 일방적인 명령이나 지시보다는 협조와 이해를 기초로 업무를 집행해 가는 것은 모두 민주성의 원리에 의한 것이다. 이 민주성은 효율성과 정적 관계에 있나는 설이 있는가 하면 부직 관계가 있다는 설도 있다. 또한 양자는 상호독립적 관계에 있다는 설도 있다. 독립적 관계로 보는 견해는 양자의 관계가 조직구성원의 사회적 배경, 소속된 조직의 특성, 그 조직 속에서의 역할과 지위, 그리고 정치·경제·사회·문화적 배경 등과 같은 매개요인에 의해 결정된다고 본다(황성돈, 1981).

6. 디당성의 원리

타당성의 원리는 바람직한 교육정책과 목표, 이를 실현하기 위한 교육계획을 세우고, 그 정책목표에 합당하고 올바른 교육행정 활동이 되도록 해야 한다는 의미이다. 목적과 수단 사이에 괴리가 있어서는 아니됨을 말한다. 이를 합목적성의 원리라고도 한다. 어떤 사람이 말과 행동이 일치하지 않을 때 그 사람의 언행은 타당성이 없어서 그 사람을 믿지 않는다. 교육행정의 본질은 그 자체의 목적을 가지고 있다기보다는 교육목표 달성을 위한 수단적 활동이다. 따라서 바람직한 교수-학습을 이루게 하고 그 성과를 높이는데 목적이 있다. 타당성의 원리는 흔히 교육행정의 관료화현상에서 초래되는 여러 병리현상에서 벗어나 교육목적에 맞고 그 목적에 비추어 타당한 행정활동이 되어야 한다는 것이다.

7. 안정성의 원리

안정성의 원리란 적응성의 원리와 상충되는 개념으로서 교육활동의 지속적·안정성을 확보하기 위한 원리이다. 일단 국민적 합의과정을 거쳐 입안된 교육정책이나 교육프로그램은 장기적인 안목에서 계속성과 일관성을 유지하는 것이 바람직하다. 왜냐하면, 빈번한 개편이나 개혁은 행정의 낭비를 초래하고 효율성을 저하시키는 요인이 되기 때문이다. 더욱이 교육의 문제는 그 특성상 수십 년을 내다보는 장기적인 성격을 내포하기 때문에 국가의 교육 정책적 안정기조와 일관성 있는 집행과정은 지속될 필요가 있다. 특히, 졸속위주의 성급한 개편은 개악이 되기 쉬운데, 이는 반드시 경계되어야 한다. 따라서 정책변경에는 일정기간 동안 전문적인 연구 검토과정을 거쳐 신중하게 대안을 모색함으로써 매몰비용(sunk cost)을 최소화해야 한다. 도한 전통적 활동 가운데에서도 좋은 부분은 계승하고 강화·발전시키는 좋은 의미의 보수주의도 필요하다. 충분한 연구의 관련 정책변인을 신중하게 고려함이 없이 급격한 변화를 초래함으로써 야기되는 혼란과 부작용은 오히려 교육의 역기능을 조장한다.

교육활동은 다른 부분과 달리, 관련 변수가 매우 많고 서로 복잡하게 얽혀 있기 때문에, 어느 한 교육부문을 변화시키더라도 다른 부문에 주는 충격이 크기 마련이다. 이러한 점에서 교육행정은 안정성을 추구하는 경향이 있으며, 변화의 속도가 느리고 혁신적 시책을 주저하게 되는 것이다. 그렇다고 교육행정이 안정성만을 고집하여 혁신적인 것을 받아들이는데 주력한다면 교육발전을 위해 바람직한 일이 아니다. 따라서 교육행정은 교육성과의 장기적인 안목에서 사회 변화에 조화 있는 적응을 꾀함으로써 전통성을 유지하고 강화 내지는 발전을 꾀하여야 한다. 즉, 보수와 혁신, 아정성과 적응성의 조화와 균형을 유지해야 하는 것이다.

제5절 교육행정의 직무

교육행정가가 수행하는 직무는 그 구성요소가 복잡하고 다면적 성격을 갖고 있어, 어느 일면만으로 그 직무를 설명한다는 것은 장님이 코끼리다리 만지는 격이 될 것이다. 이에 교육행정직을 구조적으로 파악할 필요가 있다. 교육행정 직무는 적어도 행정가의 책임, 행정과정, 행정가의 자질 또는 행정기술 등 세 가지 측면에서 구조적으로 파악해야 할 것이다.

1. 행정가의 책임

학교를 포함하여 모든 조직은 대체로 유사한 종류의 어떤 활동을 하고 있다. 아지리스(C. Argyris)는 이 활동을 가리켜 조직의 중핵활동이라고 하였다. 그는 중핵활동으로서 목표달성, 조직체제의 유지, 조직 외부환경의 여러 세력에 적응하는 것 등을 들고 있다. 학교조직에서도 이 세 가지 활동은 중핵활동이 되며, 그 외에도 문화유형을 유지하는 것도 학교에 적합한 활동영역으로 추가된다. 또한 이 네 가지 중핵활동은 많은 하위활동(subactivities)으로 구성되어 있으며, 이들은 행정직능이라고 하는 행동으로 나타난다. 예컨대, 기획·조직·통제·조정·교신·평가 등이 그것이다. 이 기능들은 특수한 의도적 결과를 지향하며, 결과는 목표달성·내부유지·외부적응·문화유형 유지 등의 중핵활동으로 규정된다. 중핵활동 중 어느 하나라도 무시되면 학교의 생존을 위협하기 때문에 이 활동들은 적용 못한다. 학교조직의 중핵활동을 좀더 자세히 생각해 보자(Sergiovanni, 1976).

첫째, 학교의 문화유형을 유지하는 것은 학교와 지역사회의 전통과 문화적 규범을 보존하고 육성하는 것을 말한다. 학교행정가와 교육위원들은 지역사회에 오랫동안 존재한, 뚜렷한 문화적 유형에 민감하며, 이 유형은 학교의 공식적 및 잠재적 교육과정의 중요한 부분이 된다. 학교의 전통이 생기고, 학교의 이미지가 형성·육성되고, 학교나 지역사회에 독특한 개성을 주는 규범체제 속에서 학교의 운영방식이 수립된다. 졸업식·축구시합·기념축제·출판물·홍보계획 등은 문화유형 이미지를 형성·유지하는 보다 뚜렷한 방식들이다. 마찬가지로 학생들의 행동을 통제하는 규칙이나 교칙도 들 수 있다. 문화유형 유지를 상징하는 것들은 종종 실제상황보다 더 중요한다. 어떤 학교는 운동으로 유명하고, 어떤 학교는 엘리트 학원의 이미지를 촉구하고, 또 어떤 학교는 성적은 보통이고 다른 개성있는 활동을 잘하는 학생을 인정하는 학교도 있다. 그러나 학교 행정가가 어려운 시기는 급격한 인구이동으로 학교 지역사회의 규범적 특성이 분열됨으로써 문화유형 요구가 전환기에 처할 때이다.

둘째, 목표달성이란 잘 이해되고 있는 행정가의 책임영역으로, 목표를 설정하고 이를 달성하기 위하여 모든 자원을 동원하는 것을 말한다. 실제 비효과성의 판단은 학교의 문화유형 유지와 같은 다른 책임 영역의 결함 때문에 자주 일어나는 것이기는 하지만, 목표달성은 분명하기 때문에 그것은 행정가나 교육원들은 모집하고 평가하기 위한 공공의 의제가 된다. 그러나 교육위원회가 목표달성의 주제를 중심으로 공개적 선발기준을 수립했을지라도 실제 기준은 문화유형 주제에 맴도는 경향이 있다.

세 번째, 학교행정가의 책임영역은 학교가 그 외부 지역사회 환경변화에 적응하는 것을 말한다. 지역사회가 변하면 학교도 그와 더불어 변한다. 기술의 향상, 정치과정의 발전, 경제성장 등에 따라 학교는 크게 압력을 받는다. 환경변화에 대응하여 학교재정 운영·인사정책·조직구조·시설활용·학군·교육프로그램 설계 등에서 실질적 변화가 요구된다. 학교행정가와 교육위원회에 대한 도전은 내적 정체감·계속성·균형 등을 보존하면서 외부적으로 적응하는 것이다. 최근에는 학교의 적응문제를 정치와 정책, 혁신의 사회학과 정치, 그리고 변화의 사회심리학 등의 여러 관점에서 다루는 문헌이 늘어나고 있다.

네 번째, 책임영역은 학교의 내부유지의 필요성을 충족시키는 것이다. 구조적으로는, 내부유지를 위해 조직단위·부서·학교 등을 조정하고 단일체제로 통일해야 한다. 심리적으로는 교사와 학생 가운데 학교에 대한 일체감과 충성심을 조성하고 학교는 반대로 그들에게 만족감과 복지를 줘야 한다는 것이다. 어떤 이론가들은 행정의 효과를 개인과 조직의 통합이라고 제안함으로써 효과를 내적 유지라는 주제로 정의를 내리고 있다. 이 사회체제 주제야말로 50년대와 60년대를 통하여 교육행정문헌을 지배했었다.

각 학교나 학구는 그들이 처한 고유의 상황에 따라 중핵활동의 유형을 다르게 강조할 수 있다. 그러나 네 가지 활동은 모두, 모든 학교와 학구별로 어느 정도 주어져야 한다. 문제는 한 영역의 지나친 강조가 다른 영역을 종종 위태롭게 할 수 있다는 것을 알면 더욱 복잡해진다. 예컨대, 내적유지에 대한 지나친 강조는 문화유형 유지를 종종 망칠 수 있다. 따라서 행정적 책임을 포함하는 각 중핵활동은 신축성을 가진 것으로 보는 것이 좋다. 행정가는 이 신축성을 이용하여 한 가지 책임영역을 강요하거나 소홀히 하여 학교의 존속이 위태롭게 되는 데까지 이르도록 함이 없이 책임영역 간에 균형을 유지하도록 추구해야 한다.

2. 행정과정

앞에서 교육행정에 관한 여러 정의 중에서 교육행정을, 조직목적을 효율적으로 달성하기 위하여 다른 사람과 협동하는 과정으로 정의한 바 있다. 이 정의는 네 가지 행정적 책임영역인 학교의 문화유형 유지·목표달성·내적 유지·외적 적응 등을 파악함으로써 보충되었다. 행정은 또한 행정기능의 과정으로 정의될 수 있다. 이 행정과정론은 앞에서도 말한 바와 같이 학자에 따라 여러 가지로, 또 다양하게 단계를 나누어 설명하고 있다. 그러나 행정과정은 기획(planning)·실천(implementation)·통계(controlling) 등 세 단계로 크게 나누어 요약 설명될 수 있다.

기획은 학교나 교육행정 단위조직의 목표를 설정하고 그 실천을 위한 청사진과 전략을 개발하는 것을 말한다. 실천은 설정된 목표를 달성하는 가장 효과적인 방법으로 인적·재정적, 기타 물적 제자원을 조직하며 부하직원을 지도·감독하는 것을 말한다. 조직의 계획은 사람들에 의해 실시되므로 그들의 동기를 유발하고, 그들에 대한 기대가 명확히 규정되고, 상화 및 동료간의 의사소통의 경로가 유지될 필요가 있다. 세 번째 통계 단계는 행정가의 평가기능을 말한다. 즉, 성과를 분석·검토하고 규제하고 통제하며, 그 결과는 다시 환류(feedback)되고, 또한 외적 적응에 어느 정도 주의를 기울이면서 목표달성 기준과 행정의 내적 유지책임에 주의를 기울이는 것을 포함한다. 이 행정과정론을 주장하는 사람은 학교 문화유형 유지책임을 무시하는 경향이 있다.

3. 행정기술

행정을 검토할 수 있는 또 하나의 방법은 행정과정을 수행하는 데 필요한 자질과 기술영역을 파악함으로써 가능하다. 캐츠(R. L. Katz)는 성공적 행정수행기술로서 실무적(techinical skill)·인화적 기술(human skill)·전체파악적 기술(conceptual skill) 등 세 가지 기본적 기술을 들고 있다. 이 기술들을 교육행정 사래에 적용하여 설명하면 다음과 같다.

실무적 기술은 교육의 방법·과정·절차·기법 등에 관한 이해와 숙달을 말한다. 수업이 아닌 영역에서는, 그것은 재무·회계·일정계획·구매·건축·유지관리 등과 같은 기술을 포함한다. 보통 이 실무적 기술은 학교 내 직위에서 낮은 계층의 행정적 및 장학적 역할에 더 중요하다. 예컨대, 주임교사는 수업에 관한 실무적 기술을 교장보다도 훨씬 더 필요로 한다. 또한 서무과장이나 교육청의 관리 과장에게 크게 요구되는 것은 이 실무적 기술이다. 하위층일수록 실무적 기술을 더욱 필요로 한다. 고위층일수록 다음에 설명될 전체파악적 기술을 더 필요로 한다. 계층별로 요구되는 각 기술의 비중을 나타내면 다음 〈그림 1-1〉과 같다.

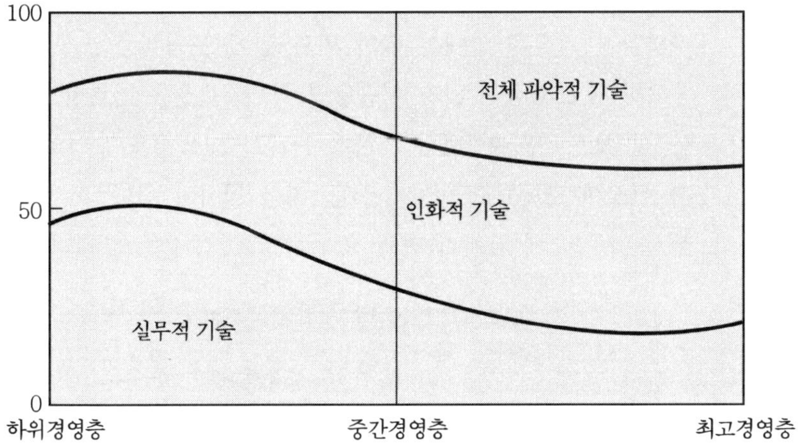

〈그림 1-1〉 계층별 행정기술 수준

인화적 기술은 1 대 1의 관계로나 집단상황에서 타인과 효율적으로 일하는 능력을 말한다. 이 기술은 타인에 대한 배려와 자신이 스스로 남이 되어 감정을 이해해 보려는 감정이입뿐만 아니라 자신의 이해와 수용을 또한 요구한다. 그리고 그 지식의 기반은 성인의 동기유발, 태도의 형성과 발달, 집단역할, 인간의 요구, 사기 및 인적 자원의 개발 등에 관한 이해와 숙달로 되어 있다. 이 기술은 조직의 모든 계층을 통하여 행정 및 장학적 역할에 똑같이 중요하다. 지위에 관계없이 모든 행정가는 타인을 통해서 일한다. 즉, 그들은 인화적 기술을 사용한다. 특히, 학교행정가는 교육청, 학교의 교사 및 비전문직원, 학생·학부모, 지역사회, 교직단체, 주민 등 교육관련 집단의 내외에서 중간적 위치에 있기 때문에 어느 조직의 행정가보다도 이 기술이 중요하며 또 복잡성을 띠고 있다.

전체파악적 기술은 학교·교육구 및 교육 프로그램을 전체로서 보는 행정가의 능력을 말한다. 이 기술은 학교를 하나의 조직으로서 각 구성요소 간의 상호의존성을 그려보고 교육 프로그램을 하나의 수업체제로서 파악하고 그리고 인간조직의 기능을 전체적으로 파악하는 것이다. 이 전체파악적 기술의 형성과 발달은 행정이론의 균형적 강조, 조직 및 인간행동에 관한 지식, 그리고 교육철학 등에 크게 좌우된다. 보통 전체파악적 기술은 앞에서 말한 바와 같이 조직계층상 상위직일수록 더 중요하다. 교육감은 읽기 학습능력이 부진학생을 가르치는 실무적 기술은 잘 모르지만 이 단편적 문제가 관한 교육청을 운영하는 다른 측면과 어떻게 조화되고 상호작용하는지를 알아야 한다. 이상 논의한 교육행정 직무의 세 가지 측면을 요약하면 〈그림 1-2〉와 같다.

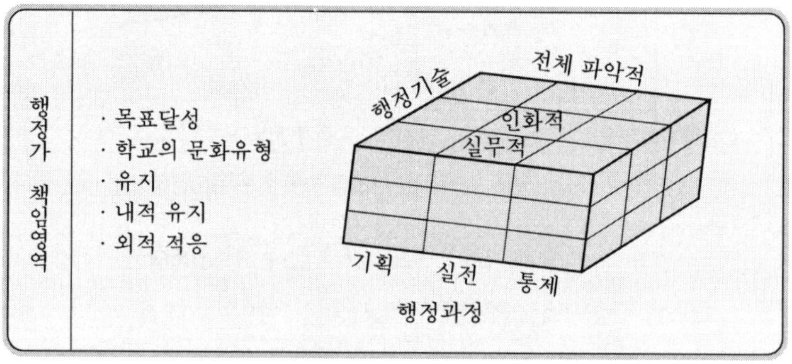

〈그림 1-2〉 교육행정 직무모형

이 그림에서 좌측에는 네 가지 중요한 행정가의 책임영역이 열거되어 있고, 하단부에는 세 가지 중요한 행정과정이 제시되어 있음을 볼 수 있다. 이들은 행정활동을 나타내는 12개의 칸의 두 차원의 망을 형성한다. 학교의 문화유형 유지와 통제기능이 교차하는 것을 표시하는 검은색 칸은 특수한 학교정책이나 프로그램에 대한 지역사회의 태도를 조사하고 있는 행정가에 의해 설명될 수 있을 것이다.

여기에 세 가지 중요한 행정기술이 추가될 때 망은 세 차원을 이루게 된다. 예컨대 지역사회의 태도를 조사함에 있어서 행정가는 조사실시와 결과보고에 관한 실무적 기초지식을 알아야 한다. 인화적 기술은 그 조사사업과 조사에서 밝혀질 쟁점을 해결하는 데 있어서 주민의 참가를 끌어들이는 데 요구될 것이다. 또한 행정가는 교육 프로그램 기획에 관한 조사의 결과, 학교의 홍보계획 및 기타 요소들의 함축미를 전체적으로 이해할 필요가 있다. 이외에도 교육행정가가 실제 수행하는 과업과 필요한 자질을 부각시키는 교육행정가의 역할과 직능에 대한 통찰이 필요함은 물론이다. 이것은 다음과 관련된 장에서 더 자세히 다루어질 것이다.

제6절 교육행정과 교육지도성

교육행정가의 책임은 방대하고 교육행정가는 다양하고 복잡한 역할을 수행한다. 그럼에도 불구하고 이 역할들은 교육과 직접적으로 또는 명백하세 관련된 것 같이 보이지 않는 것이 많다. 그 이유를 보고 교육행정가에게 강조되어야 할 교육지도성(educational leadership)을 설명하고자 한다.

1. 교육행정가의 다면적 역할

교육행정가는 점점 더 경영자로서 묘사되는 경향이 있다. 교육청과 지역사회의 주민은 건전한 재무관리를 요구하며 학교가 마치 기업과 같이 운영되기를 기대한다. 이제는 비용효과니, 책무성이니, 재정적 통합성이니, 효율성이니, 보수관리니, 인사정책이니 하는 말들이 교육에서 점점 더 큰 몫을 점하고 있는 것이다. 이러한 교육행정의 경영자상에 맞서서 정치가상도 또한 대두되기도 한다. 예컨대, 지방 수준에서 보면 지역사회는 더 다양화되고, 자원에 대한 기대와 수요는 더 커지며, 권력과 권한은 더 확산되고 그리고 학교업무에 대한 일반주민의 참가는 더 강화되고 있다. 국가적 수준에서 보더라도 교육과학기술부의 역할이 강화되고 위임법령을 통해 정부의 영향력이 증가되고 재정에 대한 정부의 책임이 커지고 있다. 이러한 일들은 모두 교육행정의 정치가상을 강화하는 요인들이 된다.

많은 사람들이 교육행정에서 이러한 경영적 · 정치적 역할이 출현하는 것을 비난할지라도 현대 교육행정의 불가피한 현실은 이 역할들을 교육행정가가 이해하고 서로 연계시킬 것을 요구하고 있다는 것이다. 그러나 교육행정가의 기초가 되는 것은 교육지도성(educational leadership)이다. 경영적 역할이 아무리 중요하더라도 중심적 역할이 될 수는 없으며, 교육적 지도역할을 지원하고 보충하기 위하여서만 존재할 뿐이다.

마찬가지로 정치적 역할은 정치적 역량(statespersonship)을 보충하고 지원한다. 지도성과 정치적 역량 양자는 현재의 질에 만족하지 않고 바람직하고 좋은 것의 비전(vision)과 그 방향으로 조직의 에너지를 끌고 나가는 결단력을 제시한다. 그렇지만 지도자와 정치가가 경영 및 정치적 역할로부터 초연하거나 이 역할들을 무시할 수는 없다. 좋은 경영과 훌륭한 정치라도 그 자체만으로는 충분하지 못한다.

경영자로서의 행정가가 갖는 관심사는, 무엇을 완수해야 하고 어떻게 최선의 결과를 성취하는가에 있다. 확실히 이것은 학교나 교육행정기관을 효율적으로 운영하는데 있어서 중요시해야 할 일들이다. 그러나 경영자가 되는 데는 천재적 재능이나 영웅적 자질을 요하지 않으며, 인내와 끈기와 노력과 지능과 분석력과 그리고 아마도 가장 중요한 것은 관용과 착한 의지이다.

경영적 관점에서 보면 교육행정가는 전문적 경영인으로서 볼 수 있다. 앞에서 우리는 교육행정을 경영학의 의미로 정의한 바 있다. 즉, 교육행정이란 비용-효과적이며, 교사와 소비자의 계속적인 참가와 지지를 보장하기 위해 그들의 충분한 만족을 획득하는 방식으로 조직의 목적을 달성하는 과학 및 기술이라고 정의할 수 있다.

교육지도성이란 이와는 반대로 목표의 가치와 그 목표가 학교와 사회에 주는 영향에 대해 관심을 두는 보다 넓은 의미의 개념이다. 즉, 전문적 행정은 주어진 목적을 달성하기 위한 최선의 수단이 무엇인가 하는 공리적인 질을 시사하는 데 대해, 교육지성은 목적 그 자체가 얼마나 적합한가 하는 규범적 질을 나타내는 것이다. 요컨대, 전문적 행정가는 그들의 역할을, 소비자가 학교로부터 무엇을 원하는지를 찾아내어 교육적 봉사를 베푸는 사람의 역할로 보는 것 같다. 그러나 교육지도자는 이와는 반대로 목적과 방향의 문제에 크게 관심을 갖는다. 결국 어느 한 가지만으로 충분한 것이라고 말할 수 없다. 따라서 교육행정가는 무엇이 이루어져야 하는가 하는 당위성에 관한 비전과 이 이상을 달성하는 수단에 관한 지식, 양자를 모두 갖추고 있어야 한다는 것이다.

2. 교육지도성의 본질

교육지도성이 훌륭한 경영능력을 요구하지만 경영능력 자체만으로는 충분하지 못하다고 하면, 지도성의 본질은 무엇인지 좀더 자세히 검토해 보자.

스타라트(R. J. Starratt)는 말하기를, 지도자는 그의 일을 하는 데 있어서 경영능력 이외에도 비전 · 집중력 · 창의력을 발휘한다고 한다. 지도자는 자신이나 타인이 달성할 수 있는 바람직한 일의 비전과 현재 하고 있는 일의 중요성에 대한 비전에 관심을 둔다. 또한 지도자는 조직과 일에 신선한 사고, 새 아이디어에 대한 전념 및 창조적 변화에 대한 신조를 가져온다.

이러한 비전 · 집중력 · 창의력 등은 지도성의 질적 측면을 나타내며, 타인과 구별하는 특징적 요소가 된다. 요컨대, 지도자는 외관상 공통적인 사태의 깊은 의미와 가치를 파악하며, 극적 장면의 목적과 비전으로 옮겨서 그 의미의 목적을 타인에게 설득력있게 말하고 그들의 헌신과 협력을 얻어 지도성의 질적 측면들을 조직과 목적 · 구조 및 프로그램과 연계성을 갖도록 한다. 또한 프로그램들이 확인되면 그들은 효과적이며 효율적으로 연계성을 가져야 하기 때문에 경영능력도 중요시하지 않을 수 없다.

위의 지도성의 질적 측면은 모든 조직에 보편적이다. 즉, 병원·기업·군대·정부·교육기관 등의 모든 행정가-지도자는 각각 그들 조직에 공통적인 질의 비전·집중력 및 창의력을 발휘한다. 그러나 지도성의 본질적 측면은 특수조직이 갖고 있는 일의 독특한 중심적 맥락을 다루지 않으면 아니된다. 교육 프로그램, 교육과정 및 수업, 교수 및 학습, 장학 및 평가는 학교의 중심적 관심사이며 이들은 교육지도성의 본질적 측면을 의미한다.

최근 교육행정가에게 경영적 및 정치적 역할을 강조한 나머지 이 역할들이 중심적인 것처럼 착각하고 교육적 역할을 대치하려고 하는 역기능적 경향이 있다. 예컨대, 교육행정가는 재무 및 인사관리, 홍보활동, 정치적 과정 등에 전문가가 되리라는 유혹과 압력을 받고 있다. 그러나 교육 행정가는 비록 이런 일에 책임이 있다고 하여도 그들에게는 종합적이며 질적인 교육 프로그램을 보장하는 일이 더 중요하다. 경영적 및 정치적 역할은 교육행정가 일의 주변적이며 그 일을 복잡하게 하고 때로는 위험하게 만드는 조건이다.

교육 행정가는 이러한 문제를 다루는 데 있어서 문제와 그들의 역할을 새롭게 하기 위하여 특수 연수기관이나 연수 프로그램에 참가할 필요는 있다. 그러나 이러한 역할을 교육행정가의 중심적 일로 착각하면, 궁극에 가서는 교육과 자신의 생애에 부정적 영향을 주게 될 것이다. 교육행정가가 일차적으로 책임을 질 일은 아동과 청소년을 위한 건전하고 종합적인 교수 프로그램을 유지하고 정당화하고 연계성을 갖도록 하는 것이다.

그러나 교육 프로그램에 관한 일을 교육행정가 역할의 중심이 되도록 하기란 쉬운 일이 아니다. 경영적 및 정치적 역할은 교육지도성에 대해 중요한 역할이기는 하지만 이 역할 자체는 목적이 아니며 교육목적에 봉사하는 것으로 보면서, 교육지도성에 대해 헌신하는 것이 교육행정가가 취할 첫 단계라 하겠다. 그러면 교육 지도성에 대해 헌신하는 것으로부터 우리는 무엇을 기대할 수 있는가? 그러한 헌신이 유능한 교육행정가와 무능한 교육행정가 사이에 주목할 만한 차이를 보여주는 증거가 있다. 벡커(G. Becker) 등은 유능 및 무능한 초등학교 교장에 대한 연구에서 유능한 교장은 다음과 같은 공통적 특징이 있다고 말하였다(Backer, 1971).

① 유능한 교장은 대부분 교장이 되려고 하지 않았었다. 오히려 그들은 가르치려고 했으며 상사에 의해 교장이 되라는 격려를 받았다고 지적했다.

② 그들은 대부분, 아동에 대해 성실한 믿음이 있었다고 말했다. 공부를 잘못하거나 행동상의 어려움이 있다고 해서 아동들을 나무라지 않았다. 그들은 학교가 이러한 문제를 고치기 위해 세워진 것으로 생각했다. 따라서 교장들은 아동의 문제를 해결하는 책임을 질 것을 강조했다.

③ 그들은 다른 사람들과 효과적으로 일하고 또 그들의 협력을 얻는 능력이 있었다. 그들은 자기 학교의 교사들을 자랑했으며 교사들을 직업적으로 헌신적이며 유능한 사람으로 생각했다. 그들은 자신감을 고취하고 일에 열중하게 하였다. 교장들은 집단과정을 효과적으로 이용했고 부모・교사・학생들의 이야기에 귀를 기울이고 직관력과 동료에 대한 감정이입이 있는 것 같았다.

④ 그들은 학교의 필요성에 대한 인정을 받기 위해 적극적이었다. 그들은 중앙부서에 의해 주어지는 제약조건과 부실한 자원에 대해 종종 비판적이었다. 그들은 관료주의의 제약조건 내에서 지내기가 어려움을 알았으며, 그들의 문제로부터 벗어나려고 하면서 연쇄적인 명령을 자주 위반했다.

⑤ 그들은 교장으로서 열성적이었으며 그들의 책임을 하나의 직무로서보다는 사명으로서 생각했다. 그들은 현대사회 문제에서 그들의 역할을 인식했다. 그들과 그들의 일을 에워싸고 있는 모호성은 그들이 달성

하는 데 중요하다고 생각하는 목적보다는 덜 중요했다. 결국 그들은 그들 직위의 모호성과 더불어 살 수 있음을 발견했다.

⑥ 그들은 교육에 전념했으며, 장단기 교육목적을 구분할 수 있었다. 따라서 그들은 교육의 역할에 관한 철학과 그 속에서 그들의 관계를 확립했다.

⑦ 그들은 적응력이 있었다. 만약 어떤 일이 제대로 되지 않음을 찾아내면, 필요한 변경을 할 수 있었고 안전하게 새 방향으로 나아갔다.

⑧ 그들은 유능한 전략가였다. 그들의 목표를 확인하여 그것을 달성하는 수단에 관한 계획을 세울 수 있었다. 그들은 변화가 일어날 수 있는 가장 적절한 절차를 확인하는 일에 관심을 표명했다.

이러한 특징들을 통해, 유능한 교장은 확실히 훌륭한 경영과 정치에 관계가 있었지만, 분명히 교육지도성이 최고의 관심지사였음을 알 수 있다. 경영적 및 정치적 역할이 아무리 교육행정의 성공에 중요하다고 해도 이 역할들은 행정가의 교육지도성(educational leadership) 열망에 얼마나 공헌하는가를 기초로 하여 판단되어야 한다. 사실, 이것은 법·재정·시설·정치·조직행위 등의 영역에서 계속적인 행정연구의 유용성과 적절성을 평가하는 척도가 된다(Sergiovanni, 1976).

제7절 교육행정직의 전문화

교육행정의 독자적 영역을 주장하고 교육행정의 전문화가 요청된 것은 그 역사가 일천하다. 현대 교육행정이론의 주류를 이루고 있는 미국의 경우를 보아도 1812년에 뉴욕 주에서 창설되기 시작한 교육감과 교육행정가가 전문직으로 인정받게 된 것은 20세기에 들어서부터이다(김종철, 1981).

우리나라는 50년대 초, 교육자치제가 부분적으로 발족되면서(1952) 교육행정의 전문화가 요청되었고, 1953년에 교육행정가 양성과정으로 서울대학교 사범대학에 교육행정학과를 설치한 것이(1957년까지 존속되었다가 대학정비에 의해 교육학과로 통합되었음) 교육행정직의 전문화를 부각시킨 시초라 하겠다.

교육행정직의 전문화를 주장하는 근거로는 주로 교육행정의 특수서오가 교육행정가의 자질이 지적되어 왔다. 먼저 그 내용을 살펴보고 교육행정직의 전문화 과성을 미국을 중심으로 추직해 본다.

1. 교육행정직의 전문성

교육행정의 전문화와 과학화는 급변하는 교육환경에 역동적으로 대처할 수 있는 길로 지적되고 있다. 변화가 적고 따라서 미래가 비교적 확실한 전근대적 사회에서는 과거의 경험 또는 임기응변으로 교육행정이 가능했다. 그러나 현대사회와 같이 변회기 급격하고 복잡 다양한 환경 속에서는 교육을 계획하고 통제하는 일에 있어서 전근대적 방식으로는 어렵게 되었다. 교육행정가의 직무가 그만큼 전문화된 것이다.

전술한 바와 같이 교육행정가는 경영적·정치적 또는 일반 행정의 역할에서 요구되는 고도의 전문적 지식과 기법을 필요로 하게 되었다. 예컨대, 현대 교육행정조직은 기능이 점차 세분화·전문화되어 가고 있으며, 인사·재무·시설의 관리와 목표달성을 위한 지도·감독에서 전문가 배치가 요구된다.

그러나 교육행정가에게는 이러한 면의 전문적 자질만이 아니라 교육지도성에 관련된 독자적 영역의 특수지식과 기능이 또한 요구된다. 이것은 교육행정이 일반행정과 구분되는 특수성이 있기 때문이다. 교육행정의 특수성은 대체로 그 과업·효과 그리고 관련 집단으로 나누어 분석할 수 있다.

첫째, 교육행정은 일반 행정과 다른 독특한 전문영역의 과업을 가지고 있다. 교육 행정은 교수-학습활동, 학생의 생활지도 및 특별활동을 포함하는 교육과정 운영과 전문직으로서의 교원인사를 핵심적 업무로 삼는다. 이러한 학무행정을 주축으로 하여, 이를 지원하는 관리행정이 존재하는 복합적 성격을 교육행정은 가지고 있다.

둘째, 교육행정의 효과는 눈에 보이지 않는 것까지 포함해야 하며, 장기적 안목에서 평가해야 하는 특징이 있다. 교육의 효과는 가시적인 것 이외에도 눈에 보이지 않는 것이 많으며, 교육은 장기적 투자이기 때문에 교육의 성과를 평가하기가 어렵다. 교육을 비긴급적이며, 비생산적으로 간주하는 것은 교육을 단기적 안목에서 보는 잘못된 판단의 소산이다. 이는 교육행정 특히 교육재정의 분리 독립을 주장하는 이유의 하나가 된다.

셋째, 교육행정에 관련된 집단이 독특하다. 전문직 집단으로서의 독특한 특성을 지닌 교사집단과 신체적·정서적·사회적 발달이 미숙한 세대를 대표하는 학생집단이 교육에 관여한다. 뿐만 아니라 교육은 전문가와 비전문가의 참여야 한계가 분명치 않은 경우가 많다. 모든 사회 일반인이 교육에 대해 일가견이 있다. 이처럼 교육행정은 이질적 관련 집단을 대상으로 하면서, 공동 목표를 달성을 위하여 수많은 사람의 노력을 조정해 나가는 복잡한 일을 한다. 특히 교육행정은 교사들의 전문성과 자율적 책임을 보장하는 분위기와 여건을 조성하는 데 역점을 두어야 한다.

따라서 교육행정가는 교육행정의 특수성에 따라 확실히 독특한 전문적 자질이 요구됨을 알 수 있다. 근래 교육행정의 전문화를 논하면서 교육행정직의 전문화가 주장되는 것은 이러한 데 연유한다.

사실 하나의 직업이 전문직으로 인정되기 위해서는 그 일의 독자성과 특수성이 있어야 하고 그 나름의 기준이 되는 몇 가지 전제가 필요하다. 대체로 ① 고도의 전문적 지식과 기능, ② 엄격한 자격기준, ③ 장기간의 전문적 교육과 훈련, ④ 지성적 활동과 애타적 동기에서 출발한 봉사적 활동, ⑤ 고도의 자율성과 사회적 책임성, ⑥ 윤리강령의 제정과 실천, ⑦ 자율적 전문조직체의 구성 등을 갖출 때, 그 직업은 전문직으로 인정된다. 이러한 기운데 비추어 볼 때, 우리의 교육행정직의 전문화는 아직도 요원하다고 하겠다. 예컨대, 교육행정가의 자격 기준, 교육행정가의 양성과정, 교육행정가의 단체 등에서 아직도 미흡한 점은 많은 것이다.

교육행정직의 전문화는 교육 내지 교육행정 기능의 분화와 전문화에 따라 더욱 촉진될 것이며, 그것은 또한 교육의 발달을 유발하는 길도 될 것이다.

2. 교육행정직의 전문화과정

교육행정활동의 전문화과정을 볼 때, 교육사상 그 전형적 예로서, 미국의 교육위원회와 교육감 제도의 발달을 들 수 있다. 본래 미국에서, 교육은 지방분권제 하에서 발달되었다. 처음에 일반 자치기관인 읍회(township meeting)가 교육을 관장하였다. 18세기 말엽부터 교육만을 독립관장하는 교육위원회가 조직되었다. 그러나 그것은 비전문가로 구성된 교육행정 기구였다. 그 후 교육행정 업무가 복잡해짐에 따라 전문직으로서 교육감제가 생기게 되었다. 미국에서 교육위원회 안에 교육감을 두는 제도는 대체로 19세기 초엽에 시작하여 말엽에는 교육위원회와 교육감 제도가 전국적으로 확립되었다. 그 후 교육감을 비롯하여 교육 행정직이 전문직으로 인정받게 된 것은 20세기에 들어서부터라고 한다.

사실 교육행정의 역사는 짧다. 미국의 경우 교육행정직 자체가 새로 대두되는 전문적으로서 확립된 징후를 보인 것은 2차 대전 이후의 일이다(Sergiovanni : A.A.S.A.)는 그 기획위원회로부터 교육행정가의 전문화에 대한 장기적 공약을 주장하는 보고서를 받았다. 이 위원회는, 대학의 교육행정가 양성 프로그램을 개선하고 교육감 선발을 위한 보다 적절한 기준을 교육위원회가 개발하도록 권장하고 교육의 일반적 ·

전문적 업무에서 하나의 조직으로서 한층 더 적극적 활동을 하도록 미국교육행정가연합회에게 건의하였던 것이다.

1974년 미국교육행정가연합회 연차대회에서 전국교육행정학교수협의회(the National Conference of Professors of Educational Administration : N.C.P.E.A)의 결성을 위한 최초계획을 수립하게 되었다. 이 협의회의 구성원들은 대학의 교육행정학 교수와 일선 교육 행정가들로서 뉴욕주 엔디코트(Endicott)시에서 회합을 갖고 처음으로 교수와 실제에 관계되는 문제에 관해 토의할 기회를 갖게 되었다.

1950년에는 교육행정 실제와 이론에 관한 연구에 혁명적 변화가 일어났다. 그것은 켈러그 재단(Kellog Foundation)의 후원으로, 하버드 대학을 비롯한 5개 대학(다음해에 3개 대학 추가)이 중심이 되어 수행한 교육행정협동연구계획(the Cooperative Program in Educational Administration : C.P.E.A.)이다. 이 협동연구는 초기에는 교육행정 실제의 개선에 주력하였으나 실제의 개선은 이론연구가 뒷받침이 된다는 사실을 인식한 이후부터 이론연구에도 관심을 기울였다. 1951년에는 8개 대학에 이 협동연구의 지역 센터가 설치되었다.

이 센터의 목표는 ① 교육행정가 양성을 위한 직전 및 현직 교육 프로그램의 개선, ② 대부분의 사회과학을 포함하는 학제적 연구(interdisciplinary approach)를 통하여 중요한 사회문제에 대한 감수성 개발, ③ 행정실무자에게 연구결과의 보급, ④ 교육과 행정에 관한 새로운 지식의 발견, ⑤ 동일지역 내의 각 대학(교)간에, 그리고 이들 대학과 교육행정 분야에 종사하고 있는 다른 조직과 기관들 간에 계속적인 협력과 의사소통의 유형을 개발하는 것들이다.

이 협동연구계획(CPEA)의 활동은 1956년에 교육행정 대학협의회(the University Council for Educational Administration : U.C.E.A.)가 수립됨으로써 크게 성장하게 되었다. 처음 이 대학협의회(U.C.E.A.)의 핵심적 회원은 교육행정가 양성과정이 설치된 전국 33개 주요 대학이었다.

이 대학협의회의 목적은 ① 교육행정가 직전 및 현직교육의 개선, ② 연구에 대한 자극과 실시, ③ 발전 프로젝트를 통한 혁신의 권장, 그리고 ④ 연구·개발 활동으로부터 나오는 자료의 보급 등이다. 처음에는 컬럼비아 대학교에 센터가 설치되었다가 1959년에는 오하이오 주립대학교로 옮겨졌고, 회원교는 1980년 현재 47개교가 되었다. U.C.E.A.는 교육행정에 관한 공개토론의 광장을 마련함으로써 정책결정에 있어서 학문사회를 대신하여 영향력을 행사하였다. 1964년에 미국학회(the National Society for Study of Education : N.S.S.E.)가 발간한 연보는 교육행정과 행동과학과의 관계를 다른 논문을 수록함으로써 행동과학적 접근을 통한 교육행정 연구를 논하였다.

U.C.E.A는 1965년부터 『계간 교육행정(Educational Administration Quarterly)』과 『교육행정 초록집(Educational Administration Abstracts)』이라는 두 가지 정기간행물을 발간해 오고 있다. 특히 전자는 이 분야의 최초의 학술지로서 교육행정이론 발전에 공헌하고 있다.

A.A.S.A.는 1968년 전국교육행정관연수원(the National Academy for School Executives : N.A.S.E.)을 건립하였다. 이 연수원은 다른 전문직 고급연수원을 모방해서 집중적인 워크숍, 세미나, 기타 활동을 제공함으로써 교육감들로 하여금 현재 교육행정의 발달과 문제에 뒤떨어지지 않도록 하고 교육행정의 개념과 기능을 새롭게 해주었다. 연수원의 활동은 참가 범위가 넓고 프로그램의 확대, 이 프로그램 참가자에 대한 몇몇 대학으로부터의 학점 인정 등에 의해 높게 인정되었다.

1970년대에는 전문직으로서의 교육행정 발달의 학문적 측면이 정체상태에 있는 특징을 나타내었다. U.C.E.A.의 몇몇 초기 회원들이 탈퇴하였다. 많은 주요 대학교의 교육행정가 양성 프로그램이 위축되었다. 교육행정에 대한 열의와 흥분은 가라앉는 것 같았다. 연구·훈련 개발을 위한 자금원은 1970년에 극적으로 감축되어 현재는 매우 낮은 수준에 도달해 있다. 이 이유는 전국적인 경제여건과 연방정부에서 정책 우선순위의 변화에 의해 부분적으로 설명될 수 있으며, 또한 부분적으로는 공립학교 취학 인구의 감소 결과로서 나타난 비관적인 행정의 필요성 추정으로 설명될 수 있다. 그러나 재정적 지원과 열의가 줄어드는 것의 일부는 변화하는 환경에 대한 불충분한 반응 탓일 수도 있다. 전문직의 학문적 측면에 대한 새로운 지지와 열의는 방향전환을 기다리고 있다고 하겠다.

교육행정가 양성에 참가한 대학 간에 교육정책, 폭넓은 교육정치, 그리고 정치체제로서의 학교와 같은 쟁점에 대해 관심이 고조된 것은 고무적인 현상을 자아내었다. 전통적 교육행정학과 이외에 또는 이를 대치하여 교육정책 연구의 학과가 대학에 출현하는 것은 학자 간의 관심과 강조가 변하는 증거로 볼 수 있다. 이러한 최근 동향에서 중요한 것으로 보이는 것은 반드시 새롭게 확립된 해결책은 아니며 전문직이 새로운 탐구의 길을 추구할 만큼 만족스럽지 못하다는 사실이다.

A.A.S.A.는 1980년 현재 약 18,000명의 회원이 있었으며, 가장 영향력 있는 교육행정가 전문조직이다. 이 조직을 지배하는 것은 교육감이다. 비록 교장이나 다른 행정가들이 포함되어 있지만 그들은 A.A.S.A. 보다는 각각 세분화된 소속집단에 더 동일시한다. 그러나 이러한 상황에 변화가 예상될 수 있다. 교육행정가들은 주로 연방수준에서 교육에 대한 권력의 집중도 증가와 지방에서 교육위원회에 대한 교사의 증가에도 불구하고 강력하고 통일된 전문적 관심을 유지할 필요를 느끼기 때문이다.

예컨대, 캘리포니아에서 모든 교육행정가를 하나의 통일된 집단으로서, 캘리포니아 교육행정가연합회(the Association of California School Administrators)가 최근에 수립된 것을 들 수 있다. 또한 장학 및 교육과정개발연합회(the Association for Supervision and Curriculum Development : A.S.C.D.)는 최근에 약 33,000명의 전문가 조직으로 크게 성장하였다. 이는 부분적으로 모든 집단들을 교육의 질이라는 공통관심사에 모일 것을 호소함으로써 가능했다. 아마도 그들의 성공은 행정가만이 아니라 모든 교육전문가를 결속시키는 노력의 전조가 될 것이다.

한편, 우리나라는 8·15 이후 교육자치의 이념이 싹트기 시작하다가 1952년부터 부분적으로 그 실현을 보았다. 그러나 법률적 접근과 중앙 집권적, 관료주의적 행정의 전통은 존속하였다. 그 후 공교육 제도의 계속적 발전과 교육행정 전문화에의 요청 증대, 1953년 서울대학교 사대에 교육행정학과의 설치, 1960년 서울대 사대 교육행정연수원의 부설, 미국, 일본, 유럽 등으로부터 교육행정이론과 방법론의 도입, 행정학, 경영학, 심리학 등 인접학문의 교류에 의한 영향의 증대 등 여러 요인이 복합 작용하는 가운데 교육행정학의 분화 발달은 점차 그 기운이 성숙했다.

우리나라에서 교육행정학 성립의 이정표가 발족된 것은 1967년 3월 15일을 기하여 한국교육학회 산하에 교육행정학연구회가 발족된 사실과 1972년 구제학제가 폐지된 것을 계기로 대학원 박사과정에서 교육행정학을 전공하는 학도들이 점차 생기게 되었다는 사실이다. 대학원에서 교육행정학 분야의 석사학위과정을 이수한 자가 급증했고, 외국에서 교육행정분야의 박사학위를 받고 귀국하는 학자도 상당수에 이르게 되었다. 또한 학문의 국제간 교류가 더욱 활성화됨으로써 미국을 비롯하여 선진국의 교육행정이론과 연구방법론의 도입이 보다 활발해지고 있다. 이리하여 우리나라의 교육행정학은 활성화되어 가고 있는 것이다(김종철, 1981).

그럼에도 불구하고 교육행정 실제와 이론 간의 간격 또는 갈등이 있는 것이 사실이며, 경험적 또는 법률적 접근에 치중하는 교육행정가의 전문적 문제가 자주 논의되고 있는 것은 교육행정가 자격제도의 보완과 교육행정가의 전문적 자질의 향상이 필요하기 때문이라고 하겠다. 근래에 교육행정직의 전문성 향상에 관한 관심이 학자나 교육행정가 사이에 공통으로 고조되고 있는 것은 다행한 일이다.

참고문헌

김종철(1965), 『교육행정의 이론과 실제』, 서울: 교학사

______(1981), 교육행정학의 학문적 성격, 교육행정학의 학문적 성격 탐석(교육행정학연구회 제11차 학술세미나 논문집)

남정걸(1973), "교육행정에 있어서 인간관계와 조직행위에 관한 균형론적 파악", 서울교육대학, 논문집 제6집

______, "교육행정의 개념과 성격", 교육행정연구회 제31차 발표연구회

______, 한국교육학회 발표논문: 교육행정의 개념과 성격

박동서(1969), "한국정치 형태 및 행정과정의 분석과 전망", 교육과 국가발전, 정범모, 정원식 편, 서울: 교육출판사

백현기(1958), 『교육행정학』, 서울: 을유문화사

______(1962), 『교육행정학』, 서울: 을유문화사

윤정일, "교육행정의 전망 : 교육행정 운영", 『교육행정학 연구 5』, 1987. 12.

황성돈, "효율성과 민주성에 대한 공무원의 태도에 관한 연구", 『행정논총 19』, 1(1981)

Edgar L. Morphet, Roe L. Johns, and Theodore L. Reller, *Educational Organization and Administration*(Englewood Cliffs, N.J.:Prentice-Hall, 1982)

Gerald Backer et al. *Elementary School Principals, and Their Schools*(Eugene, Ore. : University of Oregon, Center for the Advanced Study of Educational Administration, 1971)

Robert J. Starratt, "Apostolic Leadership", *Jesuit Commission on Research and Development Workshop* (San Jose, Calif., June, 1977)

Theodore Levitt, "Management and the Post Industrial Society", *The Public Interest*(Summer 1976)

Thomas J. Sergiovanni et al., *op. cit.*

제 2 장

교육행정이론의 발달

2
chapter

교육행정이론의 발달

옛날부터 인간은 혼자 일을 할 때보다 조직을 구성함으로써 일을 쉽게 해결할 수 있다는 것을 알게 되었다. 이로써 인간은 조직을 구성하여 체계적이고, 효율적으로 파업을 이행할 수 있는 조직적인 단체를 만들게 되었다. 교육에서도 공동목표를 달성하기 위해 업무를 체계적으로 해결하고, 효율적으로 운영하기 위한 조직이 이루어져 있다. 따라서 이러한 교육행정조직이 어떻게 형성되어 있고, 그 변천과정은 어떠했는지 알아보고자 한다. 교육행정이론이 어떻게 발달되어 왔는가를 알기 위해서는 일반적인 행정이론의 발달경로를 살펴보아야 한다. 교육행정의 발달은 일반 행정이론의 발전과 밀접한 관련을 맺으면서 발전해 왔다.

그래서 교육행정의 이론을 일반 행정이론의 변천과정과 관련지어 다음의 4단계로 나누어 살펴보고자 한다. 능률을 강조하는 과학적 관리론, 사람에 초점을 맞추는 인간관계론, 인간관계의 연구결과가 계기가 되어 탄생한 행동과학이론, 과학적 관리론과 행동적 개념을 융합하고자 탄생한 체제접근이론으로 나누어 고찰해 보고자 한다.

제 1 절 과학적 관리론

1. 과학적 관리론의 의의

20세기로 접어들면서 학교장의 역할개념에 대한 전통적인 생각이 바뀌기 시작했다. 이는 19세기 후반부터 시작된 산업화와 산업화의 밑바탕이 된 자본주의 체제 및 자유기업의 경제철학이 미국의 사회와 교육에 지대한 영향을 끼쳤기 때문이다. 사회개혁운동이 계속되자 국민들은 세금에 의해 운영되는 여러 사회기관들의 비능률성을 비판하기 시작했고, 특히 학교를 비능률적인 사회기관의 대표로 여겨 비난의 표적이 되었다. 또한 학교 내에서는 의무교육을 위한 입법조치, 폭증하는 이민인구, 인구증가 등의 원인으로 교실을 늘려야 했고, 교사 충당을 위해 더 많은 재정을 필요로 했다. 이러한 시점에서 학교의 능률적인 운영을 위해 테일러(F. W. Taylor)의 과학적 관리론이 교육에 적용된 것이다.

테일러는 공장의 노동자와 사무인, 기계기술자, 감독, 정책책임자, 기관장 등의 임무를 두루 거친 사람이기 때문에 조직의 전반적인 속성을 이해할 수 있었고, 종업원 개개인을 효과적인 기계와 같이 운영할 수 있으며, 생산에 참여시킬 수 있다는 믿음을 갖고 있었다. 테일러가 주장하는 과학적 관리이론의 핵심은 기계로서의 인간개념이다. 테일러는 작업과정을 분석하고 기획함으로써 능률을 올릴 수 있다고 믿고 공장관리, 동작 및 시간연구를 통한 노동자의 육체적 능력분석과 동기부여에 관한 경제적 접근방법을 통해서 합리적 보수체계와 능률 제고를 위한 여러 가지 과학적 관리의 원리를 체계화하였다(Taylor, 1911:10-72).

2. 과학적 관리의 내용

1) 과업관리(task management)

테일러는 종업원의 조직적 과업이 그들의 자의적인 작업수행 태도에서 비롯된다는 점을 파악하고 종업원이 하루에 수행해야 할 업무량을 설정하여 이를 과업이라 하였다. 일일의 최고 과업(a large daily task), 표준적인 제조건(standard conditions), 성공에 대한 우대(high pay for success), 실패에 대한 손실(loss in case of failure) 등 네 가지를 과업관리의 4대원칙이라 부른다(정태범, 1998).

또한 경영자는 동작 및 시간연구를 사용하여 작업환경을 표준화함으로써 최선의 직무수행 방법을 선정하여 표준생산량을 선정하는 등의 경영자의 기업기능을 강조하였다. 동작과 시간에 관한 연구란, 인체의 구조적 특성과 그 동작의 기능을 측정하는 것이다. 이것은 기계를 분석하는 것과 같이 몇 개의 기본적 단위가 나타내는 성능을 분석하여 이에 필요한 시간을 산출하는 것이다. 또한 불필요한 동작을 정지 혹은 제거하고 일정한 휴식시간을 인정할 뿐 아니라, 무모하게 보내는 시간(idle time)을 고려함으로써 가장 합리적인 업무표준방법을 강구하려고 노력하였다.

결국 인간 활동의 생리적 요소를 집중적으로 고찰하였기 때문에 테일러의 주장은 생리적 조직이론(physiological organization theory)이라고도 한다.

2) 과학적인 선발과 훈련(Selection of Personnel)

직무가 분석되면 다음 단계는 일할 사람을 과학적으로 선발하여 훈련하고 가르치고 발전시키는 것이다. 동작연구 등에 의해 계획된 최선의 방법을 기준으로 직무수행에 필요한 자격조건을 명시하여 이에 따라 종업원들을 선발하고 훈련시켜야 한다는 원리를 말한다.

3) 차별 성과급제도

소정 시간 내에 직무를 완성한 종업원에게는 높은 인건비를 지급하고 그렇지 못한 경우에는 낮은 인건비를 지급하는 제도를 도입하였다.

4) 기능적인 감독자 훈련

일선 감독자가 과다한 업무분담으로 인해 관리기능을 제대로 발휘하지 못하여 그것이 생산성을 저해시키는 요인으로 작용한다는 점을 간파, 감독자의 직무도 분업화함으로써 각각의 감독업무를 전문적인 감독자에게 맡겨야 한다는 기능식 직장제도를 제안하였다. 그렇게 함으로써 일선 감독업무가 효율화될 수 있다고 보았다.

5) 노사간의 화합

이윤극대화를 꾀하는 기업 측의 목적과 그에 대한 보상을 극대화하고자 하는 종업원의 목적은 성과급제에 의하여 일치시킬 수 있으며 그렇게 함으로써 양측의 목적이 상호 화합할 수 있다고 보았다.

6) 합리적 규칙과 절차에 의한 관리

테일러는 평범한 자질을 갖춘 사람이라면 과업을 훌륭히 성취할 수 있도록 제도적으로 조직을 구성하는 데 관리의 초점을 두어야 한다고 주장하였다.

3. 교육행정에의 적용

테일러가 널리 주목을 받을 때까지는 학교는 이미 그 비능률성에 대해 사방으로 공격을 받았다. 기업과 지역사회 대변인은 교사들의 능률이 부족하고 학교는 비실제적이고 적절하지 못한 교육과정을 제공한다고 비판하고 비난하였다. 신문기자들도 교육의 비능률을 지적하였고 그처럼 교육성과가 빈약한 학교교육에 방대한 교육투자를 하는 이유에 대해 이의를 제기하였다. 교육계 내에서도 교육비의 불안정성과 산출되는 교육성과의 질에 대해 비판이 일어났다.

이러한 비판들은 테일러가 널리 알려진 후 더욱 강화될 뿐이었다. 당시 학교 지도자들은 고조되고 있는 이러한 반대여론을 지지할 수 없었으며 그들 자신의 지위 밖에서 지원책을 구하지 않을 수 없었다. 1910년 이후 여러 해 동안 그들은 테일러의 능률방법과 기업사회의 태도와 가치를 채택함으로써 지원책을 강구하였다. 결국 교육사는 기업과 산업사회의 영향과 과학적 관리주의에 굴복한 셈이며, 이것은 학교지도자로 하여금 학교관리에 있어서 교육목적에 앞서 기업적 사고를 하도록 하였다. 이것을 컬러한은 '미국교육의 비극'으로 묘사하였다.

과학적 관리의 원리가 교육계에 보급된 방식은 마침내 컬러한의 연구 저서인 『교육과 능률의 숭배』(1962)에서 연대순으로 기록되었다. 이 저서에서 컬러한은 20세기로 접어들면서부터 대공황이 시작할 무렵까지 학교 밖의 사회적 세력들이 공교육행정을 어떻게 형성했으며, 또 이 세력들은 학교지도자들이 자신들과 자신들이 수행한 일의 본질을 생각하는 방식을 어떻게 변화시켰는지 검토하였다(1962).

즉, 주로 두 가지 요소가 학교행정가의 자아상을 변형시켰는데, 하나는 1929년 이전 미국 기업 및 산업사회의 지배적인 이념이었던 테일러의 능률주의와 그것이 국민생활 전 영역에 미친 영향을 들 수 있고, 다른 하나는 학교행정가들이 국민의 비판과 압력을 매우 받기 쉬운 취약성으로서, 이 요소를 그들로 하여금 전통적인 교육적 가치를 버리고 새로운 미국 기업의 태도, 윤리, 방법을 채택하지 않을 수 없게 만든 이유가 되는 것이다. 과학적 관리의 원리를 학교체계에 광범위하게 적용한 학자를 소개하면 다음과 같다.

1) 스폴딩(Frank Spaulding)

1910년 미국의 전국교육학교수협의회 연차대회에서 "공교육행정에서의 대학과정의 목적, 범위 및 방법"이라는 주제발표를 통해, 교육행정의 비능률이 교육사업의 큰 취약점이라고 비판하고 간단하면서도 건전한 기업원칙에 입각한 교육행정을 주장하면서 학교행정에 대한 민중통제의 원칙과 능률의 원칙을 제시하였다. 그는 또한 1913년에 미국교육연합회에서 과학적 관리를 통한 학교체제의 개선이라는 강연을 통하여 교육행정에 관한 관리를 적용할 것을 거듭 강조하면서, 과학적 관리의 본질을 성과의 측적과 비교, 성과를 달성할 수 있는 조건, 특히 그 수단과 시간의 분석과 비교, 성과에 의해서 정당화될 수 있는 수단의 계속적 채택과 이용으로 설명하였다. 이 원리는 교육 행정가들로부터 큰 반응을 얻어 교육재정의 절감과 과학적 직무수행을 촉진하는데 공헌하였다.

2) 보비트(J. Franklin Bobbitt)

1912년에 「교육에서의 낭비의 추방」과 「도시학교체제문제에 과학적 관리 원리의 적용」이라는 논문을 통해 학교관리 및 장학행정의 과학적 관리를 적용할 것을 주장하였다. 그가 주장한 과학적 관리의 원칙은 ① 가능한 모든 시간에 모든 교육시설을 활용한다. ② 교직원의 능률을 최대로 신장시키고 교직원 수를 최소화한다. ③ 교육에서의 낭비를 최대한 제거한다. ④ 교원들에게는 학생들을 가르치는 데에만 전념하게 한다. 보비트는 교육에서도 기업에서와 마찬가지로 생산품의 표준화생산방법, 생산의 자격 및 생산자의 교육과 훈련에 과학적 관리를 적용해야 하며, 특히 생산자들에게 작업의 성격, 달성해야 할 목표, 목표달성을 위한 방법의 채택, 그리고 활용해야 할 시설에 관한 상세한 지시를 해주어야 한다고 주장하였다.

3) 스트레이어(G. D. Strayer)

테일러의 과학적 관리운동의 발달에 따라서, 20세기 초에 교육행정가 양성을 위한 교육행정학 교육과정을 수립하기 위하여 직무분석의 방법을 사용하였다. 그는 또한 손다이크와 공저한 교육행정: 계단적 연구를 통하여 학생 및 교유조사, 학교조직 및 교육과정분석, 교육결과의 측정, 학교재정 등에 대한 계량적 접근을 처음 시도함으로써 교육행정 과학화에 크게 기여하였다.

4) 커벌리(E. P. Cubberly)

당시 가장 영향력이 컸던 『공교육 행정』이라는 저술을 통해 교육감의 과업은 조직자로서 교육정책을 개발, 계획해야 하고, 집행자로서 좀 더 많은 권력을 행사해야 하며, 감독자로서 광범한 전문 지식과 예리한 통찰력으로 교사와 학생들을 감독해야 한다고 분명히 밝혔다. 과업과 조직에서 능률의 원리는 오늘날 교육과정 개발, 교육자료 선정, 수업체제 개발, 그리고 기타 교육행정 여러 측면에서 강력히 고려되고 있다. 사실 과학적 관리의 생각은 지난 4/3세기 동안 지속되어 왔으며, 오늘날에도 보수주의와 관리기법의 향상에 의해 초기의 과학적 관리는 새롭고 한층 더 고도로 발전된 형태로 나타나고 있다. 교육에서 이러한 신과학적 또는 현대적인 과학적 관리는 성과계약, 목표관리, 기획예산제도 및 경영정보 체제와 같은 능률의 아이디어를 제공하고 있으며, 이들은 각각 비용을 감소시키면서 교육의 신뢰도와 생산성을 극대화하는 처방으로 등장했다.

대면적 감독과 같은 전통적, 과학적 관리의 통제 메커니즘은 신과학적 관리에서 한층 더 비인격적, 기술적 또는 합리적 통제 메커니즘으로 대치되고 있다. 예컨대, 가시적인 성과기준, 목표 또는 능력이 확인되고 측정될 수 있다면 교사나 학생의 일은 이들 기준에 책임을 지도록 함으로써 더 잘 통제될 수 있으며, 따라서 보다 큰 신뢰도, 효과 및 능률을 보장할 수 있다는 가정이다.

과학적 관리이론은 행정가에게 작업에 관한 합리적 모형을 제고한다. 합리적 모형은 행정가가 목표를 확인하고, 일을 마련하고, 따라서 근로자에게 지시하고, 일이 적절히 되도록 감독하고, 원래 목표에 비추어

성과와 산물을 평가할 수 있다는 가정을 한다.

근로자의 동기유발의 문제도 비슷하게 다루어진다. 사람들은 원래 경제적이며, 다른 외적 유인에 의해 동기가 유발되기 때문에, 그들은 자기들에게 최대의 외적 소득을 가져오는 일을 한다는 것이다. 과학적 관리의 생각과 합리적 모형은 많은 교실의 조직과 수업에서도 아주 쉽게 적용될 수 있다. 즉, 수업목표, 숙제, 학생의 활동 및 감독은 교사들에 의해 일방적으로 이루어진다. 학생들은 수업목표에 의해 평가되고 성적은 학생들에게 주어지는 제1차적 유인이다.

만약 교육과정이 아주 자세하게 계획된다면, 교사들은 이 과정에서 사소한 역할을 하게 되고 그들 자신은 과학적 관리의 원리에 따라서 행정가에 의해 감독되고 평가된다. 과학적 관리 이론은 1970년대 말과 1980년대에도 새로운 모습으로 번창하고 있다.

그론(Peter Gron)은 「교육행정의 신 테일러 주의」라는 논문에서 교육 행정의 8가지 연구를 검토하고 아직도 테일러의 사상이 행정사고와 행정연구에 살아 있는 접근임을 지적하고 있다. 요컨대, 테일러가 주장하는 과학적 관리는 최근에도 조직학자만이 아니라 정치가의 상상을 사로잡고 있다는 것이다.

5) 시어즈(J. B. Sears)

페이욜과 귤릭의 행정요소 또는 과정을 처음으로 교육행정에 적용하였다. 시어즈는 1950년에 교육행정의 과정을 기획 · 조직 · 지휘 · 조정 · 통제의 다섯 단계로 보았다.

6) A.A.S.A

미국교육행정가협회(A.A.S.A)는 1955년 연보에서 교육 행정요소를 기획 · 배분 · 자극 · 조정 · 평가의 다섯 과정으로 재규정하였다.

7) 그레그(R. T. Gregg)

교육행정에 행정과정을 혁신적으로 적용시켰다. 그는 의사결정 · 기획 · 조직 · 교신 · 영향 · 조정 · 평가 등 7단계로 구분하였다.

8) 애보트(Abott)

학교 조직이 대부분 베버의 원리를 나타내고 있다고 제시한 최초의 교육행정 학자이다. 「교육조직 혁신에 대한 계층적 장애(1969)」라는 논문에서 애보트는 학교를 고도로 발전된 관료제로서 정확히 기술될 수 있는 이유를 다음과 같이 설명하였다.

① 학교조직은 전문화의 필요성과 과업의 세분화에 의해 분명히 영향을 받는다. 초중등 단위로 학교의 분리; 학교 내에 과학, 수학, 음악, 기타 학과의 설치; 생활지도 프로그램과 심리학적 서비스의 도입; 행정기능과 수업기능의 분리 등 모든 것들은 전문화 필요에 따른 것이다.

② 학교조직은 명백하게 규정된, 엄격한 권위의 계층을 개발한다. '계층'이란 용어는 교육행정가의 어휘로 드물게 사용되지만 실제 그 말은 일반적으로 널리 유행하고 있다.

③ 학교조직은 구성원의 행동을 통제하고 과업수행의 합리적 통일성을 보장하는 기준을 발전시키기 위하여 일반적인 규칙사용에 크게 의존한다.

④ 학교조직은 난합과 민주를 자주 내세우지만 합리적 배려에 의해서 베버의 비인격성의 원리를 폭넓게 적용한다.

⑤ 교육조직의 고용은 전문적 능력에 기초해서 이루어지며, 대부분의 구성원의 경우 전문적 경력으로 이어진다. 승진은 연공서열과 업적에 의해 결정되고, 정년(종신 재직권)이 보장되며, 고정된 보수와 연금 혜택이 보장된다.

9) 비드웰(Chareles Bidwell)

학교는 순수형의 관료제는 아니지만, 노동의 기능적 분업, 직원역할의 규정, 직무의 계층적 배열, 절차의 규칙에 따른 일정한 방식으로 업무수행 등 적어도 기본적 형식에 있어서 관료제적 특성을 나타내는 것으로 보았다.

10) 펀치(Keith Punch)

1970년에 그는 학교의 관료제 수준은 학교지도자의 행정 행위와 밀접한 관계가 있다는 것을 발견하였다. 그는 실제 관료화의 수준을 변화시키는 주요 요소는 교장의 행정하는 스타일임을 발견하였다(Campbell et al., 1987; 76). 또한 그는 학교의 관료제 차원을 규정하는 데 있어서 방법론적 문제를 더 탐구하였다. 즉, 그는 관료제에 관한 연구와 이론의 분석을 통해 학교의 관료적 구조가 단지 권한계층, 재직자의 규칙, 절차상의 명세, 비인격등의 차원에 한정된다면 일원적인 동질적 변인으로서, 현실적으로 개념화된다고 결론을 내렸다(Punch, 1969; 53-54).

11) 애보트(M. G. Abbott)와 코윈(R. Corwin)

교육행정에 있어서 관료제의 부정적 효과에 관한 비판을 처음으로 제기한 사람들이다. 코윈은 관료적 및 전문적 규범들이 매우 뚜렷하게 다른 때와 행정가들이 어떤 과업에 있어서 자신들보다 기술적으로 더 유능한 부하를 평가하는 책임을 지게 될 때, 어려움이 반드시 일어난다고 주장하였다. 한편, 애보트는 관료적 조직이 어떻게 변화과정을 제지하고 혁신을 방해하는지를 지적하였다. 또한 그는 관료제는 무엇보다도 전문적 발전과 창의성을 억누르고 조직의 의사소통을 방해한다고 비난했다(Campbell et al., 1987; 77).

12) 몰러(Gerald Moeller)

관료적 조직이 그 안에서 일하는 사람들에게 문제를 제기한다는 것에 반대하였다. 즉, 그는 확실히 관료제는 합리적이고, 따라서 예측할 수 있는 형식의 조직으로서 교사들에게 무력감이나 체제로부터 소외감을 유도하지 않는다고 말하였다. 오히려 권력 의식은 교사의 과거, 그의 사회적 소속집단, 상사와의 관계, 학교의 조직구조 등에 있어서 교사 자신 안에 있는 많은 다양한 변인의 영향을 받는다고 주장하였다 (Moller, 1964; 155-156).

행정관리의 원리에서 특히 베버의 생각은 교육에서 고전적 행정이론의 범위를 부각시켰으며 복잡한 조직으로서 학교에 대한 교육적 탐구의 지침이 되는 지적인 틀을 확대시켰다. 1960년 이후 관료제에 대한 교육적 관심이 고조되어 교육연구자들은 사회과학자 특히 사회학자와 한층 더 직접 접촉하게 되었고 대체로 교육자들로 하여금 일반 행정연구의 궤도에 접근시켰다. 또한 관료제에 대한 연구로 학교로 공식적 조직의 특성을 이해함이 중요하다는 것이 강조되었다. 그리하여 관료제 연구는 교육행정 학도들로 하여금 권한에 관해 알게 하였고 일반 규칙에 대해 더 인식하였던 것이다.

4. 교육행정에 미친 영향

교육행정가들은 과학적 관리론을 교육에 실제적으로 적용하는데 주력하여 생산적인 새로운 교수방법과 새로운 학급편성방법, 시험제도 등을 도입함으로써 교육을 보다 능률적으로 운영하게 되었다. 교육목표가 재검토되었고 교육과정도 수정되었으며 학교조직의 형태도 바뀌었다. 또한, 장학은 교원과 학교장의 능률을 측정하기 위하여 고안된 평정척을 활용함으로써 더욱 과학화되었으며 학교예산의 낭비를 없애기 위해 회계방법도 엄격하게 바뀌게 되었다.

과학적 관리론은 이처럼 교육의 실제에 큰 영향을 미친 것으로 평가되었으나 다른 한편으로는 비판도 만만치 않았다. 특히 Banjamin C. Gruenberg은 학교조직과 교육방법이 우리 경제생활의 특색을 이루는 기업조직과 그 운영방식을 모방하고 있고 대기업들의 가치평가에 다른 능률의 기준을 받아들여 공장에서 통용되고 있는 가격과 생산이라는 입장에서 교육이 결과도 측정하고 있다고 비판하였다. 또한 교육의 과정은 인간유기체와 그의 독특한 개성을 다루는 것이기 때문에 공장에서 규격화된 제품을 생산하는 과정과 비교될 수 없다고 주장하였다(이형행, 1992a: 78).

제 2 절 인간관계론

1. 인간관계론의 의의

과학적 관리론이 교육에 끼친 영향은 1930년대 초까지 계속되었다. 그러나 1930년대 세계적인 경제공황이 심화되면서 관리층이나 노동자들은 다 같이 과학적 관리론에 한계를 느끼게 되었다. 즉 사람들은 기계적 세계관이나 조직을 기계시하고 인간을 기계의 부속품처럼 생각하는 사고방식에 염증을 느끼게 된 것이다. 또한 당시의 정치적, 문화적, 사회적인 변화는 노동자에게 인간다운 대우를 해야 한다는 민주주의 철학에 대한 신념을 갖게 했다. 이러한 여러 가지 시대 상황의 변화는 고전이론이 새로운 사태에 대응할 수 있는 적절한 실용적 처방을 제공하지 못하게 함으로써 고전이론의 적합성을 크게 저하시키는 결과를 초래하였다(박성식, 1998).

이런 상황에서 과학적 관리론에 반대되는 논리를 전개하면서 나타난 것이 인간관계론이다. 하버드대학교 경영대학원 교수였던 메이요(E. Mayo) 등에 의한 호손(Hawthorne)실험연구에 의해 인간관계론의 연구가 시작되었다. 그리고 K. Lewin 등이 연구한 지도성에 관한 실험연구와 더불어 새로운 경영철학이 인간관계의 중요성과 민주행정의 필요성을 강조하기 시작하였다.

2. 메이요(Elton Mayor) 등의 호손(Hawthorne) 실험연구

메이요 교수를 중심으로 뢰스리스버거(F. J. Roethlisberger) 및 딕슨(W. J. Dickson) 등의 연구팀은 1927년부터 1923년에 걸쳐 시카고 근처의 호손(Hawthorne)공장에서 조명실험, 계전기 조립실험, 면접 프로그램, 인사담당, 건반배선조립 관찰실험 등 일련의 실험연구를 수행하였다. 이 호손 연구는 작업장의 조명수준, 휴식시간, 노동시간, 급료와 같은 물리적 요인과 작업성과의 관계를 규명하려는 것이었다. 호손 실험연구는 처음에는 과학적 관리론에서 기본전제로 삼고 있는 작업장의 물리적 환경과 생산성과의 상호 연관관계를 검증하는 것이 목적이었다.

그리하여 작업환경(조명수준, 휴식시간, 작업시간)과 보상제도(기본급, 성과급)를 변경시키면서 이에 따른 생산성을 비교해본 결과 뚜렷한 연관성이 나타나지 않았고 생산성은 작업환경보다는 작업집단과 더욱 밀접한 연관성을 갖고 있음을 발견하게 되었다. 그래서 호손실험연구의 후반에는 작업집단에 초점을 두어 연구를 하였다. 그 결과 생산성은 조직의 작업집단의 구성원들 사이의 상호관계와 이들 사이의 상호작용에 의해 크게 영향을 받고 있다는 사실이 발견되었다.

이러한 호손실험연구의 결과는 과학적 관리론의 비인간적 합리론과 기계적 도구관을 부정하고, 조직관리의 인간화를 실현하려는 것으로서 인간관계론의 이론적 기초를 제공하게 되었다. 호손실험연구를 통해 발견한 결론은 다음과 같이 요약할 수 있다(Hoy and Miskel, 1991).

① 경제적 유인이 유일하게 중요한 동기요인은 아니다. 실제로는 비경제적인 사회적 제재가 경제적 유인의 효과를 제한한다.

② 노동자들은 개인이 아니라 비공식집단의 구성원으로서 관리층에 반응한다.

③ 생산수준은 생산적 능력보다는 비공식조직의 사회적 규범에 의해 보다 많은 제한을 받는다.

④ 전문화가 반드시 작업집단의 가능 능률적 조직화를 조성하지 않는다.

⑤ 근로자는 관리자의 독단적 결정으로부터 자신을 보호하기 위하여 비공식 조직을 이용한다.

⑥ 비공식적인 사회적 조직은 관리층과 상호작용한다.

⑦ 협소한 통솔범위는 효과적인 감독의 필수요건은 아니다.

⑧ 비공식적 지도자는 종종 공식적 감독자만큼 중요하다.

⑨ 인간은 기계의 톱니바퀴와 같은 수동적 존재가 아니라 능동적인 존재이다.

⑩ 집단 규범의 설정과 강요에 있어서 지도성이 중요하며, 공식적인 지도자와 비공식적 지도자는 명백하게 구별된다.

호손실험연구의 의의는 물리적 작업조건만을 고려하던 종래의 폐단에서 인간의 사회적·심리적 요인의 중요성을 내세우고, 비공식적·자생적 집단의 중요성을 새롭게 인식하게 한 것이다.

3. 기타 인간관계론자

메이요와 그의 동료의 연구만이 인간관계론에 공헌한 것이 아니다. 인간관계운동에 강력한 영향력을 미친 사람들이 있다. 몇 사람을 소개하면 다음과 같다.

1) 로저스(Carl Rogers)

전기공장에서 메이요와 그의 동료들이 연구하는 동안 상업상담의 절차를 개발하였을 뿐만 아니라 그의 내담자중심 치료가 근거하고 있는 초심리학적 가정들은 인간관계 접근이 수립되는 틀을 제공하였다. 예를 들어, 행동을 이해하기 위한 최선의 유리한 위치는 계속적으로 변하는 경험세계에 존재하며, 경험의 장을 자기를 위한 현실로 지각하고, 자기 자신의 인간적 조건을 실현·유지·향상시키려고 노력하는 개인의 내적 준거의 틀로부터 나온다는 것이다(정태범, 1998).

2) 폴렛(M. P. Follet)

폴렛은 행정의 심리적 측면을 중시하여, 경직된 과학적 관리원리와 조직의 원리에 역동감과 창의적 민주정신을 도입하였고, 조직관리에 사회과학적인 측면을 강조하여 조직을 하나의 사회체제로, 관리를 사회적 과정으로 보고 권위의 수용, 측면적 조정의 중시, 조직구성원의 통합, 동적인 행정과정의 필요성 등을 강조하였다.

또 그녀는 갈등을 인정했는데, 즉 갈등은 정상적인 과정에서 어쩔 수 없이 나타나는 것이다. 이러한 갈등을 해소하는 방법으로 어느 쪽도 희생 없이 각각의 요구대로 해결되는 통합에 의할 때 공통의 대의에 기여할 수 있다고 믿었다.

그녀에 의하면, 관리자는 그가 일하고 있는 집단을 우선 알아야 하며, 그의 역할은 구성원의 능력과 기여를 이끌어내는 것과 관련되어 있으므로 관리자는 개인적 권력을 행사하기보다는 집단의 힘을 창조하는 방법을 알아야 한다고 주장하였다. 이러한 사상의 기초는 호손 연구의 계기가 되었다(이형행, 1998).

3) 호만스(George homans)

호만스는 이론가들 사이에 폭넓게 주의를 끌었던 집단구조와 기능 전체를 개념화했다. 인간관계론적 접근은 개인의 성취나 책임에 대한 필요성을 희생하면서 인간의 사회적 욕구를 지나치게 강조한다는 비판을 받고 있었다. 그래서 개인의 사회적 욕구는 조직의 과업과 더 직접 관련된 다른 관심문제와 분리하여 종종 고려되었다. 이것은 근로자가 행복하고 편안한 동안은 그의 일에 영향을 주는 정책결정에 별로 관심을 보여주지 않는다는 것이 전제가 되었던 것이다.

4. 교육행정에의 적용

1930년 이후 진보주의 교육운동과 결합되면서 개성 존중, 사기 앙양, 학생과 교원의 상호신뢰감 등을 강조하고 민주적인 교육행정, 인간주의적 장학을 위한 방법적 원리로서 크게 부각되었다.

1930년대의 교육행정은 민주적 행정 철학과 인간 관계론의 영향을 받아 학교경영의 민주와, 즉, ① 자생 집단의 중시, ② 민주적 지도성의 중시, ③ 의사소통의 중시, ④ 각종 인사제도의 창안, 예를 들어 인사상담제도, 고충처리제도, 제안제도를 마련하였다.

인간관계론은 산업 및 사회과학 연구에서 시작된 인간관계 접근과는 달리, 교육행정의 민주적 관점은 20세기 초에 새로운 사회사상, 학교조직의 성격변화 및 학교에서의 전제적 권위적 장학 실제에 대한 일부 학교의 반발 등 여러 가지 요인의 작용으로 교육자들 사이에 처음으로 전개되기 시작하였다. 민주적 행정은 인간관계론과는 대조적으로, 작업 집단의 인간행동에 관한 이론적 명제를 검증하는 경험적 연구에 근거를 둔 것이 아니었다. 그것은 오히려 교육개혁자의 사상으로부터 힘을 끌어낸 그리고 민주적 권리, 개인의 복지, 인간 기업에 있어서 협동의 필요성 등에 관한 느슨하게 통합된 일련의 신념에 기초를 둔 주로 '자가 생산적' 학교경영 철학이었다.

20세기 초에 등장한 민주적 행정 철학과 1940년 이후 교육자들이 채택한 인간관계론은 의사결정 책임을 재분배하고 행정가가 교사와 함께 더 효과적으로 일하는 것을 도와주는 방안을 제시하였다. 즉, 그들은 학교조직 내의 사기 및 소외문제, 학교 외 기관과의 섭외활동 등 성격상 주로 인간적인 것으로 인식되는 경영문제를 다루는 데 필요한 대인관계기술과 이해력을 학교행정가에게 제공하였다. 한 마디로 민주적 행정 철학과 인간관계론은 교육과 학교행정의 민주화에 공헌하였다고 하겠다.

1) 듀이(John Dewey)

민주적 교육행정을 가장 일찍이 제창한 대표적 인물로서 듀이를 들지 않을 수 없다. 그는 현대 교육이론과 실제를 형성했을 뿐만 아니라 20세기 미국 사상의 진로에도 심오한 영향을 주었다. 그는 『민주주의와 교육』이라는 저서를 통해 당시 학교 지도자 사이에 인기 상승이었던 과학적 관리 기법에 대해 심하게 비난하고 교육경영자들이 그들이 관리하는 사람들의 동의를 얻어야 하는 필요성을 강조하였다. 능률에 대한 과학적 관리의 편견은 '잘 균형 잡힌 사회적 이익'을 거의 촉진하지 못하기 때문에 적절한 교육목적과 상반된다는 것이다.

그는 학교가 어떤 일이 있어도 현존 산업사회의 질서를 그대로 영속시키는 도구가 되어서는 아니 되며, 그것을 정화시키는 수단으로 운영되어야 한다고 믿었다.

듀이는 교사에게 참여기회를 준다면, 학교조직의 성격과 교사와 행정가간의 관계의 질과 종류가 변할 것이라고 주장하였다. 행정가는 그의 과업의 교육적 면과 그가 반드시 생각해야 하는 인간적·사회적 관계와의 통합을 이루는 정도에 따라 학교 자체를 협동적 공동체로서 다루게 될 것이라고 보았다. 교육지도자로서는, 학교경영에 대한 협동적 접근은 그의 지도성이 교육 목적과 방법을 초연한 상태에서 공식적으로 강요하는 전체적인 방식의 것이 아니라, 다른 사람과 서로 주고받음으로써 격려하고 지시하는 것이 될 것임을 또한 의미하는 것이었다.

2) 타일러(Ralph Tyler)

인간관계 연구가 일으킨 행정관의 변화를 처음으로 평가한 학자의 한 사람이다. 그는 1914년에 발표한 논문, 「이념적 개념의 변화에 따라 요청되는 교육적 적응」(Educational Adjustments Necessitated by Changing ideological Concepts)에서, 인간관계 연구와 학교 행정가와의 관련성에 주목하고 장래 교육경영 연구는 메이요와 뢰스리스버거가 수행한 호손 공장의 연구의 지도를 받아야 한다고 제안하였다(Campbell et al., 1987; 56).

3) 쿠프만(G. Robert Koopman)

쿠프만 등은 학교행정의 민주화를 위한 과제로서, ① 교육에 대한 사회적 책임 규명, ② 민주적 지도자의 개념 발전, ③ 조직형태의 민주화 확립, ④ 모든 사람의 적극적 참여 유도, ⑤ 교원의 역할 규명 등 다섯 가지 영역을 들었다(Koopman et al., 1943; 7-12).

4) 그리피스(D. E. Griffiths)

그는 『학교행정에 있어서 인간관계』(*Human Relations in School Administration*, 1956)라는 그의 저서(교과서)에서 그 동안의 행정에 관한 교육적 및 사회과학적 사고를 종합하였다(Griffiths, 1956). 즉, 인간관계에 관하여 알려진 것을 한 권으로 묶어 그것을 학교행정에 관련시키려고 시도하였던 것이다. 그는 여치(Yauch)가 논한 것과 같이, 교사들의 활동을 촉진하는 것을 교장의 주된 책임으로 보고 선도적인 교장은 교사활동의 조정자(coordinator), 교사에 대한 조력자(helper) 및 자원인사(resource person), 그리고 집단의 인재를 인정하는 사람(recognizer)으로서 역할을 수행한다고 하였다. 무엇보다도 학교경영자는 그를 에워싼 교사들의 인간적 욕구에 민감한 '사회적' 개인이라고 하였다(Griffiths, 1956).

그리피스의 연구가 기존 학교경영에 관한 연구와 특히 다른 점은 1918~1939년까지 교육행정 학계에 통용되던 것과는 달리 훨씬 덜 처방적인 성격을 띠고 있는 점이었다. 즉 그의 연구저서는 여러 상황에 폭넓게 적용될 수 있는 인간관계 규칙과 기법의 틀들을 포함한 요리책과 같은 것이 아니라, 다른 전문적 연구 분야로부터 도출된 연구 및 사회과학 연구를 사용하는 학교경영 연구의 지적 기초를 제공하려는 것이었다. 이와 같이 그것은 인간관계 연구의 실제 적용으로부터 사회과학의 이론적 근거가 있는 인간행동의 이해에 대한 관심으로 교육적 관심이 변화하기 시작하였음을 신호로 알리는 것이었다. 이 변화로 후에 교육자들은 행정을 활동의 영역으로서보다는 연구의 영역으로서 생각하기 시작하게 되었다(Campbell et al., 1987; 58-59).

인간관계론이 교육행정에 미친 가장 큰 영향을 첫 번째, 학교행정의 민주화에 기여했고, 두 번째, 민주적 교육행정, 민주장학, 민주적 의사결정의 도입이며, 세 번째는 학교경영자들의 대인관계 능력향상(학교내의 사기 및 소외, 학교의 조직과의 대외관계)이라고 볼 수 있다.

5) 여치(W. A. Yauch)

그는 교육행정에 있어서 인간관계의 중요성을 강조하면서 민주적인 교육행정의 원리를 다음과 같이 제시하였다(Wlbur A. Yauch, 1949).

① 민주주의는 인간관계와 관련이 깊다. 그러므로 학교장이 가장 중요하게 생각해야 할 것은 교사들과 개인적 또는 집단적으로 원만한 관계를 유지하는 것이다.

② 단순한 인간관계의 문제일지라도 보다 광범위한 준거의 틀을 갖는다.

③ 단일학교 교사들은 가장 자연스럽고 능률적인 민주적 활동의 구성단위이다.

④ 학교장은 교사들이 민주적 경험을 쌓도록 지도성을 발휘하는데 가장 유리한 위치에 있는 사람이다.

⑤ 교사들은 자신의 욕망을 최대한 실현하는데 노련한 조정을 필요로 하는 복잡한 사회집단이다.

⑥ 학교장은 우선적인 책임은 교사들에게 최대의 이익이 돌아갈 수 있도록 교사집단간의 상호작용을 촉진하는 것이다.

⑦ 어떤 결정의 집행으로 영향을 받게 되는 모든 개인들은 그 결정

의 성격이나 형태를 결정하는 데 참여하여야 한다.

또한 민주교육의 방향을 제시한 대표적인 저서로는 John Dewey(1916)의 『민주주의와 교육』을 들 수 있다. 그는 당시 학교지도자들에게 인기가 있었던 과학적 관리의 기법에 대해 신랄하게 비판하고 교육경영자들은 그들이 관리하는 사람들의 동의를 얻어야 할 필요가 있다고 강조하였다. 또한 이상적인 학교는 민주주의의 축소판이므로 학교의 구조나 활동에는 민주주의의 원리가 반영되어야 하며, 무엇보다도 개성을 존중하고 학생과 교원의 자유를 증진시켜야 한다고 주장하였다(박성식, 1998).

학교 조직에서의 인간관계론은 교육의 목표달성에 효율적일 뿐 아니라 교육 자체가 가지는 특수성을 고려할 때 중요성이 커지며, 인간관계이론에 바탕이 되는 이론들은 교수-학습의 기술향상에 기초를 이룬다는 의미에서 큰 가치를 지닌다. 교육이 추구하는 바는 곧 상호협동과 인간의 존엄성을 중시하는 것이며, 민주적이고 자율적 능력을 향상시킨다는 차원에서 인간관계이론과 합치점을 이룬다.

이러한 하나의 사회체제의 역할구조를 교육조직에 맞춰 살펴보면, 교육체제도 동일한 속성을 가진다. 교육의 목적과 목표를 설정하는 지방자치단체의 교육위원회나 교육감, 중앙의 교육과학기술부 등은 교육의 중요한 요소이지만 교육의 모두라고는 말할 수 없다.

더 중요한 것은 비공식적으로 이루어지는 새로운 상황에 접근하고 적응할 수 있는 조직의 능력과 목표달성을 위한 능동적이고 자율적인 풍토이며, 교사와 학생, 학부모와 지역사회, 동창회, 상급교육기관 등과의 상호 협조적인 관계이다. 더욱이 이들 간에는 심리적 동질감과 동료의식이 바탕을 이룰 때 소위 학교 경영의 합리화가 가능하고, 교육의 목표달성 정도가 더욱 향상될 수 있다.

5. 교육행정에 미친 영향

위에서 살펴본 바와 같이 당시의 모든 교육관계 저서나 논문에서는 민주교육, 민주교육행정, 민주장학, 민주교수법 등을 다루고 있었다. 그러나 1930년대 이후 민주교육, 민주행정, 민주장학 등을 주장하는 사람들이 많았던 데 비하여 이를 지지하는 사람들 간에는 '민주'라는 말의 개념이 애매했기 때문에 지나치게 단순화되었거나 때로는 잘못 사용되는 경우도 있었다.

또한 학교행정에서는 인간관계를 지나치게 강조함으로써 생기는 오해도 많았다. 흔히 학교장은 교직원들과의 좋은 인간관계를 유지해야 한다는 강박관념 때문에 때로는 단호한 결단을 내려야 할 일도 주저하며 피하였다. 뿐만 아니라 때로는 학생들이 피해를 입게 되는 입장이 된다고 할지라도 교사들의 무능함을 묵인하게 되었다. 그러나 전체적으로 볼 때, 인간관계 운동으로 인한 민주적인 행정은 교육행정의 발전에 유익하였다. 교사와 학생은 이전보다 훨씬 더 많은 자유를 누릴 수 있게 되었으며, 학교는 가르치고 배우는 즐거운 학습의 장이 되었기 때문이다(박성식, 1998).

제 3 절 행동과학이론

1. 행동과학이론의 의의

지금까지 논의된 과학적 관리론과 인간관계론에서 주장하는 조직이나 학교교육조직을 관리하는 이론들은 상당한 부분들이 지금 현대도 사용되고 있으나, 또 어떠한 부분들은 현대조직관리와 매우 상반된 내용으로 비판의 대상이 되고 있기도 하다. 먼저, 과학적인 작업관리를 통해 높은 능률과 높은 임금을 추구하는 과학적 관리이론은 지나치게 인간을 기계로 취급한다는 비난을 받았다.

또 호손실험 이후 나타난 인간관계론에서는 조직의 생산성은 집단 내외 비공식 조직에 의해 크게 영향을 받으며, 따라서 조직 내에서의 인간관계를 중시해야 한다고 보았으나 이러한 인간관계론은 지나치게 획일적인 선의에 입각한 인간존중의 측면을 강조함으로써, 조직의 목적이 도외시되고 비생산적 성향이 짙어지면서 조직의 파괴 혹은 해체현상까지도 일어나고 있음을 들어 지나치게 인간중심적이라는 비난을 받게 되었다.

이러한 맥락 위에서 나타난 새로운 하나의 이론이 행동과학론이다. 행동과학이론은 보다 광범위한 학문과 이론, 경험을 바탕으로 하는 조직의 관리 방법으로써 과학적 관리기법과 인간관계론에서 야기되는 조직관리이론의 비판점을 적극적으로 수렴하고 생산성 향상과 인간존중의 사상을 동시에 충족시키려는 이론이다.

2. 개인과 조직과의 관계에 대한 접근

1) 버나드(Chester I. Barnard)

버나드는 많은 인간관계론자들과 같은 시대의 사람이었지만 행정에 대한 행동과학적 접근을 처음으로 시도한 사람이다. 그는 뉴저지(New Jersey)에 있는 벨전화회사의 사장, 록펠러재단 이사장, 정부행정기관의 책임자 등의 경험을 토대로 현대 행정이론의 고전이라 할 수 있는 『경영자의 기능』(*The Functions of the Executive*, 1938)이라는 경영학 교과서를 집필하였다. 이 저서에서 버나드(Barnard)는 공식조직 내의 협동적 행위에 대한 종합적인 이론을 제시하고 있다.

버나드(Barnard)는 경영자가 협동과 재정적 성공을 달성하기 위해서는 두 가지 조건을 충족시켜야 한다는 것이다. 첫째 경영자는 조직의 공동목적이 성취도나 정도를 나타내는 효과의 중요성을 강조해야 하며, 둘째는 종업원의 개인적 동기의 만족도가 되는 효율성을 경영자가 알아야 된다는 것이다. 그의 요지는 조직의 목적과 조직을 위해 일하는 개인의 목적이 균형을 이룰 때 조직은 운영되고 살아남을 수 있다는 것이다.

따라서 경영자는 인간적인 기술과 전문적 기술 양쪽 모두를 갖추어야 한다는 것이다. 그가 중요하다고 생각한 구조적 개념은 개인 · 협동체제 · 공식조직 · 복합적 공식조직, 그리고 비공식조직이다. 또한 그의 중요한 동태적 개념은 자유의지 · 협동 · 의사소통 · 권위 · 결정과정, 그리고 동태적 균형이다(정태범, 1998).

이러한 입장에서 Barnard는 다음과 같은 행동과학적 이론의 개발에 기여했다는 칭송을 듣고 있다(이형행, 1992: 64).

① 조직의 전체성을 최초로 강조하면서 체제개념을 도입했다.

② 조직 속에서 비공식적인 측면의 역할에 주의를 집중시켰다.

③ 공식조직에 대해서 일반적이고도 보편적인 정의를 내렸다.

④ 권한의 본질에 대한 전통적인 생각을 바꾸게 했다.

⑤ 조직과 관리의 중요한 측면으로써 의사결정의 과정을 강조하였다.

⑥ 의사소통의 체제로서 집행조직에 관심을 두었다.

2) 사이몬(Herbert A. Simon)

행정에 대한 행동과학적 접근을 시도하여 행정학 발전에 크게 공헌한 두 번째 학자로 들 수 있다. 그는 자신의 박사학위 논문을 기초로 1945년에 출판한 『행정적 행위 : 행정조직에 있어서 의사결정과정에 관한 일 연구』에서 조직분석에 새로운 차원을 제시함으로써 후에 조직이론 연구에 선도적 역할을 하였다.

사이몬(Simon)은 행정을 조직구성원의 행위에 영향을 주는 합리적인 의사결정과정이라고 보았으며, 행정이론의 궁극적 목적은 조직결정의 합리성을 증가시키는 것이라고 하였다(Simon, 1976: 39). 따라서 사이몬에게 있어서 행정은 의사결정과 같은 것이며, 그의 주요 관심은 의사결정이 어떻게 이루어지며 어떤 방법으로 보다 유효하게 결정할 수 있는가 하는 문제를 분석하는 것이었다.

사이몬은 버나드의 이론을 확대하고 작업동기에 관한 공식적 이론에 초점을 두어 조직의 균형에 관한 개념을 사용했다. 그는 조직을 작업에 대한 유인이 교환되는 교환체제로서 보았다. 종업원은 그가 공헌한 것보다 큰 유인을 지각하는 동안에는 조직에 남아 있다는 것이다. 경제학 · 심리학 · 사회학을 통합한 유인-공헌 관계도표는 이 이론의 학제적 성격을 설명해준다(정태범, 1998).

3) 매슬로(Abraham Maslow)

행동과학적 접근은 욕구계층론을 제시한 매슬로의 연구에 크게 의존하여 왔다. 매슬로는 인간의 기본적 욕구를 다섯 가지 유형으로 대별하였다. 각 욕구는 계층을 이루어 순차적으로 한 욕구가 충족되면 다음 단계의 욕구가 대두하게 된다는 것이다.

매슬로의 이론에 의하면 행정가의 직무란 조직의 목적을 지원하는 구성원의 욕구충족을 위한 수단을 마련하고, 욕구충족을 방해하며 욕구좌절이나 부정적 태도나 또는 역기능적 행동의 원인이 되는 장애요인을 제거하는 것이다.

4) 맥그리거(Douglas Mcgregor)

매슬로의 연구에 기초를 두어 맥그리거는 사람과 경영 전략에 관한 두 가지 대조적인 가정을 한다. 그는 이것을 X이론과 Y이론이라고 불렀다.

X이론은 인간은 근본적으로 게으르고 일하기 싫어하고 될 수 있으면 일을 피하려 한다고 가정하고 인간은 보상과 처벌로 강제되어야 하며 작업상황에서 권위있는 인물에 의해 감독되고 지도되어야 한다는 것이다. 이것은 능률을 강조하는 고전적 접근이라 하겠다.

반대로 Y이론은 인간의 가치는 잠재성을 중시하는 접근으로서 인간은 본래 정직하고 일을 잘 하려고 하며 작업장에서 책임을 추구하고 솔선수범하는 기회를 찾는다고 주장한다. 따라서 Y이론 경영자는 구성원에게 권한과 책임을 위양하고 구성원이 의사 결정에 참여하는 것을 허용하는 경향이 있다. 맥그리거는 X이론에 입각한 경영방식에 대해 비판을 가하면서 보다 적절한 경영방식으로 Y이론을 제안했다.

위에서 대략적으로 살펴본 행동과학이론은 조직분석에 있어서 가치중립적인 접근을 촉진하였을 뿐만 아니라, 조직의 모든 유형과 모든 요인이 포함되도록 조직의 연구범위를 넓혔다. 또한 특정 단일 요인에 관한 연구에서도 그 요인과 다른 요인들과의 관련성에 주목하였고, 조직에 대한 중요성을 판단하는 기준을 제시함으로써 행정연구에 한 몫 하였다.

3. 교육행정에의 적용

버나드와 사이몬 이래 많은 사회과학자와 행동과학자들이 행정에 관심을 기울이고 이론화운동을 전개하였다. 이러한 경향은 교육행정 분야에서도 마찬가지였다. 이와 같은 교육행정에 대한 이론화 경향을 신운동(new movement)라고 하였다. 이 '신운동'이라는 말은 1957년 시카고대학교에서 개최된 세미나에서 핼핀이 처음 사용하였다. 교육행정에서 신운동을 주도했던 학자들이 강조한 공통점은 다음과 같다(Halpin, 1970).

① 교육행정을 연구하는 데 이론의 역할이 중요함을 인정하고, 이론에 근거한 가설·연역적 연구방법을 택해야 한다는 점

② 교육행정을 일반 행정이나 기업행정 등과 다르게 보려는 편협한 관점을 버리고, '행정'이라는 용어 앞의 한정사와는 관계없이 행정은 그 자체로서 과학적인 연구주제가 될 수 있다는 점

③ 교육기관은 사회체제로서 가장 잘 이해될 수 있는 것이기 때문에 교육행정의 연구는 행동과학적 연구방법에 크게 의존하지 않을 수 없다는 점

교육행정 분야의 신 운동은 처음에는 교육행정가와 교육행정학자들 사이에, 다음에는 교육행정학자와 사회과학자들 사이의 협동적 연구계획으로 크게 촉진되었다. 그 대표적인 예를 몇 가지 들면 다음과 같다(이형행, 1983).

첫째, 1947년에 미국 교육행정학 교수협의회(NCPEA : The National Conference for Professors of Educational Administration)가 결성되었다. 이 협의회의 결성취지는 교육행정 분야에서 수행된 기존의 연구물을 수합·검토하여 정교화시킴으로써 구체적인 활용을 가능하게 하고, 기타 관련 분야의 연구물과의 통합을 시도하는 것이었다(Hayes and Pharis, 1967 : 4). 특히 이 협의회가 1954년 콜로라도주 덴버대학에서 개최한 연차대회에는 사회과학 분야의 행동과학자들이 다수 참석하여 교육행정학 교수들과 공동관심 분야를 논의하였다.

그리피스(Daniel E. Griffiths)는 행동과학자들의 참여 의의를 당시 교육행정 분야에 지배적이었던 실무위주의 사고방식에 정면으로 도전하여 이론적 연구가 전혀 없던 교육행정 분야에 새로운 이론적 접근방법을 제시한 점이라고 하였다. 또한 이 협의회는 캠벨과 그레그를 공동편집인으로 선정하여 교육행정에 관한 기존의 연구물을 종합하여 앞으로의 연구방향을 제시하고, 이론구성의 필요성을 인식시키기 위하여 1957년에 『교육에 있어서 행정적 행위』라는 책을 출간하였다. 이 책의 의의는 당시까지 교육행정에 대한 이론 지향적 연구가 없었다는 점을 지적하면서 이론에 바탕을 둔 새로운 연구의 필요성을 강조한데 있다.

둘째, 1950년 켈러그재단의 후원을 얻어 하버드대학을 비롯한 5개 대학이 중심이 되어 수행한 교육행정협동연구계획(CPEA : The Cooperative Program in Educational Administration)을 들 수 있다. 8개 대학 협동연

구센터는 교육행정 실제와 이론에 관한 연구에 혁명적 변화를 일으켰다. 이 센터의 목적은 ① 교육행정가 양성을 위한 직전 및 현직 교육프로그램의 개선, ② 대부분의 사회과학을 포함하는 학제적 연구를 통하여 중요한 사회문제에 대한 감수성 개발, ③ 행정실무자에게 연구결과의 보급, ④ 교육행정에 관한 새로운 지식의 발견, ⑤ 동일지역 내의 대학들과 교육행정기관과의 계속적 협력과 의사소통을 위한 모형개발 등을 들 수 있다.

셋째, 1956년에 교육행정학 분야에서 박사학위과정을 개설하고 있던 32개 대학이 모여서 미국 교육행정학 교수협의회의 주도하에 교육행정 대학협의회(UCEA : The University Council for Educational Administration)가 구성된 것이다. 이 협의회의 창설목적은 교육행정가의 직전 및 교육프로그램을 개선하고, 교육행정에 대한 이론적인 연구를 촉진하며, 연구와 실제로부터 얻어진 자료들을 보급하는 것 등이었다. 대학간 교육행정학 교수협의회라고도 볼 수 있는 UCEA는 1950년 이후부터 CPEA가 주도해 왔던 교육행정에 대한 이론적 연구를 더욱 촉진하고 심화시키는 역할을 담당해 왔다.

위에서 살펴본 것과 같이 NCPEA, CPEA, UCEA 등은 1950년대부터 시작된 교육행정의 이론화 운동을 주도하면서 행동과학적 접근방법을 통해 교육행정이론의 발전에 크게 공헌하였다.

4. 교육에 미친 영향

1950년대부터 전개된 교육행정의 이론화 운동은 처음 10여 년 동안은 행동과학접근방법을 통해 교육행정이론의 발전에 선도적인 역할을 했으나, 1960년대 중반 이후 이론화운동은 여러 가지 원인으로 인해 약화되었다. 우선, 이론화운동이 행정이론에 대한 지나친 강조가 과도한 기대를 불러일으켜 행동과학적 접근방법에 대한 환멸과 비판을 초래하였고, 이론화운동의 배경을 이룬 행동과학적 언어와 방법이 기존 학자들에게는 너무 새롭고 생소하였으나 혼란을 야기했다. 또한, 이론화운동은 조직 내의 변인에만 관심을 두었을 뿐 외적인 환경 변인은 도외시함으로써 급속한 환경적 변화에 적절히 대응하지 못하였다(Halpin and Hayes, 1977).

앞으로 행동과학이 계속 남아 있으려면 그 이론과 연구가 끊임없이 발전되어 더 세련되고 유용하게 변해야 한다. 행동과학적 접근은 행정가들l 조직 생활의 복합성을 이해하려고 할 때 그들을 도와주는 하나의 개념적 지침을 제공할 수 있거나 제공해야 할 것이다.

제 4 절 체제접근이론

1. 체제접근이론의 의의

고전적 이론과 인간관계론은 한 가지 공통적 요소를 갖고 있다. 이들 이론의 관점은 조직을 폐쇄적 체제로 보는 것이다. 즉, 조직은 그 환경과 고립시켜 이해하였다. 내적인 조직 행위에 대한 환경 또는 외부세력의 영향에 대하여 거의 주위를 기울이지 않았다. 1960년대 초에 행동과학자들은 그들의 조직관을 폐쇄적 체제로부터 개방체제로 바꾸기 시작하였다(정태범, 1998).

체재개념은 원래 생물학자인 Ludwing von Bertalanffy가 생체(living system)를 개방체제로서 파악한 것을 계기로 하여 자연과학에서 발달한 것인데 이 개념을 사회과학에 도입한 것이 일반체제이론(general systems theory)이다. 이러한 체제이론을 주장하는 학자들은 모든 사회체계의 조직에도 생물체계에서 볼 수 있는 바와 같이 투입, 전환, 산출의 과정이 있으며, 이 과정은 평가의 반송과 연속 내지 순환과정을 이루는 개방체제로서의 역동적인 구조를 가지고 있다고 보았다(Daniel

Katz and Robert L. Kahn).

체제라는 용어는 사용하는 학자들에 따라 다양하게 정의되고 있는데, C. D. Flagle 등은 체제를 하나의 예정된 기능을 협동적으로 수행하도록 마련된 상호 작용하는 요소들의 통합된 집합으로 보았고, D. E. Griffiths는 상호 작용하는 요소들의 복합체라고 하였다. 또한 S. J. Knezevich는 체제를 모든 조직된 실체를 위한 일단의 목적에 초점을 맞춘, 상호작용을 하면서도 상호독립적인 구성요소들의 집합체라고 보았다.

이와 같이 체제에 대한 정의를 각자가 다르게 내리고 있지만 이들이 나타내고 있는 공통점을 정리하면 다음과 같다(이형행, 1998).

① 체제는 여러 하위체제들로 구성되며, 이것들은 상호의존관계에 있다.

② 체제는 환경으로부터의 일정한 투입을 필요로 하며, 이것은 전환 혹은 처리과정을 통해서 산출로 변화된다. 이러한 산출의 일부는 평가의 반송과정을 통해서 다시 체제 속으로 흘러 들어가게 되고, 다른 일부는 체제의 환경으로 흘러나간다.

③ 이러한 한 묶음의 상호작용, 즉 하나의 체제는 경계라는 개념에 의하여 다른 체제들과 구별되며, 한 체제의 경계밖에 속하는 상호작용은 바로 그 체제의 환경이 된다.

체제의 개념을 분명히 밝히기 위해 체제의 기본 모형을 살펴보면 아래의 그림과 같다(이형행, 1998).

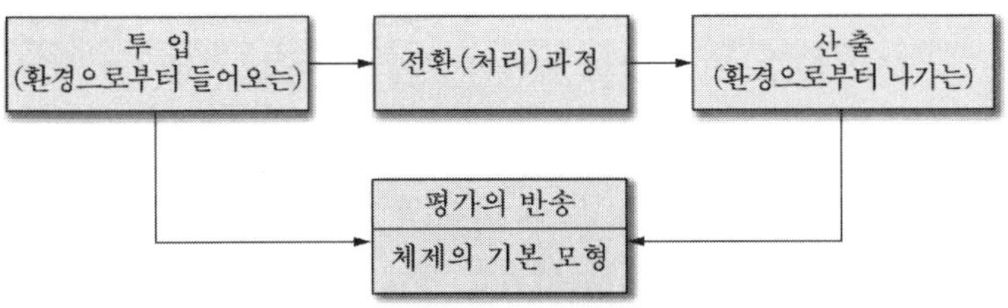

체제의 기본 모형

① 투입이란 상호 작용하는 요소들이 체제의 목적을 달성할 수 있도록 체제의 밖에서 안으로 들어가는 모든 요소를 말한다. 이는 체제에 투입되는 자원과 정보 등 체제내의 작용을 통해 체제의 유지나 산출을 가능하게 하는 요소들이다.

② 산출은 체제가 환경이나 인접한 체제로 내보내는 자원과 정보로서 체제가 의도적이나 무의도적으로 생산해 내는 모든 것을 말한다.

③ 과정은 체제가 목적달성을 위해 여러 자원과 정보를 활용하여 산출로 전환시키고 가치를 창조하는 과정을 말한다.

④ 환경은 체제와 일정한 접촉을 유지하고 그것에 일정한 영향을 주는 경계 밖의 주변조건이나 상태를 말한다.

2. 체제에서의 사회적 행동

체제는 생물학적, 기계적 또는 사회적일 수 있다. 공동목적을 달성하기 위하여 사람들로 구성된 모든 조직은 사회체제이다. 체제적 접근이 교육행정학 연구에 도입되면서 학교조직을 사회체제로 보고 그 안에서 이루어지는 사회적 행동을 규명하려는 노력이 있어 왔다. 그 대표적인 것으로 게첼즈와 구바의 사회체제 모형을 들 수 있다.

그들의 모형에 의하면, 사회체제는 두 개의 기본 요소를 가지고 있으며 체제에서의 사회적 행동은 이들 두 요소간의 상호작용에 의하여 결정된다. 그 두 요소 중의 하나는 그 체제의 목적을 달성하기 위하여 조직되어 있는 기관을 말하며, 기관에는 구성원들이 담당해야 할 역할과 이에 대한 기대가 있다. 또 다른 하나는 체제가 포함하는 개인을 말하며, 개인은 각기 다른 개성과 욕구성향을 지닌다.

이들 두 요소는 각기 사회체제의 한 차원을 차지하며 전자의 기관-역할-기대는 규범적 차원, 후자의 개인-개성-욕구성향은 개인적 차원이라고 불린다. 이들 두 차원을 구체적으로 살펴보면 다음과 같다.

1) 규범적 차원

규범적 차원에서 기관의 개념을 살펴보면, 기관이란 모든 사회체제는 일상적으로 꼭 수행해야 할 기능을 가지고 있는데 이런 기능을 수행하기 위하여 수립된 제도적 기구라고 할 수 있다. 예컨대, 국가에는 국민을 통치하고, 보호하고 교육하는 것과 같은 기능이 있으며 이러한 기능을 맡아서 수행하는 기구가 기관이다. 학교는 교육이라는 기능을 맡아서 수행하는 기관이다.

역할은 기관에 있는 일정한 직위 또는 지위를 말하면 그것은 역할 담당자의 행동을 명확히 해준다. 학교의 경우 교장, 교감, 교사 등과 같은 직위는 학교라는 기관에 있는 역할을 의미하며 사람을 지칭할 때에는 역할 담당자이다. 역할은 기대란 관점에서 정의된다. 어떤 역할이든 거기에는 규범적 의무와 책임이 부여되는데 이런 역할에 부여되는 규범적 의무와 책임을 역할기대라고 할 수 있다. 역할 담당자가 이런 의무와 책임을 다하는 것이 바로 그가 역할을 수행하는 것이 된다.

역할기대는 어떤 역할담당자가 해야 할 일과 해서는 안 될 일을 분명히 해준다. 역할은 체제의 다른 역할과의 관계 속에서만 의미를 찾을 수 있다. 그런 의미에서 역할은 상호의존적이며 보완적이라고 할 수 있다. 한 체제 속에서 다른 역할과 분리해서 어느 한 역할을 기술하기란 쉽지 않다. 학교에서 교장과 교사의 경우 그들 간의 역할 관계를 떠나서는 사실 그들의 역할에 대한 기술이나 실제 역할수행이 불가능하다.

지금까지 사회적 행동의 규범적 차원을 이루는 기관, 역할 및 기대에 대하여 살펴보았다. 규범적 차원에서는 사회적 행동을 분석하는 데 있어서 체제 구성원을 체제목적 수행을 위한 역할 담당자로 보고 그에게 부여된 역할에 따른 행동적 측면을 고찰한다. 다시 말해서 이 차원은 체제 구성원을 다만 집단의 일부로서 일정한 역할을 수행하는 역할 담당자로 고려하는 사회학적 측면이다.

여기에서는 체제 구성원의 개성을 무시하고 구성원의 역할수행만을 보지만 체제 내에서의 행동을 대체적으로 이해하고 예언할 수 있다. 예컨대 일정한 군대 또는 교육기관의 역할을 안다면 실제 참여하는 사람들을 관찰하지 않더라도 그 사람들이 이들 기관에서 하는 일을 다소 정밀한 정도까지 예언할 수 있다.

2) 개인적 차원

개인적 차원은 체제를 구성하고 있는 인간은 독특한 개성을 지닌 존재라고 하는 심리학적 측면이다. 실제로 체제에서 역할을 담당하는 것은 개인이며 모든 개인은 그의 독특한 행동 형태를 가지고 그 역할을 수행하게 된다. 같은 직위에 있는 교장들이나 교사들의 경우 누구도 똑같은 방법으로 업무를 수행하거나 행동하지 않는다. 그들은 그들의 행동을 좌우하는 서로 다른 성격과 욕구를 가지고 있기 때문이다. 따라서 체제 안에 있는 어떤 개인의 행동을 이해하기 위해서는 그에게 주어진 역할이나 기대를 파악하는 일 뿐만 아니라 그 개인의 성격을 파악하지 않으면 안 된다. 다시 말해서 체제에서의 사회적 행동을 이해하기 위해서는 규범적 차원과 개인적 차원이 동시에 고려되어야 한다.

앞에서 이미 언급한 바와 같이 규범적 차원에 대한 고려는 사회적 행동의 사회학적 분석 수준이며 개인적 차원에 대한 고려는 심리학적 분석 수준이다. 개성은 개인 내부의 심리적 구조로서 외부 환경에 대한 개인의 독특한 반응을 유도하는 제 심리적 특성의 통합이다. 즉, 각 개인은 그가 소유하고 있는 지각 형태, 욕구, 습관, 능력, 가치, 신념 및 지식과 같은 특성에 의존하면서 외부세계에 독특한 반응을 하게 되는데 이런 특성의 통합을 개성이라고 할 수 있다.

게첼즈와 구바는 개성을 환경에 대하여 독특한 반응을 좌우하는 욕구-성향이 개인 내부에서 작용하는 역동적 조직이라고 정의하고 욕구-성향을 개성의 중심되는 분석요소라고 말하고 있다.

욕구-성향이란 어떤 방식으로 대상을 인식하고 그 대상에 대하여 행동하고 또 그 행동의 어떤 결과를 기대하는 개인 경향성이다. 다시 말해서 개인의 욕구는 환경을 지각하고 행동의 방향을 결정해 주는 개성의 가장 중요한 요소이다. 예컨대 같은 역할을 담당하고 있는 두 교장의 경우 그들은 서로 그들이 가진 욕구가 다름으로써 실제 역할수행에 있어서 또는 상하관계에 있어서 서로 다른 행동을 보여줌을 알 수 있다. 즉, 지배욕이 강한 교장은 교직원들을 지배의 대상으로 볼 뿐만 아니라 권위적인 방법으로 그들을 통솔하며, 반면 다른 사람과 친밀한 관계유지를 원하는 교장은 교직원들을 동료로 여기고 업무를 민주적으로 수행할 가능성이 많다. 한 마디로 사회체제의 개인적 차원은 개인의 독특한 개성과 욕구성향이라고 하는 심리학적 관점에서 개인행동을 설명한다.

3. 교육행정에의 적용

① 학교특성의 파악 : 개방체제론적 관점에서 학교를 연구한 Cohen은 학교를 '조직화된 무질서'라는 개념을 체계화했으며, Weick은 학교조직을 '이완조직'이라는 체제로 개념화했다.

② 학교경영계획 수립에 이바지 : 체제적 접근은 학교의 구성요소 하나하나가 학교행정의 문제나 과업들과 관계가 있다는 시각을 제공해 줌으로써 학교경영 계획의 모형 개발을 가능하게 하였다.

③ 학교의 능률적 관리 : 체제접근은 절차에 따라 문제를 운용할 수 있는 플로차트 모형을 통해 교육 프로그램을 조직하게 하고, 개별화 수업체제를 개발하게 하는 등 학교경영의 개선에 이바지하였다.

④ 경영기법의 도입 : 체제접근은 학교의 문제 해결을 위해 MBO, PPBS, PERT 등과 같은 경영학적 기법과 도구를 도입하여 활용하게 하였다.

4. 교육행정에 미친 영향

체제이론은 최근에야 교육행정 분야의 주목을 받기 시작했기 때문에 경험이 많은 교육 행정가들도 아직 체제이론 및 그 방법에 미숙한 것이 현실이다. 비관론자들은 개방체제관에 있어서 관련 변인이 너무 많고 그들 간의 상호관련성을 결정하기가 매우 어렵기 때문에 과학적 연구는 희망이 없다는 결론을 내리기도 한다. 그러나 다른 사람들은 개방체제관을 새로운 기회로 본다. 그들은 폐쇄체제이론은 적절하지 못하다고 주장하는 호이의 교육행정의 이론과 연구에 대해 요약한 말에 동의할 것이다. 개방체제관은 교육행정학자와 실천가들에게 현실에 대한 더 정확한 관점을 마련해 주었다고 하겠다(정태범, 1998).

5. 한국교육행정의 발전

우리나라에 소개되어 있는 교육행정이론은 주로 1950년대 이후 미국에서 발전되어 건너온 것이다. 우리나라의 경우를 보면, 8·15광복 전까지 교육행정은 있었으나 학문으로서의 교육행정은 존재하지 않았었다. 광복과 동시에 교육체제가 민주화되면서 미국 교육문화의 영향으로 민주적 교육행정이 크게 강조되었다. 그래서 민주적 교육행정의 이념아래 교육의 운영방식에 대한 새로운 지식이나 기술이 필요하게 되었고, 이러한 필요에 의한 연구 논문이나 논설문이 발표되게 되었다.

그러나 교육행정에 관한 저서나 연구 논문은 1950년대 후반에 접어들면서 나타나기 시작했다. 대학에서 교육행정학 강의가 시작된 것은 1953년 서울대학교 사범대학에 교육행정과가 생기면서부터였다. 그러나 교육행정에 대한 학문적이고 이론적인 논문은 1960년대에 들어와서 교육행정연수원의 발족, 교육대학원의 설치 등이 계기가 되면서부터 전문적인 연구논문이 탄생하였다. 1960년대 말까지 교육행정학 발전의 특징은 전통적인 조직이론의 개념적 추구와 전통적인 분류에 의한 연구들로서 이론적 기반을 다지게 되었다(이형행, 1998).

1970년대에 들어서면서 대학원에서 교육행정학분야의 석사학위과정을 이수한 사람이 급증하고, 일반대학원 박사과정에서 교육행정학을 전공하는 대학원생이 늘어나면서 교육행정학 연구에 행동과학적인 접근방법이 시도되었다. 그리하여 인접 사회과학으로부터 새로운 이론을 도입하고 적용하며 검증함으로써 교육행정학 연구가 발전이 되면서 1990년대를 맞이하였다.

위에서 교육행정이론의 발전을 살펴보았다. 교육전반에 걸쳐 치밀한 분석과 검사가 필요하며 이러한 심층적 고찰과 연구를 바탕으로 교육개혁이 촉진되어져야 하고, 교육행정조직은 미래의 국제화시대와 통일한국교육에 대비해서 미래지향적으로 혁신되어져야 할 것이다. 교육에 있어서의 행정 조직은 목표로 하는 과업들을 수행하기에 적합하도록 해주고, 이러한 체계적인 것에 의해 교육행정조직이 더욱 구체화되고, 효율적이 된다. 그 동안 우리나라는 많은 교육 직제의 개정을 시도했으나 아직 부족한 점이 많이 발견된다. 그러므로 우리는 앞으로 좀더 그러한 문제점들을 적절히 보완해 나가며 개선해 나가야 할 것이다.

참고문헌

김유태(2001), 『교육행정・경영의 이해』, 서울: 동문사

박성식(1998), 『교육행정관리론』, 서울: 학지사

이형행(1998), 『교육행정론: 이론・법칙・실제』, 서울: 양서원

정태범(1998), 『교육행정학』, 서울: 양서원

Griffith, Francis, *Administration Theory in Education: Text & Reading*, Midland, MI: Pendell Publishing Co., 1979.

Halpin, Andrew W., *Administrative Theory in Education*, Chicago: Midwest Administration Center, University of Chicago, 1958.

Hoy, Wayne K. & Cecil G. Miskel, *Educational Administration: Theory, Research, & Practice* (4th ed.) New York: Random House, 1992.

제 3 장

교육이념

3 chapter

교육이념

제 1 절 교육이념

1. 교육이념의 개념

교육이념이란 교육이 궁극적으로 도달해야 할 이상적인 관념을 말한다. 이러한 이념실현을 위하여 나아갈 방향을 나타낸 것이 교육목적이고, 교육목적을 구체화한 것이 교육목표이다. 존 듀이는 이념(ideals)이란 존재의 선재적인 제반조건을 구체적으로 재구성하는 데 영향을 주는 예견적 계획 및 구상이라고 하였으며, 오천석은 교육이념을 교육의 '지향할 바'라고 규정하고, 다음과 같은 조건을 갖추어야 한다고 주장하였다.

① 포괄성 : 교육이념은 크고 작은 여러 개념을 모순이 없이 포함하는 총괄적인 것이어야 한다.

② 보편성 : 일부분에만 반영·실천할 수 있는 것은 교육이념으로서 부적당하다.

③ 기본성 : 모든 교육활동을 정당화하는 근거가 되어야 한다.

④ 일관성 : 모든 교육활동은 이념에 의거한 원리로 운영되기 때문에 그들 사이에 모순이 있어서는 안 되며, 시간과 장소에 따라 변하지 않아야 한다.

⑤ 지속성 : 이성작용에 의하여 도달된 교육이념은 절대적이지는 않더라도 비교적 장기간 계속된다.

⑥ 긍정성 : 사상이 확고한 기초 위에 놓여지고 항구성을 지니려면 부정적인 것보다 긍정적인 것이 바람직하다.

한편, 정범모는 이념의 수준을 단계적으로 고려하여, 표언명문(表言明文)한 수준의 이념, 논의수준의 이념, 합의수준의 이념, 토착문화수준의 이념 등으로 설명하였다. 한국은 교육법 제1조에 "교육은 홍익인간의 이념 아래 모든 국민으로 하여금 인격을 완성하고 자주적 생활능력과 공민으로서의 자질을 갖추게 하여 민주국가 발전에 봉사하며, 인류공영의 이상실현에 기여하게 함을 목적으로 한다"고 규정하여 교육이념을 밝히고 있다.

여기서도 명시한 바와 같이 교육이념은 교육목적 · 교육목표와 불가분의 관계를 가지고 있다. 교육이념은 교육목적을 포함하고 교육목적은 교육목표를 포함한다. 그러므로 목적을 달성할 수단적 의미로 목표를 고려하는 것이 보통이다. 결국 교육이념 · 교육목적 · 교육목표는 질적으로 차이가 있는 것이 아니고, 실제로 도달해야 할 성과 또는 지향하는 바의 현실화에서 거리적 · 시간적 차이를 두고 있을 따름이다.

2. 교육이념으로서의 홍익인간

국조 단군은 홍익인간의 거룩한 정신으로 모든 사람이 공영할 삶의 터전을 닦았다. 따라서 홍익인간이 내포하고 있는 사상은 인간존중과 인류평화 건설에 기여하는 정신이 담겨져 있다. 다시 말하면, 널리 인간에 봉사하라는 정신이 그 기본이 된 것이다.

첫째, 홍익인간은 우리 민족의 건국정신인 동시에 우리나라 역사가 시작한 이래 우리 민족이 간직하여 내려온 민족적 신념이며 이상이다. 개천절을 국경일로 정한 것은 우리의 민족정신의 발로에서 생긴 것이므로 국가로서 중요한 뜻을 지닌다. 여기에는 한국인의 의식구조가 그대로 나타나고 있다. 그러므로 홍익인간이야말로 우리가 영원히 계승해야 할 민족적 이상인 동시에 교육의 궁극목적이 되어야 할 것이다.

둘째, 단군신화를 현대적인 의식으로 풀이해 보면 인간에 대한 해석이 지극히 소박하면서도 합리적이다. 따라서 교육이념으로서 홍익인간의 뜻은 우선 사람이 되라는 것이다. 교육의 가장 기본적인 목적도 인간의 형성에 있다.

셋째, 단군신화의 사회권과 홍익인간의 이념은 자유를 지극히 사랑했음을 알 수 있다. 환웅이 지상에 내려올 때도 자진해서 내려왔고, 곰이 사람이 된 과정도 곰의 뜻으로 고행을 겪고 인간이 되었다. 뿐만 아니라 평등을 지극히 존중하여 하늘나라와 지상을 거의 대등하게 생각하였는가 하면 신과 인간과 동물을 똑같이 여겨 계층을 설정하지 않았다.

넷째, 홍익인간은 우리의 민족적 이상인 동시에 인류에 공헌한다는 세계이상에 부합되는 것이다. 교육의 목적은 교육을 받는 그 사람을 위하는 것일 뿐 아니라 나아가서 전 인류가 함께 사는 데에 있다. 그러니 민주적 혹은 보편적 교육(universal education)의 입장에서 볼 때도 홍익인간은 우리의 교육이념으로 타당하다.

제 2 절 교육제도

교육제도란 일정한 법규를 기초로 조직화된 교육기관의 계통을 말한다. 교육제도의 성립에는 각 국의 자연적 · 사회적 조건이 그 기반을 이루고 있어 종족·언어·경제·정치·종교 등 여러 조건과 연관시켜 이해할 필요가 있다. 근대의 교육제도는 국가가 관리하는 경향이 강하므로 결국 전 국민을 대상으로 하는 국민교육제도로서 파악하게 된다. 또한 교육제도의 중심이 되는 것은 학교제도이기 때문에 통상 교육제도는 학교제도와 동의어로 사용되고 있다.

1. 교육제도의 개념

교육제도란 교육상의 어떤 목적을 실현하기 위하여 사회적으로 공인되어 조직된 교육 전반에 관한 제도를 말한다. 교육제도라는 말을 할 때 흔히 우리는 학교라는 조직체를 연상한다. 본래 영어의 institution이라는 말은 기관을 뜻하는 단어이기도 하다. 그러나 입학시험 제도도 교육제도의 일부이며, 초·중·고등학교 교육의 6-3-3-4제의 학제도 교육제도이다. 그러고 보면 기관, 조직, 집단, 같은 외형적인 것이 교육제도인가 하면, 절차, 활동, 규범, 가치관, 지위, 구실, 관계와 같은 무형의 요소들도 교육제도인 셈이다.

요컨대, 교육제도란 국가의 교육이념 및 교육목적을 달성하기 위한 국가적 차원의 인위적 장치로서 교육활동(교육목적, 교육내용, 교육방법, 교육평가 등), 학생, 교원, 교육기관, 교과용 도서, 그리고 조직 및 기구 등에 관한 표준은 물로 기준을 총칭하는 개념이라 할 수 있다. 이러한 교육제도는 인간생활의 기본적이며 보편적인 필요를 충족시켜 주는 사회적 대행기관이기 때문에, 모든 다른 사회제도와 마찬가지로 그것은 부단히 변화하고 약속된 사회적 목적 또는 목표를 반영하기 마련이다.

2. 교육제도의 본질

교육제도는 그 사회의 질서를 유지하고 개인의 삶을 보장하기 위해서 성립된 교육을 위한 수단으로서, 교육목적 달성을 위해 수립된 것이다. 따라서 교육제도는 온 국민에게 교육의 기회를 균등하게 보장하고 개인의 자아실현과 국가발전을 촉진할 수 있도록 그 방향이 설정되어야 한다. 또한 교육제도는 인간의 사회적 생활에서 가장 중요한 것 가운데 하나로 사람들에게 자신의 삶을 꾸려 나가고 가치를 추구하게 하며, 사회를 성립시키고 사회에 참여하는 원리를 학습할 기회를 제공하기도 한다.

역사적으로 보면, 교육제도는 점차로 비형식적인 것에서 형식적인 것으로, 또 단순한 형식에서 복잡한 형식으로 발달해 왔다. 그리고 교육을 베푸는 입장에서의 제도에서, 교육을 받는 입장에서의 제도로 그 중심축이 바뀌면서 그 성격이 점차로 변화되어 왔다. 이렇게 교육이 소수의 지배계급의 손에서 다수 대중의 품으로 옮겨오게 되면서, 교육제도에 있어서 기회균등과 정의의 문제가 새롭게 대두되게 되었고 교육제도는 근본적으로 학생(아동과 성인 학습자)의 교육에 그 목적과 존재 의의를 두게 되었다.

다시 말해서, 교육제도는 그 존립, 구조, 내용, 그리고 목적이 학생과 교사의 교육적 교수와 학습관계에 초점을 맞추게 되었고, 따라서 학생의 충만한 인간성을 실현시키는 데 그 본질적 목적을 두었다. 결국 교육제도는 사회 구성원을 대상으로 하여 교육의 목적을 달성하기 위해 존재하는 하나의 사회제도인 만큼, 학생의 학습권의 보장이라는 차원뿐만 아니라 국가와 사회의 교육이념과 목적의 구현이라는 차원에서 그 적합성과 효율성을 추구해야 할 매우 복잡한 제도인 것이다.

3. 교육제도의 특성

첫째, 형식성이다. 교육제도는 사회의 유지 발전, 그 구성원의 자아실현을 위해 고안된 하나의 사회적 기구이므로, 교육의 형태, 내용, 방법, 평가, 기간 등에 걸쳐서 나름대로의 형식화된 기준을 갖게 마련이다.

둘째, 안정성이다. 교육제도가 사회적 유용성을 발휘하기 위해서는 제도의 안정성이 확보되어야 한다. 그것은 대체적으로 법제화됨으로써 교육제도의 안정성이 확보된다.

셋째, 민주성이다. 국민의 학습권을 보장하고 국민의 능력에 따라 교육받을 수 있도록 제도적으로 기회를 균등하게 보장해야 한다는 의미뿐만 아니라 학습 결과의 평등을 보장할 수 있는 제도적 장치의 개발이 강구되어야 한다.

넷째, 복지성이다. 교육은 국민들로 하여금 자아를 실현하고, 장래의 직업을 준비시켜 줌으로써 사회에 대한 적응 능력을 배양시켜 준다. 이렇게 국민 각자에게 자기 성취를 할 수 있도록 교육제도가 이를 보장해 주어야 한다.

다섯째, 적응성이다. 교육제도는 효과적인 교육을 위해서 통일적이고 안정적으로 운영될 필요도 있지만, 사회변동과 시대적 상황을 반영하여 유연하게 대처해야 한다. 이렇게 미래사회에 적응할 수 있도록 교육제도가 탄력적으로 운영되어야 한다.

여섯째, 정의성이다. 교육에서 정의란 교육제도가 창출하는 가치의 배분을 위한 규칙과 그것을 준수하는 사회적 행위가 정의로워야 한다는 것이다. 이렇게 교육이 본질적으로 정의와 관련된 활동이기 때문에 이를 운영하는 제도 또한 정의롭게 운영되어야 한다.

4. 교육제도의 기능

첫째, 교육제도는 사회문화적 '보존적 기능'을 가진다. 즉 교육, 특히 학교교육은 그 사회가 추구하고 있는 가치체계와 생활양식에 적응하게 함으로써 한 세대에서 다음 세대로 넘겨주는 기능을 하여 이들의 보존이 가능하게 해 준다.

둘째, 교육제도는 사회문화의 '개조적 기능'을 가진다. 즉, 사회의 가치체계와 생활양식은 변화하고 있으며, 또한 변화가 요청되며, 변화를 방지하려는 보존적 기능과 함께 변화의 요청에 응하는 개조적 기능이 교육활동에서 요청된다.

셋째, 교육제도는 사회문화에 대하여 '중립적·통합적 기능'을 가진다. 이는 현대 사회의 가치체계와 생활양식에 관한 것을 목적과 내용으로 삼는다는 것을 뜻한다. 즉 여러 소수의 집단들이 추구하는 가치들에 대하여 중립적이다.

넷째, 교육제도는 특히 공간적으로 '보편적인', 그리고 시간적으로 '항구적인' 가치를 포함하면서 비교적 초연한 자세로 사회적 기능을 담당한다. 학교교육은 보수, 선발, 교화, 학습의 기능을 하는 것으로 볼 수 있는데 이를 크게 나누면, 사회화와 사회적 보호이다.

이 가운데 사회화는, 즉, 학교에 의한 사회화는 단순히 사회적 지배적인 신념, 태도, 규범 등과 같은 것을 습득하여 기존 사회의 가치나 질서에 맹목적으로 동조시키는 것이 아니라 합리적으로 판단할 수 있는 능력도 포함된다. 이를 가장 효과적인 방법으로 달성하려고 하는 인공환경적인 제도가 학교이다. 이 학교에 의한 사회화는 동질화와 다양화의 두 가지로 분류된다. 전자가 사회의 구성원 모두에게 공통적으로 필요한 지적, 신체적, 도덕적 상태를 발달시키는 것임에 비하여, 후자는 특정화된 환경에 놓였을 때 필요한 지적, 도덕적, 신체적 상태를 발달시키는 것이다.

다음으로 사회적 보호는 미성년자를 학교에서 수용해서 그들의 안전과 복지를 꾀하는 다분히 학부모 대리적인 기능이다. 이것은 학교급식, 학교보건, 학교안전 등의 복지기능과 어린이를 돌보는 보육기능으로 나눌 수 있다.

5. 교육제도의 구분

교육제도는 크게 학교제도와 교육행정제도로 구분지을 수 있다. 학교제도는 다시 의무교육제도, 입시제도, 교육양성제도, 사회교육제도를 포함하고 있다.

가정, 사회교유기관, 학교 등은 우리 사회에서 교육기능을 수행하고 있는 주요 기관들이다. 이들 중에서 의도적, 체계적, 전문적인 교육기능을 수행하고 있는 것은 학교이다. 물론 의도적, 조직적, 체계적 교육은 학교에서만 이루어지고 있는 것은 아니다. 다만, 학교 서로간의 결합관계에 바탕을 둔 학교교육제도는 교육제도의 한 영역이며, 그것도 그 중핵을 이룬다고 할 수 있다.

근대 교육은 학교를 중심으로 발달하고 있기 때문에 학교제도를 제쳐 놓고 교육제도를 생각할 수 없다. 곧, 학제는 근대 교육제도의 중심적 기구로 근대 이후 현대에 이르기까지 교육은 학교를 제외하고 생각할 수 없을 정도로 거대한 힘을 가지게 됨으로써 사회의 교육제도의 핵심적인 기구가 된 것이다.

1) 학교교육제도

① 개념 : 이는 학교제도 또는 학제라고 불리는데, 학제의 개념은 학자들마다 조금씩 다르게 정의되고 있는데 이 중에 학제를 학교계통과 학교단계에 따른 학교 간 연결에 관한 제도 또는 틀이라는 견해가 학제가 무엇인지 가장 구체적으로 이해할 수 있게 한다. 여기에서는 “학제란 학교계통과 학교단계에 따른 교육목표, 교육내용, 수업연한, 취학

연령, 학교간의 종적연결(접속 및 분화)과 계열간의 횡적 연결(연계관계) 등을 위한 조직, 기관, 기구와 그 기능 및 운영 등을 법규로 제도화한 것"이라고 정의한다. 여기서 학교계통은 여러 유형의 학교를 의미하고 학교단계는 어떠한 연령층을 대상으로 하고 있는가 또는 교육내용이 어느 정도의 교육수준인가를 나타낸다. 그러므로 학제는 교육제도의 하위체제 중의 하나라고 볼 수 있고, 교원양성제도, 교육행·재정제도 및 사회교육제도들과의 상호작용 속에서 유지·발전될 수 있으므로 교육제도와는 불가분의 관계에 있다.

② 학교교육제도의 원칙 : 학교교육은 국민의 학습의 자유를 보장하고 그것을 방해하는 요소를 배제하여 누구든지 능력에 따라 교육받을 수 있는 제도적 장치가 되어야 한다. 이는 국민의 자유와 평등을 보장할 뿐 아니라 국민교육 수준의 향상과 구가발전을 통한 국민의 복지증진을 위해서도 필요한 것이다. 그러므로 한 나라의 학교교육을 제도화하기 위해서는 어떤 원칙을 세워야 한다.

㉠ 공교육의 원칙 : 공교육이란 국가, 지방공공단체 또는 그에 준하는 기관에 의하여 관리되는 교육을 말한다. 학교제도는 국민에 대한 교육을 통하여 국가의 발전과 국민의 복리증진을 확보하기 위하여 학교를 제도화한 것이기 때문에 이것의 원활한 운영을 위해서는 국가가 모든 국민에게 교육을 받을 수 있는 기회와 시설을 공적으로 마련해 주어야 한다.

㉡ 기회균등의 원칙 : 교육이념과 교육제도의 원리를 구체적으로 체계화하여 국민의 교육받을 권리를 보장하려는 제도적 장치가 학제이다. 그러므로 학교제도는 국민의 교육받을 권리를 보장하는 제도적 장치로서 능력에 따라 교육기회가 평등하게 주어지는 교육의 기회균등의 원칙을 실현하도록 조직되어야 한다. 이러한 교육의 기회균등원칙은 개인의 능력에 따라 잠재적 능력을 최대한 발달시킬 수 있는 도는 발달에 필요한 교육을 제도적으로 보장하려는 데 그 목적이 있다.

2) 교육행정제도

일반적으로 국가나 지방자치단체가 교육에 관하여 공권력을 배경으로 작용하는 활동을 말한다. 교육행정은 국민교육제도의 성립을 비롯한 교육의 역사적 발전에 따라 교육에 필요한 사회적 조건이 공권력에 의하여 충족되는 과정이라 할 수 있다 .이 과정은 국민의 교육받을 권리, 기회균등, 교육의 자주성 및 정치적 중립성 등을 실현한 근대교육의 특징을 형성해 왔다.

교육은 현대국가에서 중요한 국가사업의 하나이고, 교육행정은 행정 가운데서도 중요한 부분을 차지한다. 헌법에서는 "교육의 자주성 · 전문성 · 정치적 중립성 및 대학의 자율성은 법률이 정하는 바에 의하여 보장 된다"고 규정하였고(31조 4항), 교육법에서는 "국가와 지방자치단체는 교육 자주성을 확보하며 공정한 국민들이 의견에 따라 각기 실정에 맞는 교육행정을 하기 위하여 필요 적절한 기구와 시책을 수립, 실시하여야 한다"고 규정(14조 1항), 교육행정을 요약하여 중요한 사항을 정하고 있다.

내용은 교육목적을 달성하기 위하여 필요한 조건, 다시 말해서 교육행정조직 · 교육시설 · 교직원에 관한 제도의 확립 등이다. 교육행정의 주체는 국가와 지방자치단체이며, 교육행정의 민주화 · 지방분권화 경향에 따라 국가사무이던 것이 폭넓게 지방자치단체에 이양되고 있다. 교육행정기관으로는 중앙기관으로 교육부가 있고, 지방 자치단체의 기관으로 특별시 · 광역시 · 도 교육위원회 및 시 · 군 · 구 교육청이 있다.

6. 우리나라 학제변천과정

1) 미 군정기의 교육제도

미 군정기의 교육제도는 한국의 현대교육의 새로운 시작을 가지고 왔다. 우리나라의 교육이 방향과 기초를 형성해 주었으며, 오늘날의 교육은 미 군정기의 교육상황을 바탕으로 이루어지고 있다.

① 문교행정기구의 정비 : 한국교육위원회가 구성되었다. 한국교육위원회는 교육에 관한 자문기관으로서 실질적으로는 교육에 관한 모든 중요한 문제를 심의의결하여 결정하는 기능과 함께 교육의 책임자 기관장의 인사문제를 다루고 있다.

② 교육이념 및 제도의 정비 : 학무당국은 100여명의 조선교육심의위원회를 구성하였다. 교육심의위원회에서는 새 나라의 교육이념과 교육제도에 대하여 결의하였다. 또한 학제의 민주화로서 새로운 학교제도를 만들었는데 이는 학교제도의 변천과정에서 미 군정하의 교육제도에서 다루기로 하겠다. 그리고 미군측 고문들은 한국의 교육행정이 중앙집권에 치우친 점을 통감하고 교육지방자치제를 시행하였다. 이에 따라서 각 도에 교육부를 각 군에 학무과를 두었으며 종래의 일반 행정에 예속되어 있던 교육을 독립하고자 하였다. 그리고 교과목편제와 교수요목을 제정하였는데 중등학교 교과목편제를 1주일에 32~34로 두었고 하루에 평균 5~6시간의 수업을 하도록 하였다. 또한 미 군정청 학무부에서는 교수요목위원회를 구성하여 교수요목을 제정하는 한편 교과서 편찬에 착수하였다.

③ 교육의 민주화와 교육정책의 지향 : 초등교육-교수용어로서의 한국어 사용을 규정하였으며 교과서를 편찬 및 보급하였다. 또한 교원의 재교육을 실시하였고 의무교육실시 요강안이 가결되었다.

• **중등교육** : 국어교육과 국사교육이 강조되었는데 이것은 사회적 분위기에서 자연스럽게 발생한 시책이었을 것이다. 또한 대학을 종합대학과 단과대학으로 구분하였으며 종합대학교에는 대학원을 두었고 대학의 교육과정을 필수와 선택으로 구분하고 학점제를 두고 교수의 직위를 구분하였다. 그리고 사범대학교가 발족되었으며 초등교원을 위한 사범학교가 증가하였다.

• **실업교육** : 조선교육심의회의 제6분과는 실업교육분과였는데 3년제

의 실업 초급 중학교와 실업고급 중학교 6개월제의 실업기술자 단기양성소를 통해서 이루어졌다. 그러나 실업기술 교육은 실질적인 뒷받침이 이루어지지 않았다.

• **성인교육** : 강습회를 통한 문맹퇴치에 치중하였다. 이에 의해서 8 · 15해방 당시 문맹자가 78.5%였는데 42%로 격감되었다. 한편, 1946년 미취학 성인을 대상으로 하는 공민학교가 설치되었는데 소년과가 2~3년 성년과가 1~2년 보수과가 1년으로 되어 있었지만 신축성 있는 운영을 하였다.

④ 교육재정 : 미 군정 기간의 교육재정의 실태는 상세히 밝혀진 것이 없다.

2) 정부수립과 군정초기의 교육제도

① 문교부의 직재 : 비서실, 보통교육국, 고등교육국, 문화국, 편수국, 과학교육국 등 5국과 22개과로 구성되어 있었다. 문교부내에 중앙교육위원회가 발족이 되었다.

② 교육법의 재정 : 자유민주주의를 지향하였으며 교육의 기회균등의 원칙과 초등 무상의무교육의 원칙을 밝혔다. 교육법은 교육의 이념과 목적, 학제, 교육자치제, 지방 교육제도 등 전문 10장 177조의 부칙으로 구성되어 있으며, 교육제도 전반에 걸쳐 우리나라 교육의 기틀을 마련하였으며, 특히 학제의 구조 등이 미군정 시대의 6-6-4제로 확정되었다.

③ 건국초기 주여 교육제도 : 교육의 기회균등을 실현하고 학제를 개편하고 교육내용을 개선하였으며, 고교이상의 학교에서는 군사훈련이 실시되었다. 또한 교육법에 의거하여 의무교육을 추진하고자 노력하였으며 성인교육을 위한 공민학교와 고등공민학교를 증설하였으며, 각 마을에 야간 강습소를 열어서 문맹퇴치에 힘썼다. 또한 도립 사범학교를 모두 국립으로 이관하였으며 시립여자대학의 설립을 권장하였다.

3) 6 · 25동란과 재건기의 교육제도

이 당시에는 전시교육의 비상조치와 주요 교육제도를 시행하였다. 또한 의무교육이 시행되었는데 이것은 교육의 기회균등을 실현하고 민주화를 촉진하기 위한 가장 기본적인 조건으로 간주되었다. 그러나 이러한 정책의 집행은 6·25 동란의 돌발로 처음부터 좌절을 맛보아야 했다. 그러나 1953년 휴전이 성립된 후 정부가 제일 처음에 착수한 작업이 의무교육제도였다. 그리하여 1960년대 말에는 목표의 96%라는 유래없는 성공을 이루었다. 그리고 이 당시에는 전쟁이 터진 이후 교육시설에 대한 전후 복구와 교육의 재건이 시급했던 시기였다.

4) 제2공화국 시대의 교육제도

1960년 4·19의거는 자유당정권의 독재정치에 맞선 민주혁명으로 그 역사적인 의의에 못지않게 교육계에 미친 영향이 매우 컸다. 1960년 7·29 총선거에 의해 제2공화국이 들어서면서 학원의 민주화, 중앙집권적인 행정체제로 부터의 권한의 지방분양 교육의 질적 향상을 추구하였으나 당시의 사회적 격동과 5·16의 군사혁명으로 인한 정권의 단명으로 말미암아 뚜렷한 종적을 남기지 못한 채 표류하고 말았다.

5) 제3공화국 시대의 교육제도

제3공화국 기간에는 교육이 양적인 측면에서 급성장을 한 시기이다. 또한 사회발전에 대한 공헌도는 인력공급이라는 차원에서 괄목할 만하였다. 제3공화국에서는 반공교육이 강화되었다. 이 교육은 5·16 이후에 특히 강조되었는데 아울러 고등학교에서의 교련교육이 안보교육 차원에서 실시되었으며 대학생의 군사교육이 강화되었다. 또한 국민교육헌장을 선포하게 되었는데 이는 민족중흥의 지상과업을 이루려는 것으로서 온 국민의 민족중흥의 역사적 사명을 자각하고 우리의 주체성 위에 창의적이고 협동적인 힘을 모아 새 역사를 창조해 보자는 것이다.

또한 새마을 교육의 강화 역시 이루어졌다.

그리고 교육제도의 개혁이 이루어졌는데 중학교 무시험 진학제도, 고등학교 평준화정책, 대학입학 예비고사제 등이 실시되었다. 또한 고등교육이 특성화되어서 여러 가지 형태로 나타나게 되었는데 그 예로는 실험대학이 생겨났으며 한국방송통신대학이 설치되었으며, 대학 간의 역할 분담과 운영의 효율화라는 측면에서 시작된 특성화는 강의중심의 교육에서 실습위주로 교수방법의 변화를 가져오게 하였다.

또한 이 당시에는 교육과정이 개정되었는데 교과서의 핵심적인 지식체계를 구조화하였고 교수-학습이론을 개발하였는데 이 당시에는 단일한 교구방법에 의존하여서 교육의 획일성을 초래하였다. 그리고 초등교육의 양성을 교육대학의 승격과 함께 양성과정의 단일화와 충실화에 기여하게 되었다.

6) 제5공화국 시대의 교육제도

보통교육 부분에서는 유아교육의 기회를 확대하여 취원율이 매우 증가하였다. 또한 유치원에 3세의 아동도 입학이 가능하게 되었다. 또한 영재교육을 위해서 외국어학교와 체육고등학교를 특수목적 고등학교로 지정을 하였으며, 1989년부터는 과학·수학 경진대회를 개최하고 전국고등학생 외국어 학력경시대회도 개최하고 있다.

고등교육 부분에서는 자율화정책으로 등록금이 자율화정책과 교양과정의 자율적인 운영 그리고 대학의 학칙의 개정을 자율적으로 결정하게 되었다. 그리고 대학의 질 관리 정책에서는 대학평가 인정제를 정식으로 도입하게 되었다. 그리고 대학의 균형적인 발전에는 지방중심의 다양한 형태의 대학과 전문대학이 신설되었으며 기존의 전문대학 정원을 크게 확대하였다.

사회평생교육의 측면에서는 독학에 의한 학위취득 기회를 제공하였다. 또한 1990년부터 교육방송의 운영방식을 개선하였으며 방송통신대학의 학과를 확대하였고 방송통신 대학의 졸업자의 학사편입학의 기회를 부여하고 개방대학의 설치를 확대하고 개선하였다. 또한 대학부설 평생교육원의 설치 및 운영 등 성인계속교육의 기회를 확충하였다.

마지막으로 교육정책부분에서는 교원 지위 향상을 위한 특별법이 제정되었으며 그에 따라 교원징계심의위원회가 발족되었다. 또한 교장임기제 및 원로교사 우대책, 근속가봉제를 실시하는 등 교원의 경제적인 지위향상을 위한 대책들이 마련되었다. 그 밖에 초등학교 교과전담제를 도입하였으며, 교과의 잡무를 줄이기 위해서 사무직과 당직전담 고용원의 배치를 확대하였으며, 교원들의 해외연수기회를 대폭 확대하였다.

7) 학교제도

(1) 구한말학제

대한민국의 근대적인 의미의 학교체제가 기틀을 마련하기 시작한 것은 1894년 갑오경장이 효시이다. 이 시기에는 새로운 정치논리와 사회규범이 현실적으로 확대되던 시기였으며, 신지식인의 양성을 위한 교육제도들이 대폭적인 개혁의 필요성을 인식하게 되었다. 처음에는 외국인 선교사에 의한 근대적 학교가 세워졌으나 이에 자극을 받은 정부는 관립학교를 설치 운영하다가 갑오경장을 계기로 일본의 학제를 모방하여 중학교 및 사범학교 외국어 학교 등을 세우게 되었다.

소학교는 1895년 7월에 발표된 소학교령을 보면 만 8세부터 만 15세까지 8년간의 수업연한을 가지고 있었고, 그 과는 고등과와 심상과로 나눌 수 있었는데 고등과는 2~3년 심상과는 3년으로 되어 있었다. 외국어학교의 관제는 그 언어에 따라서 수업연한이 달랐는데 일본어 및 중국어는 3년, 영어・불어・독어 등은 5년이었다. 여기의 지원 자격은 15~23세였다.

중학교는 수업연한이 7년이었는데 이것도 고등과와 심상과로 나눌 수 있었다. 고등과는 3년 심상과는 4년의 수업연한을 가지고 있었다.

(2) 일본식민지하의 학제

식민주의 교육정책인 동화교육을 위한 식민지체제를 위한 복선형학제를 가지고 있었으며 학교 계통 간의 횡적 연계나 학급별 간의 수직적 전개도 제도적으로 이루어지지 않았다. 전형적인 복선형학제로서 전체 교육연한은 16년이고, 초등교육은 6년, 중등교육은 4년, 고등교육은 5년이며 인문교육보다는 실업교육에 더욱 비중을 두었으며 여자는 중등교육까지는 교육을 받을 수 있었으나, 남자만이 고등교육을 받을 수 있어서 불평등을 초래하였으며 일본인과 한국인의 교육기회에도 그 차이가 있었다.

(3) 미군정하의 학제

이 당시에는 민주적인 민족교육이 수립되던 시기이다. 미군정하의 학제는 5구조로 되어 있는데 취학 전 교육-중등교육-고등교육-대학교육이다. 유치원부터 대학원까지 전체교육연한은 20년이며 남녀공학을 원칙으로 하고 있다 또한 본래의 3학기를 2학기제로 바꾸고 1학기를 9월부터 2월까지, 2학기를 3월부터 8월까지로 하였다. 유치원은 4~5세의 아동으로 2년간 수업을 받으며, 초등학교는 6~11세로서 6년간, 초급중학교는 12~14세로 3년간, 고등중학교는 15~17세로 3년간, 대학은 18~21세로 4년간 교육을 받으며, 대학원은 22세 이후부터 2년간 교육을 받게 된다.

(4) 정부수립 당시의 학제

① 재정 교육법에 의한 학제 : 국민각자의 능력을 발전시킬 수 있는 제도를 마련하였으며, 교육기회를 균등하게 하였다. 또한 교육의 성과의 향방을 신속히 알 수 있고 발전적인 내용을 담은 학제를 발전시켰다. 또한 우리의 국가 사정에 기초한 학제이며, 우리나라의 교육수준에 대응한 학제가 발전하였다. 이 당시의 학제는 일제시대와 유사한 복선적 구조를 가지고 있었다.

② 제1차 개정교육법에 의한 학제 : 고등학교의 수업연한은 3년으로 통일되었으며, 중학교 수업연한은 4년으로 고등, 사범 교육자에 의해 3년 수료 후 진학이 가능하게 하였다. 또한 사범학교는 수업연한을 3년

으로 연장하였으며 중학교 졸업자를 위한 2년제 초등대학이 신설되었으며, 고등수업학교의 입학자격으로 기술학교 졸업자중 3년제 기술학교 졸업자를 진학이 가능하게 하였다.

③ 제2차 개정교육법에 의한 학제 : 중학교의 교육연한은 3년으로 줄어들었고 고등학교 및 사범학교의 입학자격은 중학교 졸업자로 정하였다. 도한 고등 교육 및 사범대학 졸업자를 입학자격으로 하는 2년제 초등 대학교의 설치를 명문화하였다. 유치원은 4~5세로, 초등학교는 6~11세, 수업연한은 6년간, 중학교는 12~14세로 3년간, 고등학교는 15~17세로 3년간, 사범대학은 18~21세로 4년간, 공민학교는 3년간, 고등공민학교와 기술학교 고등기술학교는 1~3년간의 수업연한을 두고 있다.

(5) 5·16 이후의 학제

5·16 이후에는 4구조로 되어 있는데 초등학교-중학교-고등학교-대학교로 되어 있다. 이에 대한 총 교육연한은 16년이고 2~3년제의 전문대와 예과 2년 본과 4년의 6년간의 의과 및 치과대학이 있다. 또한 정규교육에 준하는 교육과정이 실시되었는데 공민학교, 기술학교, 특수교육산업제, 중·고등 방송통신고등학교, 방송통신대학교 등이 있다. 5·16 이후에는 모든 국민에게 자신의 능력과 적성에 따라서 균등한 교육을 받을 수 있게 하였다.

7. 미국과 일본의 교육제도 및 우리나라 학제와의 비교

1) 미국의 교육제도

미국 교육제도의 특징은 독립 당초부터 중앙정부가 관여하지 않고 교육에 관한 일을 모두 각 주에 일임하는 정책을 취해온 점이다. 교육은 주에서 취급해야 하는 사항이긴 하나, 대부분을 다시 지방당국에 맡길 수 있도록 되어 있다. 이리하여 미국은 교육상 전형적인 지방분권주의를 취하고 있는 나라가 되었다. 교육의 기회를 균등하게 부여하기 위하여 사회계급에 따라 교육제도를 구별하지 않는 단선형 교육제도를 가진 것도 미국의 특색이라 할 것이다. 이러한 민주주의적 교육제도의 성립은 원래 미국 국민이 빈부의 차이가 없는 근로자이며, 풍부한 자원의 혜택과 개인의 성공의 기회가 어디에나 주어져 있다고 하는 사회적 여건에서도 기인한다.

교육행정제도는 각 주에 주교육위원회가 있고, 그 밑에 집행기관으로서 주교육국이 있다. 연방정부에는 교육·보건후생성이 있어 미국 전체의 교육조사·연구와 보조금행정 등을 취급하지만, 교육을 통제하는 권한은 가지지 않는다. 주는 교육행정의 많은 부분을 지방교육당국에 위임하고 있으며, 지방교육행정 조직에는 3가지가 있다. 첫째는 학구제도인데 이것은 일반적으로 단급학교를 중심으로 하는 소규모의 학교를 관리하는 것으로 가장 흔한 형식이다.

다른 두 가지는 중부와 서부지방에서 볼 수 있는 군구제도와 남부 및 태평양 연안지방에서 볼 수 있는 군제도로서 양쪽 모두 다수의 학교를 교육위원회의 관리 하에 두고 있다. 취학 전 교육기관으로서는 유치원과 보육학교가 있다. 대부분의 유치원은 공립이지만 보육학교의 대부분은 사립이다. 초등학교제도는 현재 전환기에 있으며, 대다수의 학교는 6-3-3제의 원칙에 따라서 6년제의 초등학교로 개조되어 가고 있으나, 아직도 8-4제에 의한 8년제의 초등학교도 상당수 있다. 또 최근에는 6-3-3제에 불만을 가지고 5-3-4제 또는 4-4-4제를 채택하고 있는 곳도 있다.

의무연한에 대하여 중앙정부는 아무런 규정도 설정하지 않고 각 주의 법류로써 정하고 있다. 일반적으로 6년의 초등학교와 3년의 중학과정을 의무로 하는 9년제가 가장 많다. 중등교육기관으로는 4년제의 하이스쿨과 3년제인 상급 하이스쿨 및 하급 하이스쿨이 있다. 그 밖에 6년제 하이스쿨도 있다. 19세기부터 있어온 4년제 하이스쿨은 차차 상·하 2단계의 하이스쿨로 개조되는 경향에 있다. 하급 하이스쿨에서는 영어·수학·역사·사회과를 필수과목으로 하고 따로 선택과목을 두고 있다. 상급 하이스쿨은 입학시험 없이 학생을 입학시켜 고전·외국어·이과·수학·사회과·공업·상업·공작·가정·건축·농업·미술·음악 등의 코스로 나누어 교육한다. 선택과목의 수가 많은 것이 미국 상급 하이스쿨의 특징이지만 기초과목, 특히 수학·이과·외국어 등에 대하여 공통 필수과목을 확장시키는 움직임이 각 지방에 나타나고 있다.

직업교육은 1917년 스미스 휴즈법의 제정으로 발전하였다. 이 법률에 따라 중앙정부에 직업교육국이 설치되어 농업교원·상업교원·공업교원·가정과교원 및 직업과 교원의 양성을 위해 국고보조의 길이 트이게 되었다. 또, 이 국고보조정책에 자극되어 28년에는 31개 주가 14세부터 16~18세까지의 계속교육을 의무제로 하였다. 고등교육기관으로는 주립대학과 사립대학의 두 종류가 있고, 유럽과는 달리 사립대학이 큰 비율을 차지하고 있다.

하버드·윌리엄 앤드 메어리·예일·프린스턴·컬럼비아·펜실베니아 등 역사 깊은 대학은 모두 사립이다. 대학 입학자의 교양수준을 끌어올리기 위하여 만든 교육기관으로 주니어 칼리지가 있다. 이 단기대학은 유럽 각국에는 없는 미국 특유의 교육기관이다. 대부분의 경우 하이스쿨 또는 주립대학에 부속되어 있으며, 2년제로서 문과와 이과의 교양과정을 부여하여 하이스쿨의 중등교육을 확충하려 하고 있다. 대학·주니어칼리지 외에 법률·음악·신학·공학 등의 전문교육을 부여하는 전문대학(professional school)도 있다. 교원양성을 맡고 있는 티처스 칼리지(teachers college)도 이 전문대학의 일종이다.

2) 일본의 교육제도

일본의 교육제도는 외국 제도를 그대로 모방한 1872년의 학제에 따라 획일적으로 조직한 것을 시초로 하여, 1879년의 교육령과 1886년의 소학교령, 기타 모든 학교령에 의하여 소학교·중학교·사범학교·제국대학 등의 학교체계의 기본이 이루어졌다. 1897년에 들어서 고등여학교 · 실업학교 · 전문학교가 제도화되고, 다시 1918년에 새로이 고등학교가 제도화되어 제2차 세계대전에 이르기까지의 교육제도의 골격을 이루었다.

제2차 세계대전의 종결과 함께 일본의 교육은 점령군의 관리 하에 들어갔다. 1946년 미국 교육사절단에 의한 보고서가 전후의 일본교육 개혁에 대한 기본방침을 제시하였다. 같은 해 문부성에 교육쇄신위원회가 설치되어 1947년에 신교육기본법과 학교교육법이 제정되어 소위 6-3-3-4제가 출현하게 되었다. 취학 전 교육의 기관으로서는 유치원이 있으며, 초등교육은 6~12세까지의 6년 과정으로 된 소학교에서 이루어진다. 3년제 중학교가 만들어지고, 의무교육의 연한은 중학교의 3년을 포함한 9년으로 연장되었다.

중등교육기관으로서는 중학교와 고등학교가 있다. 중학교의 교육은 의무교육이며, 고등학교는 희망자에게만 입학시켜 고등보통교육 및 전문교육을 실시하고 있다. 중학교가 3년 과정으로 확립된 것은 1872년의 학제에 이은 대개혁이었다. 즉, 종전의 제도가 초등학교 초등과를 졸업하고 중등학교에 들어가는 것과 초등학교 고등과에 들어가는 것 등 계층적으로 나누어져 복선형 교육제도를 취하고 있었으나, 지금은 소학교 졸업자는 누구나 중학교에 입학할 수 있고, 다시 고등학교에 진학하는 자는 반드시 중학교를 거쳐 진학하도록 되어, 완전한 단선형 교육제도가 성립된 것이다.

고등학교에의 진학을 원활하게 하고 교육의 기회를 균등하게 하기 위하여, 고등학교의 통학구역을 지정하는 학구제가 만들어진 것도 특색이지만, 개개의 고등학교의 전통이나 지역적 조건 등에 얽혀서 학구제는 엄격한 실정이 못된다.

학교교육법은 또한 맹롱자를 비롯한 신체허약자 · 정신박약자 등 보통의 소 · 중학교에서는 적절한 교육을 받을 수 없는 자에 대해서 특수교육을 행하기 위하여 맹학교 · 농학교 · 양호학교 등을 세울 것도 도 · 도 · 부 · 현의 의무사항으로 하였다. 신학제에 의한 대학제도는 구학제에 의한 대학·고등학교·전문학교·사범학교·고등사범학교 등을 통틀어 4년제 학교로 개편한 것이다. 이것은 구학제 고등학교가 제국대학의 예비교육기관인 것을 개정하고 모두 균등하게 4년제 대학으로 한 점에서 고등교육기관을 민주화한 것이라 볼 수 있다.

단기대학은 2년 또는 3년의 과정으로 준 전문적인 직업교육을 실시할 것을 목적으로 하고 있다. 대학 학부를 졸업하고 그 전문분야에 대하여 더욱 깊은 연구와 학식을 가진 인재를 육성할 목적으로 1950년부터 일부 대학에 대학원이 개설되었다. 대학원에는 석사(2년)와 박사 (3년)의 두 과정이 설치되어 있다. 한국의 새로운 학제는 갑오개혁 다음해에 발표된 고종의 교육조서가 그 기원이라 할 수 있다. 그로부터 1905년 일본과 을사조약이 체결되기까지의 10년간에 새로운 교육제도에 관한 규칙들이 많이 나타났으나, 일본은 1911년에 식민통치의 방법으로 만든 소위 조선교육령을 필두로 계속 교육령을 개정하여 조선에서의 식민지 교육체제를 추진하였다.

조선교육령에 의거한 교육의 제도는 우선 초등교육을 4년제·5년제·6년제의 보통학교, 심상소학교 그리고 초등학교로 개칭하면서 1940년대에는 그 이름이 초등학교로 고정되었다. 중등교육기관으로 보통학교 고등과·고등소학교(각 2~3년제)·실업학교·고등보통학교·여자고등보통학교·고등여학교(각 5년제) 등이 나중에 중학교라는 이름으로 통일되었고, 그 위에 고등교육기관으로서 전문학교(3~4년제)와 대학예과(2년제)를 거쳐 대학으로 이어졌다. 이 밖에 교원양성기관으로서 사범학교(6년제)가 있었고, 단기과정으로서 사범학교 특과(2~3년제)도 있었다.

1948년 대한민국정부가 수립되어, 민주헌법이 공포되면서 1949년 12월 31일에는 교육법이 제정되어, 미국의 단선형 학제 중에서 가장 널리 활용되고 있는 6-3-3-4제 학제를 도입, 이를 완성하게 되었다. 이에 따라 현행 교육제도는 초등학교(6년)·중학교(3년)·고등학교(3년)·대학교(4년)를 기간학제로 하여 이 중에서 초등학교 6년을 의무교육으로 하고 있다. 그 밖에 교육대학(4년)·사범대학(4년)의 교원양성기관과 기술학교(3년)·고등기술학교(3년) 및 공민학교(2~3년)·고등공민학교(2~3년)의 비정규학교가 있고, 특수학교·유치원 등을 두도록 하여 '모든 국민으로 하여금 신앙·성별·사회적 신불·경제적 지위 등에 의한 차별이 없이 그 능력에 따라 균등하게 교육'을 받을 수 있는 제도가 완비되었다.

또한, 1981년부터는 유치원교육을 학제 안에 포함시키기 위한 준비단계로서 초등학교 안에 유치원부를 개설하여 실험교육을 시작하고, 의무교육을 연한의 연장과 내용의 충실을 위한 교육세의 신설(1982), 중·고등학교의 평준화를 위하여 사학에 대한 재정지원, 입학시험제도의 개정 등을 실시하였다.

3) 우리나라 교육제도와의 비교

(1) 공통점

미국, 일본, 한국은 모두 신분의 차별이 없는 평등한 교육제도인 "단선형 교육제도"를 갖고 있다. 이는 옛날 프랑스에서 신분에 따라 중등교육기관에서는 낮은 계급의 사람들이 교육을 받고, 고등교육기관에서는 높은 계급의 사람들이 교육을 받았던 "복선형 교육제도"와는 반대되는 성격이 교육제도이다. 또한 미국, 일본, 한국의 교육제도는 모두 "민주적인 교육제도"를 채택하고 있다.

(2) 차이점

미국, 일본, 한국 이들 세 나라의 교육제도에서 가장 큰 차이점은 "교육제도의 관할에 대하여 정부가 어떤 입장을 취하고 있는가?"라고 할 수 있다. 미국의 경우에는 교육전반에 관한 결정이나 관리에 대해서는 중앙 정부가 관여하지 않는 대표적인 "지방분권주의"의 입장에 있다. 그러나 이와는 반대로 일본, 한국의 경우에는 중앙정부가 교육의 전반적인 일에 관여하여 결정하는 "중앙집권주의"의 입장에 있다. 또한 미국의 경우는 일본과 한국에 없는 "주니어 칼리지"라는 고등교육기관이 있어서, 대학 입학자의 교양수준을 일정 수준 이상으로 끌어올려 주는 새로운 교육제도의 형태를 도입하고 있다.

4) 우리나라 학교제도의 문제점과 특징

일제 식민지시대와 미 군정기를 거치면서 우리 학교에는 일제의 잔재와 미국식 학교제도의 모습이 남게 되었다. 교육의 독점적 관리자로서 국가를 나름대로 교육의 확산과 체계화, 보편화에 기여는 했지만 이러한 사회적, 문화적 이유로 교육활동에 대해 통제적 기능을 한편으로 강화하여 올 수 있었다. 이렇듯 국가가 교육에 대해 막대한 영향을 끼치고 있지만 교육을 사회적 공공활동의 영역에 포함시키려는 시도를 소홀히 한 것은 사실이다.

교육의 공공성은 헌법에 '교육기회의 균등'이라는 조항으로 국가의 의무로서 못 박혀 있지만 국가는 그 의무를 다하지도, 올바르게 진행하지도 못하였다. 우리나라의 현행 학교제도의 구조와 특징, 그리고 제도의 문제는 무엇인지 구체적으로 알아보자.

① 공교육제도가 수립된 이래 국가는 학교운영의 자율성과 학생들의 창조성을 무시해 왔다. 교육내용의 선정과 학교운영에서 어느 정도의 표준화는 최소한의 교육수준을 유지하는데 도움을 주었으나, 이에 대한 과도한 통제가 이루어져 교사의 교육에 대한 창조성과 학급운영의 자율성을 침해해 왔다. 이러한 통제와 획일화의 구조 속에서 자라난 아이들은 일단 이전에 가지고 있던 상상력과 창조력이 감되되고 만다. 이런 교육제도 하에서는 사회가 필요로 하는 창조적인 인물을 기대하기 힘들다. 따라서 국가는 획일적 통제보다는 교육기관의 다양성과 교육활동의 창의성을 격려, 지원하는 방향으로 교육을 이끌어야 한다.

② 지금까지 국가는 교육의 보편화에만 기여해 왔다. 해방 이후 우리나라는 교육기회확대의 국가적 노력과 국민의 교육열로 높은 수준의 취학률을 이루어 왔다. 하지만, 교육기회의 확대에만 열을 올렸지 교육

기회의 연장이라는 면에서는 매우 소홀했다. 선진국에서는 유치원 이전부터 탁아사업을 벌이고 대학교육 또한 능력에 의거해서 진학을 보장하고 있다. 그런데, 우리의 경우 기본교육도 받지 못하는 국민이 있고, 경제적 이유로 대학진학을 못하는 학생들이 많은 실정이다.

③ 우리의 교육은 사학 의존도는 높고 사학에 대한 국가의 지원은 미흡한 편이다. 뿐만 아니라, 1992년의 경우 학교의 전체 세입 중에서 학생들의 납입금이 차지하는 비율은 높아가고 있다. 이런 상황에서 사립대학 등에서 등록금투쟁이 일어나는 일은 자연스럽게까지 보일 정도이다. 이렇듯 우리의 사학은 그 재정이 빈약하기 때문에 현실유지에나 급급하고 이를 좀더 나은 교육을 이룰 수 없게 만든다. 사교육의 혜택은 개인뿐 아니라 사회에도 돌아간다. 그 사회를 유지하고 발전시켜 나갈 인재를 양성하는데 있어 교육비 부담은 개인보다는 사회가 져야 할 것이다.

④ 학생들의 희망, 능력에 따라 선택할 수 있는 학교의 종류가 한정되어 있다. 지금까지 교육정책은 교육기회의 확대라는 양적 성장이 중시되다 보니 질적으로 떨어질 수밖에 없었다. 결국, 영재교육이나 특수교육을 받고자 하는 부모는 막대한 사교육비를 지출하게 된다. 이를 고려하여 고등학교단계에 과학고, 외국어고, 체육고, 예술고 등을 설립하였으나 본 목적과는 어긋나 입시교육에만 매달리고 있다. 따라서 학생들의 흥미나 적성에 따른 교육을 가능하게 하는 다양한 교육제도의 구비와 질 높은 교육이 학생들의 지능개발과 다양한 인력수급에 있어 적합한 것이다.

⑤ 학생들의 진로지도가 제대로 이루어지지 못하고 있다 .우리나라는 현재 미국형 단선제의 학교제도를 선택하고 있다. 이는 고등학교에 대부분의 학생이 진학하고 대학입학에서 선발이 이루어지는 형태이다. 이런 이유로 중등교육 시절 신중한 진학교육이 이루어지지 못한다. 대학입학을 희망하지 않는데 인문계로 진학하거나 또 실업학교에서 대학진학을 희망하는 학생들이 나오는 것이다. 적절한 시기에 적절한 지도가

이루어지지 않는다.

⑥ 실업교육을 개선해야 한다. 국가적으로는 실업교육 진흥을 부르짖으면서 정책적 배려는 그에 미치지도 못하는 상황이 연출되어 왔다. 도 실업고를 졸업해도 얻을 수 있는 사회적 지위와 보상이 낮고 발전적인 장래가 보장되지 않는다는 점이 큰 문제이다. 실업교육은 산업계의 요구를 효과적으로 반영하는 것도 중요하지만 학생들의 능력개발과 직업인으로서의 장래에 대한 교육이 강조되어 이루어져야 한다. 장래에 대한 희망과 발전 가능성이 있을 때, 학생들도 맹목적인 대학진학보다 실업학교를 택할 것이다.

⑦ 평생학습의 장으로서의 교육적 체제가 있어야 한다. 지금까지 우리의 교육제도는 너무나 폐쇄적이었다. 학교가 능력과 적성에 맞지 않으면 옮길 수도 없고 학교를 잠시 떠났던 사람은 검정고시라는 과정을 거쳐야만 한다. 이러한 교육의 폐쇄성은 학습자가 교육을 위해 존재한다는 느낌을 준다. 선발을 위해 존재하는 교육제도가 아니라 그야말로 교육에 중점을 두는 교육제도를 만들려면 학교제도의 폐쇄성을 완화하고 교육기관의 다양화와 교육제도의 융통성을 확보함으로써 평생교육체제로서 교육제도를 재편성해 나가야 한다.

8. 현행 학제의 구조와 문제

1) 현행 학제

우리나라의 학제는 일제 식민지시대의 전형적 복선형에서 미 군정기와 정부수립 당시의 단선형학제에서 점차 민주적 복선으로 변천해 왔고, 최근에 이르러서는 종래 사회교육의 대상이었던 미취학 청소년이나 근로청소년, 직장인에게도 정규의 학교 교육의 기회를 확대하는 사회교육과 학교교육의 연계성과 산업체와 학교간의 산학협동체제의 강화 등 평생 교육적 차원에서 발전해 가는 추세에 있다(남정걸, 2001).

현행 학제는 다음 그림과 같이 나타낼 수 있다.

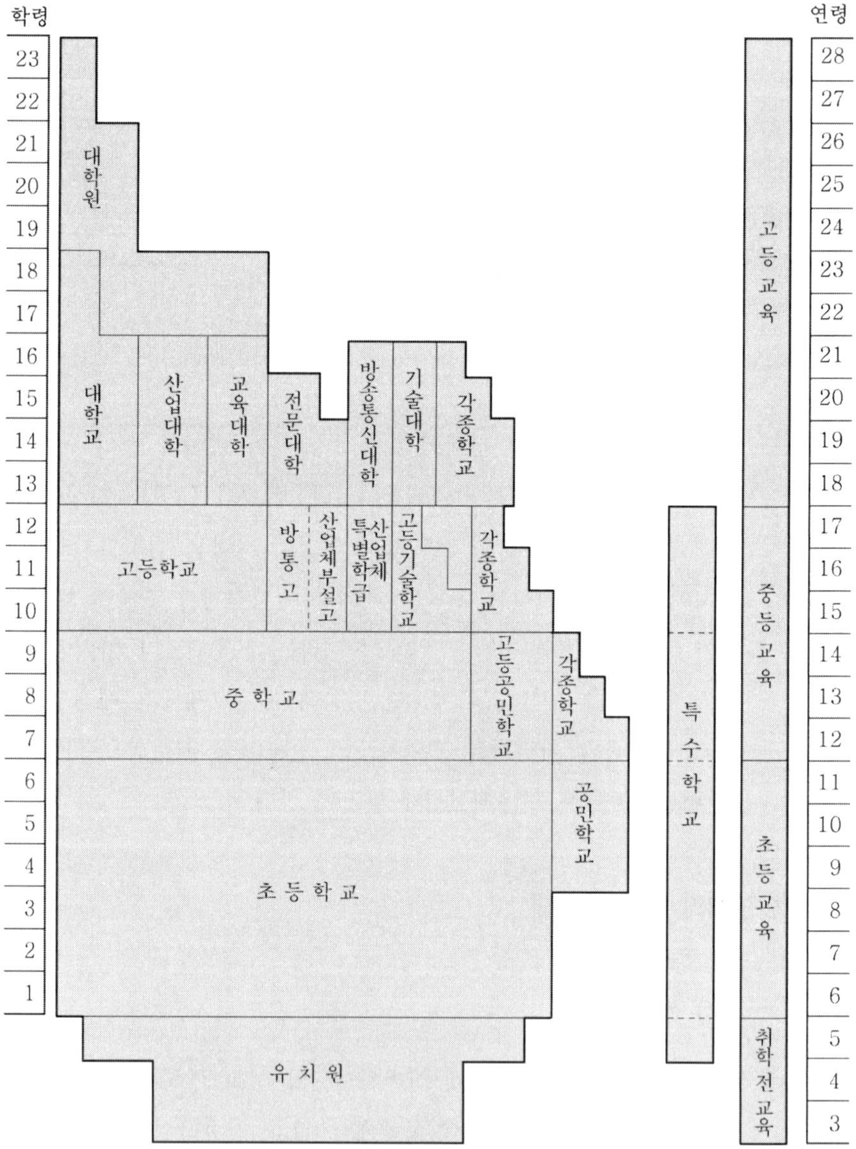

우리나라의 주류 또는 골격을 이루고 있는 기간학제(기본학제)는 6-3-3-4이다. (유치원)-초등학교-중학교-고등학교-대학교로 연결되는 계통과 단계로 이루어져 있고, 총 교육연한은 16년이다. 여기에 예외적인 것은 2~3년제의 전문대학과 예과 2년과 본과 4년을 합하여 6년간의 수업연한을 가진 의과대학과 한의과대학 및 치과대학이 있다. 그리고 이러한 기간학제를 보완하고 사회교육적 성격을 가진 방계학제(특별 학제)로서 공민학교, 기술학교, 특수학교산업체부설 중·고등학교, 방송통신고등학교, 방송통신대학 기타 각종학교가 있다.

또한 취학 전 교육기관으로 유치원이 있고, 대학을 졸업한 이들이 다니는 대학원이 있다. 따라서 우리나라는 기간학제와 방계학제라는 2원적 구조인 복선형적 요소를 지니고 있으며, 중학교 이후의 고등학교 단계부터 학교의 종류가 다양화되는 분기형을 구조를 이루고 있다. 이들 학교의 설립자가 누구냐에 따라 국립, 공립, 사립으로 구분한다. 설립자가 국가이면 국립, 지방자치단체이면 공립, 법인 또는 개인이 설립·경영하는 학교를 사립이라고 한다.

2) 교육개혁과 학제의 변화

앞으로의 교육제도는 모든 국민의 학습권을 보장하기 위한 방향으로 개편되고 있다. 개방화·정보화 사회·세계화 시대에 있어서 국민은 언제, 어디서나, 원하는 교육을 선택하여 받을 수 있는 평생학습사회를 구축하려는 것이 세계적인 교육개혁의 동행이다(남정걸, 2001). 따라서 종래와 같은 폐쇄적이고 경직된 획일적인 학교제도의 그 벽을 헐로, 모든 국민에게 개방하는 열린 교육체제의 일부가 되어야 한다.

대통령 자문기구인 교육개혁위원회가 1995년 5월 31일에 교육개혁방안을 발표한 이래 중등교육체계와 고등교육체계에 변화가 일어나고 있다. 즉, 1997년 12월에 새로 제정된 교육기본법과 초·중등교육법, 고등교육법 및 1998년 2월에 새로 제정된 동 시행령 등에 의해 고등학교와 대학체제의 변화를 볼 수 있다.

대통령 자문기구인 교육개혁위원회가 마련한 4차에 이른 〈신교육체제 수립을 위한 교육개혁 방안〉(1995. 5. 31, 1996. 2. 9, 1996. 8. 20)은 이와 같은 학교교육제도의 미래 개혁 방향을 잘 반영하고 있다. 우선 대학제도와 관련된 개혁안을 보면 다음과 같다.

① 학점은행제(credit lank system) : 언제, 어디서나, 개인이 객관적으로 평가 인정된 교육과정을 이수한 경우, 학점으로 인정받을 수 있도록 하고, 이것이 누적되어 일정 기준을 충족시키면 학위를 취득할 수 있도록 하는 제도이다.

② 시간제 학생 등록 : 학생이 필요에 따라 시간제(part-time)로 등록할 수 있도록 하여 직장과 학교를 연결시키고, 또한 교육기관이 서로 연결되도록 한다. 이를 위하여 학점당 등록제, 정원의 자율적 운영, 졸업 년 한의 연장 등이 함께 추진된다.

③ 최소전공인정 학점제 : 대학 학과 간 벽을 낮추어 학생이 어느 학과에 속하든 원하는 공부(전공)를 여러 개 할 수 있도록 전공인정학점을 총 이수학점의 4분의 1 내지 6분의 1 수준으로 대폭 낮춘다.

④ 신 대학의 시범운영 : 새로운 형태의 2-4년제 생업기술 고등교육기관으로서, 학점은행제를 통하여 재택교육과 직장에서의 교육을 가능케 함으로써 누구나 언제 어디서나 생업기술교육을 받을 수 있는 열린 교육 체제이다.

⑤ 대학모형의 다양화와 특성화 : 학자가 되고자 하는 학생을 위해 특정학과에 소속되지 않고 폭넓은 교육을 받게 하는 대학, 각 분야의 관리자를 위하여 몇 개의 학문분야를 복합적으로 구성하여 전공하게 하는 대학, 특정분야의 전문가 양성을 위해 전문교육에 치중하는 대학, 음악과 미술, 연주, 비평 등의 특성에 따라 다양한 교육과정을 운영하는 예술대학 등 사회 각 분야가 요구하는 인재를 양성하기 위하여 각 지역의 특수성에 알맞은 특성화 대학을 대학 스스로가 다양하게 운영한다. 흔히 대학을 연구중심대학, 교육중심대학, 산업중심대학으로 나누어 특성화하려고도 한다.

⑥ 단설 전문대학원 : 현장중심의 실무와 이론을 겸비한 세계화 · 정보화 관련 전문요원을 양성하기 위하여 학부 없는 별도의 단설 대학원을 설치한다. 예컨대, 정보통신대학원, 통상외교대학원 등이다. 뿐만 아니라 법조인 · 의사 성직자 · 교사에게 요구는 수준 높은 교양과 전문성

을 제고하고, 외국의 전문가와 경쟁해야 하는 세계화시대에 부응하기 위하여, 이들의 양성은 대학원과정에서 실시한다.

다음에는 대학뿐만 아니라 초·중등학교와 관련된 개혁안을 보면 다음과 같다.

① 학교의 평생교육 기능 확대 : 대학의 교육시설·설비, 정보자료 및 교육프로그램을 일반에게 개방하고, 현장 경험자의 입학기회를 확대하여 평생교육에 이바지하도록 한다. 초·중등학교의 경우에는 방과 후 학교 시설·설비를 개방하여 지역사회 문화센터 역할을 수행하도록 한다.

② 교육 프로그램의 다양화 : 각종 교육기관 내 교육 프로그램을 다양성 있게 운영하여 다양하고 특성 있는 교육기관이 많이 출현하여 경쟁을 통한 교육의 질을 향상시킨다.

③ 학교의 전·편입학 허용 : 대학의 편입학을 용이하게 하고, 고등학교(일반계, 실업계와 특수목적 고등학교)간의 전학을 허용하여 학생이 자신의 진로선택에 따라 공부할 수 있도록 한다.

④ 학교 유형의 다양화 : 획일적인 학교설립 기준을 지양하고, 학교의 설립목적과 특성에 따라 학교 시설·설비 기준을 다양하게 규정하여, 일정 기준을 충족하면 소규모의 특성과 고등학교를 자유롭게 설립하도록 하는 학교 설립의 준칙주의를 시행한다. 이에 따라 국제, 정보, 자동화, 디자인, 연극영화, 골프 고등학교, 중도탈락자나 부적응학생을 진담하는 대안 학교 등 특성화 고등학교가 다양하게 설치 가능하다.

⑤ 예술교육의 특성화 : 예술계학교는 학교 특성에 따라 교육과정을 다양하게 운영할 수 있다. 학교 설립의 준칙주의에 따라 다양한 형태의 예술계 학교가 설립될 수 있다. 또한 산업체와 사회관련단체로 하여금 특성화 고교의 설치를 권장하여 효과적인 산학연계가 이루어지도록 한다. 예컨대, 자동차회사의 자동차 고등학교, 광고회사의 광고미술고등학교, 연극협회의 연극고등학교 설립 등이 적극 권장될 것이다

⑥ 원격교육의 실시 : 첨단 멀티미디어를 활용하는 원격교육(Distance Education)을 통하여 농어촌에서도 양질의 교육을 받도록 농어촌의 교육강화를 꾀한다. 뿐만 아니라 원격 교육의 실시로 벽지학교의 복식수업을 해소하고, 장애자도 원하는 공부를 집에서 할 수 있는 재택수업이 가능하며, 영세민도 집에서 직업기술 교육을 받을 수 있게 된다. 정부는 이를 위해 비용이 저렴하고 교육적 효과가 큰 첨단매체(CATV, PC, VTR, CD-ROM VOD : video on Demand)를 개발・보급하는 국가 멀티미디어 지원센터를 설립하는 등 원격교육지원체제를 구축한다.

⑦ 여성 및 노인의 재교육 기회 확대 : 첨단 멀티미디어를 활용하는 열린 교육체제를 통하여 여성을 위한 정보산업 관련 직업기술에 관한 재교육기회를 확대하고, 노인을 위한 복지 프로그램을 제공하는 등 노인교육을 활성화한다.

⑧ 성인 학습자의 다양한 교육 요구 수용 : 사회적응교육, 직업기술 재교육, 성인 교양교육, 부모교육, 교원연수 등 원격교육 비학위과정을 개설하여 성인 학습자의 다양한 교육 욕구를 수용토록 한다. 이상과 같은 교육개혁안은 앞으로 현행의 6-3-3-4제의 획일적이고 경직한 학제에 많은 영향을 줄 것으로 기대된다.

특별히 고등학교에 관련된 개혁안의 내용을 보면 다음과 같다. 고등학교는 교육과학기술부가 학교 특성에 따라 학교시설 설비기준을 다양화하고 고등학교 설립 준칙주의를 통해 설립요건을 완화함으로써 다양화 특성화되고 있다.

첫째, 기계・전기・전자・건설 등 공업계열, 농업자영가 양성을 위한 농업계열 수산자영자 양성을 위한 수산계열, 선원양성을 위한 해양계열 과학영재 양성을 위한 과학계열, 어학영재 양성을 위한 외국어계열, 예술인 양성을 위한 예술계열, 체육인 양성을 위한 체육계열, 국제관계 또는 외국의 특정지역에 관한 전문인의 양성을 위한 국제계열 등 9개 특수분야의 전문적인 교육을 목적으로 하는 특수목적 고등학교가 있다.

둘째, 소질과 적성 및 능력이 유사한 학생을 대상으로 특정분야의 인재양성을 목적으로 하는 교육 또는 자연현장실습 등 체험 위주의 교육을 전문으로 실시하는 특성화고등학교가 있다. 이 가운데 직업분야의 특성화 고등학교는 기존의 공립 상업고, 공업고 등 실업고와 각종 학교가 개편된 경우가 많고 디자인, 자동차, 원예, 전자기계, 정보, 조리, 컴퓨터, 애니메이션, 관광, 인터넷, 피아노 등 다양한 소규모의 학교가 포함된다. 한편, 대안의 교육분야의 특성화 고등학교는 종래 법적으로 정규학교의 지위를 인정받지 못했던 각종 학교나 기술학교 등이 포함되며 특히, 중도 탈락하는 부적응 학생을 대상으로 체험 위주의 교육을 통해 소질과 적성을 개발하고 정서교육, 생명존중 교육, 공동체적 가치교육을 실시하는 대안학교와 일반학생을 대상으로 자연 친화적이고 공동체적 인간교육을 지향하면서 환경생태교육, 협동교육, 지덕체를 겸비한 특기 적성교육을 실시하는 대안학교가 포함된다.

셋째, 정규학교로 인가받지 않은 대안학교가 있다. 위에서 말한 정규학교로 인가 받은 대안교육분야의 특성화고등학교와 달리 인가를 받지 않은 대안학교와 계절제 또는 방과 후 프로그램을 운영하는 대안학교가 있다.

넷째, 자립형 사립고등학교의 도입이 검토되고 있다. 자립형 사립고교는 건학이념이 분명하고 재정 자립도, 교육여건, 학교경영의 투명성, 학기관리, 학생 후생복지 제도 등에서 비교적 우수한 학교에 대하여 학생선발, 교육과정의 편성 및 운영, 교원인사, 수업료 및 납입금 등에서 학교가 자율적으로 결정하여 운영하도록 하는 학교를 말한다. 그러나 이 학교는 고교평준화정책과 충돌을 일으키고 새 명문학교로 부상, 또는 귀족학교가 될 것이라는 비판도 적지 않다. 한 마디로, 이 학교는 사회계층간 위화감을 조성할 수 있는 제도라는 비판이 만아, 이 제도의 도입이 신중하게 다각도로 검토되고 있다.

사실, 교육개혁위원회는 교육의 다양화와 수월성 및 학습자 중심교육 등을 구현할 수 있는 학제를 구상하면서 기존 학제의 골격을 개편하는 것까지 생각하였으나 그 충격이 클 것으로 판단되어 교육과정 개편을 통한 운영의 개선을 착안하였다. 즉, 국민공통기본 교육 기간을 초등학교 1학년에서 고등학교 1학년까지 10년으로 설정하고 학교 급별이 아닌 학년제 개념에 기초한 일관성 있는 국민공통 교육과정을 편성하였다. 이것은 현재 시행되고 있는 7차 교육과정(당시 초·중등학교 신교육과정)으로서 그 특징은 학생 개인의 능력수준에 맞는 학습이 가능하도록 수준별 교육과정으로 편성되고 개인의 적성과 소질에 맞게 자율적으로 학습할 수 있도록 선택과목의 비중이 높은 점이다.

특히, 고등학교 2,3학년(11,12학년)의 선택과목 총 단위 수 약 50%를 학생 자신이 그의 능력, 흥미 및 진로에 따라 자유롭게 선택하여 학습할 수 있도록 하였다. 또한 교육과정 운영의 효율화를 위하여 지역의 실정에 맞게 초·중등학교제도를 통합·운영할 수 있도록 하였다. 즉, 교육과정을 중심으로 현행 학제를 융통성 있게 운영할 수 있는 길도 터놓았던 것이다.

이상 보아온 바와 같이 6-3-3-4제의 기간학제는 1951년에 제정되어 계속되다가 5·16쿠데타 직후 한 때 학제개편에 관한 논쟁이 고조되었으나 1960년대 이후에도 그 기본 구조에는 큰 변동 없이 다만 부분적 보충 조치에 그쳤음을 알 수 있다.

대체로 학제의 구조적 개편보다는 운영의 묘를 기함으로서 교육의 기회균등을 증대시키는 방향으로 이루어져 왔으나, 복선형화에 대한 논의가 그치지 않았음에도 불구하고 단선형의 기본 성격을 유지하면서 다양화되고 신축성 있게 현행 학제는 발전되어 왔다고 하겠다.

현행 학제에 대한 논의는 시대와 사람에 따라 다양하게 주장되어 왔다. 학제를 개편하자는 주장의 근거도 다양할 뿐더러 학제 고수론의 근거도 각양각색이었다. 여기서는 1951년 현행 6-3-3-4제의 학제가 확정된 이래 오늘에 이르기까지 비교적 자주 논란되었던 주장들의 근거를 간추려 보고자 한다. 주로 협의의 학제개념인 학제구조면에 관련된 내용을 중심으로 기술한다. 먼저 학제개편론의 근거를 보면 다음과 같다.

첫째, 현행 학제의 총 교육연한 16년은 너무 길다. 군입대까지 포함하면 고급인력을 배출·· 활용하는 데 지장이 많다. 따라서 총 교육연한을 단축하여 사회진출 연령을 낮추어야 한다. 특히 자연과학분야는 조기에 능력을 개발시킬수록 좋으므로 총 교육연한을 반드시 16년으로 한정할 필요는 없을 것이다.

둘째, 현행 단선형학제는 불필요하게 대학진학 희망자를 증가시키므로 교육의 낭비적 요소가 많다. 특히 고교평준화 이래 이러한 현상은 더욱 심화되고 있다. 대학진학을 억세할 수 있노록 복선형학제를 도입하고, 소수의 정예분자만 대상으로 대학교육으로 실시하는 것이 타당하다. 그리고 대학교육의 수업연한도 전공계열에 따라 다양하게 하는 (예컨대 2년 내지 6년) 것이 더 좋을 것이다.

셋째, 중등교육제도는 진로교육을 효율적으로 운영하는데 지장을 주고 있으니 만큼 초등학교 수업연한을 1년 줄이고 고교 수업연한을 1년 연장하는 5-3-4-4제를 생각해 볼 수 있다. 또는 중학교와 고등학교를 단일단계로 통합하든지 고등학교의 수업연한을 2~4년간으로 조정할 필요가 있다. 대학진학자를 위한 계열과 직업적 전공계열별로 수업연한을 다양하게 설정하는 것은 진학교육과 종국교육을 효과적으로 수행할 수 있는 길이 될 것이다.

넷째, 현행 학제는 제도적으로 그 운영면에 경직화를 초래하여 교육의 계속성, 학교 외 교육과 통합성, 전과나 전학 등 진로변경 등의 면에서 문제가 많다. 교육목표를 효과적으로 달성하기 위하여 인간의 만든 교육제도가 본래의 목적에 역기능으로 경직화되어 제도가 교육의 비인간화를 초래하고 사회계층을 고정시키는 작용을 하고 있다.

다섯째, 현행 학제는 해방 직후 우리 사회가 교육에 대한 준비태세가 갖추어지지 않았던 시기에 미국의 제도를 이식하고 모방한 것에 불과하므로 우리 실정에 맞지 않는다.

지난 50년 간 우리나라는 정치 · 경제 · 사회 · 문화, 교육사조 · 내용 · 방법 · 경영 등에 많은 변화가 일어났다. 특히 교육받은 인재의 수요증대, 국민의 소득수준 향상에 따른 높은 교육의 기대수준, 교육의 기회균등 보장에 관한 여론 등 사회·경제적 변화에 대하여 현행 학제는 적응력이 미약하다.

여섯째, 그 동안 학제개편의 논의나 연구는 대부분 학교교육의 특정영역이나 급별 연구에 치중하였다. 그러나 학제를 전체 단계와 영역에서 볼 때, 즉 학제 전반에 걸친 문제를 분석해 볼 때 제도와 운영 양면에서 타당성이 결여된 부분을 많이 발견할 수 있다. 오늘날 제창되고 있는 평생교육과 유아교육의 보편화 추세에 비추어 현행학제는 개편되어야 할 시기를 맞이하였다.

한편, 현행 학제고수론의 근거를 보면 다음과 같다.

첫째, 이제까지 학제개편을 주장한 근거를 보면 대부분 학제운영에 대한 불만에서 나온 것이지 제도 자체의 적합성에 직접 관계된 것은 아니다. 이러한 문제들은 제도의 개혁보다는 학제운영의 다양성과 신축성을 기함으로써 해결이 가능하다.

둘째, 총 교육연한이 16년인 것은 전 세계적으로 광범하게 받아들여지고 있는 것이고, 중등교육을 현재와 같이 중학교와 고등학교로 각각 3년씩 나누는 것은 인간의 발달단계에 비추어 타당한 것이다.

전체 교육기간을 줄이면 오히려 교육의 질이 저하되며, 중학교와 고등학교의 통합만이 바람직한 것은 아니다. 또한 전 세계적으로 통용되고 있는 수업연한을 채택함으로써 오늘날과 같은 국제화시대에서 외국과의 학술문화 교류나 해외유학에서 우리의 학년을 인정받도록 하는 것이 바람직하다.

셋째, 현행 학제는 미국의 제도를 모방한 것이 아니다. 미국의 교육은 각 주의 소관으로 되어 있고, 일률적인 제도가 없다. 현행 학제 제정 당시의 미국의 제도는 아직도 8-4-4제가 지배적이었으며, 1960년대 초부터 6-3-3-4제로 대부분의 학교가 개편되어 오히려 이러한 추세의 근거를 받아들였을 것이다. 1996년 현재 전체의 70%가 이 제도를 활용했던 것으로 보고되고 있다.

넷째, 단선형학제는 자유진영 여러 나라에서 광범위하게 시행되고 있다. 복선형 제도로의 복귀는 학제의 세계적 추세에 역행하는 것이며, 학제의 후퇴를 의미한다. 복선형 제도에 의한 학교교육은 비민주화를 초래하며, 교육의 역기능을 조장할 위험이 있다.

다섯째, 학제개편은 각양각색이며, 어떠한 대안도 사회적 합의를 보기 어렵다. 학제에 관련된 변인이 너무 복잡하고 다양하므로 이론적 근거가 명확하고 설득력과 실현성이 있는 대안이 나오기까지는 운영의 묘를 기하는 것이 학제개편으로 인해 발생하는 혼란보다 설득력이 있다.

여섯째, 유아교육과 평생교육의 진흥을 위하여 현행 학제가 개편되어야 한다는 근거는 타당치 않다. 현행 학제로서도 다른 나라는 충분히 유아교육과 평생교육을 진흥하고 있다. 이 문제는 제도문제 이전에 운영상의 문제로 보아야 할 것이다. 현행 6-3-3-4 제도로서도 얼마든지 유아교육과 평생교육을 육성할 수 있다(김윤태, 2003).

3) 학제의 문제와 과제

우리나라 학제는 단선형학제로서 국민의 교육 기회를 양적으로 확대하여 국가발전에 크게 기여하였다. 유치원을 제외한다면 세계유래 없을 정도로 높은 취학률은 교육의 기회확대와 양적 성장을 의미하며, 부존자원이 빈약한 우리나라의 경제발전, 국가 발전의 원동력은 교육받은 인적자원이라는 것을 부인할 수 없을 것이다(김윤태, 2003: 342). 그러나 현행 학제의 이와 같은 기여도 못지않게 심각한 문제를 야기하고 있어서 이를 해결하여야 할 과제 또한 중요한 문제이다.

첫째, 교육기회의 확대는 교육의 양적 팽창과 교육기관의 거대화를 가져오고, 이는 필연적으로 교육행정과 학교운영의 관료화를 촉진시킨다. 따라서 교육계에 팽배한 관료주의의 역기능을 해소하는 방향으로 행정과 정책이 개선되어야 한다.

둘째, 교육의 양적 팽창은 교육받은 인구의 증가를 의미한다. 그런데 이에 비례하여 교원수의 증가, 시설·설비의 확충 정비, 행·재정 지원의 확대가 필수적인데, 그러하지 못하여 과밀학급·과대학교, 교원 1인당 학생 수의 과다 등 교육여건의 열악화 현상을 야기시켰다. 이는 교육의 질을 보장하지 못한다는 사실과 결부되어 함량미달의 인재를 양성하였다는 비판을 면하기 어렵다.

셋째, 중학교 무시험입학제, 고등학교 평준화제도에 의해 거의 모든 학령이 아동이 유급제도나 졸업시험제도 없이 원하기만 하면 고등학교까지 쉽게 진학할 수 있도록 되어 있다. 그러나 대학에 입학할 때 비로소 치열한 입시경쟁이라는 관문을 통과해야 한다는 입시제도상의 문제는 해결되어야 할 학제의 가장 주요한 과제가 되었다.

넷째, 교육의 기회 확대는 그동안 학교에 접근 또는 입학을 허가하는 허용적 입장의 기회만을 확대하는 데 그치고 개인의 수월성을 보장하는 교육의 과정상의 평등을 보장하는 데 이르지 못하였다. 개인이 가지고 있는 능력, 자질, 특성을 최대한으로 신장할 수 있는 학제의 다양화와 탄력적 운영이라는 과제를 해결하지 않으면 안 된다.

마지막으로, 평생학습사회의 구현을 위해 학교교육과 사회교육의 벽을 트고 학령기에만 교육을 받는 것이 아니라 평생교육을 받을 수 있는 학제의 개방화가 촉진되어야 한다(남정걸, 2001).

4) 학제발전의 방향

진술한 바와 같이 현행 학제의 구조와 기능에 대한 찬반론이 계속 거론되어 왔다. 사실, 우리의 학제는 민주주의 교육을 기본이념으로 하고 있으면서도 이를 실현할 수 있는 교육제도로서는 미흡하다는 의견이 적지 않은 것이다.

학제 개편 또는 발전을 위해서는 신중한 검토와 연구를 기초로 해야 함은 두말할 필요도 없다. 학제 발전의 기본 방향으로서는 다음과 같은 것을 들 수 있다.

첫째, 이념적 측면에서는 교육의 기회 균등(equality)이 보장되고 수월성(execellence)도 추구되는 한편, 개인 자체의 발전을 추구하는 인간성(humanity)이 강조되어야 할 것이다.

둘째, 기능적 측면에서는, 위의 이념을 원활히 실현하기 위하여 교육체제의 다양성(diversity)과 효율성(efficiency)이 강조되고 교육체제 내외에서 수직적 이동(교육의 계속성)과 수평적 이동(교육제도의 융통성)을 보장하는 개방성(openness)이 또한 강조되어야 할 것이다.

셋째, 적절성 측면에서는 인간발달과의 적합성(fitness)과 사회체제와의 유기적 통합성(integration)이 유지되어야 한다.

뿐만 아니라 아무리 독자적 유형의 학제를 구안한다고 하여도 지역의 특수성에 따라 융통성을 부여하며, 주요국가와의 학술교류를 고려하여 총 수업연한 등 국제성을 잃지 않는 것이 좋을 것이다.

9. 학교제도 발전의 방향

1) 외국의 학제가 우리나라 학제 발전 연구에 주는 시사점

(1) 영국 학제가 주는 시사점

① 대중교육시대에서의 엘리트 교육체제의 유지이다. 보다 많은 교육, 보다 나은 교육을 받고자 하는 대중교육시대의 교육수요는 자칫 양비의 고급인력 양성체제를 소홀히 취급할 수 있다. 그러나 실업학교 졸업자에게 계속교육을 받을 기회를 확대하고, 자격제도와 학위제도의 개선과 동시에 인문학교를 통한 기초분야에 대한 고급연구능력자를 양성하는 체제의 병행은 계속 검토될 만하다.

② 입시제도를 포함한 교육평가체제의 발전이다. 영국은 이 체제를 통하여 다양한 학교의 질을 관리하고, 취업과 상급학교의 진학 적격자를 선별하는데 크게 기여하여 왔다. 우리나라도 지역 간, 학교간의 격차를 줄이고, 능력자의 선별을 위한 전략으로서 입시제도 및 교육평가체제의 개선을 검토할 만한 가치가 있다.

③ 교사교육의 검토이다. 우리나라의 교사양성체제는 교육기술의 향

상을 위한 통로가 부실하다. 4주 만의 교육실습으로는 극히 부족하다. 6개월~1년 정도의 예비교사제도의 도입을 통하여 교육전문성을 더욱 증진시킬 수 있는 장치가 요청된다. 물론 여기에는 교사의 유인체제가 선행되어야 한다.

④ 공교육비에 의한 교육체제의 강화이다. 변화하는 사회에서의 학교교육은 그 기대되는 목적을 달성하는데 한계가 있으므로 비정규교육체제의 발전의 도움을 받지 않을 수 없다. 청소년 단체 뿐 아니라 비정규교육체제의 발전의 도움을 받지 않을 수 없다. 청소년 단체 뿐 아니라 청소년 지도자에 공교육비를 지원함으로써 질적 발전을 꾀하도록 하는 것은 그 효과가 적지 않을 것이다.

(2) 스웨덴 학제가 주는 시사점

① 스웨덴의 학제 개혁에 관한 연구는 1940년부터 준비단계(1940~1950)를 시작으로 실험단계(1950~1952), 기관을 통한 실천단계(1962~1968)를 거쳐 1968년 이후부터 현재에 이르기까지 수정단계가 계속되고 있다. 이는 단적으로 말하면, 학제개혁에 대한 연구가 20~30년 간의 장기적인 계획 하에서 이루어지고 있음을 나타내고 있으며 우리 교육에 주는 교훈 또한 크다 하겠다.

② 스웨덴에서는 학교의 교육을 강화하는 뜻에서 1966년부터 여가선용센터를 설치하여 학교에 다니는 아이들의 여가시간을 지도하고 있다. 이는 현재 산업사회화과정에 있는 우리 사회에서도 실시되어 부모의 부모부족으로 인한 청소년문제 해결에도 도움이 되도록 하여야 한다.

③ 기초학교 3학년부터 영어교육이 실시되고 있다는 점을 들 수 있다. 많은 나라에서 제2외국어 교육을 조기에 시작하는 것으로 보아 우리나라의 경우도 실험과정을 거칠 필요없이 조기에 실시하여도 무방하다고 본다.

④ 스웨덴은 만 25세 이상의 성인이 5년 이상의 직장 경험이 있을 경우 그들의 대학입학을 허용하고 있다. 이는 성인들의 제2의 교육기회를 가질 수 있는 가능성을 인정하고 있으므로 성인교육의 측면에서도

중요하다.

⑤ 직장인들의 계속 교양교육을 위하여 1975년부터 교육휴가제를 실시하고 있다.

(3) 미국 학제가 주는 시사점

① 초 중등교육에 있어서, 교육내용, 교육방법의 획일성을 강요하기보다는 무학년제, 학년제 등의 실시로 교육의 평등성을 유지하면서도 수월성을 인정하고 있다.

② 중등교육에서 직업선택 및 진로지도와 고등교육수준에서 학위이수과정에서 보여지는 혁신적인 교육프로그램은 다양성을 고려하면서, 개인의 능력과 적성을 보장하고 있다.

③ 의무교육을 마친 청소년 및 성인들에게 그들의 능력과 요구에 따라 교육을 받을 수 있도록 사회의 여러 교육기관에서 교육의 기회를 제공하여 교육의 계속성을 보장하고 있다.

④ 미국의 교육은 개인의 능력과 적성, 흥미, 필요에 의해서 어느 단계, 어느 시기에도 교육을 받을 수 있도록 교육의 기회균등을 최대한으로 보장하고 있다.

2) 학제 발전의 기본 방향

① 모든 국민이 각자의 요구와 능력에 따라 평생교육을 받을 수 있는 교육개방체제를 구축하도록 한다.

② 개인이 학교, 가정, 직장, 사회단체, 근린 등을 통하여 가질 수 있는 모든 교육적 경험을 유기적으로 상호 연결시킬 수 있도록 학제를 개혁함으로써 교육의 통합성을 기하도록 한다.

③ 여러 집단(지역별, 계층별, 직업별, 성별, 연령별 등)의 교육적 요구와 포부를 고루 만족시킬 수 있으며 그들의 능력차에 알맞은 여러가지 교육프로그램을 제공할 수 있도록 학제를 개혁함으로써 교육의 다양성을 신장하도록 한다.

④ 국민들의 각자의 요구에 따라 비교적 자유롭게 교육받는 시기와 기

간, 교육의 영역과 내용을 선택할 수 있고, 전학과 전과도 가능한 한 쉽게 할 수 있으며, 때로는 직업과 학업, 가정생활과 학교생활을 번갈아 가며 할 수 있도록 학제를 개혁함으로써 교육의 융통성을 증대하도록 한다.

⑤ 모든 국민들이 차별받지 아니하고 능력에 따라 균등하게 교육받을 기회를 가질 수 있고 또한 균등한 교육여건과 교육의 질이 보장될 수 있도록 학제를 개혁함으로써 교육의 평등성을 실현하도록 한다.

⑥ 학생들이 그들의 진로(진학 또는 취업)를 합리적으로 결정하고 그 진로를 위한 적절한 준비교육의 기회를 가질 수 있는 방향으로 학제를 개혁하도록 한다.

⑦ 능력이 뛰어난 학생은 그들의 소질을 최대한 계발할 수 있는 교육기회를 제공함으로써 교육의 수월성을 추구하도록 한다.

참고문헌

고등교육법, 제 47조
교육개혁심의회공청회 기조강연, 학제의 기본구조와 운영의 개혁, 1986
김영식 · 최희선(1998), 『교육제도발전론』, 서울: 도서출판 성원사
김영철 회(1981), 학교제도 발전 연구, 서울: 한국교육개발원
김영철(1989), 『학교제도』, 민문고
김윤태(2003), 『교육행정 · 경영의 이해』, 동문사
남정걸(2001), 『교육행정 및 교육경영』, 교육과학사
노종희 외(1996), 『교육제도론』, 도서출판 하우
박동서, "학교의 기분구조와 운영의 개혁" 교육개혁심의회 공청회 기조강연, 교육개혁위원회, 1986
서정화(1989), 『교육행정제도의 발전』, 민문고
지식기반사회의 교육공동체 구축을 위한 교육정책 보고서, 대통령 보고서, 대통령자문 새 교육공동체 위원회, 2000
차종환(1997), 『이것이 미국교육이다』, 나산출판사
최희선(1977), 『교육제도론』, 배영사
학원세계대백과사전(1993), 학원출판공사

제 4 장

교육정책론

4
chapter

교육정책론

교육정책이란 공공의 교육목표를 달성하기 위해 국가가 공권력을 배경으로 결정하는 기본적인 행동지침이라고 할 수 있다. 그리고 교육정책은 · 공공적 그리고 조직적인 활동으로서의 교육활동에 관해 국민의 동의를 바탕으로 하면서 국가의 공권력을 배경으로 강행하는 기본방침 또는 지침을 의미하며, 이는 교육활동의 목적 · 수단 및 방법 등에 관한 최적의 대안을 의도적이고 합리적으로 선택하는 것이라고도 할 수 있다. 따라서 교육정책을 정확히 이해하는 데는 그 과정에 대한 이해가 필요하다.

교육정책은 그 내용과 과정이 복잡하므로, 정책형성에 참여하는 참여자에 대한 연구가 필요하다. 법적인 권한이 주어진 공식적인 참여자는 물론이고, 비공식적인 참여자의 역할도 무시할 수 없다. 끝으로 교육정책 형성에 대한 이해를 돕기 위해 정책형성에 대한 일반 이론을 소개하였다.

제 1 절 교육정책의 개념

1. 교육정책의 일반적 의의 및 개념

교육정책이란 사회적 공공적·조직적 활동으로서의 교육활동에 관하여 국민의 동의를 바탕으로 하면서 국가의 공권력을 배경으로 강행되는 기본방침 또는 지침을 의미하며, 그것은 교육 활동을 목적·수단·방법 등에 관한 최적의 대안을 의도적·합리적으로 선택한 것이다. 이와 함께 국가가 기본이념 혹은 방침에 따라 교육활동을 이끌어 가기 위해 교육 운영을 위한 방향을 설정하고, 계획 수립 및 그를 추진하기 위한 활동 자체 혹은 활동의 결과라고 정의내리기도 한다.

① 국가와 공공단체만을 정책의 주체로 한정시킴

② 또한 국가와 공공단체의 선택과 결정이라고 하더라도 모든 결정과 선택이 정책이라고 할 수는 없음

③ 개인적 차원(individual behavior), 개인적 결심, 통상적 업무수행은 정책이 아님

④ 공적기관의 조직적 차원에서의 행위(organizational behavior)에 관한 주요한 결정을 의미

⑤ 정책에 관한 여러 가지 개념들

- "각종 정치적·행정적 과정을 거쳐 권위있게 결정된 공적 목표"
- "정치체제와 그 하위의 정치적 단위가 일정한 목표를 달성하기 위하여 결정한 행동방안과 지침"
- "공공기관이 어떤 목표를 달성하기 위하여 의도적으로 선택한 행동의 주요지침"

⑥ 공통점

- 정책의 개념을 정치체제 혹은 공공기관의 조직체로서의 행위에 국한시킴
- 조직체로서의 결정과 선택 가운데에서도 행동의 주요 지침에 국한시킴
- 그 의도는 합리성을 추구하는 것임

2. 교육정책의 특수성

① 일반적으로 교육정책이란 정책 산출을 목적으로 이미 수립된 절차를 통해서 적절한 정치적 권력에 의해 결정되는 것은 모두 이에 해당한다고 말하고 있으나, 교육정책이란, 그 대상이 교육문제라는 점에서 그 특수성을 다른 공공정책, 즉, 경제·금융·국방정책 등과 구별할 수 있다.

② 드로어에 의하면, "정책결정이란 정부기관에 의한 미래의 행동지침의 결정"이라고 정의하고 있다. 즉, 정책결정이란 정부의 미래의 행동방안을 복잡한 정치적·행정적 과정을 통하여 의도적으로 공익을 위해 정부가 내리는 결정을 말하는 것이다.

▶ 교육정책이란?

공공의 교육목표를 달성하기 위해 국가가 공권력을 배경으로 결정하는 기본적인 행동지침

3. 교육정책의 속성

1) 일반 정책의 속성

① 목적지향형 활동 : 무의도적, 우연적인 활동이나 결과는 정책이 아님

② 체계적인 활동 : 개인의 방침이 아니라, 법률이나 공적활동에 의해 이루어지고 조직적 활동을 통해 체계적으로 집행되는 결정

③ 실제로 이루어지는 활동 : 일에 대한 계획뿐만 아니라 의도된 목적달성을 위해 실제적인 행동 과정을 포함하고 추진해야 함

④ 공공성을 가지는 활동 : 정책의 결과로 영향을 받는 국민의 이익에 합치해야 함. 일부 소수집단이나 특수집단의 반대가 정책의 강행을 막을 수 없음

⑤ 권위를 바탕으로 하는 활동 : 공익에 기초한 국민적 동의를 바탕으로 국가가 정치권력을 동원하여 강제하는 결정

2) 교육정책의 속성

① 정치적 과정을 통해 결정되는 국가의 통치작용

② 교육제도와 운영의 요강에 관한 기본지침

③ 교육문제 해결을 위해 합리적 과정을 거쳐 대안을 선택

예) 교육목표의 정립, 교육과정의 개편, 인사의 쇄신, 학생지도, 시설 현대화, 재정강화 등

⇒ 관련집단의 다양한 견해와 이해관계를 조정하며 논리와 명분을 뚜렷이 하면서 최적의 대안을 선택한다는 것은 정보와 식견, 용기와 결단을 필요로 하는 행동

④ 교육이념의 구현 및 결정 : 국가이념과 사회철학 등 그 국가사회에 보편화되어 있는 기본적 가치관 및 그 사회와 국가의 운영을 위한 기본적 원리

예) 교육에 있어서 기회균등의 논리와 평생교육의 논리 등 교육의 자주성 존중과 정치적 중립성 확보

⑤ 교육행정에 대한 기본 지침

4. 교육정책에 대한 접근법

1) 교육활동의 운영을 위한 의사결정

교육제도의 틀을 만들고 교육활동의 프로그램을 운영하는 데 국가와 지방자치단체의 공적인 의사결정이 교육정책이라고 했을 대, 교육정책은 합리성(rationality)과 가치지향성을 지향하는 합목적적 할당의 성격을 가진다. 교육문제의 해결을 위한 합리적인 대안을 추구하는 의미에서의 결정이며, 과학적 문제해결을 본질로 하는 일면이 있다.

최적화를 지향하는 선택행위는 논리적으로 최선의 방법이 제시되더라도 현실적으로 그 실현가능성이 문제가 될 수 있다. 현실적 제약들(재정, 정치, 사회문화적 제약 등)이 있을 때 주어진 환경과 여건에서의 최적의 대안 선택이 교육정책의 본질이다.

2) 정치적(권력) 과정

권력이란 영향력의 행사이다. 교육정책이 정치적 과정을 거친다는 것은, 어떤 결단이 권력을 행사하느냐 하는 것을 의미한다.

① 엘리트이론 : 교육정책의 기본방향이 사회의 지배층을 이루는 소수의 엘리트 계층에 의해 좌우된다는 것.

② 다원론 : 교육정책의 결정은 다수 집단의 공존공영과 여러 집단 사이의 타협과 협상, 이해관계의 조절 등을 통해 이루어진다고 보는 견해, 지배적 엘리트 계층의 존재를 부인하고, 다수 이익집단의 호혜적 공존을 전제로 하는 것이다. 국가의 절대우위도 부정하며, 분권주의 및 광범한 사회참여, 권력의 분산을 강조하는 입장이다.

③ 무결정론 : 안전한 문제만 관여하는 교육정책으로 현실주의와 권위주의의 합리화에 기여한다는 비판이 있다.

3) 교육적 효과(성과)

교육정책은 교육의 수월성을 신장하고, 내실화를 꾀하며, 공공성을 신장하고, 자율성을 보장하고자 하는 수단으로 존재하는 것이다. 교육의 성장 지표로는

① 교육의 양적 성장과 기회 확대, 균등화 - 측정지표

② 교육의 질적 향상과 수월성 증대 - 교수자질향상, 교육시설현대화, 교육재원확충

③ 연구의 활성화와 질적 고도화

④ 국가발전과 사회발전에 대한 기여도 - 경제성장에 기여, 사회통합 및 발전에의 기여 등

4) 추구하는 가치

(1) 과정면에서 추구되는 가치

① 적합성 : 교육목표 및 그 시대의 사회적 요구에 부응하고 있는가?

② 합리성 : 수립, 집행, 평가과정상의 합리성, 지식의 원리, 과학적 문제해결방식, 계획의 논리가 존중되는 것, 이치에 맞고 상식이 통하는 것

③ 민주성 : 책임과 권한 분산, 구성원 참여 확대

④ 효과성 : 목표 성취 정도

⑤ 책무성 : 교육정책을 수립하거나 집행한 사람들이 그들이 속하는 집단이나 공동체에 대하여 스스로의 행동을 책임지고 설명할 수 있는 것. 공정성, 책임의식, 준법정신

(2) 목표와 성과면에서 추구되는 가치

① 형평성 : 접근기회, 여건 등의 형평과 기회균등(빈곤한 영재에게 장학금을 지급하는 것)

② 수월성 : 교육의 성과를 훌륭하게 나타나는 정도, 교육의 질 향상, 내실화

③ 자율성 : 스스로 결정하고 선택하는 결정의 정도, 결과에 대한 책임

④ 공익성 : 대다수의 일반이익 추구, 국민 대다수의 복리추구와 복리증진

이상의 구분은 개념적인 것이며, 실제는 혼용되며 시대에 따라 그 비중이 달리 적용되어 왔다.

제 2 절 정책결의 이론모형

1. 정책형성 및 정책결정모형에 대한 제이론

1) 합리적 · 종합적 모형

(1) 개념

규범적 · 이상적 방법으로 인간은 필요한 모든 지식과 정보를 동원할 수 있다고 본다. 고전적 경제학이론에서 가정하는 경제인의 합리적 행동에 기초를 둔다(합리적 경제인은 환경의 여러 관련측면에서 명확하고 풍부한 지식을 가질 수 있다는 전능을 가정하고 그가 원하는 최선의 행동노선을 선택할 수 있다).

(2) 합리적 모형의 결정과정(문제해결과정과 동일한 절차)

① 목표 설정

② 자료 수집

③ 자료분석 및 종합

④ 제 대안 제시

⑤ 각 대안의 평가

⑥ 최적대안의 선택

(3) 특징

합리적 모형은 목표를 달성하기 위해 최적 대안의 선정을 위한 분석과정이 모든 요소들을 고려하고 있는 종합성을 띠고 있으며, 전 단계를 전제로 다음 단계가 전개되고 분석방법은 계량적 방법이 동원된다.

(4) 유형합리적 모형의 비현실성과 한계론을 고려하여 전개된 정책결정모형으로 만족화모형, 점증모형, 혼합관조모형 등이 있으며, 그 밖에 최적모형, 회사모형, 쓰레기통 모형, 공공선택모형 등이 있다.

▶ 합리적 · 종합적 모형이란?

객관적 합리성에 근거한 정책결정자에 대한 전능의 가정과 주관적 합리성에 근거한 경제인과 같은 합리적 인간을 전제로 한 모형

2) 기술적 · 실증적 모형

합리적 모형의 제약성을 고려하여 전개된 정책결정 모형들

(1) 만족화모형

[개념]

① 현실적 · 실증적 방법으로 마치와 사이몬에 의해 주장되었으며, 순수합리성의 wpdidr성을 지적하고 제한된 합리성을 제시한다.

- 사이몬 : 최선의 결정은 "만족스러운 상태의 것"이라 주장
- 마치 "경제인 대신에 만족을 구하는 인간을 제시하고 귀납적 접근을 시도

② 최적의 대안보다는 만족스러운 대안, 즉 어떤 상태의 필요성을 만족시키는 정도의 수준에서 결정을 보는 이론이며, 후에 사이몬과 마치의 연합모형 또는 회사모형에 의해 개인적 만족차원에서 조직의 차원으로 확대 · 발전되었다.

[특징]

① 이 모형은 행동과학적 접근방법으로 의사결정자의 사회 · 심리적 측면을 중요시하며, 의사결정자의 정의적 요소가 개입되기 때문에 여러

가지 비합리성의 작용됨을 인정하고 있는 것이므로, 인간은 완전히 합리적인 결정을 할 수 없다.

② 현실적인 인간은 몇 개의 대안을 알고 있다. 그리고 그 대안이 초래할 결과도 극히 일부만을 예상할 수 있을 뿐만 아니라 그 평가기준도 불완전하므로, 현실적인 인간은 그의 능력의 한계 때문에 최적의 대안을 선택할 수 없고 현실적으로 만족스러운 대안에 머물 수밖에 없다.

[비판]

① 만족화 기준이 주어진 것으로 생각하고 그 기준을 형성하는 변수가 무엇인지 명확히 제시하지 못하는 단점이 있다.

② 사이몬과 마치의 만족화 모형은 개인의 의사결정 문제를 설명하려는 의도에서 나온 것이므로 조직차원에서의 의사결정 문제를 설명하는데 무리가 있다.

(2) 부분적 점증 모형

[개념]

① 합리적·종합적 모형의 비현실성에 대하여 신랄하게 비판을 가한 후 제안된 모형으로, 벤필드, 브레이브르크, 린드블롬, 윌다브스키 등에 의해 주장되었다.

• 린드블롬의 견해 : 그는 명료성과 완전성을 지향하는 합리모형에 정면으로 반발하고 있음을 시사하는 "적당히, 간신히 또는 되는대로 해 나간다"는 말을 쓰면서, 나무에 비유하여 합리모형은 뿌리에서부터 시작하는 근본적 방법인데 비하여, 자기의 모형은 현재 상황에 근거를 두고 점진적으로 선택하는, 가지부분에서부터 시작하는 방법이라고 하였다.

② 점증적 모형이란 정책결정을 함에 있어서 항상 정부의 기본적인 목표와 일치하는 정책만을 구상하는 것이 아니라 현행정책과 크게 다르지 않는 대안만을 검토하여 현실을 긍정하고 이것보다 다소 향상된 정책에 만족하여 결정하는 것을 말한다. 즉, 기본정책보다는 약간 개선된 대안을 선택하는 것이다.

[특징]

① 선택된 대안에 대해 얼마나 폭넓은 동의를 얻을 수 있느냐에 관심이 많고, 적극적인 새로운 목표추구보다는 현상에 대하여 이미 가지고 있는 불만해소에 주력하여 적극적인 선의 추구보다는 소극적 악의 제거에 주된 관심을 둔다.

② 점증모형은 경제적 합리성뿐만 아니라 정치적 합리성도 고려하여 설정된다.

[비판]

의도성이 결핍되어 있으므로, 보수적 성격을 띠어 혁신이 요구되는 사회에 부적합하며, 결정에 있어 장기적인 것에는 등한시하게 된다.

(3) 혼합관조모형

[개념]

① 에치오니에 의해 제시된 제3의 모형으로, 순수합리성에 의한 정책결정은 비현실적이고, 점증주의모형은 너무 보수성이 짙다는 점을 비판하였다. 이 두 모형을 혼합시킨 정책결정이론이다.

② 합리적 접근은 기본적 결정과정에서 넓은 영역을 개괄적으로 검토하고, 점증적 접근은 기본적 결정의 범위 내에서 좁은 영역을 골라서 다시 집중적으로 검토하는 것이다.

[특징]

① 이 모형은 합리모형을 정으로, 점증모형은 반으로 보고 이 양자의 합으로서의 제3의 모형으로 제안된 것이다.

② 인간의 결정 형태에 대하 설명으로 국한되지 않고, 사회지도 체제에 대한 조직원칙으로까지 발전된다.

[장 · 단점]

장기적 · 단기적 변화를 동시에 이룰 수 있는 장점이 있으나, 그것은 전혀 새로운 모형이 아니라 절충 · 혼합한 모형에 불과하다.

[적용]

에치오니에 의하면, 합리모형은 전제주의 사회체제에 적합하며, 부분적 점증모형은 다원적이고 합의 지향적·민주주의적 사회체제에 적합하고, 혼합모형은 활동적 사회가 갖추어야 할 전략이다.

(4) 최적모형

[개념]

① 드로어가 제시하고 있는 것으로, 린드블롬의 점층모형의 타성적 성격에 대한 반발로 등장

② 합리·점층모형을 주장하고 있다는 점에서 혼합모형과 유사하나, 양자의 단순 합계적 혼합이 아니라 어떤 주어진 목표에 도움이 되는 가장 호적한 상태를 의미한다. 그러므로 정책결정의 방법, 결정 후의 평가와 feedback, feed-forward에 의한 결정능력의 향상을 위하여 계속 노력하면 최적의 수준에 이를 수 있다는 것이다.

[특징]

① 계량적인 것이 아니라 질적인 것의 중시

② 합리적 요인을 강조함과 동시에 초합리적 요인도 중시

③ 각 단계마다 투입과 산출의 관계를 규명하여 최대의 능률을 올릴 수 있도록 경제적 합리성을 중시

④ 정책결정의 기초에 관한 정책을 결정하는 이른바 상위 정책의 중시

⑤ 환류작용의 강조

[정책결정의 단계]

㈎ 정책결정의 전 단계 : 정책결정에 관한 정책결정을 하는 단계

① 가치의 처리

② 현실 처리

③ 문제의 인지

④ 자원의 조사, 처리 및 개발

⑤ 정책결정체제의 제의·설계·평가 및 재설계

⑥ 문제 · 가치 · 자원의 배분
⑦ 정책결정 전략의 결정

㈏ 정책결정 단계 : 정책결정 전 단계와 병행하여 진행
① 자원의 하위배분
② 우선순위에 입각한 구체적 운영목표 수립
③ 우선순위에 입각한 일련의 중요 가치군의 설정
④ 중요한(좋은) 대안의 설정
⑤ 가능한 대안의 비교
⑥ 최적안의 평가와 선정

㈐ 정책결정 이후의 단계 : 채택된 정책실제에 적용하고 평가하는 단계
① 정책집행을 위한 동기유발
② 정책의 집행
③ 정책 집행 후의 정책 평가

㈑ 의사전달과 환류단계
의사전달과 환류의 통로를 위해 모든 국면을 상호연결하는 작업이 이루어지는 단계

[의의 및 비판]
① 드로어의 정책결정단계 모형은 정책결정의 합리화 내지 정정화를 동태적이고 체제적인 정책결정과정과 정책산출 간의 관계의 적정화라는 개념으로 파악하려는 과정과 구조의 개선에 관심을 갖도록 유도하였다.
② 드로어의 정책론에서는 대안선정기준이 다른 정책결정론에 비해서 얼마나 더 진취적인가를 충분히 제시하지 못하였고, 초합리적 방법의 실제적인 적용에 관한 설명이 충분치 못한 점이 문제점으로 지적될 수 있다.

(5) 쓰레기통 모형

[개념]

쓰레기통 모형은 위의 네 가지 집단모형 가운데 세 번째의 "조직화된 무정부상태"에 해당하는 이론모형이다. 이 이론모형의 결론은 실제로 정책결정이 어떤 일정한 규칙에 따라 움직이는 것이 아니라 쓰레기통처럼 뒤죽박죽 움직인다는 것이다.

[특징]

① J. Olsen은 M. Cohen, J. March 등과 공동으로 발표한 논문에서 회사모형이 조직체 내부에서는 타당할지 모르나 행정부와 사법부, 입법부, 이익집단, 애인들이 뒤죽박죽 얽히고 섥힌 조직화된 무정부 상태에는 제대로 적용되지 못한다고 하였다.

② 쓰레기통 모형에서 의사결정에 필요한 구성요소로는 의사결정의 사회와 해결을 요하는 문제, 문제의 해결책, 의사결정의 참여자 등 네 가지가 있는데, 이들이 서로 나른 동(can)안에 들어와서 우연히 한곳에서 동시에 만날 때 비로소 결정이 이루어진다고 본다.

[평가]

이 모형은 공공조직 · 교육기관 · 불법조직 등의 조직화된 혼란상태에서 적용될 수 있으나, 그러한 상태가 조직의 모든 결정행태에서 발견되는 것은 아니며, 일부 조직에서 또는 일시적으로 나타나는 결정행태를 설명하는데 적합할 뿐이나.

(6) 공공선택모형

[개념]

전통적 행정관을 부정하고 새로운 각도에서 행정현상을 이해하려고 한 모형

[특징]

① 분석 단위로서 전통적인 경제적 인간이 아니라, 정책결정자로서의 개인을 가정한다.

② 정치경제학적 성격이 농후하여 부기관이 산출해내는 공공재화와 용역을 중시하고, 사적 부부에서의 그것과는 구별한다.

③ 정책위 파급효과를 강조한다.

④ 이 모형은 아직 규범적 성격을 완전 탈피하지는 못했지만 합리모형의 합법론적 엄격성을 유지하면서 국민의 대표적 참여와 상황적응적 행정구조를 강조함으로써 합리모형이 갖는 정책의 경직성과 비인간성을 극복할 수 있는 가능성을 제시해 주었다.

[평가]

공공선택이론은 고객의 선호, 권한의 분산, 다조직장치, 관할권의 중첩, 공공재와 공공서비스의 공급, 시장의 유추, 경쟁의 이용, 정책결정구조의 중시, 대응성, 사회적 능률성, 평등주의, 정치와 경제적 접근방법 등을 중심 개념으로 삼고 있다. 물론 이러한 공공선택 이론이 체계적으로 정리되고, 학자들 사이에 의견이 통일된 것은 아니다. 그렇지만 이러한 새로운 관점은 분명히 오늘날의 행정학과 정책학의 위기를 극복할 수 있는 하나의 대안이 될 수 있다.

(7) 체제분석모형

[이스튼]

① 정책결정과정을 거시적으로 파악하는 체제분석모형이 있다.

② 사회환경에서 정책에 대한 요구와 더불어 자원이 투입되며, 그것이 정치체제속에서 전환과정을 통하여 사회환경으로 산출되는 것이 정책결정이며, 그것이 또한 정치체제에 대한 자원으로서 환류된다는 것이다.

[샤르칸스키]

정책결정과정을 체제틀로서 보다 상세히 설명하고 있다.

2. 교육정책의제 설정의 분석모형

사회문제나 정부에서 제안하는 정책안의 성격, 그리고 이러한 것들이 공식의제로 채택되는 접근양식의 차이에 따라, 즉 의제설정을 누가 주도하느냐에 따라 정책의제 설정은 다음과 같이 세 가지 모형으로 집약하고 있다. 즉, 정부를 중심으로 체제의 외부 혹은 내부를 기준으로 외부주도형, 동원형 및 내부접근형으로 구분하고 있다.

이러한 세 가지 모형은 본 연구에서 교육정책문제를 채택하는 과정을 설명하는데 매우 중요한 분석 틀로서 사용된다. 왜냐하면 정부의 다른 정책과는 달리 교육정책 문제는 특히 교육의 특수성, 즉 교육투자 회임기간의 장기성, 교육투자 효과측정의 비가시성, 교육수혜집단에 대한 다수성, 평등성 등으로 인하여 교육열이 어느 나라 국민보다도 높은 우리의 경우 가장 민감한 문제, 정책 중의 하나라고 할 수 있기 때문이다. 교육수혜집단이나 관련집단의 적극적인 교육저책 개입, 관여의 요구가 다른 정책보다 높으며, 새로운 정부가 들어설 때마다 상징적으로 가장 국민들에게 호응받고 공감받을 수 있는 교육정책을 주요 정책으로 내세우는 경우가 많다. 교육정책의 성격이나 유형에 따라 교육정책의제 설정의 모형은 달리 적용된다.

1) 외부주도형(Outside initiative model)

공식적 정부구조의 외부, 즉 환경으로부터 비정부조직(NGO: Non-Government Organiztion)에 의해 논제가 제기되어 공중에게 확산됨으로써 일차적으로는 공중의제(public agenda)가 되고(정정길의 분류 제3유형), 최종적으로는 정부의제(governmental agenda)로 채택되는 정책의제 형성과정을 설명하는 모형을 말한다. 즉, 문제가 정책결정체제 외부에서 제기되어 정책결정체제 내부로 향해 투입되는 과정을 설명하게 되며, 따라서 문제의 공개성, 대중의 참여도가 높으며, 공중의제화의 단계와 공식의제화의 단계가 순차적으로 이루어지게 되는데, 이 모형은 일반적으로 민주사회, 평등한 사회에서 곧잘 찾아볼 수 있다.

이 모형은 의제, 논제가 비정부집단 혹은 비정부단위에서 발생하여 대중의제가 형성되고 공식의제에 도달하는 의제형성과정을 설명하고 있다. 이 h형에서의 의제형성은 정책결정체제 밖에 있는 집단들이 자신들과 관련된 문제에 대하여 불만을 표시하는 주도단계와 표출된 불만이 다양한 방법을 통하여 구체적 요구사항으로 전환되는 구체화 단계, 그러한 요구들이 이슈화하여 보다 많은 대중의 관심과 지지를 얻게 되는 확산의 단계를 거쳐 최종적으로 공식의제, 정부의제로 채택되는 진입의 단계에 이르게 되는 과정을 거친다.

2) 동원형(Mobilization model)

어떤 교유군제가 정책결정체제의 내부에서 제기되었을 때, 거의 자동적으로 공식의제로 채택되는 과정과 그것이 정책으로 입안되고 난 후, 정책의 정당성, 합리성, 성공적인 집행 등을 위해서는 공중의 적극적인 지지와 협력이 필요하게 된다. 이를 위해 공식 의제를 역으로 공중 의제화하는 과정을 이론적으로 설명해 주는 모형이다. 다시 말하면, 정책결정체제 내부에서 제기된 문제가 곧바로 공식 의제화되고 관련 공중의 이해와 지지를 얻기 위해 정책결정체제 외부로 확산되는 과정을 설명하는 모형이라고 할 수 있다.

동원모형은 정책결정자가 정책과 프로그램에 내포되어 있는 이슈를 전부 의제에서 공중 의제로 이동시키고자 하는 경우를 설명해 주는 모형이다. 이러한 이슈는 정책결정자나 측근에 의해 정부의제에 올려진 것이고 사전에 공중에까지 확장된 적은 없다. 확장된 정책결정 이후에 이루어져야 하는 바 그 이유는 정책 혹은 프로그램의 성격상 효과적인 정책집행을 위해 국민들의 지지와 협력이 필요하기 때문이다. 즉 동원모형에서는 주로 정책집행을 위해 필요한 관심과 지지를 얻으려고 노력하는 과정을 설명해 준다. 정책 혹은 프로그램의 성격상 강제가 부적절 혹은 실제적이지 못할 경우, 그리고 강제적으로 하는 데 지나치게 많은 비용이 들어야 할 경우 동원이 필요하다고 할 수 있다.

3) 내부접근형(inside access model)

이 모형은 어떤 논제나 의제, 정책안들이 정책결정체제 내부에서 제기되어 공식의제로 채택되는 경우를 설명해 주는 모형이라고 할 수 있다. 동원모형과 다른 점은 논제를 정책결정체제 영역 밖의 일반대중에게 확산되기를 원하지 않기 때문에 공중의제화 단계를 거치지 않고 바로 공식의제로 채택되는 경우를 설명하는 모형이라고 할 수 있다(정정길 분류 제1유형).

제 3 절 교육정책의 결정과정

1. 정책결정과정

하나의 사회문제나 교육문제가 정책결정자에 의해 정책문제로 채택되기까지에는 다양한 절차를 거치게 되며, 이 과정에서 다양한 양상과 형태를 표출하게 된다. 즉 문제의 성격에 따라서, 문제를 정책 의제화하려는 주도집단에 따라서, 문제를 접하는 정책결정체제의 관점에 따라서 각 문제가 정책의제로 형성, 설정되는 과정은 다양하게 나타나기 마련이다. 이 과정은 바로 정치적 투쟁의 과정이며, 각 개인과 관련 집단간의 갈등이 고도로 표출되는 활동이기 때문이다.

Cobb, J. Ross와 M. Ross는 정책의제의 형성과정을 사회무제가 어떻게 전개·확산되는가에 따라 사회문제의 쟁점, 논제나 정책안의 제기(initiation) 단계, 구체화(specification) 단계, 확산(expansion) 단계 그리고 정부에의 진입(entrance) 단계로 구분하고 있다. 교육정책 의제 설정의 4단계는 정책의제 설정의 부석모형, 즉 외부주도형, 동원형, 내부접근형과도 밀접한 연계성을 지니고 있으며, 각기 다른 양상과 특징을 보이게 된다.

1) 문제제기 단계

정책 의제화된 특정교육문제를 최초로 인지하고, 이를 정책결정체제나 집행당국(교육부 및 지방 교육청)들이 해결해 주도록 주도하는 개인이나 집단, 단체들이 문제제기와 주도자가 된다. 교육문제를 심각하게 인지하고 주도하는 개인이나 집단들이 교육문제의 정책적 해결을 요구할 때 어떤 형태로 행동화할 것인가 구상하게 된다.

즉, 교육문제를 제기하는 집단이 인적·물적 자원 동원 능력이 어느 정도냐에 따라 정책결정자에게 문제를 투입하는 행동이나 형태는 달라지게 된다. 정부의 내외를 막론하고 문제를 인지하고 이에 대한 정책적 해결을 요구함으로써 공식적 정책결정 체제에 대해 정책 제안을 하기까지의 전 과정을 말한다.

2) 문제의 구체화 단계

개인이나 소수에게 불만스럽거나 장기적으로 많은 사람에게 반복적으로 발생하는 교육문제로 이들이 정책적 해결을 요구하고 앞의 문제제기단계에서 표명된 고충이나 어려움이 특정한 정책적 요구로 전환되는 단계이다. 그리고 교육문제가 제기되고, 그 문제가 어떠한 경로를 통해 어떠한 양상으로 일반 공중이나 관련집단에게 확산되어 갔는가를 규명하는 단계라고 할 수 있다.

이미 정부 내부에서 제안되어 있는 문제에 대해 공식적인 정책결정체제 기구가 그것을 정책적으로 해결하겠다는 관심 혹은 의지의 표현을 말한다. 교육 문제쟁점의 성격, 지속성, 일회성인가, 구항목인가, 신항목인가 등에 따라 문제의 구체화는 달라진다.

3) 문제의 확산 단계

사회쟁점 혹은 논제란 교육문제를 포함한 사회문제들 중에서 그 문제의 성격이나 해결방법에 대한 의견이 상반되는 쟁점적 문제를 말한다(최봉기, 1988: 271~272). 특정 교육문제에 많이 관련된 사람들의 관심이 집중되어 있으며, 당연히 정책집행당국이나 주무부서가 해결해야 한다고 여겨지는 사회논제가 바로 공중의제(public agenda)인데, 정부가 주도하여 채택한 공식의제는 정책결정이나 정책집행의 효율성을 높이기 위해 공중의 광범한 지지를 확보하고자 정부 스스로 확산활동(공중의제로 성립시키기 위해)을 수행하게 되는 것이다.

4) 문제의 진입 단계

어떤 교육문제가 공식 의제로 채택되었다고 해서 모두 정책결정의 대상이 되는 것은 아니다. 교육문제가 관련집단이나 국민에 의해 제기되어 확산활동을 통해 사회논제로 부각되고, 궁극적으로 정부 내의 공식적인 결정체제 내로 진입해 가는 과정에서 어느 시점에서 정부의 공식의제로 채택되는가를 밝히는 것이 된다.

정부의 정책결정체제를 향해 그 해결을 요구해 오는 수많은 문제들은 문제 자체의 성격, 주도집단의 확산세력, 문제를 대하는 정부의 대응전략 등에 따라 각기 상이한 기관이나 부서들에 의해 공식의제로 채택되는 단계이다. 이상에서 설명한 교육정책의제 설정의 4단계가 분석모형에서 실제로 어떤 특성을 보이는가를 요약·제시하면 다음 〈표 4-1〉과 같다.

〈표 4-1〉 정책의제 설정과정의 4단계 및 특징

설정의제 설정과정	모형	특징
제기단계	외부주도형	공식적 정부구조 외부의 개인 및 집단에 의한 불만 표출
	동원형	정책결정자에 의한 새로운 정책이나 프로그램 발표
	내부접근형	정책결정체제 내부의 결정자, 집단, 기관, 부서들에 의한 불만 표출 및 새로운 정책 제기
구체화단계	외부주도형	표출된 불만, 피해가 구체적인 요구로 전환
	동원형	새로운 정책이나 프로그램에 대해 공중의 반응을 통해 구체적으로 탐색
	내부접근형	불만, 정책안을 제기한 집단들이 다른 부서 및 결정자를 상대로 정책안을 구체적인 제안으로 전환
확산단계	외부주도형	사회 내의 관련집단들에게 논제의 확산 정책결정자들의 관심 및 압력 유도
	동원형	집행의 효율성 확보를 위한 관련 공중에 대한 정책의 유용성 홍보 및 확산
	내부접근형	제한적 확산 노력
진입단계	외부주도형	확산단계에서 성공한 논제가 공중의제화되고, 정책결정자에 의한 공식의제(정부의제)로 전환
	동원형	정책결정체제가 주도 집단의 확산단계가 성공하여 공식의제가 공중의제로 전환
	내부접근형	공식의제로 성립

〈표 4-1〉에서 보는 바와 같이 교육정책의제 설정과정은 대체적으로 문제제기단계, 구체화단계, 확산단계, 그리고 진입단계의 4단계를 거치면서 정부의 공식적인 정책의제로서 채택되게 된다. 여기서 교육정책의제 설정을 설명하는 분석모형을 기술하기 전에 각 단계별로 그 특징을 제시하였다. 다시 말하면, 사회문제나 교육문제가 공식적으로 교육정책결정체제에서 채택되기까지 거치게 되는 단계는 분석모형에 따라 다른 양상이나 특징을 보여주고 있음을 나타내 준다.

2. 교육정책결정과정론

1) 그린피스의 교육정책 결정과정론

버나드와 사이몬의 영향을 받아 과학적 문제해결과정을 교육정책과정에 적용시켰다.

① 문제의 인식 및 한계 설정
② 문제의 분석과 평가
③ 해결방안이 필요에 적절하고 받아들일 만한 것으로서 평가 판단되는 준거의 설정
④ 자료 수집
⑤ 해결방안의 선택 및 사전검증
⑥ 우선적 해결방안의 시행
- 해결방안의 프로그램 작성
- 프로그램 활동 통제
- 결과와 과정의 평가

2) 딜의 정책결정단계론

정책결정에 있어 과학적 방법을 사용하려 객관적으로 결정하는 과정에 있어, 훌륭한 도구의 제작과 사용을 강조한다.

① 의제 설정 단계 : 정책의제의 목적, 과업 및 그것들의 성취를 위한 우선순위를 결정하는 단계

② 탐색 단계 : 행동노선의 대안들을 찾고, 그것들을 평가할 정보를 수집하는 단계

③ 공약 단계 : 제안된 여러 방안 중에서 최적안을 선택하는 단계

④ 수행 단계 : 새로운 과업 또는 결정된 것을 실행하는 단계

⑤ 평가 단계 : 의제로 채택할 새로운 과업을 발견하고, 조직이 보다 더 유효한 결정을 할 수 있도록 하기 위해 활동의 결과를 검토하는 단계

3) 캠벨의 교육정책 결정론

① 1단계 : 기본적인 힘의 작용단계

교육정책결정은 전국적, 전 세계적 범위에서 발생하는 중요한 정치적, 경제적, 사회적, 기술공학적 힘의 작용에서 비로소 출발한다.

② 2단계 : 선행 운동 단계

존경받는 개인, 전문가 집단이 주도하는 교육개혁에 대한 건의와 같이 기본적 힘에 대한 일종의 반응으로 나타난다. 보통 국가적 범위에서, 예를 들어 특정위원회, 조사연구보고서 등에 의하여 선도된다.

③ 3단계 : 정치적 활동 단계

정책결정에 선행되는 공공토의나 논쟁을 의미한다. 전국적으로나, 또는 지역단위로 교직단체, 정당, 매스컴 등이 앞장서서 전개함으로써 정책형성 분위기를 조성한다.

④ 4단계 : 입법 단계

행정부나 입법부에 의한 정책형성의 최종단계이다.

4) 스튜플빔의 교육정책결정론

① 목표를 결정하는 기획

② 목표를 달성하는 수단을 상세화하는 결정의 구조화

③ 계획에 따라 수행하는 결정의 시행

④ 일정한 시점에서 의도한 목적에 관련시켜 실제 달성도에 치중하는 재순환 결정

5) 호이와 미스켈의 정책결정 순환과정모형

① 문제의 인지와 정의

② 현존상황에서의 문제 분석

③ 문제해결을 위한 적절한 준거의 설정
④ 실행을 위한 계획 및 전략의 개발
⑤ 활동계획의 착수

3. 교육정책 형성에 영향을 주는 제변인

1) 학자들의 견해

① 그랜트는 한국교육정책의 결정과정에 참여하는 주체들을 도식화하여 설명한 바 있다. 그는 참여자로서 대통령, 국무총리, 국무회의, 정당, 국회무공위원회, 시도교육위원회, 다른 행정기관, 사회단체, 연구단체, 신문 및 개인 등을 지적하고, 이들과 문교부(현 교육과학기술부)와의 관계를 지시, 요구, 주장, 보고, 자료제공, 그리고 권고 등으로 분류하여 이러한 상황을 환대형으로 모형화하고 있다.

② 김명한은 교육정책결정과정에 참여하는 단위를 공식적인 법률적 구조와 비공식적인 법률 외적인 구조로 구분하여, 전자를 정부의 전환과정으로, 후자를 사회적인 투입과정으로 보고 있다.

③ 김윤태는 교육정책결정과정에 영향을 주는 요인으로서 환경, 정책결정자, 국회와 정당, 이익집단, 매스컴, 연구기관과 학자, 그리고 국민과 학부모 등 7가지 요인을 지적하고, 이들 정책결정단위 간의 상호작용, 즉 권력관계를 기초로 하여 거시적인 관점에서 우리나라의 교육정책 형성과정 모형을 제시하고 있다.

2) 우리나라 행정과정의 특색

① 새로운 과업이나 기존방침이나 집행방법의 변경과 같은 것은 언제나 장·차관 등의 고위직에 의하여 발안이 된다는 데 있다.

② 의사결정과정의 실제에 있어서는 민원인, 국회의원, 이익단체 등이 영향력을 배제하기 위해 이 과정을 고도의 비밀 속에서 진행시키려는 경향이 있다.

③ 정책결정이 행정부와 입법부 사이에서 이루어지는 것이 아니라 대통령과 행정각부 사이에서 이루어진다는 것이다.

3) 교육정책 형성과정 모형

우리나라 정책결정과정에는 여러 가지 영향을 주는 변인, 즉 환경, 정책결정자, 국회와 정당, 이익집단, 매스컴, 연구기관, 학자, 국민과 학부모 등이 있는데, 이 정책 변인들은 모두 정책결정과정에 참여하는 단위로 간주될 수 있다.

참 고 문 헌

김종철(1984), 『교육행정의 이론과 실제』, 서울: 교육과학사
김창걸(1985), 『교육행정학』, 박문각
정일환(2000), 『교육정책론-이론과 적용』, 도서출판 원미사

제 5 장

교육기획론

5 chapter

교육기획론

제1절 교육기획의 기초

1. 교육기획의 개념

교육행정에 있어서 기획의 과정은 사회가 점점 거대화되고 조직화되면서 점차 강조되고 있다. 김종철은 교육행정에 있어서 기획이 점차 강조되는 이유를 ① 교육활동이 점차 사회적, 공공적, 조직적 활동으로서의 성격을 뚜렷이 하고 있으며, 내용과 기능이 복잡성을 더해 가고 있다는 점과, ② 교육활동은 점차 장기적인 견지와 대국적 시야에서 이해하고 이에 대응해 나갈 필요성이 가중되고 있다는 점, 그리고 ③ 교육활동에 대한 책무성이 더욱 강조됨에 따라서 합리적인 교육기획의 필요성이 더욱 강조되기에 이르렀다고 주장하고 있다.

따라서 오늘날 교육조직 및 교육행정 기관이 변동하는 사회에서 장래 수요를 예측하고 변화에 대처하기 위하여 기획은 중요한 메커니즘으로 등장한 것이다. 이제 교육기획은 교육행정 과정에서 장래의 불확실성을 감소시키고 교육의 생산성을 극대화하는데 첫 단계로 취해지는 필수적 기능으로서 간주되고 있다.

이렇게 볼 때, 교육기획은 분명 교육의 시발점이고 또한 교육 경영과정의 기본 방향이며, 청사진이기도 하다. 교육기획은 미래지향적인 교육이 가능하도록 하고, 발전적인 교육이 가능하도록 하며, 실현가능한 교육이 되도록 하고, 교육의 질적 수준을 향상하기 위한 관리를 가능하게 해 준다. 여기서는 기획의 일반개념과 교육기획의 개념을 살펴본다.

1) 기획의 일반개념

기획은 학자에 따라 여러 가지로 개념화되고 있으며 교육행정 과정론자들은 행정의 과정요소로서 기획기능을 첫 번째 단계로 들고 있다. 기획에 대한 정의는 학자에 따라 다르게 정의되고 있는데, 메리암(Merriam)은 "기획이란 국가정책을 결정함에 있어 사회적 예지를 활용하려는 조직적인 노력이다"고 했으며, 워트스톤(Waterston)은 "기획이란 특정한 목표를 달성하기 위하여 최선의 이용가능한 방법과 절차를 선택하기 위한 의식적·계속적인 시도이다"라고 했다. 또한 드롤(Dror)도 "기획은 최적의 방법으로 목표를 달성하기 위하여 장래의 행위에 대하 일련의 결정(a set of decision)을 내리는 과정이다."고 하여 어트스톤과 비슷한 정의를 내린 바 있다.

페이욜(Fayol)은 "기획이란 미래를 예측하고 그것에 대비하는 활동"이라 정의하고 "기획은 기대하는 목표, 준수해야 할 과정, 그 과정상의 여러 단계, 그리고 활용해야 할 수단 등 운영에 대한 모든 계획을 포함하기 때문에 중요하다"고 했으며, 뉴만(Newman)은 "기획이란 무엇을 할 것인가를 사전에 결정하는 것이며, 따라서 계획은 설계된 행동노선이다"고 규정하였다. 귤릭(Gulick)은 "기획이란 설정된 목적을 달성하기 위하여 수행되어야 할 일과 그 일을 수행하는 방법을 개괄적으로 짜내는 것이다"고 했으며, 사이몬(Simon) 등은 "기획이란 장래를 위한 제언, 제안된 대안의 평가, 이러한 제안을 달성하는 방법과 관련된 행동이다"고 정의하였다.

한편, 사이몬(H. Simon) 등은 "기획이란 장래를 위한 제안, 제안된 대안의 평가, 이러한 제안을 달성하는 방법과 관련된 행동이다"고 정의하였다.

드로어(Y. Dror)는 "기획이란 최적의 수단으로 목표를 성취하도록 하는 미래행동에 대하 일련의 결정을 준비하는 과정"이라고 정의하였다. 워터스톤(A. Waterston)은 여러 사람들의 정의를 종합하여 "기획이란, 일정한 목표를 달성하기 위하여 이용가능한 최신의 방도를 선정하는 조직적인 지적 시도"라고 하였다(이상기, 2000).

이상에서 제시된 학자들의 기획에 대한 정의는 두 가지로 분류해서 해석할 수 있는데, ① 기획을 광의로 본다면, 국가목표의 실현을 촉진하는 공공정책의 수립 및 조절이라는 문제와 결부시켜 파악할 수 있으며, ② 협의의 개념으로 보면, 기획을 정책으로부터 분리시켜 순수한 관리적 측면에서 행정능률과 결부시켜 파악할 수 있다.

이와 같이 기획의 개념에 대해서는 다양한 해석이 내려지고 있기 때문에 포괄적인 정의를 내리는 일은 그리 쉬운 일이 아니다. 그러나 기획이 아무리 학자에 따라 다양하게 정의될 수 있다고 하더라도, 기획은 적어도 다음과 같은 세 가지 문제에 해답을 줄 가치가 있다고 하겠다. 즉, ① 조직은 현재 어떤 위치에 존재하고 있는가? ② 조직은 현재 어느 방향으로 나가려고 하는가? 그리고 ③ 그곳에 도달하려면 어떻게 해야 하는가?가 그것이다. 이러한 점에 앞서 언급된 제 정의들을 참작하여 요약 정리한다면 "기획이란 조직의 목표 달성을 위하여 최선의 대안을 선정하는 일련의 의사결정 과정"이라고 할 수 있다. 그러므로 기획은 목적을 달성하기 위한 수단이며, 또한 기획 없이는 행정능률 향상은 기대하기 어렵다고 해석할 수 있다.

그런데 여기서 한 가지 유의해야 할 점은 계획(plan)과 기획(planning)이란 용어의 구별이다. 일상용어로써의 계획과 기획은 흔히 구별하지 않고 혼용되기도 한다. 그러나 '기획'이란 어떤 조직체에서 일어나고 있는 계속적인 활동 또는 의사결정과정(decision-making process)이고, '계획'은 기획과정을 거쳐서 얻어지는 최종산물 또는 결과(end-product or output)이라고 하는 것이 통례이다. 따라서 '기획'은 하나의 과정이며 또 기획의 문제는 선택할 수 있는 대안의 행동진로가 존재하는 경우에만 제기될 수 있는 것임에 비하여, '계획'은 이미 결성된 행동노선(predetermined course of action) 또는 미래 행동을 위한 일단의 결정이라고 말할 수 있다. 이러한 의미에서 기획은 계획과 명확히 구분되어야 한다.

특히 외국의 경우에는 기획을 다시 세분화하여 프로그램(program)과 프로젝트(project)로 나눈다. 기획이 총 계획이라고 한다면, 프로그램은 기획의 하위개념으로서 총 계획을 달성하기 위한 세부 주요계획을 말하며, 프로젝트는 프로그램의 하위개념으로서 세부 주요계획의 하나하나를 말한다.

2) 교육기획의 개념

미래의 교육활동에 대하여 교육활동에 대하여 교육목표의 달성을 위한 효율적인 수단과 방법을 제시함으로써, 교육정책결정의 효율성과 안정성을 보장해주는 지적 준비과정 내지는 소산을 교육계획이라 한다. 기획(planning)은 계획을 하는 과정을 말하며, 계획(plan)은 기획의 결과로 나타나는 산물이다(신중식 · 강영삼, 2001).

기획은 설정된 목적을 효율적으로 달성하기 위하여 최선의 가능한 방도를 선정하는 조직적인 지적 시도라고 정의할 수 있다. 즉, 기획은 조직의 목적을 효율적으로 달성하기 위한 수단과 방법을 선택하는 합리적인 사전 준비과정인 것이다(김창걸, 1996).

교육기획이란 미래의 교육활동을 준비하는 과정이라고 정의할 수 있다. 즉, 교육기획은 현상에 대한 분석과 미래에 대한 예측을 기초로 하여 타당한 목표를 설정하고 그 목표를 달성할 수 있는 전략과 함께 활동계획을 수립하는 의식적인 과정인 것이다.

김종철은 기획을 미래의 교육활동에 대한 사전의 지적 합리적 준비과정으로 정의하고 그 특성을 다음과 같이 제시하고 있다(김종철, 1985).

첫째, 기획은 미래지향적 활동이다. 미래의 활동에 관하여 준비하는 과정에서 기획이 성립한다. 주간계획, 월간계획, 연간계획 또는 보다 장기적인 계획 이건 어떠한 일이 실제로 시행되기 이전에 이를 준비하고 구상하는 가운데 그 과정으로서 기획이 이루어진다.

둘째, 기획은 지적인 활동이다. 어떠한 일을 구체적으로 시행하기에 앞서 지적으로 그 목표와 내용, 절차와 방법, 기대되는 성과 등에 관해서 생각해 보는 가운데 기획은 전개된다. 따라서 기획에는 고도의 전문적 지식이 요구된다.

셋째, 기획은 합리적 활동이다. 모든 기획의 과정이 반드시 합리적으로 이루어진다고 보장할 수는 없지만 적어도 그것이 표방하는 바는 합리성이요, 효율성이다. 목표와 수단, 방법을 합리적으로 연결하고 목표를 효율적으로 달성하고자 하는 데에 기획이 필요하게 된다. 따라서 구체적인 정보와 창의적인 문제해결능력을 필요로 한다.

넷째 기획은 사전의 준비과정이다. 기획은 사전의 준비이지 실천과는 다르기 때문에 상황의 변화에 따라 시행의 과정에서 수정·보완될 수 있는 특성을 지니고 있다(이상기, 2000).

교육기획의 개념을 정립하기 위해서는 먼저 일반적인 기획의 개념을 살펴볼 필요가 있다. Gulick은 기획은 설정된 목표달성을 위하여 수행되어야 할 일과 그 일들의 수행방법들을 개괄적으로 작성해 놓은 것이라 정의함으로써 기획의 전략적 측면을 중시하고 있으며 Simon 등은 기획이란 "장래를 위한 제안, 제안된 대안의 평가 그리고 그러한 제안을 달성하는 모든 방법과 관련된 행동"이라고 정의함으로써 역시 전략적 측면을 강조하고 있다.

Newman은 기획이란 무엇을 할 것인가를 사전에 결정하는 것이라고 함으로써 기획의 사전 준비적 성격을 강조하고 있다. Waterston은 여러 사람들의 의견을 종합하여 기획이란 "일정한 목표를 달성하기 위하여 이용 가능한 최선의 방도를 선택하기 위한 지적 시도"라고 정의하였다.

김윤태는 기획은 적어도 다음과 같은 세 가지 질문, 즉 조직이 현재 어떠한 위치에 존재하고 있는가? 조직은 현재 어느 방향으로 나가려고 하는가? 그곳에 도달하려면 어떻게 해야 하는가 등에 답을 줄 때라야 가치가 있는 것이라고 하였다. 한편, 김종철 등은 기획이란 역사적, 철학적 기초위에 수행되어지고 있으며 민주주의를 지향하는 오늘날 더욱 강조되고 있다고 보았다. 그는 기획의 개념을 구체적으로 다음과 같은 몇 가지로 요약하고 있다.

첫째, 기획은 구체적인 목적을 효율적으로 달성하기 위한 목적과 수단, 방법을 합리적으로 연결시키는 불가결의 요인이며, 둘째, 기획은 주먹구구식 문제해결의 방법을 지양하고 과학적 방법을 지향하는 것으로서 사실을 토대로 하며, 여러 가지 가변요인, 또는 조건에 대한 정밀하고 종합적인 예견에 의해 세워지는 것이며, 셋째, 기획은 초 도덕적인 개념으로서의 민주사회나 독재사회에서 다 같이 활용할 수 있고, 넷째, 기획은 인간의 예견능력에 한계가 있기 때문에 불완전한 것이 되기 쉬움을 지적하고 있다.

이러한 점들을 종합할 때 기획의 의미를 조작적으로 정의하자면 미래의 목표를 설정하고, 그 목표를 달성하기 위해서는 어떠한 과제들이 수행되어야 하며, 그 과제의 수행을 위한 구체적 방법이 무엇인지를 모색하는 일련의 작업이라고 할 수 있다.

기획의 이러한 개념정의들은 교육기획에도 유사하게 적용될 수 있다. 김종철(1973: 21)은 교육기획이란 "미래의 교육활동에 관하여 교육목표의 달성을 위한 효율적 수단과 방법을 제시함으로써 교육정책결정의 효율성과 안정성을 보장해 주는 지적 준비과정"이라 정의하여 기획의 수단적·과정적 의미를 강조하였다.

김창걸(1992: 243)도 교육기획은 교육을 위한 기획으로서 "교육목표를 효율적으로 달성하기 위한 최선의 가능한 수단과 방법을 선택하는 합리적 사전준비과정"으로 정의하고 있어 기획의 사전준비적 수단적 의미를 강조하고 있다. Anderson과 Bowman 역시 교육기획이란 미래의 교육활동에 대하여 일련의 결정을 준비하는 과정이라고 정의하였다.

이렇게 볼 때 교육기획은 미래 교육목표를 보다 효율적으로 달성하기 위한 최선의 수단과 방법을 모색해가는 지적 준비과정이라고 정의할 수 있다(권기욱, 2000).

2. 교육기획의 특성

앞서 논의된 기획의 개념에 대한 정의를 토대로 하여 기획의 특성을 살펴보면 다음과 같다.

(1) 기획은 목표지향적인 활동이다.

기획은 조직의 행동을 목표달성을 위해 집중시킨다. 기획 기능을 통하여 어떤 행동이 조직의 궁극적 목표를 지향하는 것이고, 어느 것이 상쇄될 가능성이 있는 것인가를 예측케 한다. 기획 없이는 조직의 행동은 방향 없는 혼돈 속에 빠질 것이다. 그러므로 효과적인 기획은 조직 목표를 달성하는데 필요한 전략적인 요소가 된다.

(2) 기획은 미래지향적인 활동이다.

기획이 목표를 지향한다는 말은 곧 미래를 지향함을 뜻한다. 미래 예측(forecasting)은 불확실하여 인간이 통제할 수 없는 요인의 개입과 작용이 불가피한 것이지만, 기획 없이는 미래란 우연적인 질서에 맡길 수밖에 없다. 기획활동을 통하여 미래에 일어날 일들을 미리 예측하고 그 대책을 강구함으로써 장래 사태의 진전방향을 사전에 탐색할 수 있다.

(3) 기획은 합리성과 능률성을 추구하는 과정이다.

기획은 장래를 합리적으로 형성하는 과정이기 때문에 기획과정의 방향은 조직의 목표달성을 위해 과학적인 접근방법으로 적용하여 최적의 수단(optimal means)을 제시하는 데 있다. 다시 말하면 정보의 수집,

지식의 활용, 통합적인 자료 정리, 효율적인 자원활용 등 합리적인 과정을 통해 목표 달성의 최적의 전략을 선정하는 데 있다.

(4) 기획은 일련의 의사결정과정이다.

대안의 선택과 관련되는 한, 기획은 의사결정과 본질적인 차이가 없다. 그러나 기획이 단순한 의사결정과 구별되는 특성으로서는 상호의존적이고 시간적인 순서가 정연하며 체계적 연관성을 지니는 일련의 의사결정과정이라는 점이다.

(5) 기획은 능동적이요 계속적인 과정이다.

기획은 일반적으로 정태적인 과정이 아니다. 그것은 관리자나 의사결정자가 기획작성 과정에서 대안의 실현가능성과 제약조건에 비추어 목표를 수정하는 절차가 반복될 수 없고, 계획의 집행결과에 대한 평가가 피드백 작용을 통하여 다음 목표설정에 영향을 주는 동태적이고 계속적인 과정이다.

3. 교육기획의 필수요건

먼저 교육기획이 갖추어야 할 필수요건으로서 1958s년 6월 워싱턴에서 개최된 교육계획에 관한 미주 종합교육 세미나에서 제시된 것을 대표적으로 들 수 있다.

① 개인이나 어느 특정집단의 이권으로 인해서 계획이 근본 목적에서 벗어나는 일이 없도록 하기 위한 객관성

② 국가의 교육적 · 문화적 · 사회적 및 경제적 실정을 조사하는데 있어서 과학적인 방법의 적용

③ 필요한 단기 · 중기 · 장기적인 해결방안 사이의 선택에 대한 객관적인 평가

④ 제안된 해결방안의 효율적인 적용에 필요한 인적 · 물적 자원면에

비추어 보아 그 가능성에 대한 현실적인 평가

⑤ 조직적인 목적 추구를 위한 계속성

⑥ 예기치 못한 사태에 적응시킬 수 있도록 하는 계획의 융통성

⑦ 효율적이고 조정적인 노력을 가져오기 위한 팀워크

⑧ 교육기관 자체의 내적 조정뿐만 아니라 모든 수준에서의 기타 정부의 공동 행정기관과의 조정

⑨ 계획에 대한 정기적인 재평가 및 새로운 필요와 환경에 대한 계속적인 적용

4. 교육기획의 원칙

위의 교육기획의 필수요건을 확보하기 위하여 계획과 대안의 작성에는 다음과 같은 원칙들이 준수되어야 한다.

① 종합성 : 국가 종합계획의 일부로서 교육계획이 있어야 한다. 국가의 다른 부문계획과 통합되어야 함은 물론 교육계획 자체의 각 부문 간의 논리적 체계가 명확하고, 철학과 원칙의 일관성이 확립되어야 한다.

② 경제성 : 가능한 한 현재 이용할 수 있는 인적·물적 자원을 최대한으로 이용할 수 있으며, 그 효과를 극대화시킬 수 있는 것이어야 한다.

③ 신축성 : 정치, 경제, 사회 등 모든 변화에 대응할 수 있도록 계획의 집행에 영향을 주는 특수 상황들이 고려되어야 한다.

④ 안정성 : 계획은 정책의 안정성, 일관성에 기여할 수 있도록 보다 정확한 정보의 수집과 예측이 필요하다.

⑤ 구체성 : 계획의 목적은 반드시 구체적으로 명시되어야 한다. 목적이 모호할수록 계획의 실시결과는 비능률과 낭비를 초래한다. 목적은 계량화하거나, 조작적 정의로 표시할수록 좋다.

⑥ 단순성 : 정책결정이나 일반 국민의 이해와 협조를 쉽게 얻을 수 있도록 계획은 단순하고 간소화되어야 한다.

⑦ 민주성 : 교육계획은 국민과 이해관계집단 등 광범한 참여를 통해 작성되어야 한다.

⑧ 계속성 : 교육계획을 계속적인 연구와 평가의 뒷받침을 받아서 교육의 발전을 실현하는 것이 되어야 한다.

⑨ 과학성 : 과학적인 조사방법에 입각하여 자료의 수집·분석 및 평가에 의한 장래의 보다 정확한 예측에 기초를 두고 계획을 작성해야 한다.

⑩ 종합성 : 교육계획은 그 자체의 타당성과 효율성에 의거해야지 어떠한 정치적, 종교적, 사회적 압력에 의해 좌우되어서는 안된다.

제2절 교육기획의 접근방법

교육기획의 접근방법은 적용방법에 따라 여러 가지로 분류할 수 있으나 김종철은 다음과 같이 네 가지로 분류하였다(김종철, 1985).

1. 사회수요 접근방법

교육 받기를 원하는 모든 사람에게 교육기회가 주어져야 한다는 원칙에서 이루어지는 기획방법이다. 이 접근방법은 인구의 자연증가추세와 교육에 대한 사회적 수요의 증가에 따라 교육의 양적 증대가 이루어지며 또한 사회수요에 따라 교육의 질적 변화도 가져오게 되는 것이다(김창걸, 1996).

사회수용에 의한 접근법에서는 학생들의 진학결정이 바로 노동시장에서의 필요한 인력이 되어야 된다는 가정이 전제가 되어야 하는 것으로서, 결국 사회수요에 의한 접근법에서는 교육의 목적을 경영적 측면보다는 개인적 욕구의 충족기회 등 정치적·사회적·문화적 측면에 두고 있다고 보는 것이 타당하다(신중식 · 강영삼, 2001).

사회수요 접근법(social demand approach)이란 교육에 대한 개인적 또는 사회적 수요를 기초로 하여 교육기획을 수립하는 방법이다. 즉, 교육받기를 원하는 모든 사람에게 교육기회가 주어져야 한다는 원칙에서 이루어지는 기획방법이다. 이 접근방법은 인구의 자연증가추세와 교육에 대한 사회적 수요의 증가에 따라 교육의 양적 증대가 이루어지며 또한 사회수요에 따라 교육의 질적 변화도 가져오게 되는 것이다. 이 접근방법은 사회성원들의 욕구충족에 기준을 두고 교육기획을 통해 변화와 발전을 도모하려는 데에 그 근본취지가 있다. 그러므로 이 접근방법은 자유롭고 허용적인 사회분위기에 적합하며, 사회적 여론이 교육의 진로와 정책을 결정하는 데 결정적인 역할을 하는 자유주의 국가에서 채택되는 방법이다. 대부분의 국가에서 초 · 중등교육단계의 학생수 추정에 도입 · 적용되고 있고, 일부 선진국에서는 고등교육단계에서도 적용되고 있는 실정이다.

사회수요 접근법이 가지고 있는 문제점은 사회적 수요(social demands)가 사회적 필요(social needs)와 반드시 일치하지 않는다는 점이다. 그리고 교육에 대한 사회적 수요를 충족시킬 수 있는 재정부담능력이 뒤따르지 못하고 있는 실정이다. 또 하나의 문제점은 개인의 소망과 욕구 및 경제적 수요 · 공급의 원칙에 의해 민감하게 변하는 노동시장의 추세가 교육수요를 결정하게 됨으로써 사회적으로 필요치 않는 부분에 인력이 과잉되거나 반대로 사회적으로 필요한 부분에 인력이 부족한 경우가 발생한다(김창걸, 1995).

사회수요에 의한 접근법(social demand approach)은 교육받기를 원하는 모든 사람에게 교육기회가 주어져야 된다는 것으로서 자유롭고 허용된 사회분위기에 적합하여 사회적 여론이 교육의 진로와 정책을 결정하는데 결정적인 역할을 하는 자유주의국가에서 주로 초등 · 중등 교육 단계의 학생 수 추정에 도입 적용되고 있고 일부 선진국에서는 고등학교 단계에서도 도입되고 있다.

'사회수요'라는 용어는 여러 가지 다른 형태로 정의될 수 있는 다소 모호한 용어인데 일반적으로는 교육에 대한 대중의 요구를 총계한 것을 의미한다. 사회수요 접근방법에 의한 교육기관은 교육에 대한 개인적 또는 사회적 수요를 근거로 교육기획을 수립하는 것을 말한다. 이는 기본적으로 희망하는 모든 사람들에게는 교육기회가 주어져야 함을 전제로 하는 것이다. 따라서 이 접근법은 인구의 자연증가와 교육에 대한 사회수요의 증가에 따라 교육의 양적 증대를 꾀하고, 사회 수요에 따라 교육의 구체적 변화를 도모한다. 결국 사회수요 접근방법에 의한 교육기획은 사회구성원들의 교육적 요구 충족에 일차적인 목적을 두는 것이다. 이 접근법은 주로 초·중등 교육단계의 학생 인구 추정에 유용하게 활용될 수 있다. 고등교육의 경우는 교육인구가 산업에서의 인력수요, 즉 노동시장과의 관계 속에서 조정되어야 할 필요성이 높기 때문에 다소 적용하기가 어려운 방법이다.

사회적 수요접근법은 다음과 같은 문제점들을 갖고 있다. 우선 교육에 대한 사회적 수요와 사회적 요구가 반드시 일치하지는 않는다는 점이다. 또한 사회적 수요를 충족시킬 수 있기 위해서는 대부분의 나라에서는 자유시장의 원리에 의해 교육인구가 결정되는 경향이 많은데 사회수요를 지나치게 고려하다 보면 사회적으로 잉여 노동력이 발생되거나 또 어떤 부분에서는 노동력이 모자라는 현상을 초래할 수 있다는 점이다. 그러나 사회적 수요 접근방법이 이용되고 있는 이유는 이 방법이 교육의 수요와 공급의 조절에 의하여 사회적 필요를 충족시켜 나갈 수 있다는 점, 인구의 자연적 증가나 진학률 및 재정적 제약 등의 요인을 제외한다면 비교적 손쉬운 추정의 방식이기 때문이라는 점이다(권기욱, 2000).

2. 인력수요에 의한 접근방법

인력수요접근법(manpower demand approach)이란 일정한 시점에서 소요되는 인력을 추정하여 교육계획을 수립하는 접근방법이다. 그러므로 장래를 위하여 각 부문에 필요한 기술수준의 인력이 결정되다(김창걸, 1996).

인력수요에 의한 접근법은 인력의 양성 또는 공급을 인력의 활용 즉, 취업과 직결시키는 것이며 경제발전과 국민총생산의 증강을 위해 개인 욕구의 총화인 사회적 수요를 부분적으로 희생시키는 한계가 있다 하더라도 인력수요에 의해 교육수요를 판단하려는 것으로 소련, 지중해제국, 아시아, 아프리카지역 등 개발도상국가들에서 많이 적용되고 있다(신중식 · 강영삼, 2001).

인력수요접근법은 경제성장에 필요한 인적 자본의 중요성에 대한 인식을 전제로 경제발전을 위해 산업분야에 기여할 수 있는 인력 수요를 예측하고, 이에 기초하여 인력 수요를 충족시킬 수 있도록 교육면의 공급을 조절해 나가는 방법이다. 즉, 이는 계획 기간 중에 예측되는 산업부문별, 직업별 인력의 수요와 직무수행상 요구되는 자격에 따라 교육의 양과 질을 계획하려는 것으로 사회 · 경제적 목적의 충족은 전제로 하여 교육계획을 수립하는 접근방법이다.

이 접근법은 인력수요를 추계하기 위해서 대체로 다음과 같은 단계를 밟는다. 첫째, 목표연도의 국민총생산의 총량과 산업별 GNP를 추정해야 한다. 그러나 그러한 추정은 국가발전계획 또는 지역발전계획이 이미 있거나 개발되어 있는 경우에는 그 자료를 이용할 수 있다. 둘째, 각 사업별 노동생산성을 추정해야 한다. 셋째, 각 산업별 노동생산성을 추정해야 한다. 셋째, 각 산업별 노동력의 직업별 분포(구조)를 추정해야 한다. 그리고 끝으로 각 직업군별로 교육분포(구조)를 추정함으로써 각 산업별, 직업별로 상이한 유형의 교육을 받은 졸업자 수를 파악하게 된다. 이상의 모든 단계를 종합하면 목표연도의 경제성장률을 달성하는데 필요한 교육수준을 소유한 노동량으로 추정하게 된다.

이 접근방법은 교육과 취업 나아가 교육과 경제성장을 보다 긴밀히 연결시키고 교육 운영 면에서도 낭비를 줄여 효율성을 높일 수 있다는 장점이 있다. 그리고 인력수요와 인력공급을 연결시키려고 하며, 이러한 결과로 교육투자의 우선순위를 제시하는 것도 가능하다는 점 때문에 특히 개발도상국가에서 많이 사용되고 있다.

그러나 교육과 취업이 반드시 1:1의 대응관계를 갖지 않으며, 급변하는 사회에서 인력수요와 구조가 변화하기 때문에 교육과 취업간의 시차로 인한 수급면의 차질이 빚어지기 쉽다는 점과 교육기획면에서 기술상 난점이 크다는 단점이 있다. 나아가 이 접근법을 엄격히 적용하면 교육의 목적이 경제발전에 국한되고 개인의 자아실현이나 문화발전에는 소홀히 하게 되는 등의 여러 가지 문제점이 있다.

인력수요접근방법은 특히 개발의 연대라 불린 1960년대에 각국에서 널리 사용되었던 교육기획접근법이다. 이 방식은 일정한 시점에서 소요되는 인력을 추정하여 교육계획을 수립하는 것이다. 즉, 장래 일정한 시점에서 목표로 하는 경제의 기준과 규모가 주어진다면 이를 원만히 운영하기 위해서는 각 기술 수준을 소유한 인력들이 각 각 어느 정도나 필요한 것인지를 결정하여 이를 근거로 인력공급계획을 하기 위한 교육제도와 규모를 설정하는 방식을 말한다. 그러므로 인력수요 추정방법은 대체로 다음과 같은 절차를 밟게 된다.

(1) 목표연도(추정년도)의 총노동력 추정

목표연도의 국민총생산을 토대로 한 총 인력공급의 상한성을 추출한다. 이를 위해서는 국가적 차원의 발전계획 또는 지역발전계획이 수립되어 있어야 한다.

(2) 목표연도의 산업별 · 직업별 총 고용자수 추정

목표연도의 산업별 GNP 수준과 계획기간중의 생산성 증가율, 기술발전의 효과를 고려하여 총고용자수를 산업부분별, 직업별로 배분하여 추정한다.

(3) 직종별 인력의 교육분포 구조의 추정

직종별로 추정된 인력을 교육정도와 과정의 구분에 따라 교육구조를 추정한다.

(4) 교육자격별 추정된 인력구조와 현재 공급능력의 비교

추정된 교육자격별 인력과 현 공급능력을 비교하여 계획기간 중의 순 증가분을 산출한다.

(5) 향후 졸업자수의 추정

노동력의 순증가분에 사망 등 기타 요인 등으로 인한 퇴직률을 감안하여 계획기간 중의 교육정도별 및 산업부문별 졸업자수의 총계를 산출한다.

(6) 향후 교육규모의 설정

졸업생수를 근거로 향후 제적 학생 수를 추정하고, 이를 근거로 교육인구, 교육시설, 교육재정 계획을 수립한다.

이상과 같이 인력수요 접근방법은 주로 경제적 상황에 관한 자료를 기초로 하여 이루어진다. 따라서 이 방식은 경제발전계획이 한 부문으로서의 교육계획 수립을 위해 활용하기에는 유용한 것이다. 그러므로 이러한 접근을 활용한 교육기획을 위해서는 각 직종의 특수성 그리고 경제일반에 대한 식견이 필요하다. 그러나 인력수요 접근방법은 예측(forecast)이라는 작업이 본질적으로 갖는 제한점 이외에도 다음과 같은 문제점들이 제기되고 있다.

우선 이 방법은 지나치게 경제발전계획에 근거하기 때문에 교육을 통한 개인의 자아실현이나, 국가적 차원에서 볼 때 사회·문화발전을 소홀히 할 수 있다는 점이다. 즉, 교육이 경제나 국가발전의 종속요인으로 간주될 우려가 많다는 것이다. 또 다른 문제로는 교육정도별 소요인력을 추정하기 위해서는 직업과 교육을 1:1로 대응시켜야 하는데, 직업은 주로 기술(technology)과 관련된 문제이고 교육은 과학(science)과 관련된 문제여서 양자가 쉽게 연결시켜 추정하기 어렵다는 점이다.

더욱이 오늘날에는 꼭 학생들이 반드시 전공한 분야에로만 취업을 하는 것은 아니며, 한 직종 내에서도 다양한 기술이 요구되고 있는 실정이다. 그리고 산업구조의 고도화 등으로 새로운 직종이 나날이 생겨남으로써 이를 전망한 정확한 교육수요 추정이 어렵다는 저 등의 문제가 있다.

Coombs(1970: 41)는 대부분의 개발도상국에서 이루어지는 인력수요 연구에서 사용하는 고용부분, 직업구조, 인력비율 등은 개발된 나라들로부터 차용한 것으로서 아직 개발이 안 된 나라들에게는 맞지 않는다는 저을 지적하였다. 일례로 아프리카의 농업 전문가, 보건관료, 상인 등을 예측하기 위한 실제의 직업들은 영국, 프랑스, 미국 등의 상황과 다른 상황의 설정을 필요로 하는 것이었다고 보고 있다. 잘못된 전제에 근거한 교육계획은 과잉 또는 잘못된 교육인력 추계를 가져오게 되는 것이다.

3. 수익률에 의한 접근법

수익률에 의한 접근법(res of returns approach)이란 교육에 투입된 경비와 산출된 효과를 금액으로 환산하고 교육의 경제적 효과를 산출하여 이것을 기준으로 교육투자의 중점과 우선순위를 결정하여 수립하려는 방법이다(김창걸, 1996).

수익률을 계산할 때에는 교육비(education cost)와 기회비(opportunity cost)를 감안하여 계산하여야 한다. 기회비는 학생이 학교에 다님으로서 교육받는 동안에 직업을 갖지 못함으로써 소득행위를 하지 못해 포기된 모든 소득을 말한다(신중식 · 강영삼, 2001).

이는 교육에 대한 투입에 비하여 교육으로 인하여 발생하는 산출이 많고 적음을 밝혀 교육투자의 경제적 효과를 측정하고자 하는 접근방법이라고 하겠다. 그러나 교육투입과 교육산출은 너무 다양하고 학자들간에 합의된 것이 없기 때문에 그 측정이 용이하지는 않다. 하지만 여기서 말하는 교육투입은 교육에 투입된 또는 투입되는 경비란 의로,

교육산출은 교육을 받은 후에 기대되는 수입의 총액이라는 의미로 사용된다.

따라서 이 접근방법은 일정 기간의 교육을 받기 위하여 투입된 경비와 이 기간의 교육을 받았기 때문에 생기게 되는 평생 동안의 수입의 차(교육을 더 받은 사람의 평생 수입에서 일정기간의 교육을 덜 받은 사람의 평생 수입을 제함으로써 얻어짐)를 연수익률로 표시하는 방법이라고 하겠다.

이 연수익률을 회수율(rate of return)이라 하기도 한다. 물론 이 때에 동일한 기준위에서 비교하기 위하여 일생소득은 현재가치(netpresent value)로 환산하며, 교육비는 복리로 계산되고, 기회비용을 다 포함한 후 비용과 소득간의 회수율을 계산하는 방법이다.

일반적으로 수익률 산출방법에는 두 가지가 있는데, 사적 수익률과 사회적 수익률이다. 사적 수익률은 개인이 부담한 비용과 이로 인해 발생한 수익만으로 계산되는 반면에, 사회적 수익률에는 교육을 받기 위해 투자된 모든 비용과 수익(개인뿐만 아니라 사회 전체가 부담한 비용과 수익도 포함됨)이 포함된다. 따라서 사적 수익률은 기회비용을 포함한 개인이 부담한 비용과 과세 후 소득(earnings after tax)에 더해 산출되는 반면에, 사회적 수익률은 공공기관의 보조금을 포함한 모든 비용과 과세 전 소득(earnings before tax)에 더해 산출된다.

교육수익률접근법에 관한 연구들은 교육투자에 대한 수익률의 분석을 시도한 베커(Becker) 이래로 인적 자본(human capital)에 대한 관심을 불러일으킨 슐츠(Schultz) 등 여러 학자들이 교육에 대한 내적 수익률을 산출하였다. 특히 사카로포로스(Psacharopoulos)에 의하면 개발도상국에서는 인적 자본에 대한 투자수익률이 실물자본에 대한 그것보다 높고, 선진국에서는 양자가 서로 비슷하다고 하였다.

이 접근방법은 교육 프로그램의 여러 대안에 관하여 그 경비와 효과를 계산하는데 여러 가지 기술적인 어려움이 있으며, 교육의 비경제적인 효과를 고려에 넣지 않는 점과 경제적 효과 중에서도 극히 한정된 지표만을 측정할 수 있다는 제한점이 있다. 그리고 보다 더 큰 문제점은 교육투자와 교육효과로서의 수입과의 관계를 교육투자만으로 발생한 것으로 수입을 생각하기 어렵다는 점이다. 교육효과를 측정하기 위해서 사용된 기준으로서의 수입이 교육 이외의 다른 요인에 의해 영향을 받을 수도 있다는 것이다.

따라서 이 접근법은 경제적 측면에서 볼 때 교육수요접근법이나 인력수요접근법보다 정교하고 현실적이라 볼 수 있으나, 이 분석결과가 교육기획에서 필요한 모든 정보를 제공해 주지는 못한다. 이러한 이유 때문에 교육수익률접근법은 교육계획을 위한 독자적인 방법으로 사용되기 보다는 교육수요접근법이나 인력수요접근법의 보충자료로 사용되고 있다.

수익률에 의한 접근법은 교육에 소요되는 비용과 이로 인한 취약점을 보완하려고 시도하는 것으로서 교육에 투입된 경비와 산출효과를 계산하여 교육활동의 경제적 효과를 산출 하려는 수익률, 또는 비용효과분석(cost benefit analysis)인데 이를 기준으로 교육투자의 중점과 우선순위를 결정하는 방법이다. 수익률에 의한 접근방법은 교육에 투입된 경비와 산출된 효과를 비용으로 환산하여 그 경제적 효과를 산출하여 이를 토대로 교육기획을 하는 것을 말한다. 즉, 수익률에 근거하여 교육프로그램의 우선순위를 결정하는 것으로 수익률이 높은 교육프로그램에 우선적으로 투자를 하는 것을 말한다. 이 방법은 하나의 단일한 교육기획방법이라기 보다는 사회수요 접근방법이나 인력수요 접근방법의 보완적 의미로 활용되는 것이다. 교육투자수익률을 산출하는 데는 일반적으로 전통적인 방식(elaborate method)과 소득함수(human capital earnings methods)의 두 가지가 많이 활용되고 있다(공은배 · 백성준, 1994: 148). 전통적인 방식에 의한 투자수익률의 수학적인 정의 그대로 교육투자비용과 교육수익의 현재가치를 한 시점에서 일치시키는 할인율을 구하는 방법으로 실제 구체적인 교육비용과 학력별 · 연령별 임금자료를 이용하여 할인율을 산출하게 된다. 소득함수에 의한 경우는 인간자본론에 기초한 소득함수에 기초한 방법이다. 교육투자수익률은 교육투자의 비용을 누가 담당하며, 그 수익이 누구에게 돌아가느냐에 따라 사회적 수익률과 개인적 수익률로 나눌 수 있다. 사회적 수익률은 사회가 한 개인을 특정 학력수준까지 교육시켜 사회에 배출하기 위하여 지출하는 모든 비용과 그가 졸업한 후 경제활동을 통하여 국민총생산에 기여할 부분의 현재가치를 일치시키는 할인율을 말한다.

개인적 수익률은 그 산출의 개념과 방법은 근본적으로 사회적 수익률과 같으나 교육투자 비용과 수익의 구성내용에 있어 사회적 투자수익률 산출의 경우와 차이가 있다. 즉, 교육투자비용의 경우 직접교육비는 공부담 교육비를 제외한 사부담 교육비만 적용되고 간접교육비는 소득세 등의 세금을 공제한 후의 가처분소득이 적용된다. 즉, 교육투자에 있어서도 정부 사회 등이 부담하는 것을 제외하고 순수하게 개인이 투자하는 교육비만을 대상으로 하고, 수익 개인소득의 산출에 있어서도 세금과 같이 정부·사회에 귀속되는 부분은 제외하는 것이다(공은배·백성준, 1994:150).

수익률 분석방법에 대해서는 다음과 같은 문제점이 제기되고 있다(김윤태, 1994: 274-276; 공은배·백성준, 1994: 154-155). 우선 이 방법은 교육수익을 소득에 한정하고 있는데, 교육수익은 소득 이외에도 사회심리적 편익, 외부경제효과 등 다양하게 나타날 수밖에 없다는 점이다.

둘째, 수익률은 일정한 양의 교육을 받은 모든 사람들을 다루는 개념, 즉 일정한 양의 교육을 받는 사람들의 평균수입이 아니라 추가적 한계적인 사람의 문제가 되는 것인데, 문제는 이 한계인이 누구인지를 구체화하지 못한다는 점이다.

셋째, 수익률에 분석된 학력 간 소득차이를 전적으로 교육의 효과로만 보기 어렵다는 점이다.

넷째, 학력 간 상대적 임금이 반드시 상대적 생산성의 차이를 나타낸다고 보기 어렵다는 점이다.

다섯째, 학력별 평생기대소득의 차이를 정확하게 측정할 수 없다는 점이다. 평생기대소득의 차이는 종단적 자료(longitudinal data)에 의해 수출되어야 하나 일반적으로는 학력 간 평생 소득의 차이를 추정하기 위해서 사용하는 학력별 연령별 임금표는 현재 고용되어 있는 노동자들의 임금을 기준으로 한 횡단적 자료(cross-sectional data)라는 점이다.

마지막으로 투자수익률에 의한 방법은 교육계획을 위한 구체적이고 계량적이니 답을 준다기보다는 대강의 방향서안을 제시해 준다는 점이다.

4. 국제적 비교에 의한 접근법

국제적 비교에 의한 접근법(international comparisons approach)이란 국가의 발전단계를 몇 단계로 구분하고 그 단계마다 필요한 교육계획 또는 효과적으로 사용한 교육계획을 설정하고 여기에 따라 그 나라의 발전단계를 고려하여 적합한 교육계획을 택하는 방법이다(김창걸, 1996).

국제비교에 의한 접근법은 국가의 발전단계를 국제적으로 비교함으로써 보다 발전된 나라의 발전 모형을 답습하는 방법으로서 개발도상국에서 자주 도입 적용되고 있다. 국제비교에 의한 접근법은 다른 나라의 교육지표를 참고하여 우리나라 교육의 위치를 확인할 수가 있고, 교육개혁의 경향을 파악할 수 있어서 다른 나라의 실패경험을 다시 반복할 우려가 적으며, 다른 나라의 교육정보를 신속・정확하게 파악할 수 있는 장점이 있다(신중식・강영삼, 2001).

국제적 비교에 의한 접근법은 선진국이나 경제발전・교육발전이 유사한 외국의 경험을 비교 연구하여 자국의 교육발전을 위한 전략을 수립하려는 방법이다. 즉 국가의 발전단계를 국제적으로 비교함으로써 보다 발전된 나라의 발전모형과 교육계획을 적용하려는 것으로서 개발도상국가에서 주로 활용하려는 방법이다.

이 접근방법의 대표적인 사례로서 하비슨(Harbison)과 마이어(Myers)의 연구는 세계 75개국의 교육발전을 인력자원 개발단계의 종합지수(composit index of levels of human resource development)에 의해 저

개발국가(17개국), 부분개발국가(21개국), 증진국가(21개국), 선진국가(16개국)의 4단계로 분류하고 각 발달단계에서의 인력개발의 전략을 제시하였다.

이와 같은 외국교육의 비교연구는 궁극적으로 자국의 교육을 향상시키는데 그 실제적 가치가 있을 뿐만 아니라 교육기획에 있어서의 방법의 효용가치도 높여 준다. 그러나 나라마다 특수한 사정과 배경이 있기 때문에 교육문제나 그것을 둘러싸고 있는 정치・경제・사회 환경이 결코 동일할 수 없고, 발전단계가 서로 다른 경우 예컨대 10년 전 선진국이 경험한 바가 오늘날 그와 같은 발전단계에 이른 후진국에 대하여 반드시 도움이 되는 방법일 수 없을 정도로 사회변화가 극심하다는 점, 통계나 기타 여러 가지 요인을 비교함에 있어서 제약이 많다는 사실 등의 문제점이 내포되어 있다(권기욱, 2000).

국제비교 접근방법은 국가의 발전단계를 수준에 따라 여러 단계로 나누고, 그 단계마다 효과적인 인간자원개발전략(strategy)을 설정하고, 이에 따라 적절한 교육기획를 수립하는 것이다. 이 방법은 한 나라의 발전단계를 국제적으로 비교하여 보다 발전된 나라의 교육계획을 모방할 수 있다는 장점이 있다.

국제비교 접근방식의 가장 대표적인 예는 Harbison과 Myers(1964)의 접근법이다. 그들은 「교육과 경제성장」이라는 연구에서 세계 75개국을 인간자원개발 복합지수에 의해 4단계, 즉, 저개발 17개국, 부분적 개발 21개국, 준 선진 21개국, 선진 16개국으로 나누었다.

Harbison과 Myers(1964)는 각국을 경제・사회적인 구조, 인력자원, 초・중・고등교육의 형식, 교육제도 등에 있어 특성을 분석하고, 이에 맞는 인간자원 개발 전략을 제시하였다. 이들이 세계 75개국을 4단계로 나눈 지수의 산출에 결정적으로 고려한 것은 중등 및 고등교육단계의 적령인구 취학률이었다. 교육수준이 높은 우리나라는 1960년대 이루어진 당시 이들의 연구에서 준 선진국으로 분류되었었다.

그러나 이 국제비교 접근방식은 인력수요 접근법과 동일하게 후진국이 선진국의 경험을 토대로 발전계획을 세우려는 것이어서 각 국의 문화적 배경과 교육적 배경이 다른 경우에도 선진국 전략을 무분별하게 적용하게 됨으로서 오히려 부작용을 야기할 수도 있다.

나라마다 교육제도나 운영방식이 다르기 때문에 한 나라에서 유용한 방식이 다른 나라에서도 반드시 유용한 방식이 된다는 보장이 없는 것이다. 따라서 이 방식의 적용은 정치·경제·사회적 상황이 비교적 유사한 나라끼리 서로의 교육계획과정에 도움을 줄 수 있도록 이용하도록 해야 할 것이다.

5. 수학적 모형에 의한 접근법

꼬리아-틴버겐모형은 작업분류를 세분하지 않고 거시적 차원에서 교육수요를 예측할 수 있고, 모든 요인이 적절히 고려되기만 한다면 논리적이고, 합리적인 방법이라고 할 수는 있으나, 계열별, 전공별, 부문별 등에서 어떤 유형의 교육에 우선순위를 두어서 발전시켜야 할지에 대한 답을 구하기가 어렵다는 한계점을 가지고 있다. 특히 교육은 매우 복잡한 변인들이 상호작용하여 이루어지고 있는데, 이러한 복잡한 현상을 모두 고려하기에는 한계가 있다(신중식·강영삼, 2001).

여기서는 다양한 미래 예측기법 중 교육분야의 기획에 적용이 비교적 용이하다고 할 수 있는 시계열 분석과 델파이 분석방법을 살펴본다.

1) 시계열분석

시계열이란 동일한 시간간격에 의해 측정된 관측치들의 집합을 의미한다. 따라서 시계열 분석이란 관측된 정보에 입각하여 변화의 모습을 분석하고 미래의 경향을 예측하려는 분석방법, 노동생산성, 부가가치, 산업별 생산액 등의 정보가 일정한 간격을 두고 측정되었다면 이들은 경제분야의 시계열이 된다. 마찬가지로 입학정원, 교원, 제적학생수, 교육비 등이 일정한 간격을 두고 관측되었다면 이들은 교육분야의 시계열이 되는 것이다. 교육분야에서의 시계분석은 이러한 자료를 활용하여 미래의 교육상황을 예측할 필요가 있을 때 주로 사용된다.

시계열분석의 기본 가정은 안정적인 확률과정을 전제로 하여 관측하는 시점이 달라진다 하더라도 확률과정이 시간의 변화에 따라 일정해서 동일한 특징을 갖는 시계열을 얻도록 하는 것이다. 그러나 대부분의 경제시계열, 특히 거시경제 시계열은 불안정적인 시계열이 많다. 불안정한 시계열은 추세요인, 계절요인, 순환변동 및 불규칙 요인 등에 의해 영향을 받게 됨으로써 시계열의 평균과 분산이 관측시점에 따라 각각 일정하지 않게 된다.

따라서 시계열분석에서는 그 목적에 따라 각 구성요인들은 추출 혹은 제거한 뒤에 결과를 분석해야 한다. 시계열 분석의 구체적 방법으로는, ① 시계열자료의 변동을 고르게 하여 경향성을 설명하는 이동평균법, ② 불안정한 시계열을 안정적인 시계열로 만들어 예측하는 Box-Jenkin의 아리마모형 등이 있다.

2) 델파이방법

델파이라는 용어는 고대 그리스 신화 중에서 아폴로신이 미래를 예측하고 선택한 신전의 이름을 말한다. 이 방법은 예측하려는 문제에 대하여 선행 참고자료가 없을 때 관계전문가들로부터 그들의 견해를 유도하여 이를 종합하여 집단적인 판단을 내리는 방법이다. 즉, 어떠한 문제해결을 위한 정보를 가지고 있지 않을 경우 그 문제 해결을 위해서는 한 사람보다는 두 사람의 의견이 적절하다는 계량석인 원리와 다수의 판단이 소수의 판단보다 정확하다는 의사결정의 원리에 기초하고 있다(강무섭, 1990: 198).

이 기법을 최초로 활용한 곳은 미국의 랜드연구소의 국방분야였다. 이 연구소에서 긴급하고 중요한 국방문제에 대하여 전문가의 합의된 의견을 도출하기 위하여 얼굴을 마주하는 토의의 한계를 극복하는 한 방법으로 델파이기법을 채택하였다. 이후 델파이기법은 과학 및 기술분야를 위시하여 사회과학분야에서도 전문가의 합의를 도출하기 위한 합리적 의사결정과정으로 채택되고 있다.

전통적으로 위원회에 의한 대면적 의사결정 방법은 다수에 의한 의견집약이라는 점에서는 장점이 있다. 그러나 이러한 대면적 의견집약 방법은 다음과 같은 문제점이 있다. 즉 어느 경우이든지 언변이 좋은 사람과 그렇지 못한 사람들로 구성되어 있게 마련인데 이 경우 언변이 좋은 지배적 소수에 의해 집단의 의견이 유도될 수 있으며, 많은 경우 주제와는 무관한 토론이 이루어져 문제의 핵심에는 접근하지 못하는 경우가 있다는 점이다. 델파이기법은 이러한 대면적 위원회를 통한 의견집약 방법의 결정들을 보완하기 위한 방법으로 개발된 것이다.

델파이기법은 보통 연속적인 질문지를 활용하여, 응답자의 익명성을 보장하면서 3~4라운드로 이루어진다. 연속되는 질문지는 전 단계의 질문지를 세련시킨 것이 된다. 이 기법은 참가자들이 개인적인 논란이 없이 다른 사람의 아이디어에 대면하도록 하고 모든 의견이 똑같이 노출되도록 한다. 즉, 델파이기법은 본질적으로 예측을 위한 합의에 도달할 때까지 전문가 집단으로부터 반응을 체계적이고 지속적으로 압축해 가는 기법이다.

델파이기법의 구체적 절차는 다음과 같다.

첫째, 의견을 수렴하려 하는 분야의 전문가 집단을 선정하고, 선정된 각 성원은 특별히 구조화된 질문지에 대한 응답을 하도록 한다.

둘째, 질문지에 관한 각 개인의 응답결과를 알려준다. 그리고 델파이 참가 전문가들에게 반응분석에 의해 제공되는 정보에 기초를 두어 그들의 반응을 재평가하도록 요구된다.

셋째, 전체주기가 반복된다. 만일 어떤 전문가가 중간 4분간 범위를 속하지 않으면 그들의 의견을 정당화하거나 위원회의 다른 성원에게 그들의 극단적 반응을 정당화하게, 그들이 가진 정보를 제공하도록 요구할 수 있다.

또한 반응자들에게 당초 추정을 수정하는 이유를 제시하려고 요구할 수 있다. 이외에도 집단의 다른 성원이 제시하는 이유를 비판하고 어느 논지가 유력하며 그 이유는 무엇인지를 서면으로 요약되고 다음 단계의 질문지에서 각 개인이 결정하는 골격틀에 포함시키게 된다. 최근에는 질문지를 통하지 않고 컴퓨터를 이용하여 한 자리에 모여 어떠한 문제에 대한 전문가의 의견일치를 해나가는 실제시간 델파이방법도 활용되고 있다.

제 3 절 교육기획의 과정

정태범은 이상의 것을 종합하여 교육기획과정을 다음과 같이 제시하고 있다.

1) 문제제기

교육계획에서 가장 먼저 해야 할 과제는 교육의 문제를 파악하는 것이다.

2) 현황분석

교육문제를 어떻게 분석하느냐에 따라 해결의 대안은 다를 수 있다. 철저한 분석은 그만큼 문제해결이 용이할 수 있다.

3) 대안선정

문제해결을 위한 대안은 기본 방향과 구체적인 실천방안은 물론 각 대안의 장・단점까지를 포함한다.

4) 실행

여기서는 문제해결을 위한 최적 대안을 실행하는 단계이다. 계획을 실시하기 위해서는 많은 인적, 물적, 재정적 투입이 불가피하게 되고 이를 효율적으로 관리하기 위해서는 과학적인 경영 통제체제가 필요하게 된다.

5) 성과분석

실천 후에 예상될 수 있는 평가기획도 사전에 마련하여 주어진 목표를 달성할 수 있도록 마련한 활동과 조직으로서 과연 소기의 성과를 거둘 수 있는지를 사전에 평가해 보라는 것이며 문제해결을 위한 방안에 따라 사업이 수행되고 나면 이에 대한 교과를 분석해야 한다(김창걸, 1996).

바람직한 교육계획을 수립하기 위해서는 기획의 과정이 합리적으로 이루어져야 한다. 여기서는 런드그랜(Lundgren)과 쿤츠와 오도넬(Koontz & O'Donnell)의 기획절차를 절충한 기획의 일반적인 과정을 살펴보면 다음과 같다.

① 문제의 인식 : 문제의 인식은 기획 실제에 앞서서 이루어져야 할 절차이다. 기획수립가는 기획대상이 될 미래의 문제에 대한 내용과 성질을 명확히 인식하고 난 후에야 구체적인 목표의 설정이 가능하다. 현실성 있는 기획은 이와 같은 문제 인식에서부터 출발된다고 할 수 있다.

② 목표의 설정 : 목표 설정은 논리적으로 기획의 첫 단계이다. 기획을 통하여 조직이 추구하고자 하는 목표를 구체적으로 설정하는 단계로서 방침, 전략, 절차, 규정 등에 의하여 완성될 미래의 결과를 명시해야 한다.

③ 상황의 분석과 진단 : 기획 수립에 있어서 현재 당면하는 상황과 문제점을 파악하여야 하며, 이에 관한 자료수집과 조사연구가 기획활동에 있어 중요한 비중을 차지한다. 여기서 분석되어야 할 것은 현황에 관한 정보뿐만 아니라 지향하는 목표와의 간격(gap)이 명확하게 측정되지 않으면 안 된다.

④ 기획 전제의 수립 : 기획 전제란 계획수립 과정에서 토대로 삼아야 할 외생변인들에 관한 주요가정(assumption) 또는 전망을 말한다. 다시 말하면 기획에 있어서 미래의 여건은 복잡하기 때문에 기획운영에 크게 영향을 줄 수 있는 전제 설정이 필요한 것이다. 예컨대, 교육기획의 경우에는 교육체제의 통제범위를 벗어나는 변수, 즉, 인구증가 추세나 경기전망, 또는 기술진보의 예측 등에 관하여 어떤 전제를 필요로 하는 것이다. 이와 같은 기획전제는 다음 단계에서 고려될 대안 설정의 범위와 테두리를 제시해 주기도 한다.

⑤ 대안의 탐색과 비교 : 기획과정에서 목표가 설정되고, 가정 및 전제가 수립된 후에는 목표달성을 위한 행동노선(course of action) 및 행동의 대안을 탐색하고 비교하는 것이 중요하다. 여기서 대안이란 현실의 문제를 해결하고 목표에 도달하기 위한 여러 개의 행동노선을 의미한다. 모색된 대안들 중에서 가장 효과적이고 능률적인 대안을 선택하기 위해서는 이들 각각의 장단점 또는 비용-효과들을 비교·분석하지 않으면 안 된다.

⑥ 최종의 행동방안 선택 : 여러 대안들을 비교·분석한 후에 최선방안을 선택하는 단계로서 전 기획과정의 핵심이 되며, 의사결정이 이루어지는 단계이다. 최종안의 선택에 있어서 앞에서 분석된 결과뿐만 아니라 의사결정자의 가치판단이나 통찰도 중요한 역할을 하게 된다.

⑦ 관련된 제파생계획의 수립 : 최종안이 선택되고 나면 관련된 여러 가지 부수적 파생계획의 수립이 불가피하게 된다. 즉 선택된 기본계획(basic plan)의 실효성을 거두기 위해서는 기본계획의 실현에 필요한 보조계획(subsidiary plan)을 조직의 각 단이나 각 관리자가 수립하고 실시하여야 한다.

(1) 목표설정의 단계

기획의 첫 단계는 국가 또는 조직이 기획을 통하여 이루고자 하는 바를 정하는 목표설정 단계이다. 이 단계에서 중요한 것은 어떠한 방법으로 관련 이해집단들의 다양한 요구를 조정하여 최선의 목표를 정하느냐 하는 것이다. 목표의 설정은 미래에 완성될 결과를 명시하는 것과 동일한 일이다. 교육기획의 경우는 이 단계에서 국가 목표의 테두리 안에서 지향하는 미래의 교육목표나 비전을 설정하는 일이 이루어지게 된다.

(2) 현황분석 단계

이 단계는 목표와 현실간의 괴리 현상을 정확히 측정하는 단계라 할 수 있다. 이를 위해서는 기획의 대상이 되는 현황을 파악하기 위한 자료 수합과 조사를 실시해야 한다. 교육기획의 경우는 이 단계에서 정치, 경제, 사회, 문화 등 사회 전반에 관한 현황, 즉 교육과 관련이 있는 모든 현상에 대한 기초통계와 연구물을 수집 분석해야 한다. 또한 교육에 대해서도 양적, 질적 현황조사가 이루어진다. 교육현황조사에는 교육의 목표와 결과, 교육과정 및 교수과목, 장학, 학생, 교직원, 교재, 학교시설, 교육재정 등이 다 포함되어야 한다.

(3) 대안의 탐색과 비교단계

기획을 위한 목표와 기본전제가 설정되면 이를 위한 구체적 행동노선 및 대안이 탐색되어야 한다. 그런데 실제에 있어서는 하나의 최선의 대안만이 존재하는 경우는 드물다. 즉, 장단점을 갖는 몇 가지 대안들이 모색되기 마련이다. 그러므로 여러 가지 대안 중에서 가장 효과적인 대안을 선택하기 위해서는 기획목표와 대안이 어느 정도 일치하는가, 가용한 자원을 고려할 때 어느 정도일 것인가 등을 면밀하게 검토하여 장단점을 심층적으로 분석해야 할 것이다. 교육계획안의 경우도 마련한 몇 가지 대안별로 실현가능성을 진단을 통해 장단점을 심층적으로 분석하는 일이 필요하다.

(4) 최종 행동대안의 채택단계

이 단계는 앞에서와 같이 모색된 대안들이 장단점 비교 의사결정자의 직관 및 전문적 판단 등이 총체적으로 작용하여 가장 이상적이라고 생각되는 최선의 방안을 선택하는 단계이다.

이 단계에서 중요한 것은 또한 최대한의 공중참여를 통한 지지와 재정확보와 방안, 기획안과 관련되는 입법사항의 개정, 필요한 행정상의 개혁 및 계획과 아울러 수반되어야 할 지원훈련 등이 포함되어야 한다. 또한 최종안에 따라 부수적으로 파생될 것으로 예상되는 문제들에 대한 계획도 필요하다.

교육기획에 있어서는 이 단계가 무엇보다 중요하다. 실제로 많은 교육계획들은 국가 교육 목표와도 일치하고 당위적인 차원에서는 중요하지만, 국민적 지지를 얻지 못한다거나, 계획안의 집행을 위한 재원이 확보되지 못해서 또한 관련 입법조치가 취해지지 못해서 제대로 실행되지 못하는 경우가 많기 때문이다.

5) 기획의 집행과 후속기획

기획을 통한 계획안이 실질적인 목표, 예산 및 세밀한 작업계획 등에 따라 실시되는 단계이다. 계획안의 효율성을 측정하기 위해서는 많은 실험과 검증을 해야 하며 그에 따라 다음 기획에 참고할 수 있는 피드백장치가 마련되어야 한다(권기욱, 2000).

제 4 절 교육기획의 효용성과 한계

1. 교육기획의 의의

기획이 지니고 있는 일반적인 효용성을 교육기획에 적용하여 교육기획의 의의를 살펴보면 다음과 같다.

첫째, 교육기획은 교육정책 수행과 교육행정에 있어 안정을 기할 수 있다는 점이다(김신복, 1977: 208~209). 장기적 전망 하에 수립된 교육계획은 교육정책의 일관성을 유지할 수 있고, 미래교육에 대한 뚜렷한 목표와 방향성을 가지고 교육행정을 할 수 있다는 장점이다.

둘째, 교육기획은 교육행정 및 교육경영의 효율성을 높일 수 있다. 설정된 교육목표를 가장 효율적으로 달성할 수 있는 최적 대안을 선택함으로써 경제적 효율성을 높일 수 있고, 목적과 수단을 합리적으로 연결시킴으로써 행정활동의 합목적성과 타당성을 높일 수 있다.

셋째, 교육기획은 한정된 교육재원을 가지고 우선순위에 따라 교육투자효과를 극대화하도록 배분하는 것은 교육기획 활동의 핵심적 기능의 하나이다.

넷째, 교육기획은 변화와 개혁을 촉진하는 계기가 된다. 여건의 변동에 따라 수동적으로 대응책을 강구하는 것이 아니라 변화를 예견하여 능동적으로 대치하고 나아가 변화를 창의적으로 계획함으로써 발전을 촉구할 수 있다.

다섯째, 교육기획은 합리적 통제를 가능하게 한다. 일반적으로 계획의 실천 후에는 반드시 평가 내지 심사분석이 수반되는데, 그 결과를 토대로 목표의 수정이나 진도의 조정이 가능하다. 교육행정에 있어 기획과 통제는 본질적 기능에 속하는 동시에 양자 간에는 밀접한 관계가 있다. 통제란 결국 조직의 여러 활동이 미리 수립된 모든 계획과 일치되도록 확인하는 기능이기 때문에 교육기획이 존재하지 않는다면 교육에 있어 효율적인 통제가 이루어지지 못하는 것이다(신중식 외, 1983: 223).

2. 기획의 효용성

기획은 학교, 교육청, 교육부, 국가 등 모든 조직에 있어서 필수적 과정이며, 모든 조직이 추구하는 목표를 효율적으로 달성하는데 중요한 역할과 기능을 담당하고 있다. 이와 같은 기획이 지니고 있는 효용성을 구체적으로 살펴보면 다음과 같다(김신복, 1997).

첫째, 기획은 정책 수행과 정책의 안정화에 기여한다. 행정에 있어서 시행착오를 배제하고 일관성 있는 정책을 지속적으로 수행해 나가려면 장기적인 전망 하에서 수립된 계획이 요청된다. 기획을 통하여 뚜렷한 목표와 방향을 견지한다면 조령모개식의 정책 변경이나 방침 변경은 일어나지 않을 것이다.

둘째, 기획은 가용자원의 효율적인 사용을 가능케 한다. 기획에 의해서 일정 기간 내에 가용자원 사용의 효율성이 높아질 수 있다. 기획 기능을 통해서 조직 내의 가용자원을 최대한 효과적으로 사용할 수 있으며, 소요경비의 절약을 초래하게 된다.

셋째, 기획은 행정이나 경영의 효율성과 타당성을 높인다. 설정된 목표를 가장 효율적으로 달성할 수 있는 최적대안을 선택함으로써 경제적 효율성을 높이며, 또한 목적과 수단을 합리적으로 연결시킴으로써 행정활동의 합목적성과 타당성을 높이게 된다.

넷째, 기획은 변화와 혁신을 촉진함으로써 정세의 변동에 능동적으로 대처할 수 있게 한다. 정세의 변동을 미리 예견하고 그것에 대한 충분한 준비를 갖추게 됨으로 변화와 혁신에 대하여 능동적으로 대처할 수 있다. 변화와 혁신을 촉진한다는 것은 정세 변동에 따라 수동적으로 대응책을 강구하는 것이 아니라 창의적으로 새로운 문제해결방식을 시도해 나가는 것을 뜻한다.

다섯째, 기획은 효과적인 통제의 수단이 된다. 기획과정에는 평가 내지 심사분석이 반드시 수반된다. 이와 같은 기능을 통하여 설정된 목표를 수정할 수도 있고, 진도를 조절할 수도 있다. 교육행정에 있어서 기획과 통제는 본질적 기능에 속하는 동시에 양자간에는 일정한 관계가 있다. 통제란 결국 조직의 여러 활동이 수립된 여러 계획과 일치하도록 확인하는 기능이기 때문에 기획이 존재하지 않는 한, 효과적인 통제가 이루어질 수 없는 것이다.

3. 기획의 한계성과 제약요인

① 미래예측의 곤란 : 교육기획은 미래지향적이기 때문에 장래에 관한 많은 예측을 필요로 하는 데 반하여 인간의 예측능력에는 한계가 있다.

② 정보·자료의 부족 : 교육기획을 수립하는 데는 많은 정보와 자료가 필요하다.

③ 가정설정의 불확실성 : 교육기획은 그 성격상 예측과 추정에 있어서 여러 가지 가정이 전제가 된다.

④ 시간·비용 및 노력의 제약 : 교육계획수립에는 많은 시간과 경비 및 전문적 역량이 계속적으로 필요하게 된다.

⑤ 정치적·사회적 압력 : 교육계획은 중립성을 전제로 민주성과 전문성의 조화에 의하여 이루어지는 것이 바람직하다.

⑥ 목표설정의 갈등과 계량화의 곤란 : 교육계획의 목표를 설정하는데 교육계획 작성자들 간에 여러 가지 외적인 이해의 갈등으로 인하여 목표의 일치를 구하기가 어려우며 또한 설정된 목표를 명확하게 계량화하기 어려운 것이 많다.

⑦ 개인적 창의성의 위축 : 교육계획을 수립함에 있어 관료제의 병폐 등이 작용되고 계획 자체가 포괄적이며 세부적인 경우에는 하위조직 구성원의 창의력을 위축시킬 우려가 있다(김창걸, 1996).

기획은 이상과 같은 많은 효용성을 지니고 있는 반면에 또한 한계성과 제약요인을 지니고 있다.

① 미래예측의 곤란 : 기획은 미래에 관한 수많은 예측을 필요로 하는데 반하여 인간의 예측능력에는 한계가 있다. 오늘날 기획 및 의사결정을 위한 예측기술이 상당히 발전되었으나, 기획수립에 직면하는 문제

의 하나로서 정보 및 자료의 부족으로 인하여 미래를 예측하기 어렵다는 것이다. 그러므로 미래 예측능력의 불확실성은 완전한 교육기회수립에 제약점이 된다. 오늘날 컴퓨터의 발달과 예측기법의 개발로 큰 진전이 이루어지고 있으나, 인간의 합리성에는 한계가 있기 때문에 예측이 어려운 점은 아직도 남아 있다.

② 정보·자료의 부족 : 교육기획을 수립하는 데는 많은 정보와 자료가 필요하다. 이들 자료는 교육의 현황과 문제점에 관한 진단은 물론이지만 인구, 인력, 경제, 사회, 과학, 기술, 기타 광범한 영역에 걸쳐서 많이 있다. 그러나 이들 관련된 정보와 자료가 있다 하여도 그 정확성과 시간이 적합해야 하며 분석 가능한 것이어야 한다. 정확한 통계자료가 미비하고 정보와 자료가 불확실하다면 합리적인 교육기획을 수립하기가 어렵다.

③ 가정설정의 불확실성 : 교육기획은 그 성격상 예측과 추정에 있어서 여러 가지 가정이 전제가 된다. 예를 들면, 전쟁이 일어나지 않을 것이라는 가정과 경제성장이 지속될 것이라는 가정 등 여러 가정을 전제로 미래예측을 하여 교육기획을 수립하게 된다. 이와 같이 수많은 가정은 미래에 대한 예측의 전제조건이다. 그러나 오늘날과 같이 급격히 변동하는 사회에서는 가정설정도 어렵고, 설정된 가정의 변화를 예견하기도 어렵다. 따라서 가정설정의 불확실성 등은 교육계획수립에 제한점이 된다.

④ 시간적 제약 : 기획은 시간을 소모하므로 행동을 지연시키기 쉽다. 당초에 설정된 목표 및 선택된 행동진로의 적합성을 확인하려면 일정한 시간이 지나야 한다. 또한 기획이 통제나 실적평가의 수단으로 효과적인 기능을 발휘하려면 시행과정에서 상당한 시간이 거친 후라야 된다. 그러나 상황 여하에 따라서는 사전기획을 위하여 귀중한 시간을 소비할 겨를이 없이 즉각적인 행동을 취하는 것이 더 중요한 경우가 있다.

⑤ 비용의 과중 : 기획수립에 적용되는 기본원칙으로서, 실용면에서

기대 이익가치 이상으로 기획이 비용을 지불해서는 안 된다는 것을 기획가가 인식하면서도 실제로는 기획과정에 소요되는 비용은 오히려 기대 이익가치 이상을 사용하는 경우도 있다. 기획활동을 제약하는 또 하나의 요인으로는 유능한 기획요원의 부족과 행·재정적인 지원의 미흡이다. 기획에 대한 인식 부족으로 응분의 대우를 하지 않아 유능한 기획요원을 확보하기 어렵기 때문에 기획화에 따른 전문성을 살리지 못하고 있다. 또한 이와 관련하여 기획활동을 위한 행·재적적인 지원책이 불충분한 경우에 효과적인 기획의 집행이나 성과를 기대하기 어렵다.

⑥ 정치적·사회적 압력 : 교육계획은 중립성을 전제로 민주성과 전문성의 조화에 의하여 이루어지는 것이 바람직하다. 그러나 교육전문가에 의하여 합리성의 논리에 따라 수립된 교육계획에 대해 국민적 합의를 얻기는 쉬운 일이 아니다. 특히 정치적 사회적 압력에 의하여 심지어는 계획 자체가 변질될 위험성도 있다. 이와 같은 것은 교육계획수립의 중요한 제한점이 된다.

⑦ 목표설정의 갈등과 계량화의 곤란 : 교육계획의 목표를 설정하는데 교육계획 작성자들 간에 여러 가지 외적인 이해의 갈등으로 인하여 목표의 일치를 구하기가 어려우며 또한 설정된 목표를 명확하게 계량화하기 어려운 것이 많다. 이와 같은 것은 목표의 수단전환을 어렵게 할 뿐 아니라 목표달성에 수반하는 평가기준을 모호하게 한다. 이와 같이 목표자체의 설정이 어렵고, 목표를 설정했다 해도 그것을 수단으로 전환하기가 어렵고, 목표-수단을 계량화하기 어려운 점 등이 제약요인이 된다.

⑧ 개인적 창의성의 위축 : 교육계획을 수립함에 있어 관료제의 병폐 등이 작용되고 계획자체가 포괄적이며 세부적인 경우에는 하위조직구성원의 창의력을 위축시킬 우려가 있다. 이와 같은 상황에서 개인은 '기계의 톱니바퀴'와 같이 자기를 망각하기 때문이다. 교육계획은 교육발전을 위해 수립되므로 개인의 창의력이 가장 필요하다.

이것 외에도 반복적 사용의 제한, 계획에 대한 인식부족 등과 행정상의 제반 제약요인 등이 있다. 미래교육에 대한 예측을 핵심으로 하는 교육기획은 사실상 쉬운 교육행정 업무가 아니다. 사람이란 불완전한 존재이며, 교육을 둘러싼 주변상황은 가변적인 경우가 많기 때문이다. 또한 교육조직은 경직성을 띠고 있는 경우가 대부분이고, 때로 의사소통도 원활히 되지 않는 등 교육기획에는 많은 저해요인과 제한점들이 있다. 일반적으로 교육기획이 갖는 제한점은 다음과 같은 것들이다.

첫째, 미래예측의 곤란과 자료의 부족이다. 기획은 일반적으로 미래의 활동과 관련이 있기 때문에 인간의 능력으로는 미래를 정확히 예측하고, 전망하기가 어려울 뿐 아니라 이와 관련된 각종 자료와 정보가 부족하다는 문제가 있다. 교육기획도 마찬가지다. 즉, 교육기획은 미래 교육목표를 달성하기 위한 전략을 수립하는 미래지향적 활동이기 때문에 교육기획을 위해서는 미래에 대한 투시력과 안목이 필요하다. 그러나 인간의 예측능력은 한계가 있게 마련이며, 이 점이 보다 완전한 교육기획을 하는데 제약요인이 되는 것이다. 교육기획은 그 전제나 가정이 정확할수록 효용성이 높다. 그러나 가정은 필연적인 것이 아니고 불확실한 것이기 때문에 기획 또한 불완전한 것이 된다. 이러한 전제나 가정의 불완전성의 행정가의 예견능력에 한계가 있거나 예측의 기초자료가 불완전하고 부적당한데 기인한다. 따라서 기획담당자는 풍부한 경험과 교육이 필요하다.

둘째, 교육계획은 교육행정의 경직화를 초래할 수 있다는 점이다. 오늘날 대부분의 정부조직들은 거대 규모화해 가고 그에 따라 관료화되어 가는 경향이 많은데 교육도 마찬가지다. 관료조직은 예기치 못했던 사태에 재빠르게 대응하지 못하는 경우가 많다. Sorensen(19631 36)은 오늘날과 같이 급격히 변동하는 사회에 있어서도 일단 세운 계획을 변경하는 것이 얼마나 어려운가를 지적하고 있다. 일단 정해놓은 행동노선을 변경하려면 우선 기구를 재조정해야 하며, 국회나 지지자들을 설득해야 하며 이미 투입된 경비는 낭비가 되고 다시 새로운 경비를 투입해야 한다는 어려움이 있기 때문이다. 이러한 점에서 볼 때, 교육기획은 특히 관련 이해집단이 다양할 뿐 아니라, 그 투자도 장기적이라는 점에서 더욱 어려움이 있는 것이다.

셋째, 교육목표 달성을 위한 최적의 대안 선택이 쉽지 않다는 점이다. 기획의 질과 선택된 수단이 정해진 목표를 달성하는 최선의 방향이 아닐 수도 있다. 또한 기획에는 계량화가 곤란한 성질의 일이 많으므로 불확실한 상황 아래에서 작성하지 않으면 안될 계획이 적지 않다. 이러한 제한점은 교육기획에서 특히 더 많다. 교육목표란 계량화가 곤란한 내용이 많기 때문이다. 또한 교육의 민주화와 교육운영의 효율성간의 조화를 위한 타협과 절충은 쉬운 문제가 아니기 때문에 최적 대안의 선택은 그만큼 어려운 것이다.

넷째, 교육기획에는 많은 비용이 소요되며 투자효과도 장기적이라는 점에서 어려움이 있다. 교육기획에 소요되는 비용은 얻어지는 이익보다 적어야 하며, 다른 분야에 비해 그 투자효과가 장기적이기 때문에 단기적 효과를 고려하는 입장에서 볼 때는 선뜻 적용하기가 어려운 계획안들이 많게 된다. 이 경우 교육투자의 비교우위를 입증하여 국민적 합의를 얻느냐 하는 것도 커다란 어려움 중의 하나이다.

다섯째, 사회적·정치적 압력도 교육기획의 난점 중의 하나이다. 바람직한 교육계획안은 가능한 관련이해 집단의 이익을 고루 반영하고 합리적인 절차에 의해 수립되어지는 것이 좋을 것이다. 그러한 현실적으로 교육전문가들에 의해 합리적으로 수립되었다고 하는 교육계획도 정치적·사회적 압력에 의해 변경되거나 실행이 되지 못하는 경우가 종종 있다(윤정일 외, 1994: 232).

여섯째, 개인의 창의성 및 자율성을 위축시킬 수 있다는 점이다. 계획이 세부적이고 집권적인 형태일수록 그 안의 개인은 자발적으로 발전을 위한 아이디어를 내거나 능동적으로 조직에 참여하려는 마음이 줄어들게 마련이다. 교육계획의 경우도 그것이 집권적 형태로 운영되고, 지나치게 구체적인 사항까지 설정된다면 그 안에 있는 사람들의 창의

성과 자발성은 점차 줄어들게 된다는 난점이 있다(권기욱, 2000).

4. 교육기획제도의 개선방향

우리의 교육기획제도가 최근 들어 획기적인 발전을 이룩한 것이 사실이다. 그러나 아직도 교육기획 업무관리를 위한 통계조사 전담기구가 미비하다는 점, 교육기획업무에 종사하는 사람들이 비본질적 기획업무에 종사하고 있다는 점, 기획담당 인력에 대한 관리가 잘 이루어지고 있지 못하다는 점, 교육기획업무가 다소 형식적으로 이루어지고 있다는 점, 장기종합교육계획을 계속적으로 수정, 보안, 발전시키기 위한 조직과 기구가 미비하다는 점 등의 문제가 있다(김종철·이종재, 1994: 143-144).

그러나 교육기획의 기능이 잘 수행되느냐 그렇지 않느냐에 따라 우리 교육의 미래가 좌우될 수 있다는 점을 고려한다면, 앞으로 우리나라의 교육기획 기능은 다음과 같은 방향으로 개선되어야 할 것이다.

첫째, 교육기획이 국가발전 기획과 보다 유기적인 관련하에서 이루어져야 할 것이다. 교육기획은 교육 내적인 부분간의 연계성을 위해서도 중요하지만 경제·사회·문화 등 교육 외적 요인과의 종합적인 발전을 도모하기 위해서도 중요하기 때문이다.

둘째, 각 수준별 교육기획이 유기적인 연계성을 구축해야 할 것이다. 국가교육기획, 지역교육기획, 학교교육기획은 밀접한 연관성을 가져야 할 것이며, 이를 위해 각 수준별 교육기획을 위한 조직 및 전문가가 보다 확충되어야 할 것이다. 특히 교육자치제 실시에 따라 지역교육계획이 보다 활성화되어야 할 것이다.

셋째, 교육기획 과학화를 위해 기획 담당 부처의 통계·조사의 기능을 강화한다. 기획정책은 수립에 관한 것이건, 행정관리에 관한 것이건 정확한 통계와 과학적인 조사연구에 근거해야 할 것이다.

넷째, 교육기획 담당자들의 전문성을 보다 증대시켜야 할 것이다. 우선 교육기획 담당자들이 본질적인 기획업무에 종사할 수 있도록 여건을 정비하고, 인사관리체계의 합리화를 도모해 나가도록 한다.

다섯째, 교육기획 절차의 민주화를 도모해야 할 것이다. 이를 통해 교육기획 과정에 교육과 관련된 다양한 이해 집단의 요구가 수렴될 수 있도록 기획 절차의 합리화 및 개방화를 꾀하여야 할 것이다.

여섯째, 단기적 전망위주의 졸속적인 교육기획 수립을 지양한다. 가능한한 장기적인 종합교육계획을 수립하고 이를 토대로 중기・단기의 교육계획을 수립하도록 한다.

일곱째, 기획과 예산 기능은 반드시 통합됨으로써 기획의 실천성을 강화해 나간다. 아무리 좋은 계획안이라도 그것이 재정적 지원과 연결되지 못하면 집행이 어렵게 된다. 앞으로 교육기획은 반드시 예산이 뒷받침됨으로써 실천 가능하도록 추진되어야 할 것이다.

여덟째, 교육기획의 주기적인 평가의 제도화를 통해 기획에 대한 책무성을 강화해야 할 것이다. 교육기획의 중요한 내용 중의 하나는 기획결과에 대한 평가 및 그 결과를 따라 후속 기획에 참고할 수 있는 피드백 장치를 마련하는 일이 되어야 한다.

해방 이후 지금까지 우리는 많은 교육계획을 수립해 왔다. 그러나 교육계획을 평가하는 일은 다소 소홀히 해 온 것이 사실이다. 앞으로 교육계획의 주기적인 평가 및 모니터링 기능의 강화를 통하여 교육에 대한 책무성을 제고하는 방안이 모색되어야 할 것이다.

참고문헌

곽영우 외(1995), 『교육행정 및 교육경영』, 서울: 삼광출판사

권기욱 외(2000), 『교육행정의 이해』, 서울: 원미사

________(1995), 『교육행정학개론』, 서울: 양서원

김남순(1997), 『교육행정 및 경영의 이론과 실제』, 교육과학사

김신복(1977), "기획이론과 교육계획", 『현대교육행정이론』, 한국교육행정학회편, 서울: 형설출판사

김윤태(2003), 『교육행정 · 경영의 이해』, 서울: 동문사
김재범(1977), 『교육재정론, 교육과학신서』, 서울: 교육출판사
김종철(1985), 『교육행정학 신강』, 서울: 세영사
김창걸(1996), 『교육행정학 및 교육경영신강』, 서울: 형설출판사
_____(1992), 『교육행정학신론』, 서울: 형설출판사
남정걸(1997), 『교육행정 및 교육경영』, 교육과학사
박병량(1999), 『학교 · 학급경영』, 서울: 학지사
박종렬(2000), 『교육의 질 관리와 교육계획, 학교경영』, 서울 : 학지사
배종근 · 정태범(1992), 『교육행정 · 교육경영』, 정민사
송미섭 · 나동환(1999), 『교육행정 및 교육경영론』, 형설출판사
신중식 · 강영삼(2001), 『교육행정 · 경영론』, 교육출판사
신철순(1995), 『교육행정 및 경영』, 교육과학사
이상기 · 옥장흠(2000), 『교육행정 및 교육경영』, 서울: 형설출판사
정일환(1996), 『교육행정학-이론과 적용』, 중앙적성출판사
정태범(1998), 『교육행정학-기초와 발전』, 양서원
정태범(1996), 『교육행정학』, 서울: 정민사
정해수 · 함세정(1994), 『교육행정 · 경영의 이론과 과제』, 교육과학사
중앙교육연구소 편(1996), 『교육계획의 연구』, 서울: 배영사
하갑수(1977), 『교육행정 · 경영의 과정이론』, 교육출판사
한공우(2000), 『교육행정 및 교육경영』, 동문사
한국교육행정학연구회 편(1990), 『현대교육행정이론』, 형설출판사
Becker, Gary S., Human Capital: A Theoretical and Empirical Analysis, with Special Reference to Education, New York: Columbia university press, 1964.
Bowles, Samuel. Planning Educational Systems for Economic Growth, Cambrige, Massachusetts: Harvard University Press, 1969.
Bruno, James E., Educational Policy Analysis: A Quantitative Approach, New York: Crane, Russak & Co., Inc., 1976.
Dror, Y., "The Planning Process." International Review of Administrative Science 29, Vol. 1, 1963.
Fayol, Henry, Gerneral and Industrial Management, trans. by Constance Storres, London: Sir Issac Pitman & Sons, Ltd., 1949.
Gulick, Luther, "Note on the Theory of Organization," in Luther Gulick & L. Urwick(eds.), Papers on the Science of Administration, New York: Institute of Public Administration, 1937.
Harbison. F. & Myers, C. A., Education, Manpower and Economic Growth, New York: McGraw-Hill Co., 1964.

Heyel, Carl(ed)., The Encyclopedia of Management, 2nd ed., New York: Van Nostrand Reinhold Co., 1973.

Merriam, Charles E., "The National Resources Planning Board," in George B. Galloway and Associates, "Planning for America, N.Y.:Henry Holt & C., 1941.

Newman, William H., Administrative Action: The Technique of Organization and Management, Englewood Cliffs: Prentice Hall Inc., 1951.

Psacharopoulos, George, "Rares of Return to Investment in Education around the World," Comparative Review, Vol. 16, 1972.

Rogers, Daniel C. & Runchlin, Hirsh S., Economics and Education, New York: The Free Press, 1971.

Schultz, Theodore W., "The Human Capital Approach to Education," in Economic Factors Affecting the Financing of Education, ed. Roe L. Johns, Florida: National Educational Finance Project, Vol. 2, 1970.

Simon, Herbert A., Donald W. Simitburg and Victor A. Thompson, Public Administration, New York: Knopf, 1950.

Steiner, George A., Managerial Long-range Planning, New York: McGraw-Hill, 1963.

UNESCO, Educational Planning: A World Survey of Problem and Prospects, 1970.

Waterston, Albert, Development Planning: Lessons of Experience, Baltimore: The Johns Hopkins Press, 1969.

제 6 장

교육조직이론

6 chapter

교육조직이론

제 1 절 조직의 개념과 특성

조직이란 무엇인가에 대해서 알아보기 전에 우리가 얼마나 조직과 밀접한 관계를 맺고 있는지부터 인식할 필요가 있다. 예를 들어 우리는 세상에 태어날 때도 병원이라는 조직의 힘을 이용해서 태어나고, 마지막 순간도 장의사라는 조직의 힘을 빌리게 된다. 아리스토텔레스의 "인간은 사회적 동물이다"라는 말처럼 우리는 조직을 떠나서 생활할 수가 없다. 이처럼 인간은 조직 속에서 각자의 요구를 충족하면서 공동의 이익을 추구한다. 행정도 조직 속에서 조직의 목표를 효과적으로 달성하기 위하여 조직구성원 간의 상호 협동적인 노력이다. 그래서 조직은 행정이 이뤄지는 그릇으로 비유할 수 있다.

조직의 개념은 학자에 따라 다양하게 정의되고 있으며, 대표적인 몇 가지 정의를 보면 다음과 같다.

① "두 사람 이상의 활동이나 힘이 의식적으로 조정되는 체제"(Barnard,

1938: 73-82).

② "상호간의 관계를 규정한 역할체제를 가지고 있는 인간의 집단"(Udy, 1963: 678).

③ "특정의 목표를 성취하기 위하여 의식적으로 구성되고, 재구성되는 사회적 단위"(Etzioni, 1964: 3).

④ "업무와 기능의 분담을 통하여 그리고 권위와 책임의 위계를 통하여 공동의 명시적 목적이나 목표를 성취하기 위하여 여러 사람들의 활동이 계획적으로 조정되는 것"(Schein, 1980: 15)

여러 학자들이 조직에 대해 정의를 했는데 조직이라는 개념이 수많은 의미로 사용되고 있기 때문에 모든 사람이 만족할 수 있게 함축적으로 정의하기란 힘들다. 다만 조직의 속성을 세 가지로 요약할 수 있다. 첫째, 조직은 달성하고자 하는 공동의 목표를 갖고 있는 집단이다. 둘째, 조직은 조직목표를 달성하기 위한 조직구성원들의 행동을 조정·통제하는 규정과 규칙이 있다. 셋째, 공동목표를 합리적으로 달성하기 위해 사람들은 주어진 역할범위에서 상호 협력적인 관계를 유지한다. 조직을 이루고 있는 사람들은 각자 역할·의무·과업·책임·권한 등이 분담되고, 보다 효과적으로 목표를 달성하기 위해서 상호협력한다. 이러한 조직의 속성을 바탕으로 조직의 정의를 내려 보면 "공동의 목표를 달성하기 위하여 둘 이상의 구성원들이 규칙과 규정에 따라 서로의 역할을 분담하여 상호 협력하는 체제"라고 할 수 있다(주심환 외, 2000).

현대적 조직의 개념을 파악하는 데 있어서 중요한 것은 조직구조를 중심으로 하여 공식적 조직과 비공식적 또는 자생적 조직의 구별이다. 공식적 조직이란 조직체의 공식적 조직도 또는 명문화된 기구표에 나타나 있는 그대로의 조직을 말한다. 공식적 조직은 권한의 계층, 명료한 책임분담, 표준화된 업무수행, 비정의 인간관계 등을 특징으로 한다. 이에 비해 비공식적 조직은 자연발생적 조직으로서 형식적 조직체 안에 있는 성원 간에 직접적 면접관계를 통해 이루어지며, 사회심리학자들이 말하는 준거집단, 또는 심리성 집단의 성격을 띠게 된다. 그것은 자연스러운 의사소통, 자발적인 협력관계와 감상의 논리에 의거한 행동방식을 특색으로 한다. 이 자생적 조직은 공식적 조직의 기능을 수행하는 데 있어서 건설적 또는 파괴적 역할을 할 수 있는 양면성을 가지고 있다.

또한 행정조직의 구조적 개념을 이해하는데 있어서 중요한 것은 계선 조직, 막료조직, 보조조직의 구별이다. 계선조직은 행정이나 경영에 있어서 국장-과장-계장-계원 등의 수직적인 지휘·감독 계통을 이루고 있는 것을 말하며, 막료조직은 계선조직의 원활한 활동을 위해 자문·지원하는 조직으로서 기획관리실이 이에 해당한다. 그리고 보조조직은 보조기관의 조직을 말하는 것으로 계선조직의 기능을 부분적으로 심화·보조하기 위해 계선조직과는 별개로 그 외곽 또는 내부에 설치된 기관을 말한다. 예컨대, 교육정책 연구를 위해 교육과학기술부 외곽에 연구기관을 설치한다든가 또는 국정교과서 발행업무를 보조하기 위해 국정교과서 주식회사를 설치·운영한다면 이 기관들은 보조직에 해당한다. 특히 1960년대에는 컴퓨터기술이 고도화되어, 컴퓨터화된 경영정보체제의 개발이 새롭게 강조되었다. 그것은 불확실성과 변화에 대응하는 보다 큰 능력을 제공하며 최적의 조직성과를 위한 의사결정을 촉진하는 것이다.

경영정보체제란, 한 마디로 경영관리자가 의사결정을 하는 데 필요한 정보를 그에게 제공하는 하나의 정보체제를 의미한다. 콜멘과 라일리는 MIS에 대한 여러 학자들의 다양한 정의를 개관하고 이들 정의들이 강조하는 MIS의 공통적 특징을 다음과 같이 열거하고 있다. 즉, MIS는 ① 모든 경영관리층에 적용하고, ② 조직의 하위체제에 연결되며, ③ 성과를 측정하고 진도를 감독하고 대안을 평가하고 또는 변경하거나 수정행동을 위한 지식을 제공하는 기능을 하고, ④ 내적·외적 융통성을 가진다는 것이다. 결국 MIS는 조직의 모든 계층에서 필요로 하는 정보를 생산하기 위해 자료를 생성·처리·정련하는 전체적 복합체라 하겠다.

MIS의 목적은 경영관리층의 의사결정에 필요한 정보를 가능한 한 능률적으로 효과적으로, 그리고 경제적으로 결정·제공하는 것이지만, 그 목적은 운용정보에 관한 자료처리를 통해 성취된다. 여기에는 정보의 저장, 검색, 시뮬레이션 능력, 기능적으로 인접한 지원체제, 정보의 정련과 의사소통 그리고 조직의 계획과 목표의 통합이 포함된다. 이러한 복잡한 일들은 컴퓨터에 의한 정보체제를 갖춤으로써 능률적으로 수행할 수 있다. 조직이 성장하고 복잡해지고 또 환경에 심하게 변할 때, 결정의 질을 유지 또는 향상시키기 위해 컴퓨터화된 관리정보 체제는 더욱 필요하게 될 것이다. 여러 학자들이 정의하는 조직개념들을 종합해 보면, 조직의 특징으로서 다음과 같은 것을 들 수 있다.

① 조직은 어떤 특정한 목적 또는 목표를 가지고 있다.

② 조직은 사람들로 구성되지만 개별적인 구성원의 존재와는 별개의 실체를 형성한다.

③ 조직 내에는 분화와 통합에 관한 공식적 구조와 과정이 있으며, 반드시 비공식적 또는 자생적 관계가 형성된다.

④ 조직에는 경계가 있어서 조직과 그 환경을 구별하게 해준다.

⑤ 조직은 개방체제로서 언제나 그 조직이 놓여 있는 환경과 영향을 주고받는 상호작용을 한다.

⑥ 조직은 규모가 크고 그 구성이 복잡하여도 어느 정도 합리성의 지배를 받는다.

제2절 조직의 유형

1. 조직론의 기초

1) Parsons의 분류

① 생산적 조직
② 정치적 조직
③ 통합적 조직
④ 체제유지적 조직 : 학교, 교회, 예술 및 문화단체 등

2) Kats & Kahn의 분류(유형유지조직 : 사회의 본질적 기능을 기준으로)

① 생산적(경제적) 조직
② 유지 기능적 조직 : 사회화의 기능을 수행 → 학교와 교회조직
③ 적응적 조직
④ 관리적(정치적) 조직

3) Blau & Scott의 봉사조직 : 수혜자가 누구인가를 기준으로

① 호혜조직 : 노동조합, 공제조합, 교육연합회, 종교단체, 정당 등
② 사업조직 : 공장, 회사 등
③ 봉사조직 : 학교, 병원 등
④ 공공복리조직 : 군대, 경찰서 등

4) Etzioni의 분류(규범적 조직)

① 강제적 조직 : 형무소, 포로수용소, 정신병자수용소 등
② 공리적 조직 : 사기업체, 경제단체 등

③ 규범적 조직 : 종교단체, 학교, 법원 등

5) Calson의 봉사조직의 유형

(1) 유형 I : 야생조직

① 조직이 고객을 선발하고, 고객도 조직을 선택하는 데 있어 독자성을 띠고 있는 조직

② 미국 대부분의 봉사조직, 사립대학, 사립의료조직 등

(2) 유형 II : 적응조직

① 조직이 고객을 선발하지 않고, 고객이 조직을 선택하는 조직

② 대부분의 주립대학과 지역사회대학

(3) 유형 III : 강압조직

① 조직이 고객을 선발할 수 있으나, 고객이 조직을 선택할 수 없는 조직

② 이 조직은 봉사조직의 성격을 띠고 있으며, 이론적으로 존재하지만 실제적으로 거의 찾아볼 수 없다.

(4) 유형 IV : 순치(사육, 온상)조직

① 조직이 고객을 선발하지 않고, 고객도 조직을 선택할 수 없는 조직

② 미국의 의무교육기관은 공립 초·중등학교, 고교평준화지역의 공립고등학교, 교도소, 국립정신병원 등

2. 조직의 원리

조직의 원리는 여러 조직활동 중 능률을 향상시키는 데 직접 도움이 된다고 평가되고 유형화된 조직활동의 원리를 말한다. 조직의 원리에 관하여는 일찍이 페이욜의 14개 기본원리를 비롯하여 여러 학자에 의해 주장되었다. 능률추구의 일환으로서 조직원리를 체계화한 학자로 특

히 무니를 들 수 있다. 그는 레일리와 더불어 조직의 3대 원리로서 ① 조정의 원리, ② 계층의 원리, ③ 기능주의의 원리를 들고 있다. 그 밖에도 많은 학자들이 조직의 원리에 한계와 모순이 있음을 시인하면서도 그것을 주장하여 왔다. 지금까지 조직이론에서 제시되었던 여러 가지 이론을 종합·정리하면 ① 계층제의 원리, ② 통솔범위의 원리, ③ 명령통일의 원리, ④ 분업의 원리, ⑤ 조정의 원리를 들 수 있다.

1) 계층제의 원리

이 원리는 조직의 구조와 형태면에 관한 원리이다. 조직은 보통 피라미드형의 계층제를 이루고 있다. 계층이란, 조직의 공동목표 달성을 위한 업무수행에 관하여 권한과 책임의 정도에 따라 등급을 매긴 것, 즉 조직구조의 상하관계를 의미한다. 무니에 의하면 계층제는 그 자체의 독자적 원칙과 과정과 효과를 가지고 있으며, 그것은 ① 지도성, ② 권한과 책임의 위양, ③ 직무의 규정 등 세 요소로 구성된다. 지도성이란 조직의 전반적 활동을 설계하는 기능을 말한다.

계층제가 성립되기 위해서는 지도자에게 전체 계층의 수와 크기에 관한 설계능력과 계층 내 성원에 대한 관리능력, 그리고 업무의 배정 및 관리능력 등이 있어야 한다. 다음에 권한과 책임의 위양은 계층의 상하관계에서 권한과 책임은 상급자에 의해 동시에 위임된다는 것이다. 권한을 부여받은 자는 그 직무를 행할 책임이 있으며 권한을 부여한 자는 그 직무를 부하로 하여금 완성시킬 책임이 있다. 권한의 위임 정도에 따라 집권화와 분권화의 정도가 결정된다. 직무의 규정이란 모든 기능을 전술한 과정을 통해 형성된 등급이나 계층에 배정하는 것을 말한다.

2) 통솔범위의 원리

이 원리는 한 사람의 지도자가 직접 통솔할 수 있는 부하의 수에 관한 원리를 말한다. 이 원리는 인간의 능력에는 한계가 있기 때문에 한 사람의 상관은 일정수 이상의 부하는 직접 통솔할 수 없다는 전제에서 출발한다. 그러면 어느 정도의 직속부하의 수가 적절한가? 1918년 영국의 홀데인위원회는 10명이 이상적이며 12명을 초과해서는 안 된다고 했으며, 페이욜은 5~6명을, 어웍은 상위책임자의 경우 4명, 하위층은 8~12명, 그리고 그라이쿠너스는 계층제 상부층은 5~6명, 말단은 20명을 적정규모라고 주장하였다.

특히 그라이쿠너스는 통솔범위에 관한 수학적 연구를 통해 상관과 부하간의 관계의 수를 다음과 같이 공식화하였다. 그라이쿠너스에 의하면, 상관 A가 B와 C의 두 사람을 통솔하는 경우 A는 B와 C를 각각 따로 통솔할 수도 있고 그들을 함께 통솔할 수도 있다. C가 있는 경우의 B의 행동, B가 있는 경우의 C의 행동은 B와 C가 각각 따로 A와 같이 있을 때의 행동과는 다르게 될 것이다. 뿐만 아니라 B가 C에 대해서 생각하고 있는 것과 C가 B에 대해서 생각하고 있는 것이 각각 다르며, 이것은 두 개의 교차관계를 이루고 있는 것이다. 따라서 A의 부재중 B와 C가 협력해서 사무를 처리하는 것을 맡길 때, A는 이 교차관계도 유의해야 한다. 말하자면, 2명의 부하만이 있는 극히 작은 조직에서도 상관은 여섯 개의 부하와의 관계에 부단히 주의해야 한다는 것이다. 이 공식에 의하면, 부하의 수가 1명이면 상하관계의 수도 1이지만, 부하의 수가 2,3,4...로 변하면, 관계수는 6,18,44...와 같이 크게 증가하게 된다.

3) 명령통일의 원리

이 원리는 부하는 오직 한 사람의 상관으로부터 명령이나 지시를 받고 한 상관에게 보고하도록 되어야 한다는 것이다. 말하자면, 하나의 단위조직에는 오직 1인의 장만이 있어야 하며, 이 한 명의 장에게 그 단위 조직을 운영할 최종 권한을 부여해야 한다는 것이다. 굴릭은 여러 상관으로부터 명령을 받는 부하는 ① 혼돈을 일으키고, ② 비능률적이고, ③ 무책임한 데 대하여, 한 사람의 상관으로부터 명령을 받는 부하는 ① 조직적이며, ② 능률적이고, ③ 책임있게 일한다고 명령통일의 중요성을 강조한다. 결국 명령통일의 원리는 명령의 중복성을 피하게 하고 계층의 질서를 확립시켜 줄 뿐만 아니라 업무처리의 능률을 가져오고 책임소재를 분명히 하는 데 도움이 된다. 그러나 오늘날 전문인으로 구성되는 막료의 기능이 자문 및 보조기능 이상으로 확대, 강화되고 있다. 즉 명령기능도 첨가되고 있어 명령통일의 원리는 많은 한계를 드러내고 있다.

4) 분업의 원리

조직의 구성원은 기능 또는 직능에 따라 각각 상이한 업무를 담당하고 있다. 조직체는 집단적 합동체제로서, 분업은 필수적 요건이다. 분업이란 한 사람에게 가능하다면 한 가지 주된 업무만 수행하도록 일을 분담시키는 것을 말한다. 전문화는 분업과 동시에 발생하는 것이므로 분업의 원리는 전문화의 원리라고도 한다. 즉, 조직체 구성원들의 전문적 지식이나 기술적 숙련도에 따라서 각각 어떠한 특수업무를 분담하고 그 일을 반복함으로써 그 일에 대한 전문성이 더욱 높아질 수 있으며, 마침내 조직의 능률을 높일 수 있다는 것이다.

이러한 면에서 분업의 원리와 전문화의 원리는 인과적 관계에 있음을 알 수 있다. 분업의 형태는 크게 횡적(수평적) 분업과 종적(수직적) 분업으로 나눌 수 있다. 횡적 분업은 동일 계층 내에서 기능이 성질에 따라 직무를 배분하는 것이며, 종적 분업은 계층의 원리와 같이, 계층과 계층 사이에 업무가 분담되도록 권한과 책임을 위임하는 것을 말한다.

5) 조정의 원리

조정의 원리는 조직의 공동목표를 달성하기 위하여 집단적 노력을 질서있게 배열하는 것이다. 조직 안에서 흔히 볼 수 있는 할거주의 내지 분립주의의 경향을 경계하고 조직의 공동목표를 향하여 협동적 노력을 기울여야 한다는 것이다. 무니는 조정의 원리를 제1의 원리라고

하면서 기타 전통적 조직원리는 조정을 위한 수단적 하위원리라고 말하고 있다.

오늘날 조정의 원리는 조직 구성원의 갈등적 이익추구나 이질적이며 다양한 욕구로부터 파생되는 문제를 해결하는 데 큰 의의를 지니고 있다. 우리나라의 경우 기획조정실 · 담당관실 · 경제장관회의 등의 조정 기능은 행정체제 전반에 걸쳐 매우 중요한 위치를 차지하고 있다. 조정의 원리를 강조하는 학자들의 견해를 종합하면, 행정가가 조직에서 조정의 묘를 얻기 위하여는 대체로 다음과 같은 점에 유의해야 함을 알 수 있다.

① 조직상 권한과 책임의 한계가 명료해야 한다.

② 조직체 운영에 있어서 합리적이고 균형적인 계획에 의거해야 한다.

③ 조직체 성원 간에 공식적 및 비공식적 의사소통의 길이 개방되어 있어야 한다.

④ 조직체 성원 간에 인화를 조성하고 자발적 협조의식이 조정되어야 한다.

⑤ 업무수행상 준거가 될 수 있는 규칙이 서 있으며, 가급적 성문화된 규정이 있어야 한다.

⑥ 규율이 확립되어야 있어야 하며, 감독자에 의한 통제의 방법도 마련되어 있어야 한다.

6) 적도집권의 원리

적도집권의 원리는 중앙집권제와 분권제 사이에 적절한 균형을 취하는 것을 말한다. 중앙집권제는 중앙관서나 중심기관에 권한을 집중시킴으로써, 능률을 높이는 데는 유리하나 획일주의와 전제주의를 초래할 위험성이 있다. 반면에 분권제는 지방관서나 하부기관에 권한을 분산시킴으로써 지방 또는 하부기관의 특수성과 자율성을 촉진할 수 있으나 비능률을 초래할 가능성도 있다. 따라서 지나친 집권제는 전제나 독재를 초래하며, 반대로 지나친 분권제는 비능률과 낭비를 가져오는 경향이 있다.

이와 같이 민주적 권한 이양과 참여의 기회를 보장하는 분권주의나 기획의 합리화, 강력한 집행, 획일적 통제를 통해 능률을 보장하는 집권주의 모두 한계가 있다. 분권주의가 지나칠 정도로 발달한 미국과 같은 나라가 집권제를 지향하려는 노력이나 우리나라와 같이 집권주의를 채택하고 있는 나라가 분권주의를 도모함으로써 양극 간에 균형을 취하려는 경향이 있는 것은 좋은 예가 될 것이다. 그러나 그 균형점은 조직의 목적과 기능, 구성원들의 성격, 사회·문화적 환경, 역사적 배경 등에 따라 결정되는 것이므로 일률적으로 단정하기는 어렵다고 하겠다.

이상 주요한 조직원리에 관하여 간략히 살펴보았다. 그러나 이들 조직원리를 개별적으로 적용하면, 능률을 향상시키는 데 한계가 있다. 조직이 처한 상황, 목적과 기능, 구성원의 특성에 따라 조직원리들을 적절하게 그리고 복합적으로 적용하는 것이 효과적일 것이다.

3. 조직의 구조

① 공식조직과 비공식조직

② 계선·막료·보조조직

- 계선조직 : 구대조직
- 막료(참모)조직 : 교육과학기술부의 기획관리실, 장학편수실, 대학정책실
- 보조조직 : 국정교과서 주식회사와 국정교과서 인쇄공장

③ 집권조직과 분권조직

④ 관료적 조직

4. 학교조직

1) 학교조직이론

- Etzioni의 규범적 조직
- 이완결합체(Weick)

(1) 이완조직(loosely coupled organization)의 의미

① 학교조직의 독자성과 특수성, 차별성을 추구하고자 한다는 점에서 고전적 조직이론에 대한 대안적 모형이다.

② 교육의 과정은 공장의 생산 과정과 달리, 투입과 산출의 인과관계를 분명하게 파악할 수 없기 때문에 나타나는 학교조직의 유형이다.

③ 조직구성원들이 서로 독립성과 자율성을 가지고 있기 때문에 성립 가능하다.

④ 이완이란 느슨한 결합을 말한다.

⑤ 교육조직에서의 실례

- 양호실과 교장실이 느슨하게 결합되어 있는 경우인데, 양호교사와 교장은 학교 조직에서 서로 관련되어 있지만, 각자 정체성과 독립성을 갖고 있다.
- 또한 교사들이 학급 내에서 자율성을 행사하는 것도 동일한 맥락에서 이해될 수 있다.

5. 조직화된 무질서(cohen)

[조직화된 무질서(organized ararchy) 조직]

① 무질서, 무정부적 상태의 조직을 말한다.

② 대학과 같은 조직은 늘 불안정하고 유동적인 상황이며, 합리적이고 체계적이지 않기 때문에 무질서 조직이라는 것이다.

③ 무질서 조직의 특징

- 목표의 모호성 : 교육조직의 목적은 구체적이지 못하고 분명하지 않다.
- 불분명한 과학적 기술의 적용 : 교사, 행정가, 장학요원들이 사용하는 학교운영의 기술이나 교수-학습의 기술이 명확하지 않다.
- 유동적 참여 : 구성원들의 참여가 유동적이고 간헐적이라는 것이다. 교수, 행정가, 학생은 일정기간 학교에 머물다 떠난다.

제 3 절 조직풍토의 개념 및 조직문화와 갈등

문화가 풍토보다는 포괄적인 개념이다. owens와 Steinhoff(1990)는 문화는 인류학적 개념이며, 풍토는 심리학적 개념이라고 설명했다. Ashforth(1985)는 조직문화는 조직 구성원이 공통으로 갖고 있는, 규범, 가정을 말하며, 조직풍토는 조직 구성원이 공통으로 갖고 있는 지각을 의미한다고 했다. 그러나 조직문화와 풍토는 함께 묶어서 조직의 특성을 나타내는 개념으로 보편화되고 있다. 따라서 여기서도 조직문화·풍토를 함께 묶어서 사용하기로 한다.

조직 문화·풍토는 한 조직이 다른 조직과 다른 특성들을 정리하여 기술한 것이다. 예컨대, 한국의 문화·풍토는 미국의 문화·풍토와는 다르다. 또 학교의 문화·풍토는 기업체의 그것과는 다르며, 같은 학교라도 도시학교의 문화·풍토와 농촌학교의 문화·풍토가 다르고, 초등학교의 문화·풍토와 중등학교의 문화·풍토는 다르다. 보다 자세히 분석해 보면 다 같이 서울의 강남에 위치한 경기고등학교와 현대고등학교의 문화·풍토도 서로 다르다.

조직문화·풍토에 관한 정의는 다양하다. 조직문화·풍토는 조직의 특성을 말하며, 사람에게 있어서의 개성에 해당한다는 점에 있어서는 대체로 공감하면서도 구체적인 정의는 합의된 것이 없다. 흔히 유사개념으로 환경, 분위기, 느낌, 색조, 문화, 풍토 등이 있다. 하 조직의 문화·풍토는 그 조직 구성원들의 사고방식과 행동에 커다란 영향을 미치며, 결과적으로 조직건강과 조직효과에도 크게 영향을 미친다. 그래서 조직문화·풍토에 대한 연구가 최근에 활발하게 이루어지고 있는 것이다.

흔히 조직 풍토는 조직원들 지각하는 심리적 환경이고, 조직 문화는 조직원들의 행동으로 표출되는 생활양식이라고 구분한다. 조직풍토는 조직원들의 생각이나 느낌 등의 사회심리학현상을 중심으로 하는 정적, 인지적인 개념이다. 따라서 조직 문화가 조직 풍토보다는 더 강력한 영향력이 있다. 그러나 두 개념이 다 매우 추상적이고, 애매하고, 불명료한 정신적 영역에 속하는 개념이며, 한 조직의 문화나 풍토를 명확히 파악하기는 매우 어렵다.

조직문화가 조직풍토보다는 거시적 개념이며, 상위개념이다. 예컨대, 좋은 학교에 근무한다는 자부심과 긍지는 그 학교문화에서 오는 것이며, 그러한 자부심과 긍지가 공부를 잘 가르쳐서 전통을 이어가야겠다는 조직풍토로 이어진다. 그러나 연구방법론적 측면에서 보면 조직풍토는 보편적 이론을 도출하여 모든 조직에 일반화할 수 있는 바람직한 조직풍토의 특징을 찾아내고자 한다. 그에 비해 조직문화는 각 조직마다의 특성을 명확하고 구체적으로 밝히고 그에 알맞은 바람직한 조직경영방안을 찾아내려는데 초점을 두는 미시적 접근법을 사용한다.

조직문화나 풍토 조성에는 시간이 필요하지만, 늘 주변환경의 변화에 따라서 변화를 진행하는 가변성을 지니고 있다. 한 조직 속에서도 서로 일치된 신념이나 가치체계 또는 규범이나 표준을 도출하기 어려우면 하위 문화권을 형성하게 된다. 예컨대, 학교의 경우 학교문화의 하위문화로써 교사문화, 학급문화 또는 학생문화가 각각 따로 존재할 수 있다. 같은 문화권에서는 해야 하는 것과 하지 말아야 할 것을 서로 깊이 인식하고 있으며, 무엇이 칭찬을 받고, 무엇이 벌을 받는 행동인가가 분명히 인식되고 공감대를 형성하고 있다.

Maxwell과 Thomas(1991)는 조직문화를 형성하는 요소와 수준을 심층부에서 점차 외부로 표출되는 것으로 단계를 나누어 이를 '문화의 양파껍질모형'이라고 이름 붙였다. 양파껍질 모형의 가장 안쪽에는 조직원들이 공유하는 신념체계가 있고, 그를 둘러싸고 있는 가치체계, 그 바깥에는 규범과 표준, 그리고 가장 바깥쪽에는 행동양식으로 둘러싸여 있다. 이를 그림으로 나타내면 〈그림 6-1〉과 같다.

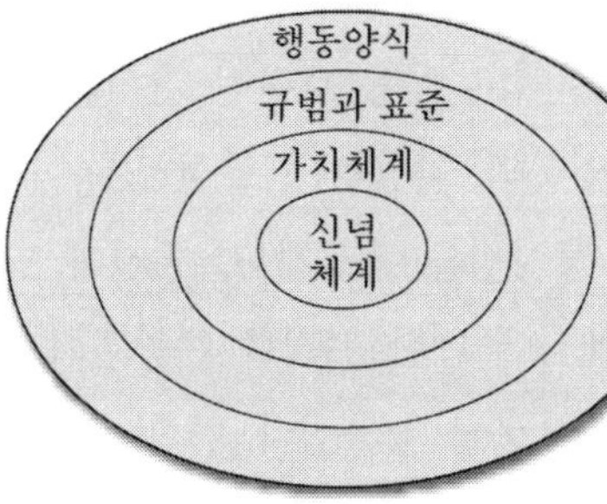

〈그림 6-1〉 조직문화의 양파껍질모형

1. 신념체계(belief system)

조직의 문화를 창출하는 가장 심층적이고 내면적인 수준의 신념체계는 인간에 대한 신념, 진리에 대한 신념, 조직에 대한 신념 등 추상적인 묵시적 가정을 바탕으로 한다. 즉, '인간의 본질은 선하다고 생각하는가, 아니면 악하다고 생각하는가'에 대한 기본가정에서부터, '진리란 과연 존재하는가' 또는 '궁극적으로 진리란 절대불변인가'에 대한 공통적인 생각을 조직원들이 은연중에 공유할 때 동질문화를 형성할 수 있다. 예컨대 '가'라는 조직과 '나'라는 조직이 갖고 있는 기본적인 신념체계가 각각 다르다면 그 두 조직은 서로 다른 문화를 가지고 있는 셈이다.

2. 가치체계(value system)

조직이 어떤 가치관, 즉, 무엇이 바람직한가 또는 좋은 것이라고 생각하고 있느냐에 따라서 서로 다른 문화를 형성하게 된다. 조직의 가치에 따른 서로 다른 문화를 비교 고찰한 대표적인 사람이 Ouchi이다.

Ouchi(1981)는 일본의 조직과 미국의 조직이 서로 크게 다른 가치관을 지니고 있다고 하면서, 미국 조직의 가치관을 A이론적 가치관, 일본의 기업들이 지니고 있는 보편적 가치관을 Z이론적 가치관이라고 명명하였다. 즉, 일본의 기업들은 종신 고용제를 채택함으로써 조직원들의 회사에 대한 충성심을 유도하고, 승진이 느린 특성은 능력중심보다 경력중심의 생애직에 대한 가치를 존중한다. 그리고 만장일치식 의사결정방식을 채택함으로써 협동심과 팀웍에 높은 가치를 부여하게 된다. 집단연대책임을 존중함으로써 조직에 대한 신뢰와 충성심에 높은 가치를 부여하고, 부분보다 전체를 강조함으로써 평등주의에 높은 가치를 부여한다는 것이다.

3. 규범과 표준(norms and standards)

조직에서는 조직 구성원들이 지켜야 할 수칙이 명문화된 것 외에도 불문율로 지켜지고 있는 것들이 있다. 말하자면 조직 구성원들 사이에는 해야 할 것과 하지 말아야 할 것들이 분명히 인식되고 있으며, 지켜지고 있다. 예컨대, '우리 학교에서는 교장에게 절대 복종해야 한다.' '누구든지 교내에서의 일을 학교 밖에 나가서 이러쿵저러쿵 해서는 안 된다.'라든가, '동료들 간에 서로 일을 도와주어야 한다.'는 등이 규범에 속하다. 규범이 조직 구성원들이 지켜야 할 사항을 나타내는 것이라면 그러한 규범과 표준을 잘 지키거나 그렇지 못할 경우 어떤 상과 벌을 내릴 것인가를 정한 것이 표준이다. 이러한 규범과 표준은 당연히 조직

구성원들의 행동양식에 직접적으로 영향을 미친다.

4. 행동양식(patterns of behavior)

조직 구성원들이 실제적으로 나타내는 행동 스타일이나 의식적 또는 무의식적으로 표출되는 행동의 모습을 말한다. 예컨대, 교장 앞에서는 누구든지 허리를 90도로 굽혀 인사를 한다든가, 복도에서 동료들을 만나면 반갑게 인사를 나눈다든지, 힘든 일을 하는 동료를 보면 자진해서 도와주는 모습 등이다. 이와 같이 신념체계는 가치체계에, 가치체계는 규범과 표준에, 그리고 규범과 표준은 행동양식에 각각 영향을 미친다. 조직문화와 풍토를 한데 묶어 '조직문화 · 풍토'로 쓰고자 하는 것은 조직문화와 조직풍토가 결국 조직의 특성을 나타내는 것이고, 조직원들의 조직행위에 영향을 미침으로써 결과적으로 조직효과에 커다란 변수로 작용하기 때문이다. 강력한 조직문화 · 풍토는 특정 조직 구성원들의 생활방식이며 조직목표달성을 이끄는 강력한 힘을 갖고 있기 때문에 중요한 것이다.

5. 조직풍토의 측정

조직 풍토는 조직의 환경을 나타내는 것이다. 따라서 조직의 내 · 외적인 환경의 영향을 많이 받는다. Gilmer와 Forehand(1964)는 조직풍토 결정에 특히 중요한 역할을 하는 요소들을 다음 다섯 가지로 들었다.

① 조직의 규모와 형태
② 리더십 형태
③ 의사 소통망
④ 목표 지향성
⑤ 의사 결정 과정

학교 조직 풍토는 크게 두 가지 요소가 상호 교차하여 나타나는 것인데 하나는 교사들을 인간 집단으로 보고 그들의 지각을 기술한 것으로 네 가지 요인으로 구성되며, 다른 한 요소는 교장에 관한 교사들의 지각을 기술한 것으로 역시 네 가지 요인으로 구성된다. 그 각각의 요인들은 다음과 같다.

(1) 교사변인

① 친밀성 : 교내에서의 교사들 사이의 사회적 응집성 정도

② 무관심 : 교사들이 학교 목표달성에 참여하고 헌신하는 정도

③ 사기 : 집단의 드러나는 사기

④ 장애 : 교사들이 생각하는 업무를 방해하는 규정, 공문서, 기타 행정적 요인

(2) 교장변인

① 밀어붙이기 : 교장이 일을 닦달하는 강도

② 인화 : 교장이 교사들의 존엄성과 인간적 측면에서 배려하는 정도

③ 무성의 : 교장이 교사들과 사회적 거리감을 두는 정도

④ 생산성 강조 : 교장이 교사들에게 열심히 일하도록 독려하는 정도

Likert(1961)는 조직풍토를 조직에서의 상사와 부하직원간의 관계 특성에 따라 제1체제부터 제4체제까지의 네 유형으로 구분했다.

① 제1체제 : 착취적-권위적 유형

② 제2체제 : 호의적-권위적 유형

③ 제3체제 : 협의적 유형

④ 제4체제 : 참여적 유형

제 4 절 한국교육행정조직

교육행정은 행정 그 자체에 목적이 있는 것이기보다는 교육활동을 위한 하나의 수단으로 교육활동의 지원 내지 조장활동이 기본이 되어야 한다. 이러한 교육행정의 활동목표가 교육인데 교육활동은 전문성을 바탕으로 하는 자율성을 필수적으로 요구하고 있어 타행정과는 기관운영에 많은 차이를 나타내고 있다. 이러한 교육행정을 수행하는 지방교육행정기관은 지방 교육활동의 주체가 되고 있어 교육행정현장에서 차지하는 위치는 매우 중요하다.

더구나 1991년 3월 26일부터 지방교육자치를 실질적으로 실시함으로써 지방교육행정기관의 조직구조나 운영에 대한 개선은 불가피한 실정이다. 교육행정의 중간단위인 시·도 교육청을 중심으로 하여 현행 지방교육행정기관의 목적과 활동, 조직구조, 교육행정요원, 교육재정에 관한 문제점을 규명하고 개선방안을 모색하는데 목적을 두고 있다.

교육행정기관이란 국가 또는 지방자치단체의 교육행정사무를 담당하는 기관이다. 교육행정은 국가 또는 지방자치단체가 교육목적을 설정하고 그 목표달성에 필요한 인적 물적요건을 정비확립하고 목표달성을 위한 활동을 지도 감독하는 협동적이고 조직적인 작용이라고 정의한다. 21세기에는 지식기반사회이며, 지식기반사회에서는 지식을 획득·창출·활용하는 능력이 부의 결정적인 요소임과 동시에 국가경쟁력 확보에 중요한 요소이다. 따라서 국민 개개인의 질 높은 삶을 보장하고 국가의 부를 축적하면서 국가경쟁력을 제고하기 위하여 국가차원에서 인적자원을 개발 관리하는 일은 시대적 과제임과 동시에 세계적인 추세이다.

그런데 인적자원개발의 핵심체라고 할 수 있는 학교교육이 총체적으로 붕괴되고 있다. 국가성장 잠재력이 학교교육 현장에서 활력을 잃고 시들어가고 있는 것이다. 신뢰와 존경을 상실한 교육자들, 통제불능의 무질서한 교실수업, 학습의욕이 없는 학생들, 집단따돌림과 학교폭력, 불신과 갈등으로 살벌해진 학교분위기, 무력감에 빠진 학교장, 허탈감을 안고 교직을 떠나는 교원 등은 학교교육이 붕괴되고 있음을 나타내 주는 모습들이다. 학교교육붕괴 현상을 이대로 방치한다면 10년 후 20년 후 우리의 국가경쟁력은 상상을 초월할 정도로 추락하게 될 것이다.

일반적으로 행정의 전개 과정에서 볼 때 조직은 행정의 구체적인 실현을 위한 첫 단계이다. 그리고 그 조직이 목표 달성의 성패와 직결되기 때문에 행정에 있어서 조직은 가장 기본적 개념의 하나이다. 이러한 견지에서 조직의 개념과 원리 및 형태, 국가경쟁력과 관련하여 중앙교육행정조직과 지방교육행정조직의 운영상의 문제점을 분석하고 그 개선책을 제시하고자 한다.

1. 조직의 개념과 원리 및 형태

인간은 조직 속에서 탄생하였으며, 조직에 의하여 교육되며, 대부분의 생애가 조직을 위하여 일하고 있다. 그러므로 우리들이 살고 있는 사회를 조직사회라고 부르며, 인류의 역사는 조직의 역사라 말할 수 있다. 그러나 조직에 대한 이론은 거기에 참여한 인간의 속성만큼이나 다양하기 때문에 전체를 포괄하는 정확한 이론의 도출은 거의 불가능하다. 이와 같이 조직이론이 다양함에 따라 조직의 개념도 여러 가지로 정의되고 있다.

1) 조직의 정의 및 특징

버나드(Chester I. Barnard)는 "조직이란 두 사람 이상에 의한 의식적으로 조정된 활동이나 노력의 체계"라 하였고, 가우스(J. M. Gaus)는 "조직이란 여러 가지 기능과 책임의 분배를 통하여 합의된 목적의 수행을 촉진하기 위한 인원의 배정"이라 말하고 있다. 에치오니(A. Schein)는 "조직이란 일정한 환경하에서 특정한 목표를 추구하며 이를 위하여 일정한 구조를 가진 사회적 단위"라고 하였으며, 샤인(Edgar H. Schein)은 "조직을 업무와 기능의 분배, 권한과 계층의 위임을 통하여, 어떤 특정한 조직 구성원의 공통된 목적 달성을 위한 다수인의 활동을 합리적으로 조정한 것"이라고 보았다. 또한 카츠와 칸(D. Katz and R. Kahn)은 체제모형을 도입하여 조직을 개방체제인 사회적 체제의 일종이라고 규정하고 있으며, 파슨스(Talcott Parsons)는 "조직을 그 조직이 속해 있는 더 큰 사회의 기능에 공헌하는 특정한 목적을 달성하기 위한 사회단위"라고 규정하고 있다.

이상에서 살펴본 여러 학자들이 조직에 대한 정의에서 조직 개념을 구성하고 있는 특성을 요약하면 다음과 같다.

① 조직은 인간을 필요한 구성요건으로 하고 있다. 따라서 조직 내의 인간관계를 중시하지 않을 수 없다.

② 조직은 집단, 집합체, 단체 또는 체제라는 덩어리의 개념을 지니고 있다. 이것은 조직의 체계적 차원을 중시하고 있다는 사실이다.

③ 조직은 반드시 목적, 목표 또는 임무를 지니고 있다.

④ 조직은 일정한 기능, 역할 또는 활동과 작용을 한다.

⑤ 조직 속에는 분화와 협동에 관한 공식적 구조와 과정이 있다. 분화는 업무의 분담과 전문화를, 통합은 조정과 통제를 지향한다.

⑥ 조직 내에는 비공식적 또는 자생적 관계가 형성된다.

⑦ 조직은 인간적 요소 이외에도 환경적 요소를 갖는다.

⑧ 조직에는 경계가 있어 조직과 그 환경을 구별하게 해준다.

⑨ 조직은 사회적 단위로서 그 환경과 상호작용을 한다.

⑩ 조직은 시공선상에서 움직여가는 동태적 현상을 보여준다.

이와 같이 조직은 "인간의 욕구충족을 달성하기 위한 효과적인 수단"

으로 존재해 왔으며, 조직의 목직, 구성원, 적절한 분업, 정신적·물리적 환경, 방침, 규정 및 절차, 권한, 명령계통 등의 구성요소를 가지고 목표 달성기능, 적응기능, 유지기능, 통합기능을 가진다.

2) 조직의 형태

교육행정의 원활한 업무수행을 위해서도 효과적인 조직이 필요하다. 이런 의미에서 특성에 따라 조직을 분류하면 ① 조직의 형식적 양상에 따라 공식적 조직과 비공식적 조직, ② 조직의 권한과 역할 배분 형식에 따라 수직조직과 수평조직, ③ 조직의 업무수행 계통에 따라 계선, 참모, 보조조직, ④ 조직의 기능적 목적에 따라 관료적, 전문적, 봉사적 조직, ⑤ 조직의 업무수행 방식에 따라 프로젝트 조직, 매트릭스 조직, 자유형 조직, ⑥ 조직의 조정기능 및 특수업무를 수행하기 위하여 위원회, 협의회, 특수조직 등이 있다.

3) 교육행정의 조직

(1) 명령계통에 따른 분류

계선조직	막료조직
1. 명령이 신속 2. 권한과 책임이 명확 3. 조직운영에 비용이 적게 든다. 4. 분업화 5. 소규모조직	1. 수평적 조직 2. 자문기능 3. 명령권이 없다. 4. 전문가에 의해 조직 5. 융통성 예) 비서실, 기획실, 정책조정실

(2) Katz와 Kahn의 기능에 따른 분류

① 적응적 조직 : 새로운 기술개발(연구소)

② 체제유지적 조직 : 학교, 종교단체

③ 생산조직 : 재화·용역 공급(회사)

④ 관리조직 : 정부

(3) Blow와 Scott의 수혜자에 따른 분류

① 호혜조직 : 정당, 조합

② 공공복리조직 : 대중이 이익, 정부

③ 봉사조직 : 고객이 이득(병원, 법류사무소, 학교)

④ 사업조직 : 소유자의 이익, 회사

(4) 관료제

[Weber]

① 전문적 자격이 있는 사람 선출

② 합리성, 분석, 계층

(예) 정부조직

③ 문제점 : 책임회피, 무사안일주의, 문서 난발 - 서면주의

2. 중앙교육행정조직

중앙교육행정조직은 한 나라의 교육을 이끌어가고 교육 효과를 극대화하기 위한 교육기획, 정책결정, 정책의 집행을 주로 한다. 따라서 고도의 전문성이 요구되고 교육행정이 갖는 특수성에 따라 정치적 중립성과 자주성, 조장적 기능이 강조된다. 우리나라 중앙교육행정조직은 헌법, 정부조직법 등에 의해서 이루어진다. 중앙교육행정의 지휘·감독 체계는 대통령, 국무총리, 교육과학기술부장관으로 이어지는 계선적 조직체계를 갖추고 있다.

1) 교육에 관한 대통령의 권한

대통령은 행정부의 최고책임자로서 중앙교육행정조직의 정점을 이루고 있으며, 교육행정조직의 최고 책임자이다. 교육행정에 관한 대통령의 권한은 다음과 같다.

① 대통령의 반포
② 주요 교육공무원의 임명
③ 국무회의 의장으로서 교육정책 수립에 대한 영향력 행사

2) 교육에 관한 국무회의 심의사항

정부 권한에 속하는 중요한 정책을 심의하는 기관으로 국무회의가 있다. 국무회의는 대통령, 국무총리와 15인 이상, 30인 이하의 국무위원으로 구성한다. 이 때 대통령은 국무회의의 의장이 되고, 국무총리는 부의장이 된다. 헌법 제89조에 교육행정과 관련된 국무회의 심의사항은 다음과 같다.

① 국정의 기본계획과 정부의 일반정책
② 헌법 개정안, 법률안, 대통령령안 등
③ 예산안, 결산 기타 재정에 관한 중요사항
④ 영전수여
⑤ 행정 각 부 간의 권한 조정
⑥ 국정처리 사항의 평가 분석
⑦ 법률에 정한 공무원의 임명

3) 교육과학기술부의 교육행정조직

「정부조직법」의 개정(2008. 2. 29, 법률 제8867호)으로 교육인적자원부가 과학기술부와 통합되어 교육과학기술부로 명칭이 변경되었다. 교육과학기술부의 하부 조직으로 기획조정실(「교육과학기술부와 그 소속기관 직제」 제4조 제2항)과 인사과 · 운영지원과 · 인재정책실 · 평생직업교육국 · 학교정책국 · 교육복지지원국 · 과학기술정책실 · 학술연구정책실 · 국제협력국 및 원자력국을 둔다(동조 제1항). 실 · 국 단위로는 4실 5국 13관(실 산하의 국장급)이 있고, 과 단위로는 72과(담당관) 10팀이 있으며, 정원은 812명으로 구성되어 있다(윤정일 외, 2009).

• 교육과학기술부 장관 : 인적자원개발정책, 학교교육 · 평생교육, 학술에 관한 사무와 기초과학정책 · 연구개발, 원자력, 과학기술인력 양성, 그 밖에 과학기술진흥에 관한 사무를 관장한다. 장관 밑에 대변인 1명, 감사관 1명 및 장관 정책보좌관 3명을 둔다(동조 제1항). 대변인은 주요 정책에 관한 대국민 홍보 계획의 수립 · 조정 및 협의 · 지원, 보도내용의 확인, 언론사와 관련된 업무, 부내업무 · 정책의 대외발표 사항 관리 및 브리핑 지원, 교육과학기술 관련 여론 동향 수집 등의 업무를 관장한다. 감사관은 행정감사제도의 운영 및 감사 계획의 수립 · 소성, 교육과학기술부와 그 소속기관, 소관 공공기관 및 산하단체, 지방교육행정기관 및 각급 학교 등에 대한 감사, 청렴도 향상 및 민원업무 등을 관장한다. 장관 정책보좌관은 장관이 지시한 사항의 연구 · 검토, 정책과제와 관련된 전문가 · 이해 관계자 및 일반 국민 등의 국정 참여의 촉진과 의견 수렴, 관계부처 정책보좌업무 수행기관과의 업무협조 등의 업무를 수행한다. 대변인은 고위 공무원단에 속하는 일반직 또는 별정직 공무원으로, 감사관은 고위 공무원단에 속하는 일반직 공무원으로, 장관 정책보좌관은 계약직 공무원으로 보한다.

• 교육과학기술부 차관 : 교육과학기술부에 제1차관 및 제2차관을 두며, 장관이 부득이 한 사유로 그 직무를 수행할 수 없을 때에는 제1차관, 제2차관의 순으로 그 직무를 대행한다. 제1차관은 인사과 · 운영지원과 · 기획조정실 · 인재정책실 · 평생직업교육국 · 학교정책국 및 교육복지지원국의 소관 업무에 관하여 장관을 보조하며, 제2차관은 과학기술정책실 · 학술연구정책실 · 국제협력국 및 원자력국의 소관업무에 관하여 장관을 보조한다.

• 인사과 : 소속 공무원의 채용 · 승진 · 전직 등 임용 및 복무, 교육훈련 등 능력 발전, 상훈 · 징계, 해외 주재관 파견, 인사제도 및 운영관리, 교육과학기술연수원 운영지원, 인사관련 통계의 작성 및 유지에 관한 사항 등을 관장한다. 인사과장은 3급 또는 4급으로 보한다.

• 운영지원과 : 보안, 관인 및 관인대장의 관리, 문서관리, 소속 공무

원의 연금 · 급여 및 복리후생, 물품의 구매 · 조달 및 관리, 교육과학기술부 소관 국유재산의 관리, 자금의 운용 · 회계 및 결산, 종합 자료실의 운영 및 관리, 기록물 관리 및 기록관의 운영, 일반적인 정보공개 운영, 그 밖에 부내 다른 실장 · 국장 및 담당관의 주관에 속하지 아니하는 사항을 분장한다. 운영지원과장은 3급 또는 4급으로 보한다.

• 기획조정실 : 실장 1명을 두고, 실장 밑에 정책기획관 1명을 둔다. 기획조정실장은 주요 업무계획 등에 대한 지침의 수립 · 종합 및 조정, 주요 사업의 진도 파악 및 그 결과에 대한 심사평가, 각종 공약 · 지시사항의 관리, 부내 국정과제의 점검 · 관리, 교육 및 과학기수로가 관련된 분야의 공공기관 지방 이전에 관한 사항, 정책자문위원회 구성 · 운영, 교육개혁 추진에 관한 종합계획의 수립, 교육발전 중 · 장기계획의 수립, 교육 및 과학기술과 관련된 분야의 각종 정보 수립 · 의제 발굴 등의 업무를 분장하며, 정책기획관은 비상계획 이외의 사항에 관하여 실장을 보좌한다. 실장 및 정책기획관은 고위 공무원단에 속하는 일반직 공무원으로 보한다.

• 평생직업교육국 : 국장 1명을 두고, 국장 밑에 정보화정책관 1명을 둔다. 국장 및 정보화정책관은 각각 고위 공무원단에 속하는 일반직 공무원으로 보한다. 국장은 평생교육 및 여성교육, 자격제도 및 정책, 전문대학교육, 기술대학 · 기능대학 · 사내대학 · 사내기술대학, 사이버대학, 방송통신대학, 방송통신고, 정보화 정책 등에 관한 업무를 분장한다. 정보화정책관은 교육정보화에 관련된 사항에 관하여 국장을 보좌한다.

• 학교정책국 : 국장 1명을 두며, 국장은 장학관으로 보한다. 국장은 초 · 중등학교 교육의 제도 개선, 지방교육자치제도 등 학교제도 기획, 국가 교육과정, 교과용 도서, 교원인사 · 자격 · 양성 · 연수 정책 및 제도 등 교직발전, 교육단체협력, 공교육 내실화 등 학력 증진 등의 업무를 분장한다.

• 교육복지지원국 : 국장 1명을 두며, 국장은 고위 공무원단에 속하는 일반직 공무원 또는 장학관으로 보한다. 국장은 교육복지, 고교 입

학 자격 및 졸업 학력 검정고시, 지방교육재정의 확보·배분 및 분석·평가, 학교보건, 학교급식, 환경개선, 유아교육, 특수교육 등에 관한 업무를 분장한다.

• 과학기술정책실 : 과학기술정책실에 실장 1명을 두고, 실장 밑에 과학기술정책기획관·정책조정기획관 및 거대과학 지원관 각 1명을 둔다. 이들은 모두 고위공무원단에 속하는 일반직 공무원으로 보한다. 과학기술 발전에 관한 중·장기 정책 목표 및 방향의 설정, 과학기술혁신 정책의 총괄·기획 등의 업무를 분장한다. 과학기술정책기획관·정책조정기획관 및 거대과학지원관은 관련사항에 대하여 실장을 보좌한다.

• 학술연구정책실 : 학술연구정책실에 실장 1명을 두고, 실장 밑에 기초연구정책관·학술연구지원관 및 대학연구기관지원정책관 각1명을 둔다. 이들은 모두 고위 공무원단에 속하는 일반직 공무원으로 보한다. 실장은 기초연구 관련 정책, 대학 등의 학술연구 지원, 대학 및 연구기관의 제도 및 행정 등의 업무를 분장한다. 기초 연구정책관·학술연구지원관 및 대학연구기관지원정책관은 관련 사항에 대하여 실장을 보좌한다.

• 국제협력국 : 국제협력국에 국장 1명을 두고, 국장은 고위 공무원단에 속하는 일반직 공무원으로 보한다. 국장은 교육·과학의 국제협력, 해외 학술활동 및 교류 등의 업무를 분장한다.

• 원자력국 : 원자력국에 국장 1명을 두며, 국장은 고위 공무원단에 속하는 일반직 공무원으로 보한다. 국장은 원자력에 관련된 사항을 분장한다.

• 교육과학기술부 소속으로 국사편찬위원회·국립특수교육원 및 교육과학기술원이 있으며, 각급 학교 교원의 소청심사청구사건의 심사·결정과 교육공무원의 고충심사에 관한 사무를 처리하기 위하여 교원소청심사위원회가 있다. 교육과학기술부 장관 소속하에 책임운영기관으로는 국립국제교육원과 국립중앙과 관련이 있다.

교육과학기술부 조직도

(2009. 5)

조직			정원
실	국·관·단	과(담당관)·팀·단	
4	5·13·1	60·9·1	798명

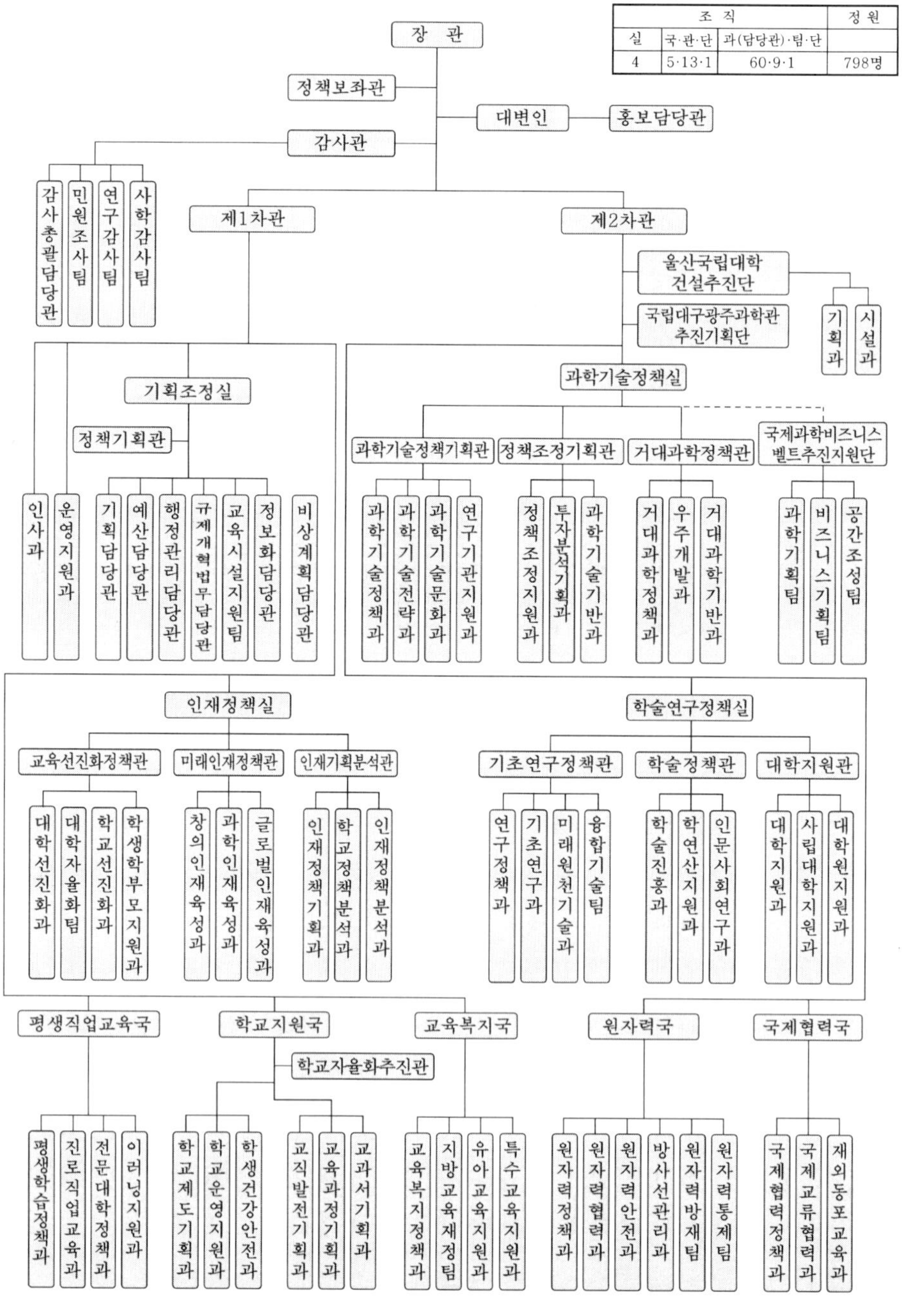

※ 국제과학비즈니스벨트 추진지원단은 대통령훈령에 근거한 별도 조직임

3. 지방 교육행정 조직과 교육자치제도

지방 교육행정 조직이란 지방의 교육행정을 위한 전반적인 조직과 구조를 의미한다. 우리나라의 지방 교육행정 조직은 교육자치를 기본으로 하고 있다. 교육자치제도란 교육기관이 행사하는 자치적 행정제도를 말한다. 현행 교육자치제는 심의 · 의결기관이었던 교육위원회를 시 · 도의회 교육상임위원회로 전환하여 기관 통합형의 조직을 취하였으며, 시 · 도 단위의 광역 지방교육자치제다. 교육의 자주성 및 전문성과 지방교육의 특수성을 살리기 위하여 지방자치단체의 교육 · 과학 · 기술 · 체육 · 기타 학예에 관한 사무를 관장하는 기관으로서 각 특별시 · 광역시 · 도에 상임위원회로서의 집행기관인 교육감을 두고 있다(윤정일 외, 2009).

1) 교육위원회

• 지위 : 교육위원회는 시 · 도의회의 상임위원회로서 교육 · 학예에 관한 의안과 청원 등을 심사 · 의결한다(「지방교육자치에 관한 법률」 제4조).

• 교육위원회의 구성 : 교육위원회는 시 · 도의회 의원과 교육위원으로 구성하여, 교육의원이 과반수가 되도록 구성한다.

• 교육의원 : 교육의원은 시 · 도의회 의원이 피선거권이 있는 자로서 후보자 등록 신청 개시일부터 과거 2년 동안 정당의 당원이 아닌 자이어야 한다. 교육의원은 시 · 도의회 의원의 지위와 권한을 가지며, 임기는 4년으로 한다.

• 교육의원의 선출 : 교육의원은 주민의 보통, 평등, 직접 비밀선거에 따라 선출한다. 교육의원은 (「지방자치법」 제33조에 규정된 직과 고등교육기관을 제외한 사립학교의 교원, 사학법인의 임직원을 겸할 수 없다(「교육자치법」 제9조 제1항). 교육의원은 교육경력 또는 교육행정 경력이 10년

이상 있거나 경력을 합하여 10년 이상 있는 자이어야 한다.

• 권한 : 교육위원회는 당해 시·도의 교육·학예에 관한 사항 중 ① 조례안, ② 예산안 및 결산, ③ 특별부과금·사용료·수수료·분담금 및 가입금의 부과와 징수에 관한 사항, ④ 기채안, ⑤ 기금의 설치·운용에 관한 사항, ⑥ 중요 재산의 취득·처분에 관한 사항, ⑦ 공공시설의 설치·관리 및 처분에 관한 사항, ⑧ 법령과 조례에 규정된 것을 제외한 예산 외 의무부담이나 권리의 포기에 관한 사항, ⑨청원의 수리와 처리, ⑩ 외국 지방자치단체와의 교류·협력에 관한 사항, ⑪기타 법령과 시·도 조례에 따라 그 권한에 속하는 사항을 심사·의결한다. 앞에서와 같은 교육위원회의 의결 사항 중 ⑤번에서 ⑪번의 사항에 대하여 행한 교육위원회의 의결은 시·도의회 본회의의 의결로 본다. 교육위원회 위원장은 ① 주민의 재정적 부담이나 의무부과에 관한 조례안, ② 지방자치단체의 일반회계와 관련되는 사항 중 하나에 해당하는 의안을 의결할 때에는 의결하기 전에 미리 시·도지사의 의견을 들어야 한다.

2) 교육감

• 지위 : 시·도 교육감은 시·도의 교육·학예에 관한 사무를 집행하는 집행기관으로서 교육·학예에 관한 소관 사무로 인한 소송이나 재산의 등기 등에 대하여 당해 시·도를 대표한다. 국가행정사무 중 시·도에 위임하여 시행하는 사무로서 교육·학예에 관한 사무는 교육감에게 위임하여 행한다.

• 자격 및 선출 : ① 당해 시·도지사의 피선거권이 있는 자로서 후보자 등록 신청 개시일부터 과거 2년 동안 정당의 당원이 아닌 자, ② 후보자 등록 개시일을 기준으로 교육경력 또는 교육공무원으로서의 교육행정 경력이 5년 이상이거나 양 경력을 합하여 5년 이상인 자(「교육자치법」 제24조) 중에서 주민의 보통·평등·직접·비밀선거에 따라 선출한다(「교육자치법」 제22조).

• 임기 : 교육감의 임기는 4년이며, 계속 재임은 3기에 한한다(「교육자치법」 제21조).

• 관장사무 : 「지방교육자치에 관한 법률」 제20조에 의하면 교육감의 관장사무는 교육 · 학예에 관한 ① 조례안의 작성 및 제출, ② 예산안의 편성 및 제출, ③ 결산서의 작성 및 제출, ④ 교육규칙의 제정, ⑤ 학교 및 기타 교육기관의 설치 · 이전 및 폐지, ⑥ 교육과정의 운영, ⑦ 과학 · 기술교육의 진흥, ⑧ 평생교육 및 기타 교육 · 학예 진흥에 관한 사항 등 17가지다. 그러나 동법에서 열거된 사무는 예시적인 것으로서 교육 · 학예에 관한 모든 사무를 관장하는 것으로 보아야 한다.

• 권한 : 교육감의 권한은 크게 다음과 같다.

-사무집행권 : 교육 및 학예에 관한 모든 사무를 관장 · 집행한다.

-교육규칙 제정권 : 법령 또는 조례의 범위 안에서 그 권한에 속하는 사무에 관하여 교육규칙을 제정 · 공포할 수 있다.

-대표권 : 교육 · 학예에 관하여 당해 지방자치단체를 대표한다.

-지휘 · 감독권 : 소속 공무원을 지휘 · 감독하고 법령과 조례 · 교육규칙이 정하는 sqk에 의하여 그 임용 · 교육훈련 · 복무 · 징계 등에 관한 사항을 처리한다.

-재의요구권 : 시 · 도 의회 또는 교육위원회의 의결이 법령이나 공익에 위반된다고 판단할 때에는 그 의결사항을 이송받은 날로부터 20일 이내에 이유를 붙여 재의를 요구할 수 있다(「교육자치법」 제28조 제1항).

-제소권 : 교육위원회가 재의결한 사항이 여전히 법령에 위반된다고 판단될 때에는 재의결된 날로부터 20일 이내에 대법원에 제소할 수 있다(「교육자치법」 제28조 제3항).

-선결처분권 : 교육감의 소관사무 중 시 · 도 의회 또는 교육위원회 의결을 요하는 사항에 대하여 ① 교육위원회 또는 시 · 도 의회가 성립되지 아니한 때, ② 학생의 안전과 교육기관 등의 재산보호를 위하여 긴급하게 필요한 사항으로서 교육위원회 또는

시 · 도 의회가 소집될 시간적 여유가 없거나 의결이 지체되어 의결되지 아니한 때에는 선결처분을 하고 지체 없이 시 · 도 의회 또는 교육위원회에 보고하여 승인을 얻는다.

4. 지방 교육행정 조직

지방 교육행정조직은 광역자치기관인 시 · 도 교육청과 하급 지방 교육행정기관인 시 · 군 · 자치구 교육청으로 분류된다.

1) 시 · 도 교육청

시 · 도 교육청은 교육감을 정점으로 부교육감, 국장, 과장, 계장 등으로 이어지며, 당해 지방자치단체의 교육 · 학예에 관한 사무를 관장한다. 부교육감은 국가공무원 중에서 당해 시 · 도 교육감이 추천한 자를 교육과학기술부 장관의 제청으로 국무총리를 거쳐 대통령이 임명한다.

조직은 서울특별시와 광역시 및 도 교육청의 조직이 약간 다르다. 서울특별시 교육청은 교육감의 직속기관으로 공보담당관, 부교육감의 직속기관으로 감사담당관 각 1인을 두며, 기획관리실(정책기획담당관, 예산법무담당관, 행정관리담당관, 혁신복지담당관), 교육정책국(초등교육정책과, 중등교육정책과, 교육과정정책과, 교원정책과), 평생교육국(직업진로교육과, 학교체육보건과, 평생학습진흥과, 과학교육활성화추진단), 교육지원국(학교운영지원과, 재무과, 교육시설과), 총무과의 조직을 갖추고 있다.

경기도 교육청은 2개의 청사를 가지고 있으며, 교육감이 있는 제1청사에 부교육감, 기획관리실, 교육국, 지원국을, 제2청사에 제2부교육감과 교육국 및 기획관리국을 두고 있다. 교육감 밑에 공보담당관을, 부교육감과 제2부교육감 밑에 각각 감사담당관을 두고 있다.

부산을 비롯한 다른 시 · 도 교육청은 교육정책국(또는 교육국)과 기획관리국(제주특별자치도의 경우 교육행정국)의 조직을 갖추고 있다.

2) 지역 교육청

지역교육청에는 교육장을 정점으로 하여 인구 50만 이상, 학생 7만 이상의 교육청은 2국 6과 · 담당관 이내로 기구를 설치하고, 서울특별시 중부교육청, 부산광역시 남부교육청, 경상남도 마산교육청은 4과 · 담당관 이내로 기구를 설치하며, 나머지 교육청은 2과 · 담당관 이내로 기구를 설치한다. 지역교육청은 시 · 도의 교육 · 학예에 관한 사무 중 ① 공사립의 초등학교, 중학교, 고등기술학교, 공민학교, 고등공민학교 및 유치원과 이에 준하는 각종 학교의 운영관리에 관한 지도 · 감독, ② 기타 시 · 도의 교육규칙으로 정하는 사무를 위임받아 분장한다.

3) 중앙 교육행정 조직의 문제

• 교육과학기술부 기구 개편이 너무 빈번하여 업무분담의 혼선과 정책집행 및 문서 관리의 일관성이 결여되고 있다.

• 특정 사항을 취급하는 담당관제를 도입함으로써 전문적 기능이 강화되어 온 것은 사실이지만 아직도 장학, 기획, 조정, 연구의 기능이 미약하다.

• 그동안 직제개편과 함께 교유고가학기술부 소관 업무의 대폭적인 하부 이양이 이루어졌으나 교육행정 업무는 여전히 중앙집권화 경향이 강하다.

• 각종 자문위원회의 구성 활용이 미흡하며, 유명무실하게 운영해 온 경향이 많다.

• 중앙 교육행정 조직은 행정조직의 원리상 지휘 · 감독과 공권력의 지배가 강조된다고 하겠지만, 교육은 독자성과 특수성에 비추어 볼 때 교육활동을 조장 지원하는 교육행정 조직의 독특한 모습이 부각되지 못하고 있다.

4) 지방 교육행정 조직의 문제

• 교육행정과 일반행정의 집행기관인 교육감과 시 · 도 지사는 분리되어 있지만, 의결기관은 교육위원회가 지방의회의 상임위원회로 되어 있어서 독립적이지 못한 문제를 들 수 있다.

• 지방교육재정의 독립이 이루어지지 못하고 일반행정으로부터 교육행정의 분리 · 독립이 확립되지 못하고 있다. 지방교육비의 대부분을 국고에 의존하고 있으며, 교육예산의 심의 · 의결 과정에서도 권한의 대부분을 지방의회가 가지고 있다.

• 전문적 관리를 수행해야 할 교육감의 자격기준이 명확하지 않다. 교육자치제가 실효를 거두기 위해서는 교육행정을 담당하는 행정가가 교육에 대한 전문적 지식과 안목을 가지고 있어야 한다. 그러나 교육감은 단순히 교육 또는 교육공무원으로서의 교육행정 경력이 5년 이상인 자로 규정되어 있다.

• 일반행정과 긴밀한 협조 · 유대체제가 미흡하다. 교육의 지방자치를 실현하는 과정에서 자치행정9과의 균형 및 협조 등이 제대로 이루어지지 못하고 있다.

참 고 문 헌

김종철(1983), 『교육행정의 이론과 실제』, 교육과학사
백현기(1958), 『교육행정학』, 을유문화사
서울대학교 사범대학 교육연구소(편)(1981), 『교육학용어사전』, 배영사
서정남(1986), "지방교육행정조직의 발전방향에 관한 연구", 석사학위논문, 충북대학교행정대학원
양철우(1997), 『교육법전』, 교학사
윤정일 외 3인(2009), 『교육행정학원론』, 학지사
이기우(1996), 『지방자치이론』, 학현사
이득기(1994), 『교육행정과 교육경영』, 집문당
주삼환 외(2000), 『교육행정 및 교육경영』, 학지사

제 7 장

동기이론

7
chapter

동기이론

제1절 동기의 개념과 내용이론

1. 동기의 개념

동기는 첫째, 사람으로 하여금 어떤 행동을 하도록 하는 원인은 무엇인가? 둘째, 사람으로 하여금 어떤 특정한 목표를 향하여 나아가도록 하는 것은 무엇인가? 셋째, 사람으로 하여금 그 목표에 도달하기 위하여 지속적으로 노력하도록 만드는 것은 무엇인가?의 세 가지 기본적 질문에 초점을 맞추고 있다. 동기를 유발시키는 대표적인 요인으로는 본능, 욕구, 갈망, 목표, 기대 등이 포함된다. 동기의 종류는 일반적으로 외적 동기와 내적 동기로 대별된다. 외적 동기는 주로 행동주의 학파에 의해서 강조되고 인지주의 학파는 내적 동기를 강조한다.

동기에 대한 이론은 그 초점에 있어서 내용이론과 과정이론으로 나눠진다. 내용이론(content theory of motivation)은 동기를 유발하는 요인의 내용을 설명하는 이론으로서 무엇이 개인의 행동을 유지 혹은 활성화시키는가 또는 환경 속의 어떤 요인이 사람의 행동을 움직이게 하는가에 초점을 두는 것으로 Maslow의 욕구체계론, Herzberg의 동기-위생이론, Mcgregor의 X-Y이론 등이 이에 속한다. 과정이론(process theory of motivation)은 동기유발과정을 설명하는 이론 또는 인식절차이론(cognitive process theory)으로서, 내용이론이 욕구를 바탕으로 한 이론이라면, 과정이론은 정보처리나 인식, 혹은 직무환경요인과 상황 등에 초점을 두고 있다. 즉, 이러한 인식요인들이 서로 어떻게 관련되어 있는가를 분석하는 데 초점을 두는 것으로 Vroom의 기대이론, lcke의 목표설정이론 등이 이에 속한다.

2. 내용이론

내용이론은 어떠한 요인들이 인간에게 동기부여시키는 데 크게 작용하는가를 다루는 것으로서, 인간은 욕구를 충족시키기 위해 동기부여되기 때문에 욕구이론(need theory)이라고도 한다.

1) 매슬로(Maslow) 욕구체계론

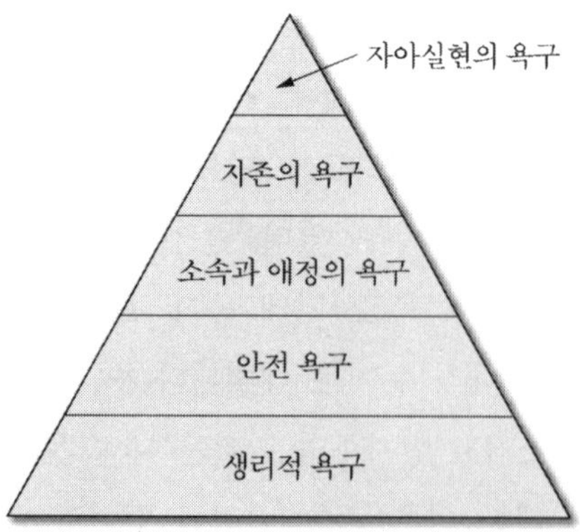

〈그림 7-1〉 매슬로의 다섯 단계의 욕구계층(needs hierarchy)

매슬로(Maslow)는 인간은 죽을 때까지 목표를 추구하는 목표지향인이라고 보고, 목표 달성을 위하여 인간 내부에서 끊임없이 충동 발생하는데 이러한 충동의 근원인 다섯 단계의 욕구계층(needs hierarchy)을 형성하고 있다고 본다. 즉, 특정 시점에서의 개인의 행동은 강한 욕구 또는 중요한 욕구에 의하여 결정된다고 본다.

매슬로는 사람은 상위욕구를 충족시키기 위한 행동을 하기 전에 좀 더 근본적인 욕구를 만족시키려고 노력한다. 그리고 일단 충족된 욕구는 더 이상 사람을 동기화시키지 못한다고 하였다.

(1) 생리적 욕구

생리적 욕구란 생존과 직결된 욕구로서 다른 하등동물도 똑같이 가지고 있다. 배고픔, 갈증, 성욕, 배설욕 그리고 잠 등이 있다. 이 욕구 중 어느 하나라도 채워지지 않으면 인간은 그 욕구를 충족시키려는 동기에 의해 지배당한다. 생리적 욕구는 모든 요구 중 가장 강력하면서 이 욕구가 충족된 사람은 그 상위 욕구를 추구한다.

(2) 안전욕구

안전욕구란 물리적, 심리적 안전을 모두 지칭한다. 따라서 물리적 침입이나 공격으로부터의 안전뿐만 아니라 심리적 안정감을 추구하게 된다. 아동기에 있어서 안전의 욕구가 더욱 중요한 역할을 하고 있다. 이 안전욕구를 충족하지 못하면 평범한 환경적 요청에 당면해서 두려워하고 불안정한 사람이 된다.

(3) 소속과 애정의 욕구

타인과의 접촉, 모임, 사랑 등에 대한 욕구이다. 이 욕구는 생리적 욕구와 안전 욕구가 어느 정도 만족되어야 그 중요성이 느껴진다. 사랑하고 싶어지고 사랑받고 싶어진다. 외로움과 소외를 싫어한다. 소속되고, 접촉을 지속하고, 친밀한 관계를 추구한다. 그런데 현대 산업사회 내지는 후기 산업사회는 인간의 사랑과 소속에의 욕구를 좌절시키고 있다.

가족이 와해되고 세대 간의 격차가 커졌으며 과거로부터 내려오는 전통적인 집단모임이 사라져가기 때문이다. 매슬로의 견해에 따르면 애정의 욕구에 대한 좌절은 신경증의 중요한 원인이 되면서 넓은 견해에서는 성을 가장 중요시한 프로이트(Freud)의 견해와 일치하고 있다.

(4) 자존의 욕구

이 욕구는 자기 자신을 긍정적으로 평가하려는 욕망을 나타낸다. 자기가 능력 있는 사람이며 타인에게 인정받는 위치에 있는 것을 느낀다. 이 욕구가 채워지지 않으면 계속해서 인정받기를 원하는데 이런 원함이 강박적으로 일어난다. 결과적으로 낙심과 열등감을 경험한다.

(5) 자아실현의 욕구

자아실현은 매우 광범위한 의미를 지니고 있는 것으로써 교육 내지는 삶의 목적 자체라고도 할 수 있다. 동양의 자기완성이나 인격완성은 서양의 자아실현과 동일하거나 유사한 의미를 지닌다. 동양의 자기완성은 윤리·도덕적 측면을 강조하여 대개 타고난 본성의 회복을 중시한 것이라면, 서양의 자아실현은 타고난 소질이나 가능성의 실현 또는 발현을 중시한다. 자아실현은 보는 측면에 따라 여러 가지로 그 정의를 내릴 수 있다고는 하지만 매슬로는 다음 두 가지 내용은 반드시 포함시켜야 한다고 주장한다.

① 자기의 내면적 마음을 수용하고 표현한다는 것, 말하자면 잠재적 능력 및 가능성을 실현하는 것을 의미하는 것으로 개인의 본능이 가지고 있는 가변성을 '완전히 발휘하는 것'이다.

② 자아실현이란 질병, 신경증, 정신병 또는 기본적 인간능력의 상실 등이 가장 적게 존재해 있는 상태를 말한다.

그러므로 자아실현이란 한 개인의 내면적 본성을 인정하는 것뿐만 아니라 그것을 개발하고 발전하는 것이 되어야 한다. 그는 인간 욕구를 차원이 다른 여러 단계로 구분하고 그것을 욕구의 계층으로 설명하고 있다. 이러한 욕구는 순서가 있으며 하위욕구가 충족되지 못하면 그 욕구는 나타나지 않는다.

매슬로는 그가 작고 한 후 출판된 '*The Farther Reaches of Human Nature*, 1971'에서 자기실현으로 이끄는 행동을 다음과 같이 나열하고 있다.

① 자기실현이란 깊은 집중과 전념을 통해 완전하고 생생하며 사심없이 경험하는 것을 의미한다.

② 인생을 일련에 선택들의 과정이라고 보았을 때 각 기점에서 성장을 위한 선택을 하는 것이다.

③ 자기 내면의 목소리에 귀 기울이는 것이다.

④ 정직하고 책임을 지는 것이다.

⑤ 자신의 판단과 직관을 믿는 것이다.

⑥ 자기실현은 목표이기도 하나, 매 순간 잠재력을 실현하는 부단한 과정이기도 하다.

⑦ 절정 체험은 자기실현에 일시적 순간이다.

⑧ 방어 기제를 파악하게 됨으로 이를 버릴 용기를 얻게 된다.

(6) 매슬로 욕구체계론의 장단점

매슬로가 제시한 자아실현자의 특징은 많은 문제들이 제시되고 있다. 이 자아실현을 다 성취할 수 있는 사람은 피라미드에서 보다시피 정말로 극소수이고, 매슬로가 직접 대학생들을 데리고 실험을 했을 때에도 1%밖에 완수하지 못했었다(선정기준도 뚜렷하지 않았고), 그리고 매슬로도 인정하고 있듯이 인간행동에 관한 과학이라기보다는 형이상학적인 신념에 가깝다. 그의 연구자료는 통계적으로 신뢰도가 약하며, 일반화시키기에는 많은 문제점이 있다고 비판받기도 한다.

그러나 매슬로는 인간의 기본 본성을 더욱 이해시키며, 종래의 심리학자들이 무시했던 인간내면의 기능적인 면을 연구했다는 것이 매슬로의 학문적 업적이라고 말할 수 있다. 비록 그의 이론이 체계화되지 못하고 증명되지 못하더라도 새로운 관점에서 인간의 행동을 분석했다는 자체를 높이 사고 있다.

행동주의 정신분석학은 인간의 성장을 향한 잠재 능력이나 현재의 우리보다 좀더 나아지고자 하는 우리의 욕망을 연구하지 않았는데 여기에 비해 매슬로는 우리들의 생물학적인 본성이나 우리의 환경적인 여건을 훨씬 뛰어넘어 성장할 수 있으며, 또 성장해야만 하는 것을 가르쳐 주었다. 즉, 인간의 잠재력의 가능성에 대한 그의 신념은 기존의 환원주의적 심리학에 커다란 의미를 부여하였던 것이다.

2) 허츠버그(Herzberg) 동기-위생이론

허츠버그(Herzberg)는 피츠버그의 심리학 연구소에서 동료들과 함께 피츠버그의 11개 산업체에서 선정한 약 200명의 기술자와 공인회계사들에 대한 면접을 실시한 결과 인간에게는 독립된 두 가지의 서로 다른 욕구가 존재하고 있음을 알았다.

이 이론을 2요인이론(two-factor theory) 혹은 2중요인이론(dual-factor theory)이라고 한다. 매슬로의 이론과 마찬가지로 이 이론도 동기를 유발하는 요인을 탐색하려고 하였다. 즉, 인간의 동기를 설명하는 데 있어서 위생요인과 동기부여요인의 두 가지 요인을 제시하게 되었다.

(1) 위생요인(hygiene factors of dissatisfiers)

사람들이 자기가 하고 있는 일에 불만을 느끼게 되면, 자기의 환경에 관심을 갖게 되는 것이다. 또한 자기가 하는 일에 만족을 하고 있는 경우는 그 만족은 일 그 자체와 관계되는 것이다. 따라서 이러한 사람의 환경에 관한 것과 직무만족을 예방하는 기본적인 기능을 담당하는 것이 위생요인 또는 불만족요인이다. 위생요인에는 급여, 안정된 직업, 작업조건, 지위, 정책과 경영, 감독기술, 대인관계 등 외적요인이 포함된다.

외적 요인들이 조직체에서 갖추어지지 않을 경우, 조직구성원은 극도로 불만족해져서 조직체를 떠나거나 조직체의 성과에 좋지 않은 영향을 준다고 하였으며, 반대로 이들 요인이 잘 갖추어졌을 경우에도 조직

구성원들에게 동기부여는 되지 못한다고 하였다. 위생요인은 주로 직무 환경과 관련된 직무 외재적 성격을 지니고 있음을 알 수 있다. 위생요인 추구자의 특징을 살펴보면 다음과 같다.

① 환경적 요인에 의하여 동기가 부여된다.

② 보수, 감독, 작업조건, 지위, 직업적 안정, 조직의 정책과 동료직원 등 직무여건의 모든 국면에 대해 고질적으로 점증하는 불만을 가진다.

③ 위생요인의 개선에 대해 만족감의 과잉반응을 보인다.

④ 위생요인의 개선에서 얻은 만족은 장기적이다.

⑤ 위생요인이 개선되지 않는 데 대해서 불만의 과잉반응을 보인다.

⑥ 업적성취에서 얻은 만족을 거의 인식하지 못한다.

⑦ 담당직무의 종류의 특질에 대해서 관심을 보이지 않는다.

⑧ 직무와 인생전반에 긍정적인 가치에 대해 냉소적이다.

⑨ 직무상의 경험으로부터 성장에 필요한 도움을 얻지 못한다.

⑩ 외적 풍조에 말려들기 쉽다.

⑪ 재능 때문에 직업생활에서 성공할 수도 있다.

(2) 동기요인(motivators or satisfiers)

동기요인은 사람들이 보다 우수한 업무수행을 할 수 있도록 동기를 부여하는데 유효한 요인으로 만족요인이라고도 한다. 주로 인간의 내재적 요인으로 달성, 승인, 일 그 자체, 책임, 승진 등을 포함하고 있다. 동기요인 추구자의 특징은 다음과 같다.

① 직무요인에 의하여 동기가 부여된다.

② 불만 야기요인에 대해 높은 관용성을 보인다.

③ 동기요인의 개선에 대해 비교적 작은 반응을 보인다.

④ 동기요인의 개선에서 얻은 만족은 단기적이다.

⑤ 동기요인의 개선에서 얻은 불만은 필요한 경우에 비교적 가벼운 불평을 나타낸다.

⑥ 업적성취에서 커다란 만족을 얻는다.

⑦ 담당직무를 즐길 수 있는 능력을 나타난다.

⑧ 직무와 인생전반에 대해 긍정적인 자세를 갖는다.

⑨ 직무상의 경험을 통하여 직업인으로서의 성장에 필요한 도움을 얻는다.

⑩ 사려 깊고 신념체계가 진지하다.

⑪ 초과 성취자가 될 수도 있다.

(3) 동기 · 위생이론의 비판

① 허츠버그가 사용하였던 연구절차는 방법론상으로 제약되어 있다는 점이다.

② 허츠버그가 사용하였던 연구방법의 신뢰성이 의문시된다는 점이다.

③ 직무만족에 대한 전반적인 측정이 시도되지 않았다는 점이다.

④ 이 이론은 선행연구와 불일치되고 있다는 점이다.

⑤ 허츠버그가 만족과 생산성간에 상간관계가 있다고 가정하고 있으나, 그가 사용한 연구방법으로 보아 만족의 측면만을 보았지 생산성의 측면은 도외시하였다는 점이다.

(4) 교육행정에의 적용

학교조직에 있어서의 허츠버그 이론의 공헌점은 학교행정가들로 하여금 성취, 책임감, 성장 그리고 개인적 발전과 같은 내적인 요소들을 외적인 요소들과 구분하여 학교 현장에 도입하여 교사들에게 동기 유발을 시키는데 적용할 수 있도록 한 점에 있다. 허츠버그는 산업계에서는 상사와의 관계가 심각한 문제로 나타나고 있으나, 교사는 학생들과의 관계에서 보다 큰 문제들을 체험하고 있으며, 이는 수업의 성취감으로부터 오는 만족감 등 심리적 만족에서 비롯된다는 것을 나타낸다. 따라서 교육행정가는 교사와 학생간의 문제해결과 개선방안 등을 항상 염두에 두어야 할 것이다. 또한 산업계와는 달리 교사들에게는 승인이 그리 큰 직무만족을 유도해 내는 동기적 요인이 되지 않는다는 사실이다.

결론적으로, 대부분 교사의 경우 자신에게 동기 유발을 일으키는 요인은 내적인 요소들로서, 상하로부터의 인정감, 책임감, 성취감의 3요소를 들 수 있으며, 인정의 방법으로는 포상과 보다 많은 의사결정에의 참여, 공유하는 지도력 등으로 교육행정가는 교사로 하여금 개인적, 전문적 목표를 성취할 수 있도록 보다 많은 기회를 부여해야 할 것이다.

3) 맥그리거(Mcgregor) X-Y이론

맥그리거(Douglas Mcgregor, 1906~1964)는 디트로이트의 시티대학과 하버드 대학에서 수학한 후 사회심리학자로서 1948~1954년까지 안티옥대학의 학장과 MIT대학 경영학 교수로 근무했다. 그의 연구성과는 계속해서 매우 높은 평가를 받았으며 1950년대 매슬로와 허츠버그가 이끄는 인간관계학파의 중심적인 학자로 인정받았다. 맥그리거는 누구나 알기 쉽게 논리를 펴는 능력이 있었고 현직에 있는 경영관리자들에게 행동과학으로 지칭된 연구결과를 명확하게 정리하여 상당한 호응을 얻었다. 그리고 많은 경영실무자나 연구자들에게 관심과 영향을 주고 있는 『기업의 인간적 측면(*The Human side of Enterprise*)』을 집필하였다.

(1) 고전적 관리론과 인간관에 대한 비판

X이론적 인간은 바로 고전적 조직이론에서 가정한 인간관이며 대부분 사람들은 일과 책임을 싫어하고 지시 받기를 오히려 선호한다는 가정을 하고 있다. 따라서 이러한 가정에서는 대부분 사람들이 조직목표 달성을 위해 엄격하게 감독되며 통제되고 강제(위협, 처벌 등) 등 타율적 통제에 의한다는 결론에 이르게 된다. 이러한 주장을 한 그는 관리분야에서 새로운 조직과 관행이 필요하다고 생각하였고 따라서 인간본질에 대한 안목이 요구된다고 하였다. 즉, 인간본질에 관한 새로운 관점을 Y이론이라고 명명하고 사람들은 일을 즐기고 업적에 대해서 상당한 자기통제를 할 수 있다고 가정하였다.

(2) X-Y이론적 가정

관리자는 조직 내의 인간에 대해 X-Y라는 두 가지 이론적 가정에서 하나를 선정하여 관리전략 및 동기부여 방법을 선택할 수 있다.

① X이론(명령통제에 의한 전통적 관리) : 여기서는 다음과 같은 인간가정과 동기부여방법 내지 관리전략을 취한다.

• 관리층은 생산적인 기업의 요소들, 예컨대 금전, 자원, 장비, 사람 등을 경제적인 목적에 따라 조직화하는 책임을 진다.

• 관리는 사람들의 노력을 지휘하고 그들에게 동기를 부여하며 그들의 행동을 통제하고 그들의 행동을 조직수요에 적합하게 수정하는 과정이다.

• 이러한 관리층의 적극적인 개입이 없으면 사람들은 조직의 수요에 소극적이거나 심지어는 저항할 것이다. 따라서 사람들을 설득하고 보상하며 처벌하고 통제해야 한다. 이것이 바로 관리자의 업무이다(통제에 의한 관리).

• 보통사람들은 본래 게으르고 가능하면 일을 적게 하려고 한다.

• 사람들은 야망이 없으며 책임회피를 좋아하며 이끌려가기를 선호한다.

• 사람들은 내성적으로 자기중심적이며 조직의 수요에 무관심하다.

• 사람들은 본질적으로 변화에 저항한다.

• 사람들은 우둔하고 그렇게 총명하지 못하며 허위와 선동에 쉽게 속아 넘어 간다.

• X이론은 성악설의 입장에서 조직의 목표에 인간의 에너지를 이용하려는 매니지먼트의 전통적인 방식으로서 저차원적 단계의 욕구(생리욕구, 안정욕구, 사회욕구)를 가진 인간관에 의거하고 있다.

맥그리거는 X이론을 경성이론과 연성이론으로 다음과 같이 구분한다.

• hard X : 강제, 엄격한 통제, 위협, 처벌 등을 강조한 나머지 생산

성의 저하, 적대적인 노조, 파업 등 극단적인 결과를 가져온다.

• soft X : 겉으로는 갈등을 회피하고 모든 사람들의 욕구를 충족시키려는 의도로 보이지만 결국 반감과 무관심을 불러 일으켜 사람들의 욕구불만을 가중시킨다.

• 이론 X의 중요한 요소는 관리가 주로 지시 및 통제로 구성된다는 전통적인 확신이다. 관리자가 조직 목표를 달성하기 위해 강압적인 위협을 하는 "강성(hard)" 관리일 수도 있고 관리자가 조화를 위해 "연성(soft)"관리를 할 수도 있다. 맥그리거의 저서는 이론 X를 "강성(hard)" 관리로 이론 Y를 "연성(soft)" 관리로 종종 오해되기도 한다. 그러나 맥그리거에게 있어 "강성(hard)"과 "연성(soft)" 관리는 이론 X의 단순한 두 가지 측면에 지나지 않으며 양자는 모두 만족할 만한 것이 못된다.

② Y이론(개인과 조직목표의 통합관리)

• 관리층은 생산적인 기업의 요소들, 예컨대 금전, 자원, 장비, 사람 등을 경제적인 목적에 따라 조직화하는 책임을 진다.

• 사람들은 내성적으로 소극적이거나 조직의 수요에 저항하는 것이 아니라 오히려 조직과 경험의 결과로 소극적이며 저항적으로 된다.

• 동기부여, 발전에 대한 잠재력, 책임을 지고자 하는 의지, 그리고 조직목표를 향한 직접적인 행동의 준비성 등이 모든 사람들의 내면에 존재한다. 이러한 잠재적인 특징을 인정하고 개발하는 것이 관리층의 책임이다.

• 관리층의 필수적인 과업은 조직의 운영방법을 정비하여 사람들로 하여금 조직 목표를 향한 노력을 자극함으로써 그들 자신의 목적을 성취할 수 있도록 하는 것이다(목표에 의한 관리 - 그렇게 하기 위해서는 업무결정에 참여 내지 재량권을 줌으로써 업무에 자신의 욕구나 목적이 반영되도록 함. 그러면 업무 자체에 자신의 요소가 스며있게 되어 조직의 업무(목표)를 자신의 일처럼 여기게 될 수 있다. 여기서 참여관

리의 면모를 볼 수 있다).

• 일이란 조건만 갖춰지면 놀이나 휴식과 같이 자연스러운 것이며, 평균적인 사람은 스스로 책임을 추구할 뿐만 아니라 그것을 부담하려 한다.

• 목표에 대한 몰입은 목표달성에 따르는 보상의 함수이다. 가장 중요한 보상인 자아만족과 자아실현의 욕구충족은 조직목표에 대한 노력을 집중시켜 준다.

• 외부통제와 제재의 위협만이 조직목표에 대한 노력을 자극하는 유일한 수단이 아니다. 사람들은 자신이 몰입하는 목표실현에 있어서 자율적 통제를 행사할 수 있다.

• 조직의 문제해결에 있어 비교적 높은 수준의 상상력을 발휘하는 능력, 정직성, 그리고 창의성은 사람들에게 널리 확산되어 있다.

• 현대 학교생활의 상황에서 평균적인 인간지능의 일부만이 활용되고 있다. Y이론의 중심적 원리는 조직의 성공을 통해서 개인의 목표를 달성할 수 있는 통합의 원리이며 이 원칙에 입각하여 조직을 운영하면 보다 효과적인 조직을 창조할 수 있다고 본다.

• 사람들이 본질적으로 수동적이기보다는 능동적이라는 그의 확신으로부터 기인한다. 다시 말해 사람들은 심리적 에너지를 갖고 내재적으로 동기화될 수 있으며 자신을 동기화하기 위해 외부의 소수를 필요로 하는 수동적인 존재가 아니라는 것이다. 만일 동기가 외재적인 것이 아니라 내재적인 것이라면 관리자의 책무는 외부적 제재나 보상을 통해 근로자의 에너지를 창조하려 하지 말고 근로자의 에너지의 통로가 되는 것이다. 제재나 보상은 그래도 쓸모가 있는 것이긴 하나 좀더 근본적인 욕구를 충족시키거나 혹은 사회적 욕구의 인식을 제공하는데 있어서 제한된다.

• 중립적인 과학적 방법에 의해 궁극적으로 그 타당성을 검증할 수 없는 관리에 대한 규범적 철학이다. 이론 X이건 Y이건 간에 관리 가정은 자기 충족적 예언이다. 그러한 가정은 우리의 무의식적이고 묵시적

인 몰두에 의해 진정한 것이 된다. 관리자는 동기에 대한 무의식적인 투영에 부합되는 부하의 행동을 촉진한다.

• Y관리의 과학에 입각한 특징을 언급하지만 이러한 암시는 과학에 입각하기보다는 훨씬 더 가치에 입각한 더 중요한 메시지를 명백히 하기보다는 혼돈을 야기한다.

제2절 과정이론

1. Vroom 기대이론

기대이론(expectancy theory) 또는 기대 X유인가이론(expectancy X valence theory)은 조직행동의 동기를 예언하기 위해서 제안된 이론들 중에서 지도력과 소비자 행동 및 심리를 설명하는데 가장 광범위하게 관심을 받고 있다. 조직에서의 직무동기와 관련해서 다루어질 경우, 때때로 도구이론, 혹은 유인가-도구성-기대이론(valence-instrumentality-expectancy theory : VIE)이라고 부르기도 한다. 인간행동이란, 유인가를 지니는 성과와 그 성과를 얻을 수 있는 기대를 곱한 값에 의해서 결정된다. 즉, 인간은 자신의 생활에서 가치 있다고 믿는 것을 얻을 수 있을 정도에 따라서 선별적으로 행동하는 합리적인 존재로서, 이때 자신이 바라는 것을 얻을 확률이 큰 쪽으로 선택해서 행동한다는 것이 이들의 요지이다.

따라서, 기대이론의 기본 관점은 개인은 행동의 결과로 나타날 수 있는 성과에 관한 기대를 가지고 있다는 것이다. 게다가 사람마다 성과에 대한 선호가 다른데, 이것은 사람은 생각하며 추리하는 존재이며 미래사태에 대한 예견을 할 수 있는 존재이기 때문이다. 기대이론의 기본설정은 다음과 같다.

① 사람들은 나름대로의 욕구와 동기와 과거 경험에 대한 기대들을 가지고 조직에 합류한다.

② 개개인의 행동은 의식적인 선택의 결과이다.

③ 사람들은 조직으로부터 각기 다른 것들을 원한다(예: 좋은 보수, 직업안정, 승진).

④ 사람들은 어떤 행동이 바람직한 성과를 가져오리라는 기대의 과도에 비추어 행동대안을 결정한다.

브롬에 의해서 대중화된 기대이론은 유인가-수단성-기대이론, 즉, VIE 이론 또는 가치이론이라고도 부른다. 동기화의 힘은 세 요소, 즉 기대, 수단성 및 유인가의 곱에 의해 결과가 산출된다.

(1) 기대(expectancy)

기대란 어떠한 행동이나 노력의 결과에 의해 나타나는 성과에 관한 신념을 말한다. 과업을 수행하기 위한 노력은 실제로 성과가 나타날 것이라는 기대에 의해 좌우된다. 그러므로 기대란 노력과 제1수준의 성과인 과업수행과 그에 대한 인정을 연결시키는 작용을 한다. 기대의 강도는 노력의 결과 전혀 성과가 없으리라고 믿는 0에서부터 확실히 성과가 있으리라고 완전히 믿는 1에까지 이른다.

(2) 수단성(instrumentality)

제1의 성과 또는 과업의 수행 그 자체는 개인에게는 아무 의미가 없다. 다만, 제2의 성과인 보상을 획득하기 위한 수단일 뿐이다. 그러므로 수단이란 제1수준의 성과와 제2수준의 성과를 결합시키는 것이며 바꾸어 말하자면 과업수행과 보상과의 관련성이다. 수단은 -1에서 +1까지의 정도차가 있다.

(3) 유인가(valence)

제2수준의 성과인 승진이나 급료와 같은 보상에 대한 열망의 강도를 유인가라 하는데 개인의 욕구에 따라 그 중요성과 가치는 다르다. 매우 바람직하지 못한 -1에서 매우 바람직한 +1까지 수량화할 수 있다. 어떤 교감의 기대·수단·유인가가 높으면 그의 동기는 높은 것이지만 삼자의 결합정도가 애초부터 낮으면 과업수행을 위한 동기가 처음부터 나타나지 않을 것이며, 노력을 시작한 다음에 당초의 기대가 잘못이었음을 경험을 통해 중도에 알게 되면 역시 동기가 약화될 것이다.

(4) 결과의 산출(outcomes)

결과의 산출은 어떤 작업의 행동 결과를 나타낸다. 개인의 결과 1은 주어진 일에 노력한 직접적 결과에 대한 것이며, 결과 2는 결과 1이 유도할 것으로 예상되는 결과적 귀인들이다. 봉급인상, 승진, 동료의 수용, 감독자의 인정, 그리고 성취감 등이 그 예가 된다.

기대이론의 기본 가정은 동기유발은 VIE가 모두 높을 때 높다고 보는 것이다. 여기서 수단성 I는 어떤 일의 성취가 가져올 보상에 대한 확률, 유의성 V는 어떤 특정의 보상에 대해 개인이 평가하는 중요성, 기대감 E는 개인의 어떤 노력이 구체적으로 어느 수준의 목표 성취를 가져올 것이라고 믿는 정도이다. 그래서 개인동기는 FM =E(IV)의 공식으로 나타낼 수 있다고 하였다.

기대이론은 지금까지의 동기유발 이론 중 가장 합리적 모형이라 생각된다. 특히 기대이론의 장점은 동기유발과 과업성취간의 관계를 가시적으로 잘 표현하였다. 그리고 인간의 동기유발을 수학적으로 나타내는 것은 통계적으로 큰 의미가 있다.

그러니 위의 세요인 중 어느 하나가 증가하거나 감소하면 직선적으로 변화한다. 그리고 기대이론 사이에 어떤 관계가 나타나 있지 않고 독립적으로 행동하는 데 문제가 있다. 따라서 기대이론은 유인가, 수단성, 기대의 세 가지 요소에 의하여 단순하게 구성되어 있기는 하지만, 현상은 매우 복잡하므로, 세 가지 요소를 각기 독립변인으로 다루어 이들 요소들 간의 역동적 관계를 명쾌하게 개념화해야 한다.

2) 로크(Locke) 목표-설정 이론

로크(Locke)에 의해 1968년에 목표이론 혹은 목표설정기법이라고 명명된 이 이론은 70년대에 동기에 대한 인지적 과정 접근방법으로써 점차적으로 널리 알려지게 되었다.

목표란 개인이 의식적으로 성취하려고 하는 것이며 목표를 성취하려는 의도가 주된 동기력을 형성한다는 것을 가정하고 있다. 목표는 학교조직과 행정 집행에 있어서의 행위들에 막대한 영향을 미친다. 왜냐하면, 조직내의 각 부서에서 어떤 목표를 설정하는가에 따라서 조직구성원의 실질적인 행동이나 행동 의도가 달라진다는 연구결과들이 있기 때문이다.

목표설정이론은 목표관리(MBO : Management by Objectives), 기획예산제도(PPBS : Planning-Programming-Budgeting Systems), 경영정보관리(MIS : Management Information Systems)에는 물론 체제분석, 전략적 기획 등과 같은 경영기법에 광범하게 적용되어 왔다.

(1) 목표설정이론의 공헌점

① 어려운 목표는 쉬운 목표보다 높은 과업성취를 가져온다.

② 구체적인 목표는 "최선을 다하라"와 같은 막연한 목표보다 높은 성취를 이루도록 한다.

③ 목표가 성취에 영향을 주는 메커니즘은 주의와 행동을 지시하고 노력을 동원하면 인내력을 증대시키고, 적절한 성취전략을 탐색하도록 동기를 부여하는 것이다.

④ 환류는 작업을 위한 목표설정에 필수적이다. 왜냐하면 환류가 목표에 대한 성과를 비교할 수 있도록 하기 때문이다.

⑤ 목표가 성과에 영향을 미치도록 하기 위하여 목표에 대한 헌신이 필요하며, 성공에 대한 기대와 성공의 정도는 목표헌신에 영향을 미친다.

⑥ 인성과 교육과 같은 요인에서 개인차는 일반적으로 목표설정 수행과 무관하다.

(2) 목표설정이론 문제점

① 목표의 수용을 결정하는 요소가 무엇인가를 이 이론은 밝히지 못하고 있다.

② 아직 해결되지 못한 문제는 피고용인의 목표설정에의 참여도가 종업원의 수행에 영향을 미치는가이다.

③ 지적인 경영방식은 목표설정과 수행사이에 상관관계가 있음을 보여주고 있다.

④ 교육기관과 관련하여 볼 때, 이 이론은 구체적 결과를 얻을 수 있는 간단한 직종의 경우는 적합하나 직종이 복잡할 때는 효과가 적은 것으로 지적되고 있다.

(3) 기대이론과 목표이론의 공통점과 차이점

① 공통점 : 개인의 행동은 인지적 과정의 결과라고 보는 기본 가정에 있어서 같다.

② 차이점 : 기대이론은 여러 가지 가치 또는 유의성에 대한 내적 평가와 여러 가지 보상에 대한 기대를 강조하는 반면에, 목표이론은 어떤 목적을 추구하기 위하여 여러 가지 가치에 기초한 의식적 결정을 강조한다.

Locke의 모델을 요약해서 설명하면, 대부분의 인간 행동은 유목적이며, 행위는 목표와 의도에 의하여 통제되고 유지된다는 것이다. 정신적 혹은 신체적 활동에 대한 목표의 가장 기본적인 영향은 생각과 행위를 한쪽 방향으로 지향하도록 지시하는 것이다. 이러한 과정에서 목표는 에너지의 사용도 역시 통제하게 된다는 것이다.

목표설정이론은 구체적이고, 산출결과를 측정할 수 있는 단순한 직무에 대하여는 강력한 예측을 제공하지만, 수량적으로 측정될 수 없는 복잡한 작업에 대하여서는 덜 효율적이기 때문에, 행정업무의 수행에 있어 이론의 적용과 과정들에 대한 더욱 많은 연구가 있어야 할 것이다.

2. 교육조직내의 인간행위론

1) 조직의 개념

(1) 조직의 중요성

'인간은 사회적 동물이다.'란 명제는 인간은 홀로 존재할 수 없으며 반드시 두 사람 이상이 집단이나 조직을 이루고 생활하는 존재임을 의미한다. 현대인을 조직인(organization man)이라고도 한다. 이처럼 인간은 예로부터 지금에 이르기까지 조직 속에서 각자의 욕구를 충족하면서 공동의 이익을 추구해 왔던 것이다.

Simon은 현대 사회에서 조직의 중요성을 다음과 같이 말하고 있다.

첫째, 조직은 사람의 질과 습관을 형성하고 발전시키는 대부분의 힘을 제공하는 환경이기 때문에 중요하다.

둘째, 조직은 책임 있는 지위에 있는 사람들에게 타인에 대한 권한과 영향력을 행사할 방법을 제공하기 때문에 중요하다.

셋째, 의사소통을 할 정부의 환경을 결정하기 때문에 조직은 중요하다.

넷째, 우리는 행정가가 종사하고 있는 조직을 이해하지 않고는 행정가의 투입이나 산출을 이해할 수 없다. 그의 행위와 타인에 대한 영향력은 조직의 기능이다.

이처럼 인간은 태어나서 죽을 때까지 조직이라는 상황 속에서 성장하고 발전하여 습관을 익히고 책임을 수행하는 것이며 더구나 행정이란 조직이 그 과업을 효과적으로 수행하기 위하여 어떻게 구성·운영 발전되어야 하며, 조직의 성원 상호간이나 여러 조직 상호간의 협동적 노력을 어떻게 조성·통제·지도하여야 하는가에 관련되는 것이기 때문에 조직에 관한 이해와 분석은 필수적이다.

(2) 조직의 정의

조직이라는 개념이 수많은 의미로 사용되기 있기 때문에 모든 사람이 만족할 수 있게 정의하기란 매우 힘들다. Barnard는 조직이란 두 사람 이상이 의도적으로 조정된 행동과 힘의 체제라고 하였다. Udy는 조직이란 상호간의 관계를 규정한 역할체제를 가지고 있는 인간의 집단이라고 정의하였다. Halpin은 조직이란 특수한 형태의 집단으로 그 성원들이 집단의 과업을 완수하기 위해 책임이 분할되어 있는 사회적 집단이라고 하였다. Hicks는 조직이란 사람들이 함께 일할 때 나타나는 관계·권력·목적·역할·활동·의사소통·기타 요소들의 구조로 정의하였다.

조직에 대한 이상의 여러 정의와 특징을 토대로 조직을 정의한다면 조직이란 어떤 공동의 목적을 달성하기 위해 두 사람 이상이 과업을 분담하여 협동하는 사회체제(social system)라고 할 수 있다. 이를 좀 더 자세히 설명한다면, 첫째, 조직은 어떤 공통 목표를 달성하기 위해 존재한다는 것이다. 조직의 목적은 조직을 구성하고 있는 사람들의 개인적 욕구도 효과적으로 충족시킬 수 있다는 전제에서 나온다. 이 조직의 목적은 모든 행정행위의 방향을 제시하며 행정의 효과를 측정하는 데 기준을 제공한다. 요즈음 목표에 의한 관리(MBO, Management by Objectives)가 강조되고 있는 것도 행정에 있어서 조직의 목표가 얼마나 중요시되어야 하는가를 재 강조하는 경향에서 나온 것이다.

둘째, 그 목표를 합리적으로 달성하기 위해서 여러 사람들의 협력적 관계가 필요하다. 이를 위해 성원들에게 일정한 자리가 주어지며, 거기에 역할·의무·과업·책임 등을 분담시키고 이를 수행할 권한을 배당한다.

셋째, 따라서 조직의 구조는 기능적인 분업화의 원리에 따라 횡적분화와 종적 계층화의 모습을 띠게 된다. 흔히 분업이라 하면 횡적·수평적인 것만을 생각하기 쉬우나 종적·수직적인 계층 구조도 역할과 과업의 분화로 생각되어야 한다.

넷째, 조직은 하나의 사회체제이기 때문에 조직 내의 요소 상호간은 말할 필요도 없거니와 조직 외부의 환경과 서로 영향을 주고받는 상호

작용적인 역동적 관계 속에서 유지·발전하는 개방체제인 것이다.

다섯째, 조직은 각자의 욕구를 가지고 있는 성원들의 행동을 조직의 요구에 따라 행동하도록 조정·통제하기 위한 규정이나 규칙 등 규범을 가지고 있다.

Stoops와 Johnson은 교육에서의 조직의 지향할 바를 다음과 같이 제시하였다.

① 교육조직은 융통성이 있어야 하고 교수 학습의 질에 이바지하여야 한다.

② 교육조직은 교육목적과 목표에 구현된 철학을 반영할 수 있는 프로그램과 물리적 시설 및 조건을 갖추어야 한다.

③ 교육조직은 논리적 일관성과 연속성을 제시해야 한다.

④ 교육조직은 경제성·능률성 및 민주적 과정을 장려해야 한다.

2) 공식조직과 비공식조직

(1) 공식조직과 비공식조직의 차이

일반적으로 조직이라 하면 공식조직을 말한다. 공식조직(formal organization)이란 일정한 목적을 달성하기 위해서 의도적이고 인위적으로 구성된 조직이다. 따라서 공식적·제도적으로 형성되며 구조에 중점을 둔다. 공식조직은 보통 조직표(organization chart)로 나타낼 수 있다. 그것은 권한의 계통과 기능적 분업에 따른 여러 부서와 그들의 책임과 의사소통의 통로를 나타낸다.

공식조직이 기대되는 바와 같이 정확하게 기능을 발휘하지 못하는 것은 그 조직을 구성한 인간들의 성격이나 감정 때문인 것이다. 그리하여 또 하나의 조직인 비공식조직(informal organization)을 고찰해야 하는 것이다. 비공식조직이란 공식조직 속에서 생활하는 가운데 개인적 접촉이나 상호작용의 결과 자연발생적으로 형성된 집단이다. 이런 의미에서 흔히 자생집단 또는 자생조직이라고도 한다. 따라서 비공식조직은 대인관계를 나타내는 인간성의 구조로서 권한이나 기능의 구조는 아니다. 그러면 좀더 구체적으로 공식조직과 비공식조직의 차이를 제시해 보면 다음과 같다.

① 이미 언급한 바와 같이 공식조직은 인위적으로 만든 것인데 비하여, 비공식조직은 자연발생적으로 형성된 것이다.

② 공식적인 그 조직의 설립과 폐지에 따라 그 수명이 제한되지만 비공식 조직은 공식적인 것에 선행하여 존재할 수도 있고 그 공식조직을 떠나서도 계속되는 수가 많다.

③ 공식조직은 성문화되고 따라서 외면적·외재적인데 비하여 비공식조직은 성문화되지 않고, 공식조직에 내면화·내재적인 것으로 겉으로 잘 드러나지 않는다. 비공식조직이 성문화되고 외면적으로 드러나면 비공식조직이 아니라 이미 공식조직화하는 것이다.

④ 공식조직은 계층에 따른 과업의 분담이 분명한데 비하여 비공식조직은 계층이나 성원의 역할 분할이 불분명하다. 비공식조직에 참여한 성원들의 행동을 제약하고 규제하는 인물이 있기는 하되 배후에 존재하며 눈에 띄지 않는 경우가 많다.

⑤ 공식조직은 그 조직 성원 전체로 구성되지만 비공식조직의 성원은 그 일부로서 구성되기 때문에 소집단(small group)인 것이다. 이러한 면에서 비공식집단이라는 용어를 즐겨 쓰는 경향이 있다.

⑥ 공식조직은 합리성 또는 능률의 논리에 따라 구성·운영되는데 비하여, 비공식 조직은 비합리적인 감정의 논리에 따라 형성·운영된다.

비공식조직의 형성요인은 여러 가지가 있다. 박연호는 선천적 요인과 후천적 요인으로 구분하였는데 선천적 요인으로는 ① 직원의 기질 및 성격의 동질성, ② 성별, ③ 연령, ④ 혈연관계 등이며, 후천적 요인으로는 조직체 외부에 존재하는 요인과 조직체 내부에 존재하는 요인으로 다시 구분된다. 조직체 외부의 요인으로는 ① 동향관계, ② 지인이나 은고관계, ③ 출신 학교관계, ④ 학력과 교육정도, ⑤ 주거지의 근접성을 들 수 있고, 조직체 내부의 요인으로는 ① 업무의 유사성, ② 집무 장소의 근접성, ③ 근무 기간, ④ 계급 또는 직위 등을 들 수 있다.

(2) 비공식조직의 기능

비공식조직은 공식조직에 내재하여 성원 상호간의 빈번한 접촉을 통해서 그들 특유의 성격 형성의 기반이 되는 태도 신념 습관 및 행동양식을 형성하고 거기에서 새로운 경험과 소속감과 정서적 만족감을 얻는다. 말하자면 비공식조직은 공식조직과의 관계에서 순기능적인 면도 있고 역기능적인 면도 있다는 것을 이해하지 않으면 안 된다. 특히, 비공식조직을 통한 의사소통의 왜곡과 차단, 정실에 치우친 의사결정이나 인사관리 등은 흔히 볼 수 있는 역기능적 측면이다. 따라서 조직을 경영하는 행정면에서 비공식조직을 적대시하느냐 또는 적극적으로 참여·협조를 구하느냐 또는 무관심·방관하느냐에 따라 비공식조직의 기능에 영향을 끼치게 된다.

barnard는 비공식조직의 필요성과 기능을 다음과 같이 들고 있다. 비공식조직은 ① 어떤 태도·이해·관습·습관·제도를 형성하고, ② 공식조직이 나타날 조건을 조성하기 때문에 중요하다. 공식조직은 비공식조직에서 나오며 또 비공식조직에 필요하지만 공식조직이 운영되게 되면 비공식조직을 창조하고 또한 필요로 한다.

비공식조직은 공식조직 내에서 ① 의사소통을 용이하게 하고, ② 집단의 단합성(cohesiveness)을 유지하게 하며, ③ 인간적 성실성·자존심 및 독립적 선택감을 유지시켜 주는 기능을 한다.

3) 계선참모조직

계선참모조직(line and organization)은 계선조직(line organization)과 참모조직(staff organization)을 혼합한 것으로 모든 조직의 기본형태를 이루고 있다. 계선 조직은 군대의 지휘 명령계통과 같이 상사의 명령이 곧 부하에게 전달되도록 편성된 조직이다. 조직의 각 성원은 명령일원화의 원칙에 따라 한 사람의 직근 상위자의 명령에 따라 행동하고 그에게만 책임을 진다.

참모조직이란 계선조직이 그 목적 수행을 원활히 할 수 있도록 자문·권고하는 전문가의 집단을 말한다. 따라서 계선·참모조직은 명령 일원화의 원칙에 따라 책임의 소재를 분명히 하는 한편 전문화의 원리를 도입한 조직형태이다. 모든 명령과 감독은 계선의 장을 통해야 행해지며 참모(staff)인 전문가는 직접적으로 명령을 하거나 결정을 내릴 권한은 없고 단지 계선의 장에 대하여 자문하는 고문으로서의 지위에 있다. 참모의 일은 주로 연구·조사·계획·정책구상 등 전문가로서 그 조직의 두뇌(brain)역할을 담당한다. 이처럼 계선부분은 최고위층에서 최하위층의 실무자에 이르기까지 명령의 선에 의하여 연결되며, 참모부분은 전문적인 기능을 담당하며 계선부분에 대하여 권고·조언·자문하는 권한만을 갖게 되므로 명령 일원화의 원칙이 지켜지고 책임의 일원성이 유지되는 것이다.

그런데 계선참모조직은 계선 부문과 참모 부문 간의 불화와 갈등을 야기하는 등 단점도 없지 않다. 참모는 계선의 장으로 하여금 조직의 과업을 강력히 추진하여 능률을 올리게 하고 새로운 정보와 지식을 도입하여 조직의 혁신과 발전을 꾀할 수 있고, 독단과 전횡을 방지할 수 있다는 장점이 있다. 그러나 명령계통과 조언·자문계통이 혼동되기 쉽고 참모는 흔히 조직의 상층부에 위치하여 조직의 장을 둘러싸고 한도를 넘어선 영향력을 발휘하는가 하면 계선의 장도 참모 부문을 악용하거나 실제와 맞지 않는 이론을 구체화하려고 강행하는 경우도 있다. 또한 계선과 참모의 지위와 대우의 불일치에서 오는 갈등도 있다.

4) 관료제조직

(1) 관료제의 기본 개념

고전적 조직론 가운데 가장 대표적이고 현대조직에 가장 많은 영향을 끼치고 있는 것이 weber의 관료제이다. 그는 권한의 유형에 따라

행정형태를 기본 세 유형으로 나누고, 각 행정형태에 따라 조직 구조를 전통적 조직 · 관료적 조직 · 카리스마적 조직으로 대별하였다.

전통적 권한(traditional authority)이란 부하가 상사의 명령을 언제나 그러했다는 입장에서 정당한 것으로 여기는 경우이며, 합리 · 합법적 권한(rationallegal authority)이란 관료제 권한(bureauratic authority)을 말하는데, 부하가 어떤 지배를 그들이 합법적이라고 생각하는 일련의 추상적인 규칙과 일치하고, 그 규칙에서 도출된 것이기 때문에 합리적이고 적당한 것으로 받아들이는 경우이며, 카리스마적 권한(charismatic authority)이란 부하가 상사의 명령을 상사의 인품에 공감하고 그의 감화력 때문에 정당한 것으로 수락한 경우를 지칭한다.

(2) 관료제의 특징

① 분업과 전문화 : 조직의 목적 달성에 요구되는 정상적인 활동은 개인적으로 성취하기에는 너무나 복잡한 과업이므로 분업을 통해서 능률을 향상시킬 수 있다. 직무를 수행하기 위해서는 교직원이 자기 직무에 대한 지식과 기능을 가져야 한다. 따라서 교직원의 충원은 이와 같은 전문성을 근거로 하여야 한다.

② 비인간 지향성 : 관료제의 근무분위기는 비인간 지향성, 즉 비정성(impersonal orientation)이라야 한다. 즉, 애증이나 정실 또는 감정에 치우치지 않고, 사실에 입각한 공정한 결정을 하기 위해서는 공식적 비정성(formalistic impersonality)이 지배해야 한다.

③ 권한의 계층 : 관료조직에서 직위의 구조는 수직적으로 편성된다. 즉, 하위직은 상위직의 통제와 감독 하에 놓이도록 되어 권한의 계층(hierarchy of authority)을 형성한다. 예컨대 교육부에서는 장관을 정점으로 실 · 국장, 과장으로, 교육청에서는 교육감이나 교육장을 정점으로 하여 국장, 과장, 계장으로, 학교에서는 교장, 부장교사, 교사, 학생으로 각각 지위가 낮아진다.

④ 규칙과 규정 : 관료조직은 반드시 의도적으로 마련한 규칙과 규정(rules and regulations)의 체계가 있다. 규칙과 규정은 각자의 직위에

수반되는 권리와 의무를 규정하고, 각자의 활동을 조정하는 기능을 한다. 또한 규칙과 규정은 사람이 바뀌어도 운영의 계속성을 보장하고, 종업원의 행동에 안정성과 일관성을 보장한다.

⑤ 경력 지향성 : 관료제 조직에서 인원의 충원은 기능적인 자격을 근거로 하기 때문에 종업원은 자기의 일을 경력(career)으로 생각한다. 관료제에서는 연공서열과 성취에 따른 승진제도가 있어서 이를 뒷받침한다. 이와 같은 승진제도는 비록 상사의 판단에 의해 승진여부가 결정되지만, 조직에 충성하도록 하기 위해 특수한 기능을 가진 사람은 자의적으로 해고되거나 승진이 거부되는 일이 없도록 보호하고 있다.

(3) 관료제의 역기능

Weber에 의하면 관료제 조직은 합리적인 의사결정과 행정의 능률성을 극대화한다고 한다. 분업화와 전문화는 전문가를 만들고, 그 전문가는 비정성을 가지고 정실에 치우침이 없이 사실에 입각하여 기술적으로 올바르고, 합리적인 의사결정을 한다.

또한 경력 지향성은 종업원의 유인체제가 되어 조직에 대한 충성심과 특별한 노력을 유발한다. 그리하여 이와 같은 관료제의 특성은 행정능률을 극대화하게 된다. 그러나 관료제란 용어가 흔히 부정적인 의미로 널리 쓰이고 있듯이, 관료제는 바람직하지 못한 결과, 즉 원래 의도와는 전혀 다른 결과를 만들어내기도 한다.

관료제의 역기능은 어떤 의미에서는 야누스(Janus)와 같은 두 개의 얼굴을 가졌다고 할 수 있다.

우선 첫째, 분업화와 전문화가 생산성과 능률을 증진시킨다고 하지만 교원에게 권태를 안겨주고, 이는 다시 생산성과 능률성을 저하시키게 된다.

둘째, 관료제의 비정성은 합리적 의사결정을 할 수 있도록 하지만, 메마른 분위기를 형성하여 인간화교육을 표방하는 학교사회에 교직원 간이나 교사와 학생 간에 인간적인 상호작용을 저해하게 되고, 교원의 사기를 저하시켜 결과적으로 교육의 효과를 손상하게 한다.

셋째, 관료제의 권한의 계층구조는 명령을 단일화하고 부서간의 활동을 조정하며 의사소통의 공식화를 촉진한다. 그러나 실제의 의사소통은 상의하달의 하향적인 것만 강조되고, 하의상달은 저지되거나 무시 또는 왜곡되고, 상향적 의사소통을 하더라도 상사의 비위에 거슬리지 않고 눈에 들것만을 하게 된다. 그리하여 부하로 하여금 상사 지향적인 태도와 과잉충성의 행동을 심화시킨다. 또한 고층조직(tall organization)일수록 결국 많은 시간과 정력을 낭비하게 되어 비능률을 촉진한다.

넷째, 규칙과 규정은 안정성 · 일관성 · 계속성을 보장하는 한편, 조직의 경직성과 목표의 전치(goal displacement)나 역할왜곡을 낳게 된다.

다섯째, 경력지향성은 종업원의 승진을 연공서열과 성취도 위주로 하기 때문에 충성심과 노력을 극대화하는 데는 기여하지만 연공서열과 성취도가 반드시 양립하거나 비례하는 것은 아니다.

5) 학교조직에 대한 대안적 모형

(1) 이완체제

학교사회에 관한 전통적 견해는 학교를 조직론적 관점에서 학교와 타조직과의 유사점을 찾는 데 초점을 둔 것이었다. 조직의 모형을 학교에 적용하려고 하였다. 그러나 이미 관료제의 비판에서 보듯이 여기에는 한계가 있다. 그리하여 학교가 다른 조직과 구별되는 독자성과 특수성, 차별성을 추구하려는 관점에서 연구하려는 새로운 입장에서 고전적 조직론과 다른 대안적 모형이 있는데, 이는 이완체제, 조직화된 무질서라는 개념이다.

이완체제 또는 이완결합체제(loosely coupling systems)로 학교를 보는데 크게 기여한 사람은 Weick이다. 학교조직의 특수성은 관료제의 원칙처럼 분업화에 의해서 권한의 계층관계에 의해서 횡적으로 잘 조정되고, 종적으로 지시 · 명령계통에 의해서 일사분란하게 움직일 수 있도록 결합된 조직이 아니라는 것이다.

이와 같이 교원의 자율성과 전문성을 중요시하기 때문에 학교는 각 부서, 과정, 활동 및 개인 등 조직의 구성요소가 단단하게 결합되지 못하고, 조잡하고 느슨하게 연결된 조직이라는 것이다.

(2) 조직화된 무질서

조직화된 무질서 또는 무정부상태의 조직(organized anarchies)은 Cohen, March, 그리고 Olsen 등이 개념화한 것이다. 그들은 대학과 같은 조직은 늘 불안정하고, 유동적인 상황이며, 합리적이고 체계적이지 않기 때문에 무정부적이라는 것이다. 그것은 조직의 목표가 불분명하고, 구성원의 참여가 유동적이며, 기술(technology)이 불확실하다는 속성을 가지고 있다.

첫째, 속성은 목표의 불확실성이다.

둘째, 교육목표의 애매 모호성은 그것을 달성하려고 하는 방법, 기술을 또한 불분명하게 한다.

셋째, 참여의 유동성이란 학교 구성원인 교사와 학생 및 학부모의 참여가 유동적이라는 것이다.

이상에서 살펀 바와 같이 학교조직은 늘 불안정하고, 유동적인 상황이기 때문에 합리적이고 체계적인 의사결정이 어렵다고 보고, 무정부상태에서의 의사결정은 마치 쓰레기통에서 무엇을 선택하는 상황에 처하게 된다고 하여, 의사결정의 쓰레기통 모형(garbage can model)을 설명하였다. 즉, 그들이 비유하는 쓰레기통에는 ① 문제, ② 해결책, ③ 참여자, ③ 선택의 기회라는 네 개의 비교적 독립적인 영역이 혼합되어 있디. 이 모형의 기본 특징은 의사결정 과정이 문제에서 시작하여 문제의 해결로 끝나는 것이 조직에서 독립적인 상황의 흐름에 따라 결정이 이루어진다는 것이다. 말하자면 학교와 같은 조직에서의 의사결정은 합리적이고, 체계적으로 이루어지기보다는 우연히, 주먹구구식으로 이루어지는 경우가 많다는 것이다.

참고문헌

권기욱 외(1998), 『교육행정학개론』, 서울: 양서원
김성렬 외(1994), 『교육행정 및 교육경영』, 과학과 예술
남정걸(1991), 『교육행정 및 교육경영』, 교육과학사
매일경제지식프로젝트팀(1998), 지식혁명보고서, 매일경제신문사
박련호(1994), 『현대인간관계론』, 서울: 박영사
박아청(2001), 『성격심리학의 이해』, 서울: 교육과학사
송미섭 외(1992), 『교육행정 및 교육경영론』, 형설출판사
윤정일 외(1994), 『교육행정학 원론』, 서울: 학지사
이창원 외(1996), 『새 조직론』, 도서출판 대영문화사
최정훈(1992), 『인본주의 심리학』, 서울: 법문사
http://www. kwandong.ac.kr/~choich/c8.htm
http://stewardess.inhatc.ac.kr
http://www.2knu.ac.kr/~psy/kyungsim/small/humu2/human.htm
http://www.store119.com/service/changup/manage_2.html

제 8 장

교육인사행정

8 chapter

교육인사행정

'인사가 만사'라는 말이 있다. 조직을 운영하는데 있어서 그만큼 인사가 중요하다는 것을 단적으로 말해 주는 것이다. 교육인사행정이란 교육목표를 효과적으로 달성하는데 필요한 인적 자원을 활보하고 그들의 능력을 발전시키고 좋은 근무조건을 마련하여 열심히 일하도록 하는 일련의 행정과정을 가리킨다. 먼저 교육인사행정의 개념과 이념, 그리고 관계법령을 공부한다. 그리고 교직원의 선발과 임용에 관한 사항들을 살펴보고, 이어서 교원의 전문성 향상을 위한 교원의 교육과 연수를 살펴본다. 끝으로 교원의 근무부담, 보수, 신분보장, 인간관계, 교원의 의무 등 교원의 근무조건, 단체교섭에 관한 것들을 살펴보기로 한다.

제 1 절 교육인사행정의 개념

1. 교육인사행정의 개념

교육행정이 그 조직을 운영하려면 적어도 재정(money)·물질(material)·인력(man) 등 세 가지 요소가 필요하다. 이를 3M이라고

하여 조직의 3대 관리요소라고 부르고 있다. 그러나 그 가운데에서도 인적 요소가 가장 중요한 것으로 강조되고 있다. 그것은 조직활동의 성패를 좌우하는 것은 바로 인사이기 때문이다.

교육인사행정은 교육목표를 효과적으로 달성하는 데 필요한 인적자원을 확보하고 그들의 능력을 발전시키고 좋은 근무조건을 마련하여 물질적 대우나 정신적 사기를 높여주는 것이 그 기본과제다. 또한 교육인사행정은 각급 학교의 교육활동에 종사하고 있는 교원만이 아니라, 교육행정기관 및 연구기관에서 활동하는 인사까지를 모두 포함한다.

사람을 다루는 일처럼 어려운 문제가 없다는 행정가 또는 지도자의 말과 같이 조직제도와 인간(개인) 사이에 일어나는 복잡한 관계를 어떻게 조직목표달성과 개인의 만족을 달성시킬 수 있는 행동으로 발전시키느냐 하는 문제는 매우 중요한 과제이다.

오늘날 교육활동에 종사하는 교직원의 신분과 자격, 수요와 공급, 선발과 채용, 전보와 승진, 보수와 후생, 신분보장, 인간관계, 교육과 연수, 근무평정 및 윤리강령 등에 관한 광범한 활동을 포함하게 된다.

이와 같이 현재의 교육인사행정은 광범위한 분야에 걸쳐서 급진적으로 정비·강화되어 가고 있거니와 앞으로도 더욱 많은 과제를 해결하지 않으면 안 된다. 따라서 교육인사행정에 있어서의 몇 가지 기본과제를 다음과 같이 열거할 수 있다.

① 민주적인 절차를 밟아서 합리적인 인사정책을 수립하는 일

② 정실주의를 배제하고 자격임용주의 또는 실적주의(merit system)의 원칙을 수립하는 일

③ 적재를 적소에 배치하는 일

④ 보수·신분보장·복지시설 등 직원의 근무조건을 정비·강화·개선하고 사기를 앙양시키는 일

⑤ 인간관계를 개선하고 인화를 조성하는 일

⑥ 교육과 훈련을 개선·강화하고 그 전문화를 도모하는 일

⑦ 직무수행상 책임의 한계를 분명히 하고 규율을 확립하는 일

⑧ 임명·승진·전보 등 인사 전반에 걸쳐서 정치적 중립성을 보장하는 일

⑨ 교직단체의 건전한 발전을 조성하는 일.

2. 교육인사행정의 기본이념

교육인사행정은 교육조직의 목적을 효과적으로 달성하는데 필요한 유능한 교육직원(staff personnel in education)의 채용과 그들의 계속적인 능력발전 그리고 사기양양을 도모하는 일련의 과정이다. 이 가운데 어느 한 과정만 잘 안 되어도 인사행정은 병들게 된다는 면에서 인사행정은 이들 세 과정의 통합된 노력으로 보아야 한다.

역사적으로 인사행정의 제도와 운영방법은 많은 변화를 겪어왔다. 나라마다 각각 특수한 역사적 배경, 정치, 경제, 사회적 상황에 따라 독특한 변천을 해 왔다. 그러나 그 지변에 흐르는 기본이념에는 공통성을 발견할 수 있다. 비록 그것이 분명하게 나타나는 것은 아니지만 인사행정의 공통적인 기본이념으로 엽관주의(spoils system)와 실적주의(merit system)로 요약해 볼 수 있다.

물론 오늘날의 인사행정은 실적주의를 그 기본이념으로 하되 사회변동상황에 보다 적극적으로, 그리고 신축성 있게 대응할 수 있도록 하기 위해서는 그것을 엽관주의적 요소와도 조화시켜 확대·발전시킬 필요가 있다. 사실 실적주의와 엽관주의는 역사적·제도적으로 대립되는 이념으로 이해되어 왔다. 그러나 이 두 이념은 상호보완적 관계에 있으며, 양자의 장점을 보완시키는 방향으로 발전하여야 할 것이다.

따라서 교육인사행정의 기본이념은 민주사회발전에 밑거름이 될 민주교육의 열매를 거두기 위하여 민주적 인사행정이 운영되어야 하겠으며, 그러기 위해서는 다음과 같은 교육인사행정의 기본이념이 있어야겠다.

① 인사행정은 인간을 수단이 아닌 목적으로 다루어야 한다.

교직원 인사행정은 민주주의 기본이념에 그 기초를 두어야 한다. 즉 인간존중이라는 기본정신에 따라 인간의 존재가치를 인식하고 각 개인은 저마다 어떤 목적으로 다루어져야 하며 목적을 위한 수단으로 다루어질 수는 없다.

② 인사행정은 집단에 기반을 두고 운영되어야 한다.

민주주의사회에 있어서는 집단판단과 집단의사결정을 중히 여기므로, 집단사고에 의하여 얻은 결론에 대하여 신뢰를 하게 된다. 그러므로 교직원의 인사행정을 운영하는 데에도 이와 같은 기본태도가 그 기반이 되어야 할 것이다.

③ 인사행정가는 동료적인 입장에서 행정에 임해야 한다.

인사행정에서 무엇보다 중요한 것은 인사행정담당자가 모든 인사문제를 다룰 때 동료적인 입장에서 생각하고 처리해 나가야 한다는 것이다. 인사행정가에게 아무리 큰 권한이 주어졌다 해도 자기가 맡은 책임을 올바르게 수행하기 위한 권력을 행사하기에 앞서 협동적인 노력이 필요하다는 사실을 인식해야 한다.

④ 인사행정은 각자의 능력에 따라 적재적소에 배치해야 한다.

3. 교육인사행정의 기구

교직원의 선발과 채용에 있어서 공석이 된 자리에 필요한 인물을 배치해 주는 경우뿐만 아니라한 부서나 학교 내에서의 인사배치에도 적용되어야 한다.

교육인사행정의 담당기구는 다음 두 가지 형태로 구분된다.

첫째는 대통령, 교육과학기술부장관, 교육기관의 장, 교육감, 교육장으로 연결되는 임용기관체계이며, 둘째는 교육공무원 인사위원회, 대학인사위원회, 각급징계위원회, 소청심사위원회 등과 같은 자문 또는 의결기구로서의 체계이다.

1) 대통령 및 국무총리

헌법 제78조에 의하면, "대통령은 헌법과 법률이 정하는 바에 의하여 공무원을 임명한다"고 규정함으로써 모든 공무원의 임명권을 대통령이 가지고 있음을 명시하고 있다. 그러나 교육공무원의 경우 대통령은 법령이 정하는 바에 의하여 그 권한의 대부분을 교육과학기술부장관에게 위임하고 있다.

2) 교육과학기술부장관

교육과학기술부장관은 교육공무원 인사에 관한 총괄권자이며 실제적인 최고기관이다. 그렇지만 초등학교와 중등학교 교원의 인사권은 대부분 교육감에게 위임하고 있다. 교육과학기술부장관의 인사권 행사에 관한 보조기관으로는 교육부차관과 교육부 총무과장이 있으며, 자문기관으로는 교육공무원 인사위원회 및 교육공무원 징계위원회 등이 있다.

3) 대학교 총장 · 학장 및 교육감

대학의 총장, 학장, 시 · 도 교육청의 교육감, 시 · 군의 교육장은 대통령 · 교육과학기술부장관으로부터의 일정한 범위의 권한을 위임받아 인사권을 행사한다. 대학에는 대학인사위원회가 인사권 행사에 관한 권한의 일부를 가지고 있다.

4) 교육공무원 인사위원회

교육공무원의 인사에 관한 중요사항에 대하여 교육부장관의 자문에 응하기 위하여 교육과학기술부에 교육공무원 인사위원회를 두고 있다(교육공무원법 제3조).

인사위원회의 설치목적은 교육과학기술부장관이 인사권을 행사함에 있어서 신중을 기하게 한다는 효과 밖에는 없다. 따라서 인사위원회가 교육과학기술부장관에게 제출하는 의견 · 건의 · 결정 등은 법률상 교육과학기술부장관을 기속하는 힘이 없다. 이 점에 통상의 의결기관과는 다른 점이다.

인사위원회의 조직과 운영은 위원장 1인을 포함한 7인의 위원으로 구성된다. 위원장은 교육과학기술부장관이 되고 위원은 7년 이상의 교육 또는 교육행정 경험이 있고 인사행정에 관한 탁월한 식견이 있는 자 중에서 교육과학기술부장관의 제청으로 대통령이 위촉한다. 인사위원회의 기능으로는 다음과 같은 것이 있다(교육공무원법 제4조).

① 교육공무원의 인사행정에 관한 방침 및 기준의 결정과 기본 계획의 수립에 관한 사항

② 교육공무원의 인사에 관한 법령의 제정 또는 개폐에 관한 사항

③ 기타 교육공무원의 인상에 관한 중요한 사항.

5) 대학인사위원회

대학원장 · 학장(대학교의 학장에 한함) · 교수 · 부교수 · 조교수 · 전임강사 및 조교의 임용동의, 기타 대학교원의 인사에 관한 중요사항을 심의하기 위하여 대학교에 대학인사위원회를 둔다(교육공무원법 제5조).

대학인사위원회는 총장 또는 학장의 자문에 응하고 또 인사에 관한 중요사항을 심의하는데 있어서는 교육과학기술부장관 소속하에 있는 교육공무원 인사위원회와 그 성격이 같다. 그러나 대학 인사위원회는 자문기관의 성격과 함께 의결기관으로서의 성격을 갖는 이중의 법률적 성격을 갖는다.

따라서 대학인사위원회의 의결은 인사의 집행권자 및 그 보조 기관을 기속하는 힘을 갖는다. 그러므로 대학인사위원회의 동의와 의결은 대학의 장의 인사권 행사의 선행요건이 되므로 그 동의를 얻지 못하였거나, 부결되었거나 또는 대학인사위원회를 거치지 아니한 모든 임용행위는 법률요건의 흠결로 무효화 하는 것이다. 대학인사위원회는 다음 사항을 심의한다.

① 총장이 교수·부교수의 임명 또는 전보를 제청하고자 하거나 조교수·전임강사·조교를 임명하고자 할 때의 그 임명 제청·전보제청 또는 임명의 동의에 관한 사항

② 총장이 대학원장·학장(대학교의 학장에 한함)의 임용제청을 하고자 할 때의 그 임용제청의 동의에 관한 사항

③ 교육공무원법 또는 다른 법령에 의하여 대학인사위원회의 심의를 요하거나 총장·학장이 필요하다고 인정하는 사항

4. 교육인사행정에 관한 기본법령

교육인사행정의 기본이 되는 법률로서는 국가공무원법과 교육공무원법이 있다. 구가공무원법은 "대통령은 헌법과 법률이 정하는 바에 의하여 공무원을 임명한다"는 헌법의 규정(제78조)에 의거하여 국가공무원에게 적용할 인사행정의 기본기준을 확립함으로써 공정하고 민주적이며 능률적인 인사행정의 운영을 기하는 것을 목적으로 하고 있다.

교육공무원법은 교육공무원에게 적용할 인사행정의 근본기준을 정함을 목적으로 하여 제정되었으며, 교육공무원법의 규정과 별도로 교육공무원의 자격, 임용, 보수, 연수와 복무, 신분보장, 징계, 소청 등에 관한 기준을 정하고 있다.

이 두 개의 법률 이외에도 현행 교육기본법 제14조 교원에 간한 규정 및 사립학교법 제4장 사립학교 교원에 관한 규정은 교육인사행정의 기초가 되는 법률이다. 교육기본법 제14조 교원에 관한 규정은 다음과 같다.

① 학교교육에서 교원의 전문성은 존중되며, 교원의 경제적·사회적 지위는 우대되고 그 신분은 보장된다.

② 교원은 교육자로서 갖추어야 할 품성과 자질을 향상시키기 위하여 노력하여야 한다.

③ 교원은 특정 정당 또는 정파를 지지하거나 반대하기 위하여 학생

을 지도하거나 선동하여서는 아니 된다.

④ 교원은 법률이 정하는 바에 의하여 다른 공직에 취임할 수 있다 . 교원의 임용·복무·보수 및 연금 등에 관하여 필요한 사항은 따로 법률로 정한다.

5. 교육공무원 승진규정

1) 승진의 개념과 기준

• 승진의 개념과 의의

승진은 동일 직렬 내의 직위 상승을 의미한다. 승진에 따라 상위직급에 임용되면 책임과 권한이 증가되고, 임금 및 각종 근무여건이 개선된다. 교원의 경우 교사가 교감으로, 교감이 교장으로 임용되는 것을 예로 들 수 있다. 이러한 승진제도는 ① 구성원에게 보상수단 내지 욕구충족 수단을 제공하며, ② 인적 자원을 적절히 배치함으로써 조직의 목표를 효율적으로 달성할 수 있게 하며, ③ 조직 구성원이 직무수행을 위해 필요한 지식과 능력을 향상시키는 등 능력 계발의 수단이 된다(최종태, 1981).

• 승진의 기준

대체로 승진의 기준은 연공서열주의(seniority system)와 능력주의(merit system)로 나누어 설명할 수 있다.

① 연공서열주의 : 승진 대상자의 근무연수, 연령, 경력, 학력 등의 기준을 중시하는 것이다. 이는 동양의 운명 공동체적 풍토에 기반을 둔 것으로서 그 적용이 용이하고 승진관리에 안정성을 기할 수 있는데 반하여, 유능한 인재의 확보가 미흡하고 행정의 침체성이 우려되는 등의 단점이 있다.

② 능력주의 : 승진 대상자의 직무수행능력과 업적 등을 중시하는 것이다. 이는 서양의 이익 공동체적 풍토에 기반을 둔 것으로서 과학적

이며 합리적인 인사가 가능하다는 장점이 있는 반면, 근무보다 시험에 열중하고 시험을 전후한 사기에 영향을 주는 등의 단점이 있다.

연공과 능력 중에서 어느 것이 더 중요한가 하는 문제를 한마디로 규정하기는 어려우며, 대체로 능력과 업적, 학력과 근속연수, 근무성적, 승진시험 등을 적절하게 혼합하는 것이 일반적이다.

〈연공주의 능력주의의 장·단점〉

구분	장점	단점
연공주의	· 고도의 객관성 · 정실 및 불공평으로 인한 불평 약화 · 행정의 안정성 유지	· 유능한 인재 등용의 제약 · 행정의 침체성 우려 · 부하직원의 통솔 곤란
능력주의	· 인사권자의 정실 개입 여지 경감 · 시험에 따른 타당성 제고 · 개인의 발전 촉진	· 근무보다 시험에 열중 우려 · 시험의 타당도가 낮을 경우 충실근무 직원 불리 · 시험을 전후한 사기에 영향

2) 교원승진 임용의 기준과 구조

「교육공무원법」 제13조는 교육공무원의 승진 임용은 동종의 직무에 종사하는 바로 하위직에 있는 자 중에서 대통령령이 정하는 바에 의하여 경력 평정, 재교육성적, 근무성적, 기타 능력이 실증에 의해 행한다고 규정하고 있다.

현행 교육공무원의 경력 평정·근무성적 평정·연수성적 평정·가산점 평정 등을 포함하는 승진 규정은 승진 임용을 위한 준거를 제공한다.

현행 교육공무원의 승진제도는 이상에서와 같이 연공과 실적을 절충하는 형태로 이루어진다. 즉, 앞의 네 가지 평정점수의 순위에 따라 자격별로 승진 후보자 명부를 작성·비치하고 이 명부에서 순위가 높은 교원의 순으로 결원된 직에 대하여 3배수 범위 안에서 승진 임용하거나 임용을 제청하도록 되어 있다.

이 승진 후보자 명부는 승진될 직위별로 나누어 작성하되 경력 평정,

근무성적 평정, 연수성적의 평정점을 합산한 점수가 높은 순위로 기재하며, 전술한 가산점을 각 평정점의 합산점수에 가산하도록 하고 있다. 승진 후보자 명부 작성에 있어서 동점자가 2인 이상일 때에는 ① 근무성적이 우수한 자, ② 현 직위에 장기 근무한 자, ③ 교육공무원으로서 계속 장기 근무한 자의 순으로 순위를 정하며, 그래도 순위가 결정되지 않을 때는 승진 후보자 명부의 작성권자가 그 순위를 결정한다.

교원을 포함하는 교육공무원은 징계의결 요구, 징계처분, 직위해제 또는 휴식 중에 있는 경우, 징계처분의 집행이 종료된 날로부터 일정기간(정직의 경우 18월, 감봉은 12월, 견책은 6월)이 경과되지 아니한 경우에는 승진 임용될 수 없다. 다만, 징계처분을 받은 이후 당해 직위에서 훈장, 포장, 모범공무원 포상, 국무총리 이상의 표창 또는 제안의 채택시행으로 포상을 받은 경우에는 승진 임용 제한기간의 1/2을 단축할 수 있다.

제 2 절 교원의 충원과 신규 임용

1. 외국의 교원임용

1) 벨지움의 교사 양성과 임용

벨지움의 교사양성은 두 개의 교육기관에서 행하여지는데, 유아학교 교사, 초등교사, 하급 중등교사는 3년제 교육전문학교에서 양성한다. 여기서 하급중등교사는 우리나라의 중학교 교사에 해당한다. 우리나라 고등학교 교사에 해당하는 상급중등교사는 전공 교과목에 대한 높은 수준의 지식이 요구된다는 이유로 4년제 종합대학의 교직 과정부에서 양성한다. 학교별로 교사에 대한 명칭에도 차이를 두고 있어, 유아학교교사와 초등교사를 Instituteur, 하급중등교사를 Regent, 상급중등교사를 Professeur로 호칭한다.

교육전문학교에서는 유아학교교사, 초등교사, 하급중등교사를 양성하며, 최근에는 과거 기술전문학교에서만 양성하던 중등기술교사의 일부도 담당한다. 입학자격은 중등교육을 마치고 상금중등교육수료증이나 고등교육진학자격증 소지자에게 허용되며 모집인원의 제한은 없다. 별도의 입학시험이나 고등교육진학자격증 소지자에게 허용되며 중등교사 과정의 체육전공과 미술전공 응시자는 적성실기시험을 치러야 한다. 면접에서는 교사후보자로서의 적격여부를 판정한다. 혐오감을 주는 용모와 모국어 구사에 문제가 있는 응시자들은 탈락될 수 있다. 입학시험이 없는 대신 학년별 유급제를 실시하고 있어 상당수 학생들이 2학년 진급에서 탈락된다. 모든 과정의 학생들은 교육실습을 마치고 3학년에 교육에 관한 독창적인 논문을 제출하여 심사를 받아야 하며, 이를 통과해야 자격증을 취득할 수 있다.

유아학교교사 및 초등교사 과정과는 달리, 하급중등교사 과정은 14개 전공으로 구분하여 양성된다. 즉, 프랑스어 & hibar; 역사, 프랑스어 & hibar; 도덕, 네덜란드어 & hibar;1 영어, 네덜란드어 & hibar; 독일어, 영어 & hibar; 독일어, 수학 & hibar; 물리, 수학 & hibar; 경제, 수학-도덕, 물리 & hibar; 화학 & hibar; 생물, 지리 & hibar; 화학 & hibar; 생물, 지리 & hibar; 역사 & hibar; 사회, 체육 & hibar; 여가지도, 미술, 교육상담 전공으로, 단일 교과목이 아니고 2~3개 교과목을 함께 전공하도록 하고 있다 .이들 전공 분야는 교육전문학교에 따라 14개 전공 모두들 개설한 학교도 있고, 5~6개 전공만 개설한 학교도 있다. 하급중등교사의 자격증 표시도 "수학교사"가 아니고 "수학-물리 교사" 또는 "수학-경제 교사"가 되며, 학교에서 담당하는 교과목도 수학, 물리 또는 경제 중 단일교과만 담당하는 경우도 간혹 있으나 일반적으로 2개 교과를 담당한다. 이는 소규모 학교들이 많은 벨지움의 중등교육에 과목별 교사 배치의 유연성 확보에 크게 기여한다. 학계에서는 이를 두고 하급중등교사의 전문성 결여를 우려하는 사람들도 많다.

벨지움의 각 종합대학은 공동체 교육부와의 협조로 중등교사 양성 업무를 보다 능률적으로 수행하기 위하여 1995년부터 교사양성과정 본부(CIFEN)를 설립-운영하고 있다. 이 본부는 교육부, 공-사립 중등학교, 대학행정본부, 관련 학과의 교수법 담당 교수와 긴밀한 협조체제를 유지함으로써 교사양성의 질을 높이고 교사자격증 취득자의 취업을 위한 정보제공을 목적으로 운영한다.

교사자격 취득을 원하는 학생들은 대학의 교사양성과정 본부에서 개설하는 상급 중등교사 과정(Agregation de l'enseigenment secondaire superieur)에 등록하여, 일반 교직과목, 전공 교직과목, 교육실습을 이수하고, 학년말에 공개수업 심사를 받아야 하며, 동시에 해당 교과의 학사학위를 취득해야 한다. 교직과목 이수는 학사학위 과정과 같은 기간에 이수할 수 있으나 학생들 대부분은 4학년 때 집중적으로 이수한다. 교사양성과정에 등록하는 수강생은 별도의 등록금(1997~98년, 약 250달러)을 납부하며, 취득한 학점은 실습의 경우 3년간, 강의는 2년간 자격취득 신청에 유효하다.

벨지움의 중등교사는 처음에는 모두 임시교사로 계약임용된다. 임시교사는 모집인원을 결정하여 선발하는 것이 아니고 교육부가 지원자의 임용신청을 받아 두었다가 교사 결원이 생기는 대로 계약제 임용교사로 채용하며, 다음 학년도에도 교사 결원이 있으면 재계약될 수 있다. 임용희망자는 50세 미만의 교사자격증 소지자로서 지방행정청에 구직등록을 하고, 그 증명서와 함께 교육부에 임시교사 임용신청서를 접수시킨다. 교과목에 따라 차이는 있으나 일반적으로 임용신청 후 1~2년 이내에 임시교사 발령을 받는다. 임시교사의 계약기간은 1년 단위이며 주당 20시간의 수업을 하게 된다.

근무경력이 3년을 넘어서면 계약기간은 다소 늘어나 2~3년 단위, 어떤 경우에는 5년 단위로 계약하는 경우도 있다. 임시교사는 운이 좋으면 수년간 계속하여 같은 학교에서 20시간을 전담할 수 있다. 그러나 벨지움에는 촌락뿐만 아니라 도시에도 소규모 학교들이 많아서, 여러 학교의 자투리 수업시간을 모아 20시간이 되면 임시 교사 1명을 배치하기 때문에, 대부분의 경우 임시교사는 여러 학교에 근무하게 되며 근무지 학교가 매년 변경된다. 운이 나쁠 경우, 재계약이 되지 않아 실직되는 경우도 흔히 발생한다. 현재 벨지움의 공립 중등학교에 근무하는 교사의 약 30%가 임시교사이다. 대체로 35세 이하의 젊은 교사들은 임시교사라고 보면 된다. 많은 임시교사들과 교직 희망자들은 이를 두고 국가가 교사의 노조활동에 대처하고 퇴직연금이나 보험료 불입으로 지불되는 각종 경비를 줄이기 위해 많은 정교사 자리를 임시교사로 대체한다고 비난한다.

정교사가 되기까지는 상당히 지루하고 고된 임시교사 생활을 해야 한다. 정교사로 임용되려면 임시교사 근무경력이 많아야 하고, 전년도 근무지 학교장이나 장학관의 의견서를 첨부하여 심사를 받아야 한다. 정교사로 임용받는데 걸리는 기간은 일반적으로 사립학교에서는 5~7년 정도이지만, 공립학교에서는 13~15년 정도 걸린다. 일단 정교사로 임용되면 특별한 경우가 아니면 같은 학교에서 정년(과거 65세였으나 1983년부터 60세로 단축)까지 안정된 조건으로 근무할 수 있으며, 직접적인 임금인상은 없으나 퇴직연금이나 보험료 불입에서 상당한 혜택을 받는다고 한다.

2) 영국의 교사 양성과 임용

영국의 교사양성은 교육대학, 종합대학, 종합공과대학, 지역교원양성기구 등에서 이루어지고 있다. 교육대학은 지역에 따라 다양한 과정이 이수되며 교육학사학위 이외에도 각종 자격을 취득할 수 있는 과정이 있다.

종합대학교의 교육학부 교사양성과정은 교육대학에서 3년 혹은 4년 과정을 수료한 학생이 보다 학구적인 인문학교나 종합학교의 교사가 되기 위한 종합대학교의 교육학부 대학원과정이다. 종합공과대학에도 교직과정을 이수하면 기술학교 교사나 기술교사자격증을 취득한다.

지역교사양성기구는 교사양성과정을 이수하고 15주의 교육실습을 마친 후 자격을 갖추어 1~2년의 수습기간 동안 조건부로 채용된다. 지역교사양성기구는 전국 19개소에 설치되어 있다. 최근 영국에서의 교사교육 상황은 기존의 교사교육과정에 대한 비판과 교사의 공급 부족으로 특징지어지며, 이로 말미암아 교사교육을 개혁하려는 시도가 있었다. 국가 차원에서 새로운 교사교육과정이 고안되었고, 전통적이 교사교육과정인 교육학사와 교육대학원 자격증 제도를 통제하고 조절하기 위한 기구가 설립되었다. 또한 교사교육기관에 종사하는 사람들도 교사 교육의 개혁과 변화에 능동적으로 대처하고 있다. 영국 교사교육의 개혁은 더 많은 교사 공급의 필요성이 증가함과 더불어 경제적 후퇴의 영향으로 교사교육에 구체적인 결과를 초래하고 있다는 데에서 출발하고 있다.

3) 미국의 교사 양성과 임용

미국의 교원양성교육은 지방분권주의의 확립으로 주 정부 단위의 행정체제하에서 이루어지고 있는 실정으로 통일된 교원양성체제를 파악하기는 어렵다. 그러나 대체적으로 동일한 교육기관에서 교원을 양성하고 있다.

미국에서의 교원양성은 독립된 사범대학과 일반대학의 인문대 교육학과, 종합대학의 교육 대학에서 이루어지고 있다. 이 양성기관 중 사범단과대학들은 점차 일반 대학화하고 있는 경향을 띠고 있다. 따라서 교사양성의 주종은 종합대학교의 사범대학과 일반대학의 교육학과에서 담당하고 있는 추세이다. 또한 음악, 미술 등 예능교육 및 심신장애자를 위한 특수교육 전문교사를 양성하는 기관도 있다.

미국에서 교원양성대학에 지원하고자 하는 학생은 고등학교를 졸업한 자로서 대학의 입학 허가를 받아야 하는데, 고등학교 성적수준이 하위 25% 해당자는 교원양성 대학 시험에 응시하지 못한다. 대부분의 경우, 대학에서 1~2년간의 교양과정을 거친 후 교사교육 프로그램을 이수하게 되는데, 교사교육 프로그램에 입학을 신청하려면 NCATE기준으로 성적평균이 2.5 정도 되어야 하며, 소정의 시험을 치르기도 한다. 또한 교육의 수월성 촉진을 위한 위원회(NCEE)의 보고서에서는 교사가 되려고 하는 사람의 일반적인 요건으로 ① 고등교육을 받았을 것, ② 교직에 대한 적성이 있을 것, ③ 학문적인 면에서 능력이 있을 것이란 세 가지 사항을 제안하고 있다.

수업연한은 수에 따라, 또 초등과 중등에 따라 약간의 차이를 보이고 있으나, 대체적으로 대학에서 4~5년 동안의 소정 코스를 거치도록 하고 있다. 또한 교육내용은 교양교육, 전공교육, 교직교육으로 구성되며, 교직교육의 과정은 다소 차이가 있으나 교원의 자격에 관한 기준이 전국적으로 표준되어 있어 그 내용은 일반적으로 공통적이다.

교양교육은 54학점 이상을 초·중등에 관계없이 어느 교과든지 취득하고, 교직 및 전공교육은 교양교육의 54학점을 포함하여 120학점 이상을 획득해야 한다. 대학원 교육은 1년간에 최소 30학점 이상을 취득해야 한다.

교사의 자격에는 보통자격과 교수능력 및 학교에서의 지도자적 능력이 우수한 사람에게 부여하는 상급자격이 있고, 이외에 상급자격 취득 후의 교육경험이 풍부한 교사 중에서 임명하는 선도교사(Lead Teacher)라는 것이 있다.

교사자격증을 발급하는 요건으로는 교원의 자격 부여를 위한 최저요건으로서의 학사학위 취득과 자격증을 주기적으로 갱신토록 하는 것, 일정시간 동안 교육학과에서 특정과정 및 전공학과 교수법을 이수할 것 등이다. 또한 교육실습을 통한 한 학기간의 교생실습 및 수습교사과정을 의무화하고 있고, 교육실습 외에 수습교사제(Internship)를 도입한 경우에는 주로 한 학기 또는 1년간을 수습교사로 임명하여 실무실습을 받게 한다.

교원의 임용은 교육위원회에서 실시하는 교사임용계약제의 방식을 통하여 이루어지며, 교원을 임용하는 방법은 주에 따라 다르다. 첫 번째 유형은 출신대학 추천장만으로 임용하는 것이고, 두 번째 유형은 추천장과 학업성적을 심사하여 임용하는 것이며, 세 번째 유형은 채용고사를 실시하여 임용하는 형태가 있다. 교원이 절대적으로 부족한 과목의 경우에는 정년퇴직자나 산업체 근무자 중에서 시간제 강사를 임용하거나 기타 국내의 평화봉사단을 활용하기도 한다.

4) 일본의 교사 양성

① 대학에서 교사 양성원칙 : 각 시도에 설치된 1개의 국립대학 학부에 교사 양성과정을 설치하여 교사를 양성한다.

② 개방제의 원칙 : 교육과학기술부장관으로부터 인정을 받으면 일반대학에서도 교사를 양성하도록 개방한다.

③ 교사의 면허장 : 전수 면허장, 1종 면허장, 2종 면허장으로 구분한다.

④ 교사 양성대학의 교육과정 : 일반교육 과목과 전문교육 과목으로 구분된다.

5) 독일의 교사 임용

① 종합대학, 교육대학, 예술대학, 음악대학, 종합대학 등에서 양성된다.

② 교사자격증의 종류

- 기초학교 교사자격증 : 4년제 초등학교에 해당한다.
- 주요학교(Hauptschule)와 중간학교(Realchule)의 교사자격증 : 5학년에서부터 10학년까지의 학생들을 교육한다.
- 김나지움(Gumnasium)의 교사자격증 : 5학년에서부터 13학년까지의 학생들을 교육한다.

6) 중국의 교사양성과 임용

(1) 신규임용제도

중국에서 교사를 채용하는 방법은 크게 네 가지가 있다. 하나는 임명제로서 상급 교육행정부문이 교육발전계획에 근거해서 통일적으로 사범계 학교 졸업생을 학교에 분배하는 방식을 말한다. 따라서 이 경우에는 교사의 인사문제, 예를 들면 승진, 전보, 퇴직, 상벌 등을 교육행정부문이 동일해서 관리하고 있나. 이 제도는 학교에 교사 임용의 자주권이 없다는 단점을 가지고 있다. 그러나 이 제도는 중국이 오랫동안 시행해 온 일반적인 교사임용방법의 하나라고 볼 수 있다.

최근 들어 시행되고 있는 방법이 교사초빙제인데 이 제도는 중국 정부가 강력히 추진하고 있는 교사임용방법으로서 이 방법을 채택하는 학교가 갈수록 많아지고 있다. 이 초빙제는 일정한 계약을 맺어서 교사를 초빙하고 조건이 맞지 안흥면 해약하거나 다른 학교를 찾아가는 방법으로서 능력 위주의 인사제도를 확립하고자 하는 국가 정책 속에서 탄생한 제도이다.

교사의 부족 문제를 해소하기 위해서 시행되는 방법으로 대리교사제가 있는데 이것에는 장기 임용과 단기 임용의 두 가지 방법이 있다. 이 외에도 겸임교사제라는 것이 있는데 이것은 학교장이 학교경영의 필요에 의해서 겸임교사를 청해서 수업을 하도록 하는 경우이다.

이러한 몇 가지 교사임용방법 중 우리의 눈길을 끄는 것은 초빙제이다. 이 초빙제는 능력 위주의 인사 제도의 확립을 통해 학교 교육의 질을 개선하겠다는 중국 정부의 의지 하에 시행되는 제도로써 이미 그 성과가 부분적이나마 나타나고 있는 것으로 알려지고 있다.

초빙제는 교장 혹은 현급(우리나라의 시·군에 해당) 이상의 교육행정 부문의 책임자가 초빙 대상에게 초빙서를 보낸 후 쌍방이 초빙계약을 맺는 방법으로 이루어지고 있다. 임명제를 실시하는 학교는 교장 혹은 현급 이상의 교육행정부문의 책임자가 임명대상 교사에게 임명서를 발급한다.

소학교와 중등학교의 교사 임용에 있어서 초빙제를 실시하든 임명제를 실시하든 모든 교사의 임용은 반드시 교사직무평가심의위원회의 정치사상, 전공지식 수준, 교육이나 교수 능력, 업무 성적, 직책이행 능력 등 다방면에 대한 평가 심의를 통과하여야만 한다. 또 상응한 직무에 필요한 조건을 구비하여야만 학교 혹은 현급 이상의 교육행정부문의 책임자가 초빙 또는 임명을 할 수가 있다. 초빙 혹은 임명된 교사의 임기는 계약제로서 1~3년이며 연속해서 초빙하거나 연임할 수 있다.

(2) 교원양성제도

중국에서는 특정 목적을 고려하여 다양하게 교사양성기관을 설치·운영하고 있다. 예를 들어, 고등사범학교, 즉, 사범대학이나 사범학원, 사범전과학교(전문대학 수준의 사범학교로서 주로 초·중급학교 교사를 양성함)에서는 일반중등학교의 교사 양성을 책임지고 있으며, 중등사범학교에서는 소학교 교사의 양성을 책임지고 있다. 이러한 사범대학, 사범전과학교, 중등사범학교는 중국에서 교사를 양성하는 가장 중요한 역할을 담당하고 있다. 그런데, 이러한 학교 외에 또 다른 다양한 사범학교들이 설치되어 있는데, 예를 들면, 유아교사 양성을 위한 유아사범학교, 특수교육을 담당할 교사를 배양하기 위한 민족사범학교, 중등직업기술학교와 직업훈련기구의 교사 양성을 위해 설립된 직업기술사범학원 등이 그것이다. 이러한 다양한 사범계통 학교의 설립은 교사 양성이 비교적 전문적으로 이루어지도록 하는데 많은 도움을 주고 있다. 이러한 중국 사범계통학교의 학생 선발 방법은 비교적 다양하고, 교사양성기관으로서의 특성을 살릴 수 있는 선발 방법을 가지고 있다.

우선 중국에서는 사범계통학교의 중요성을 인식하고, 사범대학의 학생선발시 우선선발하는 제도를 시행하고 있다. 이것이 무슨 뜻인가 하면 중국에 4단계의 전형단계가 있는데 그 중에서 1차 전형은 국가중점대학, 즉 우수한 대학 중심으로 입학시험이 이루어지고 있다. 이 때 모든 사범대학에 대해서 이러한 1차 전형에 학생선발을 하도록 함으로써 우수한 학생을 모집하고 또 사범대학들이 우수한 대학으로 발돋움할 수 있도록 지원하고 있다.

한편, 학생선발의 방법 면에서 본다면 여러 가지 방법이 채용되고 있는데 그 한 가지는 "배양과 선택"을 서로 결합한 방식이다. 이 방법은 대련시가 1988년부터 적용해온 방법으로서 대련 시는 전체 시에 소속된 6개소의 중점 고급중학교와 3개소의 보통 고급중학교에 18개의 고등사범학교 예비반을 설립하였다. 이런 예비반에 입학할 학생의 성적은 반드시 중점고급중학교 학생의 중등 혹은 중등이상의 수준에 도달하도록 하였다. 이와 함께 사상, 품덕, 신체조건 등 기타 방면의 조건들을 종합적으로 고려하여 학생을 선발하도록 하였다. 이렇게 뽑힌 예비반 학생들에게는 몇 가지 혜택이 주어졌는데, 예를 들어 고급중학교 단계 동안 학비 등의 장학금을 지원해 주고 있다. 이런 학생의 경우 일정한 제한도 있는데 졸업 시 반드시 사범계통의 대학에 진학하여야만 한다.

또 정향배양의 방식이 있는데, 이 방법은 빈곤지구, 농촌이나 산촌지역, 소수민족 지역에서 근무할 교사를 선발하기 위하여 그런 곳에 근무하기를 지원하는 학생에 대해서는 입학시험에서 일정한 가산점을 주는 방법이다. 이외 추천입학제, 특차선발 방법 등 다양한 방법으로 학생선발이 이루어지고 있다.

중국의 사범학교 교육과정을 보면 교육에 관련된 이론을 배우는 것과 실제의 학교현장에서 예비교사로서의 역할을 배우는 것이 중요한 교육내용으로 되어 있다. 이에 따라 중국의 사범학교들은 비교적 긴 교육실천의 시간을 가지고 있다. 교육실천은 일반적으로 교육실습과 교육견습의 두 가지고 나뉘어져 있는데 교육실습은 사범대생들이 교사의 지도하에서 이미 습득한 지식과 기능을 기초로 해서 직접 수업을 담당하는 활동을 말하는 것이고, 교육견습은 수업을 담당하지는 않고 교사의 지도하에서 학교의 특정한 문제 혹은 수업과정을 관찰하는 활동을 말한다.

이러한 실습이나 견습시간을 보면 중등사범학교의 경우 총 10주, 사범대학의 경우 6주, 사범전과학교의 경우 2년제 6주, 3년제 8주 등으로 되어 있다. 또 유아사범학교의 경우는 3년제 8주, 4년제 11주로 되어 있다. 중국의 교육실천활동은 우리의 교생실습과 비슷한 성격을 가진 것인데 우리보다 훨씬 체계적이고 다양하게 이루어지고 있음을 알 수 있다.

종합적으로 보면 중국의 교원임용과 양성체제는 시장경제체제를 도입한 후 장족의 발전을 이룩하였다. 교원임용과 관련해서 두드러진 특징은 교사초빙제를 도입한 점이라고 할 수 있다. 이렇게 중국이 교사초빙제를 도입할 수 있었던 것은 교사들이 공무원이 아니라는 점, 한 번 학교에 배치가 되면 같은 학교에 계속 근무한다는 점 때문에 가능하지 않았나 생각된다.

교원양성과 관련해서는 견습과 실습으로 이루어진 교육실천활동, 교원양성기관의 다양화와 특성화를 통한 체계적인 교사양성, 다양한 학생 선발방법 등이 인상적이다. 특히 다양한 방법으로 전개되는 교육실천활동은 우리에게 시사하는 바가 크다고 하겠다.

2. 한국의 교사 임용

교육을 담당하는 교사는 일정한 자격요건을 갖추어야 한다. 따라서 교사가 되려면 법령이 정하는 바에 의하여 교육과학기술부장관이 인정하는 "교원자격증"을 받은 자라야 하며 또는 교육자격증을 취득한 자라도 교사로 임용되기 위해서는 특별한 경우를 제외하고 "공개경쟁시험"을 거쳐야 한다.

헌법재판소의 위헌판결에 따라 '91년 임용자부터는 국·공립 초·중등교사를 공개 경쟁채용시험을 통해 선발하고 있다. 종전에는 국·공립 사범대학이나 교육대학 졸업자를 우선적으로 임명하고 일부 남는 자리만 사대 또는 일반대학 졸업자 중 교사자격증을 취득한 사람들에게 순위고사를 치루어 채용했기 때문에 "교직의 문"이 그만큼 좁았다.

그러나 '94년부터 국·사립을 막론하고 공채선발에 의하도록 하고 있다. 국·공립 초·중등교사는 해당교사 자격증만 취득한 사람이라면 누구나 응시할 수 있는 기회가 주어졌다. 또한 교육부에서는 사립학교도 교사를 공채시험에 의거, 선발하도록 권장하고 있기 때문에 앞으로는 실력에 의한 공정한 교사채용이 확산될 것으로 전망된다.

3. 우리나라의 교원 임용 방법 개선과 계약제 교원의 임용

한국은 외국에 비해서 교원에 대한 사회적 처우가 낮고 보수수준이 낮아 우수한 인재들이 교직을 선호하지 않으며 교사양성 구조도 주먹구구식으로 수준이 매우 낮다. 이를 개선하기 위해서는 교원의 보수를 대기업 수준으로 상향조정하고, 교원의 교육연한을 현행 4년에서 6년으로 늘여 교사의 전문성을 높이되 그 중 1년은 수습교사로 근무토록 해 그 평가결과에 따라 임용 여부를 결정해야 하며, 또 교사양성 전문대학을 졸업한 학생이라도 평균 C학점 이상을 받아야만 교사자격증을 받을 수 있도록 해야 할 뿐만 아니라 외국어 및 컴퓨터 능력 등도 필수적으로 갖추도록 해야 할 것이다. 초등학교는 교대, 중고등학교는 사범대를 나와야만 교사가 될 수 있는 폐쇄적인 교원 임용제를 개선해야 한다.

교육만의 특수성을 따지며 교사 자격증 소지자만 고집하다가는 날이 갈수록 다양화, 전문화되는 시대 변화에 따라갈 수 없다. 교사 임용 시, 시·도 교육청은 물론 학교별 재량권을 대폭 늘려 각 분야에서 전문분야를 인정받은 사람들이 교직에 입문할 수 있도록 다양한 임용 채널을 만들어야 한다.

사립학교 교사임용의 기간·계약제(기간제 교사, 산학겸임교사, 강사)는 공부를 하지 않는 교사의 도태를 가져올 것이고, 교사의 전문성이 신장될 것이라고 생각한다.

향후, 계약제 임용이 교직 발전에 기여하는 방향으로 정착되기 위해서는 다음의 몇 가지 조건을 갖출 것을 제안한다.

첫째, 계약제 교원이 학교교육에 기여할 수 있는 형태로 그 역할과 담당 업무가 정립되어야 한다. 계약제로 임용하는 인력은 학교교육의 운영 개선을 위하여 혹은 교직의 발전을 위하여 보완적으로 활용되는 인력 유형으로 정립하고, 인력 유형별로 담당할 수 있는 업무를 구체적으로 제시하도록 한다. 계약제 교원의 업무상의 책임과 한계를 분명히 규정하여 정규교원과의 상보적인 관계 형성을 촉진한다.

둘째, 계약제로 임용 가능한 인력을 보다 다양하게 세분화 할 필요가 있다. 현재와 같이 기간제 교사, 산학겸임교사, 시간강사로 단순한 구분을 지양하고 학교교육에서 담당하는 업무 영역을 중심으로 수업 보조 교사, 연구 강사, 연구 보조 교사, 정보처리기술자 등과 같이 다양하게 구분하도록 한다.

셋째, 계약제교사의 임용 절차를 합리적인 방식으로 확립한다. 신규 임용의 기준 및 절차, 재임용의 기준 및 절차 등을 마련하여 우수한 인력을 채용하는 방향으로 보완하도록 한다. 계약기간을 왜 1년으로 하는지, 왜 3년까지만 재임용이 가능한지 등에 관한 명확한 근거 제시와 함께 업무 영역별로 다양한 임용 절차에 의한 가능성도 검토하도록 한다.

넷째, 계약직 교원에 대한 연수제도를 확립하되 학급 경영 및 학생 지도에 대한 특별한 연수를 실시하고 계약직 교사의 발달에 대한 1:1 책임지도제를 실시한다. 정규 교원에 대하여 적용되는 연수 이수학점제와 연계하여 일정 기간 동안 계약적 교원이 이수한 연수 결과를 재임용 여부에 반영할 것인지 등에 관한 추후 검토가 필요하다. 무엇보다도, 세분화·다양화될 교사들의 질 향상을 위한 제도적 장치 마련은 우선시되어야 한다.

한국의 교육은 다양성과 차이를 인정할 뿐만 아니라 다양성과 차이를 보다 적극적으로 신장하는 방향으로 나아가야 하며, 교육개혁 노력은 추상적인 이념실현보다는 구체적인 현실문제를 해결하기 위한 목적에서 진행될 필요가 있다.

선진 제도나 방법을 도입하는 것은 고무적이라 본다. 다만 한국의 경우 교육풍토의 상이함을 고려하지도 않고 선진국의 제도를 무비판적으로 도입하여 우리 교육기관이 변덕스런 교육정책입안자들의 실험장이 되어서는 안 될 것이다. 이런 관점에서 우리가 배워야 할 점은 풍토가 다른 데서 발달한 교육제도나 교육방법의 도입보다는 외국인들이 교육문제 해결을 위해 진지하게 임하는 자세와 점진적 개선책을 마련한 신중한 태도라 생각된다.

제3절 교원의 능력개발

1. 교육·연수

1) 직전교육

교원이 그 직무를 수행하는 데 필요한 지식·기능·태도 등은 임용 이전에 장기간의 직전교육(pre-service education)을 통해 습득되어야 하며, 재직기간 중에도 계속해서 현직연수(inservice training)를 통하여 보충·개선·강화되어야 한다.

교사양성 교육과정은 일반 교양교육·교직 전문교육·교과 전문교유그이 세 가지 영역으로 크게 나누어지고 있다. 이 세 가지 영역은 상호 관련성을 가지며 고도의 기순을 충족시키는 교육과정이 되어야 한다. 그러나 각 영역의 상호 비중을 각각 얼마로 하는 것이 타당한 것인지에 대한 논쟁은 계속되고 있다. 교사의 자질로서 특히 전공과목의 실력을 앞세우는 사람 가운데에는 교직교양이나 일반교양을 경시하는 경향이 있다.

현재 우리나라 교사양성 교육의 문제점으로는 ① 교직적 사명감이 투철한 교사를 양성하지 못하고 있다. ② 사범대학의 교육내용이 일반대학의 그것과 별로 차이가 없다. ③ 중등학교 교사양성체제의 다원적인 개방체제로 말미암아 교사양성 교육의 혼란과 교원의 질적 격차를 초래하고 있다. ④ 중등학교 교사양성 체제는 일반대학의 교직과정에 지나치게 의존하고 있다. ⑤ 교육실습 기간이 짧아 그 운영이 부실하여 유능한 교사를 양성하지 못하고 있다. ⑥ 우수한 학생들의 교원양성기관에의 유인체제가 미흡하다.

2) 현직교육(inservice education)

교직은 전문직이며, 지식과 기술은 폭발적으로 증가하고 있으며 교육과정의 개편과 교육개혁의 요구가 그 어느 때보다도 절실히 요구되고 있으므로, 계속적인 현실 교육의 필요성이 요구된다. 교육공무원법 제38조에도 "교육공무원은 그 직책을 수행하기 위해서 부단히 연구와 수양에 노력해야 한다"고 명시하고 있는바 교육공무언의 연수활동은 능력개발에 매우 의의가 크다.

교직에 관한 연수활동은 ① 독서, ② 수강, ③ 연구조사, ④ 참관, 견학, ⑤ 저술, ⑥ 연구협의회, ⑦ 강습회, ⑧ 각종 위원회, ⑨ 직원회, ⑩ 교직단체 회합 등 모든 연구와 수양의 기회를 활용하여 교사가 자기수양과 발전을 도모하는 것을 말한다. 따라서 교원의 연수는 교사의 권리이며 의무이다.

우리나라 현직연수제도상의 문제점은 ① 연수기관의 교육조건 불비, ② 연수교육과정의 타당성 결여 및 운영의 부실, ③ 연수기회 제한, ④ 연구자 대상자 선발의 부작용 등을 지적할 수 있으며 특히 최근에는 다양한 연수수요를 수용할 수 있는 연수체제의 미비, 연수프로그램 평가체제의 미흡, 연수편중과 연수기관의 적은 인원에 대한 업무의 과다로 인한 연수의 질 저하 초래 등 연수기관의 문제와 타율적이며, 승진을 위한 점수관리를 목적으로 한 연수의 유행, 교원의 연구생활에 대한 재정적 보조의 미흡, 교육전문직 종사자에 대한 현직 연수가 부족한 점이 문제점으로 지적된다.

현재 우리나라의 교원 연수는 실시기관별 ① 교육인적자원부, 시도교육청, 교육연수원, 대학부설 교육연수원, 국가전문행정연수원 등의 기관중심연수, ② 학교 안에서 교원의 필요와 요구에 의해 실시하는 학교중심 자체연수, ③ 교사 개인의 전문성 향상을 위하여 대학원이나 교육현장의 자기연찬 활동을 수행하는 개인 중심 연수 등이 있다.

현행 기관 중심 연수의 종류와 과정은 ① 교육의 이론 및 방법 등 일반적 교양을 높이기 위한 10일 이상, 60시간 이상 일반연수, ② 상급자격을 취득하기 위한 30일 이상 180시간의 자격연수, ③ 직무수행과 직장적응에 필요한 능력과 자질 향상을 위한 1~6일간의 직무연수, ④ 전문성 및 자질함양을 위해 국내 외 및 연구기관에서 6개월에서 일정기간의 특별연수(석사과정, 국외연수 등) 등이 있다.

교원연수원의 종류로는 ① 초등교원연수원, ② 중등교육연수원, ③ 교육행정연수원, ④ 종합교육연수원 등이 있다.

3) 교원의 전문성 신장을 위한 방안

(1) 연수·연구실적 학점제 강화 및 「자율연수휴직제」 도입의 필요성

교원의 전문성을 높이기 위해 연수내용을 강화하고 연수의 결과를 엄정하게 평가한다는 데는 이의가 있을 수 없으나 무조건 연수를 많이 받으면 몇 학점을 주어 승진에 반영하는 것은 그리 환영할만한 조치가 아니다. 갑자기 2~3년 전부터 전국의 연수기관은 우후죽순처럼 생겨나 많은 교사들은 시간적·경제적 손실을 감수하며 연수를 받고 있는 실정이며 전문성 이전에 점수가 목적이고 보니 정말 필요한 사람은 연수를 못 받고 있다.

연수를 많이 받으면 승진이나 승급을 시켜 준다는 것은 사설연수기관의 수익사업에 동조하는 결과가 크고, 제주도는 연수기관이 거의 도외에 있으므로 항공편, 숙식비, 연수비 등 막대한 투자를 감수하고 있어 불리한 실정이다. 연수는 양보다는 질적인 문제에 중점을 두어야 하며 순수한 자기계발과 좀더 전문적인 지식 강화를 위한 목적으로 이루어져야지 승진을 위한 연수는 교원 본래의 목적이 수단이 될 수 있고 오히려 학생지도에 소홀해져 교육의 질을 떨어뜨리고 있으므로 연수나 연구실적의 학점화는 재검토되어야 한다.

그 대신 다양한 연수프로그램개발과 우수한 전문강사를 확보하여 한 단계 더 향상 된 연수를 받을 수 있는 방안을 모색하여야 하며 자율연수휴직제 시행은 긍정적이나 휴직기간 동안 경제적 지원, 교육경력이나 승급 등에서 합당한 대가를 제공해야 한다. 그리고 법정 수업일수를 벗어나지 않는 범위 내에서 가을에 교사와 학생 모두에게 1주일쯤 자율연수나 체험학습 기간을 두는 것도 좋은 방법이 될 것이다.

(2) 교육학전문박사학위(Ed.D) 도입

관리자와 교단교사의 전문성 신장을 위한 교육학전문박사 과정 신설은 신중을 기해야 한다고 본다. 만약 이러한 과정이 신설되면 어떤 시간을 이용하여(방학, 주말) 이수하도록 할 것이며, 이들을 어떻게 활용하고, 기존의 학위 취득자와 형평성 문제 등과 박사학위가 남발될 경우 전문박사학위가 보통박사학위로 전락할 가능성에 대해서도 재삼 생각해 보아야 한다.

4) 호주의 교원연수

교사들을 상대로 한 연수는 교육과학훈련부가 운영하는 교원연수 전문기관은 TSOF(Technology School of the Future)가 책임을 진다. 정보통신기술 활용 교육을 위한 기본기술과 활용법을 가르칠 뿐만 아니라, 교장·교감을 위한 교육 프로그램도 제공한다. 학교에서 교사를 선발해 교육을 받게 한 뒤 다시 그 교사가 학교에 돌아가 동료 교사를 가르치는 식이다. 또 학생들을 가르치는 데 필요한 교육도 즉각적으로 이뤄진다. 올해부터 11, 12학년 지리 선택교과에 지리정보시스템이 개설되자, 많은 지리교사들이 이곳에서 정보통신기술 활용 수업을 진행하는 데 필요한 교육을 받고 있다. 그렇다고 교사연수가 모든 '답'을 주는 방식으로 이뤄지는 것은 아니다. 교원연수기관의 존 트래버스 교육부장은 "어떻게 하면 미디어와 정보통신기술을 잘 활용할 수 있는지를 가르치지만 실제로 교과과정과 연계한 교육은 교사가 더 잘 알기 때문에 이는 교사의 몫이다"라고 말했다.

주목해야 할 것은 교사의 연수참여가 자율적이라는 사실이다. 교사가 교육을 마쳤다고 근무 점수 등 어떤 혜택을 주지 않는다. 때문에 학교의 운영을 책임지는 학교장의 역할이 무엇보다 중요하다. 학교장이 새로운 교육에 얼마나 관심을 보이는가에 따라 교육의 질도 크게 달라지는 것이다.

2. 교원의 평정

근무성적평정(performance rating)이란 교육직원의 근무능률의 향상을 위한 인사 관리의 수단으로 교원이 근무하는 조직체에의 적응력 또는 근무성적 즉 근무와 책임의 수행실적을 체계적, 정기적으로 일정한 기준에 의하여 평가하는 제도이다.

과거에는 오히려 상벌의 목적으로 사용되었으나 오늘날은 교원의 능력발전을 위하여 사용되고 있다. 즉, ① 구성원들의 능력발전, ② 상과벌의 인사관리의 수단, ③ 채용시 전형방법의 타당성 검증을 통해 전형방법의 개선에 도움을 줄 수 있다.

우리나라 교사의 근무평정 기준은 자질 및 태도와 근무실적으로 되어 있고 평가요소는 다음과 같다. ① 교육자로서의 품성, ② 사명의식, ③ 학습지도, ④ 생활지도, ⑤ 학급경영, 교육연구, 담당업무로 되어 있다.

1) 평정 대상

교사, 교감(원감 포함), 장학사, 교육연구사로서 상위직급직 자격증이나 자격 기준에 달한 자

2) 평정의 종류 및 시기

평정의 종류	평정 실시 기준일 및 시기	평정자와 확인자	평정 결과의 보고
경력평정	· 매년 12월 31일 기준 정기적 실시 · 신규채용, 승진, 전직 또는 강임된 자가 있거나 상위자격 취득자가 있을 때 사유 발생 2월 이내 정기 평정일 현재 기준으로 평정	승진후보자 명부 작성권자가 정함	확인자는 평정 결과를 평정 후 10일 이내에 평정대상자를 임용권자에게 보고
근무성적 평 정	· 매년 12월 31일 기준 정기적으로 실시		
연수성적 및 가산점 평점	· 매년 12월 31일 기준 실시 · 승진 후보자 명부 조정 시기		

3) 경력 평정

① 평정의 기준 : 인사기록카드

② 경력의 종류 및 등급별 평정점

구 분	기 간	등 급	평정만점	근무기간 1월에 대한 평정점
기본경력	평정시기로부터 20년간	가 경력 나 경력 다 경력	84.00 74.00 64.00	0.3500 0.3083 0.2666
초과경력	기본 경력 전 5년간	가 경력 나 경력 다 경력	6.00 5.00 4.00	0.1000 0.0833 0.0666

4) 근무성적 평정

① 평정의 기준 - 근무실적, 근무수행능력, 근무수행태도 평가

- '공무원 자기실적평가서'를 참작하여 평가

② 평정점의 분포비율

평어	평 정 점	분포비율(%)	비 고
수	72점 이상	20%	'양'의 비율은 '미'의 비율에 포함할 수 있음. ※'양' 해당자는 승급의 제한 등 불이익이 있음(6개월간)
우	64점 이상~72점 미만	40%	
미	56점 이상~64점 미만	30%	
양	56점 미만	10%	

5) 연수성적의 평점

① 평정의 구분과 대상

<table>
<tr><th>평정</th><th>구분</th><th>대 상</th><th colspan="2">상한점</th></tr>
<tr><td rowspan="2">교육
성적
평정</td><td>직무
연수</td><td>· 교원 등의 연수에 관한 규정에 의한 연수기관 또는 교육과학기술부장관이 지정한 연수기관에서 10년 이내에 이수한 60시간 이상의 연수 1회에 6점으로 함
· 60시간 이상~120시간 미만의 연수 1회에 0점, 6점 중 택일
· 120시간 이상~180시간 미만의 연수 1회에 0점, 6점, 12점 중 택일
· 180시간 이상의 연수 1회에 0점, 6점, 12점, 18점 중 택일</td><td>18점</td><td rowspan="2">27점</td></tr>
<tr><td>자격
연수</td><td>1. 교감(원감)으로서 교장(원장)자격증을 받은 자: 교장(원장)자격연수 성적
2. 교사로서 교감(원감) 자격증을 받은 자 : 교감(원감) 자격연수 성적
3. 장학사 · 교육연구사 : 당해 직위 또는 교원의 직위에서 받은 자격연수성적 중 최근에 이수한 자격 연수성적</td><td>9점</td></tr>
<tr><td>연구
성적
평정</td><td>연구
대회
입상
실적</td><td>· 당해 직위에서 다음 각호의 1에 해당하는 실적
1. 전국 규모의 연구대회(2000. 11. 16. 개정)
가. 전국학교체육연구논문발표대회(대한체육회)
나. 전국교육자료전(한국교원단체총연합회)</td><td>3점</td><td>3점</td></tr>
</table>

3. 전직 · 전보

전직이란 교육공무원의 종별과 자격을 달리하는 임용을 말한다. 승진이 수직적 이동이라면 전직, 전보는 수평적 이동이다. 대학교원을 제외한 교육공무원의 경우 전직은 교원으로부터 교육전문직, 즉 장학직, 연구직으로 이동하는 것을 말하며 교육전문직으로부터 교원, 교감, 교장으로 이동하는 것을 말한다. 즉, 교사가 장학사나 교육연구사로, 교장이나 교감이 장학관이나 교육연구관 또는 교육장으로, 그리고 초등교원이 중등교원으로 상호 인사교류가 되는 것을 전직이라 한다.

현직 전직제도상의 문제로 ① 전직이 어떤 의미상으로 승진의 개념으로 인식되고, ② 전직 임용기준이 모호하며, ③ 교원이 교육전문직의 업무수행자질을 충분히 갖추지 못한 채 교육전문직으로 전직한다는 점을 들 수 있다. 이외에도 장학직과 연구직의 기능이 미분화되어 장학직이 연구직의 상위직 인상을 주는 경향이 있다.

전보는 동일직의 계열 안에서 현 직위를 유지하면서 그 근무지를 변경하는 임용행위로, 이를 전근, 전출, 전입 또는 이동이라 부르기도 한다.

교원의 전보는 순환근무제를 원칙으로 하고 있다. 전보의 요건으로는 ① 본인의 희망, ② 소속 기관장의 내신 또는 의견, ③ 생활근거지, ④ 부부교사의 경우 가정환경, ⑤ 근무 또는 연구실적, ⑥ 근무지 또는 근무교의 위치와 사회적 명성, ⑦ 근무연한이 될 것이다. 그러나 이러한 점을 모두 고려한다는 것이 어려워 근무연한을 기준으로 하여 지역별, 학교별 순환 근무제를 실시하고 있는 실정이다. 과거의 전직과 전보는 교원의 능력개발과 능률향상, 사기에 긍정적 방향으로 실시되어야 한다.

4. 교원의 사기와 전문성 제고

지난 5년 동안 국민정부에 의한 교육개혁을 되돌아보면, 국민정부는 새 천년을 맞이하는 준비 작업과 함께 교육개혁이 보다 효율적으로 추진되도록 하부 조직 단위의 구조와 여건을 변화시키는 노력을 기울여 왔던 것으로 평가된다. 그러나 한편에서는 교직 구성원의 변화 의지를 강화시키는 데는 미흡하였다. 개혁 과제를 설정하고 빠른 속도로 추진할 수는 있었어도 교원 정책 개혁을 추진하는 주체와 추진에 관하여는 집단 구성원들의 체계적인 훈련과 전문성 신장을 위한 지원은 미흡하였던 것으로 평가된다.

교육개혁 과제는 실천 전략을 구체적으로 수립하고 출발하였다 하더라도 그 방안이 성과 있는 것으로 체감되기까지는 지속적인 평가 작업과 이에 대한 후속 지원 체제를 갖추어야 한다. 교육개혁 과제가 현장에 적용되는 과정에서 기대했던 효과를 거두고 있는지, 추진 전략이 효과적인지를 평가하고, 이에 대한 보완 요구를 반영하여 신속하게 조정하는 지원 노력은 미흡하였고 추진과성에서 분담된 역할을 수행하는데 필요한 전문성과 훈련체계를 확립하지 못한 점은 반성하지 않을 수 없다.

교원의 사기와 전문성 제고를 촉진할 수 있는 정책 지원 과제를 다음과 같이 제안해 본다.

1) '우수교원확보법'의 제정과 '근무여건 개선'을 통한 교원 사기 진작 시도

교원 정년 단축 이후 교원의 사기가 저하되고 교직 분위기가 전반적으로 침체되고 있다. 교사의 사기와 헌신성에 관한 교사 인식 조사에 의하면, 86.5%에 달하는 대부분의 교사는 사기와 헌신성이 저하되고 있음에 동의하고 있다. 초등학교와 중학교에 비하여 고등학교 교사가 사기 저하에 대한 동의 정도가 더 높게 나타났으며, 학부모 보다 교사 스스로 더 심각하게 받아들이고 있다.

교직에서 교원이 수행하는 업무의 특성을 반영하지 않고 공무원직과 동일선상에서 처우되는 현실 여건과 교육과정 개정 등 다양한 교육개혁 정책을 추진하면서 교원수급과 연수에서의 준비 부족으로 교원에게 부담이 가중되는 현상이 교사의 사기를 더욱 저하시키고 있다. 교원 법정 정원조차 확보되지 않고 있는 현실이나 주당 수업시수가 교사별로 차이가 심한 실정에서 어떠한 보상도 받지 못하고 있는 현실이 교사의 마음을 무겁게 하기에 충분하다.

교사의 사기를 진작시키기 위해서는 무엇보다도 '우수교원확보법'을 제정하고 근무여건을 개선할 것이 요구된다. 우수교원확보법은 대선 때마다 공약으로 제기되었던 것이고 교직구성원 모두가 공감하는 최우선 선결 과제이다. 교원의 사기가 저하된 시점에서 교직의 위상제고를 위해 시급히 추진되어야 할 요구가 높은 과제이다. 교사 증원이나 보수의 인상을 위해서 특별법 제정이 시급하며 이러한 법적 지원 없이는 약속한 여러 과제들의 추진을 보장하기 어렵다. 고학력화 추세와 더불어 초·중등 교원의 대부분이 석사학위를 갖고 있는데 다른 전문직이나 민간 부분, 그리고 공무원내에서 같은 교직 내에 대학 교원의 보수에 비해 열악한 수준에 있어 교원의 사기가 저하될 수밖에 없다는 지적이 있다.

우수교원확보법 추진에 관하여는 특별법으로 제정하여 시행 기간을 3년 정도 한시적으로 운영하되, 교원보수의 특별한 우대 조치를 심의·조정하는 기구로서 대통령직속을 국무총리를 장으로 하는 교원처우개선특별위원회를 설치 운영하고, 이 위원회에서 심의 조정한 교원 보수의 특별 우대조치가 제대로 이행되도록 지방자치단체의 예산 반영 의무화를 규정해야 한다는 요구가 높다.

지역별로 혹은 학교 규모별로 근무 여건에 차이가 나는 것도 개선되어야 할 과제이다. 단위학교 중심으로 자율 운영이 지원된다면, 교육여건에서 차이가 나지 않도록 균등한 여건을 조성해 주는 것이 중요하다. 교사나 시설, 재정 등의 측면에서 학교 규모가 과대하거나 과소함으로 인하여 여건에 차이가 발생하지 않도록 점검하고 지원해 주어야 할 것이다.

단위학교의 교육여건을 균등하게 지원하는 전략을 추진하게 되는 경우, 단위학교 교육과정 운영에 필요한 교원, 재정, 시설의 적정 수준을 파악하는 것이 시급하다. 제7차 교육과정을 운영하는 데 적합한 교원, 재정, 시설의 적정 규모는 어느 정도인지 확인하는 작업이 필요하다. 이러한 작업 과정을 거쳐 교육예산의 합리적 배분이 이루어질 수 있을 것이다.

2) 직무수행기준 및 표준수업시수 정립

교원의 직무내용을 명확히 하는 직무수행기준 및 표준 수업시수의 도입은 늦은 감이 있지만 긍정적인 방안이라고 생각한다. 그러나 제주도는 학교에 따라 학급수의 차이가 많고 6학급 미만의 교사들은 공문처리 때문에 수업도 못한다는 일선의 목소리가 크므로 소규모 학교의 교사들도 수업과 수업연구에 전념할 수 있는 풍토를 만들어야 한다.

표준수업시수 정립은 교원간의 수업시수 차등에 따른 형평성 문제를 해결할 수 있고 교사들도 일정시간을 담당해야 한다고 인식을 할 수 있어 긍정적이나 표준 시수를 넘는 경우가 많으므로 적성한 초과 수업수당을 지급하는 것이 기본적으로 전제되어야 한다.

근무여건 개선을 위해서는 교사의 주당 수업시수 차이를 줄이는 것이 시급하다. 초등학교 저학년에서는 활동 중심의 수업이 이루어지고 개별화 교육의 특성이 강하여 전문 보조교사의 지원 요구가 높다. 특정 학년과 특정 교과에서는 교사의 부족 현상으로 교사의 수업 부담이 가중될 수 있다. 수업 부담을 경감하기 위해서는 전문 업무 담당 교사 확보와 보조교사제 활용을 위한 지원이 이루어져야 하며, 표준 수업시수를 설정하여 초과수업에 대한 수당 지급 규정도 마련해야 한다.

질 높은 수업을 위해서는 교사들이 보다 많은 시간을 수업 준비에 할애할 수 있어야 하나 실제로는 많은 어려움이 있는 것이 사실이다. 평소 수업 준비 시간이 충분한가에 대하여 조사해 본 연구 결과에서는 85.3%에 달하는 대부분의 교사들이 부족하다고 인식하고 있다. 학교급이 낮아질수록 수업 준비 시간 부족에 대한 인식이 더 강하다. 초등학교의 경우 거의 모든 교사가 수업 준비 시간이 부족하다는 인식을 하고 있는 실정이다.

3) 교원의 수업능력 개발 및 전문성 신장을 촉진하는 방안

교원의 전문성 신장은 교육개혁의 기본 방향 중의 하나이다. 평생학습 사회에 부응하여 교원이 지속적으로 전문성을 신장시켜 나가는 것은 매우 중요한 요건이다. 교원의 전문성 신장에 대한 기대는 무엇보다도 수업능력 개발에 주어진다. 학생은 수업을 잘하는 교사를 선호하고 있고, 교사 역시 수업을 잘 하는 교사로 평가받는 것을 선호하고 있다. 교사에 대한 다면평가제나 수업평가제를 도입하자는 최근의 주장은 교사의 전문성 저하에 대한 인식에 기초하고 있다.

수업능력은 교사가 갖추어야 할 기본 능력이다. 수업능력이 부족하다는 것은 교사로서의 권위를 잃게 되는 것이므로 교원의 지속적인 수업능력 개발을 위한 연수 등의 지원체제가 구축되어야 한다. 양성 과정과 신규 임용 과정, 연수과정에서 교원의 수업능력을 개발하는 것을 최우선으로 지원해야 하며, 학교운영에 필요한 전문적 능력 역시 지속적으로 신장해 가도록 지원되어야 한다.

교사양성과정에서는 교사의 수업 행동을 분석하고 지도해 주는 수업행동분석실과 같은 전용 시설을 갖추어야 하며, 수업 실기 능력을 상호평가하는 수업시간을 강화해야 한다. 신규 임용 과정에서는 임용고사 2차 전형에서 수업시연과정을 필수 절차로 확립하여 수업 실기 능력을 검증 받도록 해야 할 것이고, 연수과정에서는 새로운 교수・학습 기술의 이해 및 활용을 중심으로 주기적인 연수 과정을 이수하게 하는 등 수업실기 능력을 배양하는 특별한 지원 정책이 연계적으로 이루어져야 한다. 교수・학습 지원센터를 안정적으로 확보하는 것도 중요한 과제가 될 것이다. 수업 능력을 지속적으로 유지・개발하기 위해 일정 주기로 수업 능력을 평가・인증하는 '수업능력인증제'를 도입하자는 제안이 제기되고 있다. 이는 모든 교원의 수업능력을 일정 기준 이상 갖추게 하는 효과가 기대되고 있다.

4) 수석교사제 도입

가르치는 일에 전념하는 교원이 우대 받는 풍토를 조성하기 위하여, 교사・교감・교장으로 되어 있는 교원의 직급체제에, '가르치는 데' 주안점을 두기 위해 수석교사제를 도입한다는 계획에 대해서는 긍정적인 면도 있지만, 교육부의 시안은 구체적인 실행방안이 부족하다고 보고 이에 대한 대안을 제시해 보고자 한다.

현재 우리나라는 그 어떤 직업이나 기관에 종사하든 관리직에 대해 선호하는 경향이 크고 전문성보다는 관료적 권위가 아직은 대접받는 풍토이다. 교직사회도 30~40대의 교사들이 관리직이 그들의 적성에 맞든, 맞지 않던 간에 승진을 위해 상당한 에너지를 투입하고 있고, 연구 및 연수, 교육전문직으로 전직, 벽지학교 근무 등이 '관리직에로의 진입'을 위해 행해지고 있다는 것은 부인할 수 없는 사실이다.

이러한 문제 해결을 위해 교원직급체제의 개편은 불가피하다. 평교사들 중에서 계속해서 가르치는 일에 전념하고자 하는 사람들은 수석교사로, 학교행정가로서의 길을 걷고자 하는 사람들에게는 교감(교장) 승진으로, 의욕과 능력은 있지만 고령으로 인하여 더 이상 학생들을 지도할 여력이 없는 사람들에게는 명예 퇴직할 수 있는 길을 열어놓는 것이 현실적인 대안이라고 할 수 있다.

하지만, 교육부의 시안대로 총 교원의 10%가 수석교사로 선발되고, 10%는 교감으로 승진한다면, 나머지 80%의 교원들은 더욱더 무기력해질 수밖에 없다. 이에 대해서 엄격한 기준을 토대로 하되, 일정한 자격과 요건을 갖춘 교사 모두에게 수석교사가 될 수 있도록 하는 것이 하나의 대안이 될 수 있을 것이다. 그리고 수석교사들의 수업 시수가 줄어든 만큼 신규교원의 채용도 적극적으로 거론해야 할 것이다.

또한 수석교사가 될 수 있는 연령을 교감이 될 수 있는 연령과 비슷하게 맞출 필요가 있다고 본다. 즉, 교감 승진에 필요한 교육경력을 20년으로 한다면 수석교사가 되기에 필요한 교육경력 역시 20년으로 하여야 할 것이다. 또한 행정직과 교수직의 경험과 입장을 이해할 수 있는 기회를 제공해 주기 위해서 교수직과 행정직의 상호교류를 할 수 있는 순환체제가 필요하다고 생각한다.

5) 교장연임제 도입

교장연임제 도입에 대한 논의 자체는 공든 탑을 무너뜨리겠다는 정부의 정책으로 보여지며 이론의 여지가 많다. 수년 전에 중지를 모아 시행했던 정책을 몇 년도 되지 않아 번복하겠다고 하니 정부당국과 교사의 신뢰성 회복은 영원히 불가능한 것일까?

교육과학기술부의 시안대로 재임기간 동안 높은 성과를 올린 유능한 교장이라면 초빙교장으로 서로 모셔 가려고 할 것이다. 다행히 부산, 광주, 대전 등 공청회에서는 반대 의견이 높게 나타나 연임제 도입 철회를 신중히 검토하겠다고 밝힌 바 있는데 하루빨리 전면 폐지화하는 것이 마땅하다. 교사는 전문가로서의 위상을 갖고 교사에 대한 다양한 역할 기대만큼이나 전문적 책무성을 다해야 한다. 이를 위해서는 양성, 자격, 임용, 연수체제의 개편이 요구된다. 먼저, 양성과정에서는 현장에서 요구하는 우수교원을 양성해 낼 수 있도록 양성기관의 내실 있는 운영을 촉진할 필요가 높다.

교직발전종합방안에서 제안하고 있는 '교사 양성 · 연수기관평가인증제'를 조속히 도입하여 양성기관이 일정한 기준을 갖추어 질 높은 교사를 양성해 낼 수 있도록 평가 인증하고, 연수 기관 역시 현장에서 필요로 하는 적합성 높은 프로그램과 교수 및 시설 환경을 갖추고 운영되도록 인증해야 할 것이다. 교사 양성기관에 대한 평가가 제대로 정착될 경우 교육전문대학원(Ed. D 전문박사학위과정)의 개설 · 운영의 적극 추진을 제안해 본다. 교육전문대학원은 학문 중심보다는 현장 실무 중심의 교육과정으로 편성하여 교과교육전문가를 양성하는 데 기여할 것으로 기대된다.

교사자격제도의 개편 역시 교직발전을 위하여 우선적으로 지원되어야 할 과제 중의 하나이다. 교사직에서의 성장을 멈추고 학교 행정가직으로 전환하게 만드는 것은 수업 잘 하는 교사를 선호하는 학교 현장의 분위기에 맞지 않는다. 더욱이 학교행정가로 전환하는 교사가 유능한 것으로 대우받고, 승진이나 보수 등의 측면에서 우대를 받는 현실은 잘못된 구조이다. 수업능력과 인성지도 등 교사가 갖추어야 할 전문적 능력을 더욱 신장시켜 나갈 수 있는 구조로 자격제도를 개편해야 한다.

이를 위해서는 교사직과 행정직을 이원화하여 교사직에서의 지속적인 성장을 유도해서 교사 중의 교사(일명, 수석교사)를 탄생시켜야 한다. 이러한 관점에서 수석교사제의 도입은 긍정적으로 검토될만하다. 수석교사제는 1983년부터 도입 요구가 높았던 것이고 기대되는 교육효과 또한 적지 않다고 본다. 수석교사제는 최근에 논의되는 교장선출 보직제와는 별도로 우선 추진되어야 하며, 교사직의 전문적 성장을 위해 집중 지원되어야 할 과제이다. 교장직은 일정한 자격 요건을 갖춘 자로 양성되어야 하고, 교장으로서 특정 운영 능력이 요구되는 단위학교 환경에서는 교장 초빙을 통하여 현장 변화 요구에 대응할 수 있다.

기존의 연수제도는 모든 교사가 직무 수행에 필요로 하는 다양한 프로그램을 중심으로 주기적 및 지속적으로 연수 활동에 참여할 수 있도록 개편되어야 한다. 승진에 반영하게 되는 연수 구조가 아니라 교사의 전문적 책무성을 이행하는 데 거쳐야 할 절차로 모든 교원이 참여하는 것을 당연시하는 구조로 개편되어야 한다. 새 정부가 참여 정부로 차별화를 추구한다면, 연수 제도에서 모든 교원이 최고의 전문가가 되도록 참여하는 연수 환경을 조성하는 것이 무엇보다 중요하다. 모든 교원이 교육개혁의 흐름에 뒤쳐지지 않고 교육발전의 주역이 되도록 전문적 훈련 과정과 능력 개발에 초점을 맞추어야 한다. 교원의 전문적 연구를 위하여 일정 기간 동안 안식년을 갖게 하는 것도 교원의 전문적 성장을 촉진시키는 동기 요인이 될 것이다.

이밖에도 교사의 전문성을 신장시키는 안정적인 근무 환경이 조성되어야 한다. 교직발전종합방안에서 제시되었던 직무수행 기준 마련은 추진 시기를 늦추어서는 안 되는 과제이다. 직무수행 기준은 교원의 직무분석을 토대로 설정되는 과제이므로 기준 개발을 위한 연구 노력과 교원의 의견 수렴 등을 거치는 상당한 노력이 요구되는 과제이다. 교사의 근무 활동 시간에 대한 분석과 업무 특성 등을 파악하여 교사로서 마땅히 수행해야 할 직무 내용과 범위를 정하는 것은 교사양성과정과 연수과정, 평가과정을 계획하는 데에도 참고 기준이 될 것이기 때문에 교원정책에서 우선 과제로 추진되어야 한다.

교사간의 장학과 교과협의회가 활성화될 수 있도록 교과별 교사 연구실을 더 많이 확충해야 하며, 교과별로 편성된 교수-학습활동을 수행하는 데 필요로 하는 적정한 규모의 교구와 교재가 확보되어야 하며, 휴게실 등 다양한 편의시설을 확충할 것이 요구된다. 교사의 전문성은 단기간에 확보되는 것이 아니며 일정 기한 이내에 완성되는 것이 아니다. 교사의 전문성 신장은 양성과 자격, 임용, 연수, 평가 등에서 보다 체계적이고 장기적인 지원정책을 통하여 그 효과를 기대해 볼 수 있다. 참여 정부에 의하여 일부 교사가 아닌 모든 교사가 일정 수준의 전문적 자격을 갖추고 유지·관리되어 가는 바람직한 변화를 기대해 본다.

제 4 절 교원의 근무조건

1. 교육공무원의 근무조건

교원 중 교육공무원(국공립학교의 교원)은 공무원의 신분을 가지고 있으므로 근무조건에 대하여는 국가공무원, 지방공무원에게 적용되는 것과 동일하다고 할 수 있다.

일반 공무원이 국가공무원과 지방공무원으로 구분되듯이 교육공무원 또한 국가교육공무원
9국립학교의 교원)과 지방교육공무원(공립대학교의 교원)으로 구분할 수 있는 바, 이에 대하여도 공무원과 동일하다고 볼 수 있다.

단, 교원에 대하여는 교육공무원법 제 35조에서 일반 공무원에게 적

용되는 것 이외에 특별수당, 기간제교원의 보수에 관한 사항, 연구수당에 관한사항, 교직수당에 관한 사항을 별도로 규정하도록 하고 있는데, 공무원 보수규정의 특별업무수당에 동 내용들을 규정하고 있다.

또한 교육공무원의 징계 등에 대한 구제절차와 관련하여서는 일반공무원에게 적용되는 소청심사위원회가 아닌 교원징계재심위원회를 통하여 할 수 있도록 규정하고, 국가공무원 및 지방공무원법의 일부규정의 적용을 배제시키고 있는데, 그 내용을 보면 주로 인사권, 직위분류, 승진, 진직, 징계 등에 관한 것으로 그 권한이 당해 교육기관에 있기 때문에 그 적용을 배제하고 있는 것이다. 따라서 교육공무원의 근무조건은 일반 공무원과 거의 동일하되, 교육공무원에게 특별히 적용되는 근무형태, 특별수당 등에 차이가 있다고 할 수 있다.

2. 사립학교 교원의 근무조건

사립학교 교원은 원칙적으로 근로자이다. 따라서 사립학교 또는 사립학교법인도 원칙적으로 근기법상 사용자에 해당한다. 이렇게 원칙적으로 사립학교 및 사립학교교원이 근기법이 적용된다고 하는 것은 매우 중요한 의미를 지니고 있다.

차후에 살펴보겠지만 사립학교교원에 대하여는 사립학교법이 적용되어 근로기준법의 대부분 조항이 적용되지 않지만 원칙적으로 적용대상이라고 하는 것은 교육공무원과의 큰 차이를 보이기 때문이다.

그런데 사립학교 교원에 대하여는 근기법이 적용되기 이전에 특별법이 사립학교법의 적용을 받게 된다. 사립학교법의 내용을 보면 사립학교교원의 자격, 임면, 복무, 징계 등에 관하여 규정하고 있으며, 이 중 복무에 관해서는 교육공무원의 복무에 관한 규정을 준용하도록 하고 있다(사립학교법 제4장).

교육공무원의 복무에 대하여는 국가공무원법상 복무와 국가공무원 복무규정이 적용되는데, 동 복무규정에 근무시간, 휴게, 휴가 등 상당부분의 근무조건이 규율되어 있다. 따라서 근로기준법이 정하는 대부분의 조항은 사립학교법에 의하여 적용되지 않게 된다.

1) 자격 및 임용

사립학교 교원의 자격은 교육공무원의 자격과 동일한 요건을 요하며, 각급 학교 및 학교법인이 소속학교의 장 추천에 의하여 이사회의 의결을 거쳐 교원을 임명하도록 하고 있다. 단, 대학기관에 있어서는 정관에 의하여 임면권을 총장 및 학장에게 위임할 수 있도록 하고 있다.

2) 보수 및 퇴직금

보수에 대하여는 사립학교법에서 특별히 규정하고 있는 바가 없고 단지, 교원의 지위향상을 위한 특별법 제3조 제2항에서 "사립학교법 제2조의 규정에 의한 학교법인 및 사립학교 경영자는 그가 설치·경영하는 학교 교원의 보수를 공무원인 교원의 보수수준으로 유지하여야 한다."라고 규정하고 있는 바, 실질적으로는 사립학교 교원에 있어서도 교육공무원의 보수수준을 따르게 된다.

따라서 교육공무원에게 적용되는 공무원 보수규정이나 공무원 수당규정, 여비규정 등이 사립학교 교원에게 자동적으로 준용되는 것은 아니나 적어도 이와 동등한 수준으로 유지하여야 할 의무는 있는 것이다.

각종 수당의 운영이나 시간 외, 야간, 휴일근로 시 가산수당 등과 관련하여서도 공무원의 수당산정방법을 준용할 의무는 없으며, 근기법이 정하는 수준 이상으로 수당을 지급하여야 하는데, 근기법에서는 통상임금 산정방식으로 법적 하자 여부를 판단하여야 할 것이다. 단지 사립초·중·고등학교 교원의 경우에는 그 보수를 관할 지방 교육청에서 지원하고 있으므로 교육공무원과 동일한 근무조건을 적용 받게 된다.

퇴직금과 관련하여서는 사립학교교직원연금법에 의하여 연금으로 지급될 것이므로 근로기준법상 법정 퇴직금제도가 적용될 여지는 없다(1975년 이후 분부터 적용).

3) 근무시간, 휴일, 휴가

사립학교교원의 복무와 관련해서는 교육공무원의 복무에 관한 규정을 적용토록 하고 있는 바, 국가공무원법상 복무규정이 적용되는데 국가공무원법 제7장에서 기본적으로 그 의무 등이 규정되어 있고(성실의무, 겸직금지의무, 비밀유지, 품위유지 의무 등) 자세한 복무사항에 대하여는 국가공무원복무규정에서 규정하고 있는바, 위에서 살펴본 공무원의 근무시간, 휴가(연가, 공가, 병가, 특별휴가) 등이 적용된다. 따라서 근로기준법상 근로시간, 휴가, 휴일 등의 규정은 사립학교 교원에게는 적용되지 아니할 것이다.

여기에서 특히 근로기준법에는 있으나 공무원에게는 적용되지 않는 월차휴가가 사립학교교원에게 적용되는가가 문제될 수 있는데(연가, 생리휴가, 산전 후 휴가 등은 근기법과 동일한 수준이거나 적어도 그 이상의 수준이 되므로 별 문제는 되지 않음), 사립학교 교원이 원칙적으로 근기법의 적용대상이라는 점에서 공무원에게 적용되지 않는 월차휴가가 적용되어야 하지 않는가라는 의문이 제기될 수 있는 것이다.

그러나 이와 관련하여서는 공무원 복무규정에서 근무시간, 휴가에 대하여 별도의 장으로 규정하고 있으므로 근무시간, 휴가에 대하여는 근기법 자체가 적용되지 않는다고 보아야 할 것이다.

4) 징계 및 취업규칙(권리구제 절차)

근기법에서는 감급의 제재를 통하여 근로자에게 징계사유가 있다 하더라도 감급으로서의 징계는 일 임금의 1/2을, 월 임금의 1/10을 초과하지 못하도록 규정하고 있는데, 사립학교법 61조 제4항에서는 감봉에 대하여 1월 이상 3월 이하의 기간 동안 보수의 3분의 1을 감한다고 규정하고 있으므로 근기법의 감급제재규정이 적용되지는 않는다.

기타의 징계와 관련하여서는 근기법 제30조 등의 해고제한과 노동부 또는 노동위원회의 구제절차의 적용이 가능한가가 문제될 수 있는데,

이에 대하여도 사립학교법에서는 학교법인별로 교원징계위원회를 두도록 하고 있고, 교원지위향상을 위한 특별법에서 동 징계에 대한 재심을 할 수 있는 징계재심위원회를 교육부에 두도록 하고 있는바, 사립학교 교원에 대하여는 노동부나 노동위원회의 부당징계, 전직 등을 이유로 구제신청 절차가 적용되지 아니한다.

한편, 임금 등에 관한 사항이 노동부의 진정대상이 될 수 있는가도 문제될 수 있는데, 이에 대하여는 사립학교법에서 특별히 규정하고 있거나 공무원에 대한 규정을 준용한다는 언급이 없는 바, 원칙적으로 진정대상에 포함된다고 보아야 할 것이다.

따라서 임금이나 가산수당 등이 근기법상 기준 이하로 지급되는 경우에는 동 차액을 노동부를 통하여 청구할 수 있을 것으로 사료된다.

3. 기간제 교원의 근로조건

교육공무원법 제32조에서는 고등학교 이하 각급 학교의 임용권자는 그 해당사유가 있는 경우 기간제 교원을 채용할 수 있도록 하고 있고, 사립학교법 제54조의 4에서도 1년 이내의 기간을 정하여 3년의 범위 내에서 기간제 교원을 채용할 수 있도록 하고 있으며, 동 기간제 교원에 대하여는 일정한 규정의 적용을 배제시키고 있다.

기간제 교원의 적용배제규정은 주로 휴직, 고충처리, 징계 등의 내용이고 기타의 근무조건은 동일하게 적용된다고 볼 수 있다. 다만, 사립학교 기간제 교원의 경우에는 임시로 임명된 자에 해당하므로 사립학교교직원연금법의 적용이 배제된다.

국공립과 사립의 기간제 교원을 구분하여 보면 국공립학교의 기간제 교원은 고등학교 이하에서 임용할 수 있으며, 기간을 특별히 제한하고 있지 아니하고, 공무원의 신분으로 휴직, 징계 등의 적용이 배제될 뿐 공무원의 근무조건이 적용되고, 공무원 연금법도 적용대상이 된다.

반면 사립학교의 경우에는 고등학교 이하에 한정하지 아니하고 기간제 교원을 채용할 수 있도록 하되, 그 기간을 1년 이내로 정하여 최대 3년까지 연장할 수 있도록 하고, 휴직, 징계 등의 사립학교법 적용은 배제하되, 대부분의 근무조건을 일반 사립학교 교원과 동일하게 적용하고 있다. 단, 기간제 교원의 경우에는 사립학교교직원 연금법이 적용되지 않게 된다.

사립학교 기간제 교원의 경우 주로 방학 때는 임용되지 않고 개학기간 동안만 강의를 담당하는 형태로 임용되는 바, 이들에 대한 퇴직금 지급이 어떻게 되는지, 방학기간이 근기법상 휴업에 해당하지 않는지가 문제될 수 있다. 우선 방학기간이 휴일에 해당하는가와 관련하여서는 애초 임용시 방학기간이 근무가 없는 것으로 예정되어 있기 때문에 근기법상 휴업으로 볼 수 없다. 따라서 방학기간 동안에는 급여를 지급하지 않더라도 법 위반에 해당하지는 않는다. 다음으로 퇴직금 계산을 위한 계속 근로년수와 관련하여서는 재임용이 반복되어 실제 수업을 담당한 기간이 1년을 초과하게 되는 경우에는 근로기준법상 퇴직금이 발생하는 것으로 보아야 할 것이다. 이 경우 계속 근로년수는 방학기간을 제외한 실 근무일수로 산정하는 것이 타당하다고 보는 것이 행정해석의 입장이다(근기 68207-2028, 2000. 7. 4). 현재 기간제 교원의 경우 방학기간에도 수업을 담당하는 경우가 있는데, 이 경우에는 형식적인 임용기간이 아닌 실제 근무한 기간으로 계속 근로년수를 산정하도록 하여야 할 것이다.

4. 교원의 근무조건 실태조사

교원의 근무조건에 대한 실태조사를 살펴보면 다음과 같다(한국교원단체 총연합회, 「교사의 직무수행 조건과 복무환경에 관한 연구」, 1994. 12. 참조).

1) 1주일 동안 담당시간

현재 1주일 동안 맡고 있는 시간에 대해 교과 수업시간 15~19시간을 맡고 있다는 교사가 35.65로 가장 많았다. 그 다음으로는 20~24시간(27.1%), 25~29시간(21.9%), 30~34시간(9.3%), 9시간 이하(0.3%), 35시간 이상(0.1%)의 순으로 나타났다. 그리고 수업이 없는 교사는 0.3%, 교사들의 평균 수업시간은 21시간 정도인 것으로 나타났다. 학교급별로는 초등학교의 경우 평균 26.87시간, 중학교의 경우 평균 19.32시간, 고등학교의 경우 평균 16.25시간으로 초, 중, 고 교사 순으로 수업시수가 많은 것으로 나타났다.

2) 자격증 표시과목이 아닌 과목시간

주당 교과수업 시간 중 자격증 표시과목이 아닌 과목의 수업시간은 1~2시간(7.0%), 3~4시간(6.1%), 5~9시간(2.1%), 10~14시간(1.5%), 15~19시간(1.5%)으로 19.1%의 교사들이 자격증 표시과목이 아닌 과목을 가르치는 것으로 나타났다. 그리고 수업 없음이 80.9%였다.

3) 바람직한 주당 수업시간

충실한 교육을 위한 바람직한 주당 수업시간에 대해 15~19시간이 51.3%로 가장 바람직한 것으로 나타났다. 그 다음으로는 20~24시간(33.4%), 11~14시간(8.9%), 25시간 이상(5.1%), 6~10시간(0.9%), 5시간 이하(0.3%)의 순으로 나타났다. 그리고 바람직한 주당 수업시간 평균은 18.54시간인 것으로 나타났다. 학교급별로는 초등학교의 경우 평균 22.11시간, 중학교의 경우 평균 17.01시간, 고등학교의 경우 평균 15.36시간으로 초, 중, 고 교사 순으로 수업시수가 많은 것으로 나타났다.

4) 월급의 생활 적절성 정도

현재 월급으로 생활하기에 적절한지에 대해 충분하다는 긍정적인 평가는 2.8%(아주 충분하다:0.5%+조금 부족하다:66.0%)로 나타나 대다수의 교사들이 월급수준으로 생활하기가 어려운 것으로 나타났다. 그리고 적절하다는 10.3%였다. 학교급별로 중등, 남자교사, 40대와 30대의 교사들이 월급으로 생활하기가 더 부족한 것으로 나타났다.

5) 결혼 후 집 마련 연수(기혼자 대상)

결혼 후 집을 몇 년 후에 마련했는지 또는 마련할 생각인지에 대해 6~10년이 51.4%로 가장 많았다. 5년 이하(31.3%), 11~15년(10.8%), 16~20년(5.2%), 26~30년(1.0%), 21~25년(0.4%)의 순으로 나타났다. 집을 장만하기 위해 평균적으로 8.7년 정도가 걸릴 것으로 생각하고 있다. 학교급별로는 초등교사는 9.55년, 고등학교 교사는 8.60년, 중학교는 7.55년의 순으로 나타났으며, 남자교사(9.99년)가 여자교사(7.41년)보다 더 길게 나타났다.

6) 교직생활 만족도 평가

직장의 안정성에 대해서는 51.5%의 교사들이 만족하였지만, 근무환경(55.1%), 사회적 평가(54.8%), 임금수준(53.6%)에 대해서는 교사들이 불만족 하는 것으로 나타났다. 주요 변수별로 차이를 보면, 근무환경은 중등과 초등, 여자교사, 30대, 40대, 20대 교사들의 불만정도가 더 높고, 사회적 평가는 남자교사, 50대 이상, 30대, 40대의 교사들의 불만정도가 높은 반면, 직장의 안정성은 초등, 여자교사, 20대 교사들이 만족정도가 더 높은 것으로 나타났다.

7) 적정 전보 발령기간

전보 발령기간은 어느 정도가 적당한 지에 대해 5년이 44.1%로 가장 적당한 것으로 나타났다. 그 다음으로는 4년(30.3%), 전보기간 폐지 자율화(16.7%), 6년(409%), 7년 이상(4.1%)의 순으로 나타났다. 연령별로 5년은 연령이 높을수록(20대:35.1%, 30대:38.6%, 40대:44.5%, 50대 이상:52.6%) 더 적당하며, 4년은 연령이 낮을수록(20대:47.4%, 30

대:32.8%, 40대:29.1%, 50대 이상:20.5%) 더 적당한 것으로 나타났다.

제 5 절 단체교섭

1. 단체교섭의 의의

① 노동조합은 근로자의 근로조건 유지·개선과 근로복지 증진이라는 목적을 위하여 조직된 단체로서 단체교섭을 통하여 이러한 목적을 달성한다.

② 단체교섭은 노동조합이 교육과학기술부장관, 시도교육감 또는 사립학교를 설립·경영하는 자와 임금, 근무조건, 후생복지 등 경제적·사회적 지위향상에 관한 사항에 관하여 단결력을 배경으로 교섭하는 것을 말한다.

- 단체교섭을 위한 정당한 행위는 민·형사상 면책(일반노조법 제3조 및 제3조)
- 사용자가 단체협약의 체결 기타의 단체교섭을 정당한 이유없이 거부하거나 해태하는 행위는 부당노동행위에 해당(일반노조법 제81조 제3호)
- 근로자가 근로시간 중에 사용자와 협의 또는 교섭을 하는 것을 사용자가 허용하는 것은 사용자의 경비원조가 아닌 것으로 하여(일반노조법 제81조 제4호) 단체교섭 행위 보호

2. 단체교섭의 절차·방법

① 단체교섭은 합의 가능성을 모색하기 위하여 성실하게 이루어져야 한다.

② 단체협약 유효기간 내에 새로운 단체협약의 체결을 요구하는 경우 특별한 사정이 없는 한 교섭에 응할 의무가 없다(평화의무).

3. 단체교섭의 대상9범위)

① 단체교섭의 대상으로는 교원의 임금, 근무조건, 후생복지 등 경제적·사회적 지위 향상에 관한 사항과 그 노동조합의 활동 등에 관한 사항에 한정된다(교원노조법 제6조 제1항).

② 단체교섭 대상의 일반적 판단기준으로는 교육과학기술부장관, 시·도 교육감이 처리 또는 처분할 수 있는 사항이어야 하며, 집단적 성격을 띠어야 한다. 그리고 교원의 근무조건 등과 관련이 있어야 한다.

- 개별교원의 해고반대·복직요구 등은 원칙적으로 단체교섭 사항이 되지 않는다.
- 교육정책, 교육과정, 기관의 운영 등에 관한 사항은 교섭대상이 아니다.

4. 단체협약의 체결

1) 단체협약의 의의

① 단체협약은 노동조합과 사용자가 임금, 근로시간 기타의 사항에 대하여 단체교섭 과정을 거처 합의한 사항을 말하는 것으로 규범적 효력이 인정된다.

② 일반적으로 단체협약의 내용 가운데 근로조건, 기타 근로자의 대우에 관한 기준에 위반한 취업규칙이나 근로계약은 무효가 되고 그 무효가 된 부분은 개별 근로계약과 관계없이 일률적으로 단체협약에 의해 규율되는 것이나, 교원의 임금 등 근무조건이 법령·예산·조례 등에 의하여 결정되고 있는 점을 고려하여 교원노조법(제7조)에서는 단

체협약의 효력을 별도로 규정한다.

2) 단체협약의 내용과 효력

① 단체협약은 노동조합과 사용자간에 체결하는 계약으로서 교원의 근무조건, 기타 대우에 관한 내용으로 개별적 노동관계에 관한 사항(규범적 부분)과 노동조합의 유지·활동을 위한 내용으로 집단적 노동관계에 관한 사항(채무적 부분)을 포함하고 있다.

② 노사 당사자에 의하여 체결된 단체협약의 내용 중 법령·조례 및 예산에 의하여 규정되는 내용과 법령 또는 조례에 의한 위임을 받아 규정되는 내용은 단체협약으로서의 효력을 가지지 아니한다(교원노조법 제7조 제1항). 다만, 단체협약으로서의 효력을 가지지 아니하는 사항에 대하여는 그 내용이 이행될 수 있도록 성실히 노력하여야 한다(교원노조법 제7조 제2항). 이행결과에 대하여 다음 교섭시까지 상대방에게 서면으로 통보하고, 이행하지 못한 부분에 대하여는 그 사유를 기재하여야 한다(교원노조법시행령 제5조).

3) 단체협약의 종료

① 단체협약은 유효기간의 만료에 의하여 소멸되며, 그 유효기간을 2년 미만으로 정하는 것은 무방하지만, 그 유효기간을 정하지 않거나 2년 이상의 기간을 정한 때에는 2년으로 한다(일반노조법 제32조 제1항·제2항).

② 단체협약의 채무적 부분은 단체협약의 소멸로 인하여 당연히 효력이 상실되지만 규범분은 근로계약의 내용이 되어 그 효력이 지속된다.

③ 단체협약의 유효기간 만료를 전후하여 노동조합과 사용자 쌍방이 새로운 단체협약을 하기 위하여 단체교섭을 계속 하였음에도 불구하고 단체협약이 체결되지 아니한 때에는 쌍방의 단체협약은 그 만료일로부터 3월까지 계속 효력을 갖는 것이다(일반노조법 제32조 제3항).

참고문헌

강인숙, 「교직발전종합방안」 서귀포공청회
경상대학교 사범대학 중등교육연구소(2000), 「세계의 학교 교육과 교사 양성 교육」, 교육과학사
교육개발(97년 7월호), 한국교육개발원
교육공무원법 제13조, 교육공무원 승진규정, 교육공무원 승진규정개정에 따른 인사업무처리지침
구자억, 한국교육개발 연구위원, jogu@kedi. re.kr
김남순(1994), 『교육행정 및 경영의 이론과 실제』, 서울: 교육과학사
김종철(1994), 『교육행정의 이론과 실제』, 서울: 교육과학사
대한교육연합회(1976), 교원현직 교육제도에 관한 연구
배종억(1996), 『주요국의 교육행정제도』, 서울: 교육과학사
서정화 외(1981), 교육공무원 인사행정제도의 개선방향 연구보고, 서울, 한국교육개발원
월간 새교육(98년 3월호), 한국교육신문사
월간 새교육(98년 8월호), 한국교육신문사
이규환(1994), 『선진국의 교육제도』, 서울: 배영사
이도수(1995), 영국의 교사 양성 제도, 중등교육연구 7집, 경상대 중등교육연구소
이승진, 한겨레 신문, 2003. 9
이용숙 외 2인(1994), 교육과정 개혁 국제 비교 연구, 한국교육개발원
정일환・한일조(1995), 『미국의 교육제도와 교육개혁의 동향』, 서울: 교육과학사
정재철(1982), 교원의 양성과 현직 교육, 서울특별시 교육위원회(편)
조규태(1997), 캐나다의 학교 교육, 중등교육연구 9집, 경상대 중등연구소
최종태(1981), 『현대인사관리론』, 서울: 박영사
한국교원단체 총연합회, 「교사의 직무수행 조건과 복무환경에 관한 연구」, 1994. 12
해외교육정보(98년 2월호), 교육부 국제교육협력관실
해외교육정보(98년 4월호), 교육부 국제교육협력관실

제 9 장

교육재정론

9
chapter

교육재정론

오늘날 교육은 국가의 중요 기능으로 인식되고 있으며 교육비는 바로 국가 발전을 위한 장기적 투자로 간주되고 있다. 그동안 우리나라가 어려운 경제 사정 속에서도 국방비 다음으로 교육에 대한 투자를 강조해온 것도 그러한 이유라 하겠다. 그리고 오늘날과 같이 대규모 집단교육이 실시되고 있는 교육상황하에서 학교시설의 경비는 정상적인 교육활동을 영위하기 위한 필수적인 조건이다. 하지만 근래 들어 교육재정, 교육예산, 또는 예산관리, 학교시설에 관한 지식이 부족하여 교육행정가의 중요한 임무를 효율적으로 수행하지 못한다는 지적이 있다. 또한 학교재정의 영세성 때문에 재정이나 예산문제에 별로 관심을 갖지 않는 경향도 있다.

교육은 어느 나라에서나 중요한 정책과제이며 정부가 교육에 많은 관심을 가지고 깊숙이 관여하지 않는 나라는 없다. 그러나 국가의 가장 기본적인 기능이라 할 수 있는 국방이나 법질서의 유지와 비교해 보면 교육에 대한 정부의 역할은 상당히 제한적이다. 국민의 생명과 재산을 보호하는 국방이나 법질서의 유지를 위한 서비스는 순수한 공공재이기 때문에 어느 나라에서나 정부가 독점적으로 제공할 수밖에 없다. 그러나 교육은 수요가 다양하고 민간부문에서도 공급할 수 있는 서비스이기 때문에 민간과 정부 사이의 역할분담에 따라 교육수요는 여러 가지 방식으로 충족될 수 있다. 실제로 교유그이 제도적 틀, 내용, 비용의 분담, 정책결정 구조 등은 나라마다 다르고 같은 나라에서도 시대에 따라 다른 모습을 보이는 것이 보통이다.

교육의 중요성에 대한 한국의 사회적 인식은 전통적으로 매우 높은 수준에 있다. 경제적 빈곤, 사회 및 정치적 혼란, 전쟁의 참화 속에서도 교육에 대한 열의는 식지 않았다. 경제발전과 함께 경제활동의 영역이 다양한 방면으로 확대되고 고학력 인력에 대한 수요가 늘어나게 되었으며, 보다 넓고 튼튼한 경제적 기반을 갖게 된 정부와 학부모들이 교육에 투입할 수 있는 자원도 큰 폭으로 늘어나게 되었다 .자연히 교육기회도 급속하게 확대되어 고등학교까지의 진학률이 99%를 넘고 대학진하율도 선진국 수준에 도달하였다. 학력별, 연령별 인구분포도 이미 선진국 수준에 도달하였으며 대학교 졸업 이상의 연령별 인구분포는 OECD 국가들 가운데서도 상위그룹에 속한다.

교육의 양적 확대를 중심으로 보면 한국이 성공적인 경제성장을 이룩한 지난 30여 년간 교육에 대한 국민의 열의는 더 뜨거워지고 더 넓게 확산되었다고 할 수 있을 것이다. 그러나 한국의 교육은 이제 양적 성장의 시대를 마감하고 질적 고도화를 추구해야 하는 단계에 와 있다. 그것은 양적 성장이 한계에 이르렀기 때문이기도 하지만 더 중요한 이유는 교육의 시대적 역할이 급속하게 달라지고 있다는데 있다.

세계적으로 사회주의 경제체제가 몰락하고 냉전이 종식됨에 따라 자본주의 시장경제의 영역이 확대되고 국제관계의 중심축으로서의 경쟁적 경제질서의 중요성이 더 커지게 되었다. 그 결과 세계시장에서 경쟁할 수 없는 상품과 서비스를 생산하는 기업과 근로자가 국경이라는 보호막 아래 안주할 수 있는 시대는 막을 내리고 있다. 보다 근본적으로 지식사회와 정보시대의 본격적인 개막은 산업시대의 대량생산체제와는 전혀 다른 인력을 요구하고 있다.

지식사회와 정보시대가 요구하는 인력은 간단한 작업 지시서를 읽을 수 있고 열심히 성심껏 일하는 사람이 아니라, 개성이 뚜렷하고 창의적이며 스스로 문제를 식별하고 해결하며, 끊임없이 배울 줄 아는 사람이다. 교육은 국가정책에서 높은 우선순위를 누리고 있을 뿐만 아니라 정부예산에서도 큰 비중을 차지하고 있다. 그러나 교육재원의 조달에 관한 예산당국의 절대적 관심은 교육에 투입되는 공공재원의 규모에 있으며 교육재원의 조달과 지출에 따라 발생하는 각종 사회경제적 효과는 정책결정자의 주된 관심에서 벗어나 있는 것처럼 보인다.

중앙예산당국사는 한정된 재정재원을 여러 가지 국가사업에 배분해야 하기 때문에 교육재정의 규모를 줄일 수 있는 방법을 찾는 데 골몰하고, 교육과학기술부는 되도록 많은 예산을 확보하는 것을 무엇보다 중요하게 생각하는 것은 이해할 수 있다. 그러나 정부가 교육재원의 총량에 관심을 쏟느라고 재원조달과 교육지출, 교육의 편익과 비용, 사회경제적 정책목표와 교육재정정책 등에 대한 체계적인 분석과 논의가 소홀히 다루어져서는 안 될 것이다. 따라서 교육재정의 개념, 교육예산, 교육수입, 교육재원 등을 다루어 보기로 하겠다.

제1절 교육재정의 개념

1. 교육재정의 의의

재정이란 국가나 지방자치단체가 그 자신의 목적을 달성하는데 필요한 재화를 확보하고, 이를 관리하는 국가의 공경제 활동이라 할 수 있다. 여기에서 학자들의 정의를 살펴보면, 김윤태는 '교육재정이란 국가나 지방공공단체가 교육에 필요한 재화를 공권력에 의하여 조달하고 그것을 합목적적으로 관리・지출하는 경제행위'라고 정의하였다. 또한 백현기는 '교육재정이란 국가・사회의 공익사업인 모든 교육활동을 지원하기 위하여 국가나 공공단체가 필요한 재원을 확보, 배분, 지출, 평가하는 일련의 경제활동'이라고 정의하였다. 김종철은 '교육재정이란 국가나 지방 공공단체가 교육활동의 운영을 지원하기 위하여 경비를 조달하고 그것을 관리하는 것'이라고 정의하였다. 이상의 정의를 종합해 보면, 교육재정은 국가나 지방자치단체가 교육활동을 위해 필요로 하는 경비를 공권력으로 확보하여 지출, 관리하는 경제활동이라고 할 수 있다.

교육재정은 대체로 일반재정의 과정을 밟고 있다. 일반재정은 경제행위인 수입과 지출이 있다. 수입방법으로는 조세 · 공채 · 영업 등이 있다. 이와 같이 교육재정도 교육비를 조달하는 재원으로 국고 · 지방자치단체전입금 · 학교법인 및 학부모의 부담비 지출에 관한 세출로 구분된다. 세출예산은 회계절차에 의해 집행되며, 결과를 검사받는다. 그러나 일반재정은 귀속되어 과세권이 없다. 이는 지방자치제와 더불어 실시하는 교육자치제의 개념과 상통하는 교육재정의 독립성이 없다는 것은 매우 중요한 의미를 부여한다.

2. 교육재정의 성격 및 특성

교육재정은 가계나 민간 경제와는 다른 국가의 일반 재정과의 공통성을 가지면서도 다음과 같은 성격을 가지고 있다.

1) 높은 공공성과 장기투자성

교육은 국민 전체의 이익을 위한 사업이라는 면에서는 국가의 다른 공공사업과 다름이 없다. 국가가 도로를 닦고, 다리를 놓는 사업은 그 도로와 다리를 이용하는 사람에게만 혜택의 범위가 한정된다. 그러나 교육사업은 교육을 받는 사람만의 이익을 증진시키는 것이 아니라 그 가족과 이웃, 나아가 국가, 사회전체에 그 이익이 확대된다. 교육에 투입하는 재정은 높은 투자 가치가 있다. 흔히 교육은 비생산적인 투자라는 생각은 잘못이다. Denison과 Schultz는 경제성장에 대한 교육의 기여도가 21% 내지 23%가 된다고 밝힌 바 있다.

2) 비긴급성과 장기효과성

교육의 효과는 단시일 내에 나타나는 것이 아니며 투자를 늦춘다 하더라도 국민의 생명과 재산에 당장에 큰 영향을 주는 사업이 아니다. 학생들의 교육에 대한 투자효과는 그들이 졸업하고 성인이 되어 사회에 진출한 다음에 나타난다고 할 수 있다. 그렇다고 교육투자를 유예해서는 안 된다. 기업에서도 현명한 투자가는 내일을 위해 오늘의 비용을 지출하고, 우회생산 할수록 투자효과가 큰 것이다.

3) 효과의 비실측성

교육에의 투자는 유형재를 생산하는 것이 아니라 무형재를 생산하는 것이 궁극적 목적이다. 오늘날의 재정제도는 실적주의를 지양하고 있다. 모든 예산의 편성이나 분배 집행과 그 결과에 이르기까지 숫자상으로 나타난 실제의 업적을 기초로 하여 재정을 증감하고, 사업의 우열도 판단된다. 그러나 교육활동은 그 자체가 양적으로 측정되는 것보다는 질적으로 평가되는 부분이 더 많다.

4) 독립성

교육행정이 일반행정에서 독립해야 하듯이 교육재정도 일반행정에서 분리, 독립해야 한다. 교육재정의 특수성 때문에 일반행정에서 분리되지 않으면 공공사업에 대한 투자의 우선순위에서 교육은 항상 나후되고, 교육재정이 일반재정에 흡수되거나 축소되어 교육의 질적 저하를 가져오고, 정치적인 영향에 크게 좌우되어 교육의 중립성을 지키지 못할 우려가 크다. 또한, 교육재정은 일반재정이 지니고 있는 다음과 같은 특성이 있다.

첫째, 재정은 경제의 주체(정부)가 공권력을 동원하여 강제적 수단으로 수입을 도모하는 강제적 성격이 있다. 이는 재정의 제1차적 특성이다.

둘째, 재정은 사적 이익이 아니라 국민 전체의 공공복지를 도모하는 공공성이 있다. 이를 일반이익이라고도 하며 재정의 정책적 특성이라고도 한다.

셋째, 재정의 존속기간은 민간경제(가계나 기업)보다 길고 무한하다. 재정의 존속기간이 무한하다는 것은 그 사실 자체보다도 관념적으로 정부가 주체가 되어 행하는 경제활동은 그 존속기간이 무한하다고 봄으로써 재정의 신빙성과 신뢰성을 강조하는 특성이라 하겠다.

넷째, 재정은 양출제입(量出制入)을 원칙으로 한다. 국가나 공공단체는 그 목적과 임무에 비추어 활동의 종류와 범위를 결정하고 이에 필요한 경비를 산출한 후 수입을 확보한다. 이상의 일반 재정의 특성 외에도 교육재정은 교육의 특수성으로 인하여, 장기적 투자이며, 그 성과를 평가하기가 어려운 특성을 내포하고 있다. 단기적 안목으로 본다면, 교육재정은 비긴급적이며 비생산적이다.

교육재정으로 성과는 개인이 학교를 졸업한 후 전 생애를 통하여 장기간에 걸쳐 나타나고 그 성과도 측정하는 데 제한점이 있기 때문에 교육재정은 비상산적 투자로 오해되기도 한다. 정부의 투자정책에서 교육재정의 우선순위가 하위로 밀려나는 경우는 바로 교육재정의 비긴급성과 비생산성의 오해에서 오는 경우가 많다고 하겠다.

3. 교육재정의 준거

교육재정의 배분과 운영에 있어서 추구되어야 할 가치 또는 준거는 학자에 따라 다르지만 대체로 다섯 가지를 들 수 있다. 이들 가치 간에는 상충되는 것도 있지만 조화시켜 나감으로써 모든 가치가 최대한 실현될 수 있도록 하는 것이 바람직하다.

첫째, 평등성이다. 교육재정은 지역, 성별, 사회·경제적 배경, 학교설립 등에 따라 차등적으로 운영되어서는 안 된다는 것이다. 교육기획의 평등은 교육에 대한 평등한 접근을 지나서 교육의 과정 및 결과의 평등까지 확대되고 있다.

둘째, 효율성이다. 이는 일정한 산출을 유지하면서 투입을 축소시키거나, 동등한 수준의 투입으로부터 더 많은 산출을 통해 부가적 생산을 얻는 것을 말한다. 이 효율성의 개념은 20세기 기초 과학적 관리운동이 시작되면서 교육계에도 책무성, 생산성 등의 개념으로 널리 적용되어 왔다.

셋째, 자유 또는 자율성이다. 효율성과 상반되는 개념으로 재원확보부터 배분과 지출에 이르기까지 단위기간이 얼마나 자율적으로 운영하느냐에 관계되는 준거이다. 우리나라는 80년대에 접어들면서 교육행정의 자율성이 강조됨에 따라 재정운영에 있어서도 강조되는 준거의 하나로 되고 있다.

넷째, 충족성이다. 재정의 적절성이라고도 말할 수 있는 것으로 교육목적을 달성하기에 적합한 재화와 서비스가 확보되고 있는가에 관계되는 준거이다. 이는 확보된 교육재정의 규모가 교육목적 달성에 적절한가를 평가할 때 사용될 수 있다.

다섯째, 공정성이다. 이는 평등성과 밀접한 관계가 있다 .즉, 평등성의 우선순위를 결정해 주는 준거가 공정성이다. 어떤 기준에 의하여 재정규모, 재정배분 등의 차이가 나는 것은 정당하다고 보는 것이다.

4. 교육재정의 기구와 법령

1) 교육재정기구

교육재정과 관계를 갖고 있는 기구로는 중앙에 국회, 대통령, 경제장관회의, 국무총리, 재정경제부, 감사원, 조달청 그리고 교육과학기술부 등이 있다. 이들 기관은 교육재정정책의 결정, 예산편성, 집행 및 감사에 이르기까지의 과정 중 어떤 특정한 분야에 관련되고 있다.

교육재정보다 직접적인 관계가 있는 기관은 재정경제원, 감사원, 조달청, 교육과학기술부 등이다. 재정경제원에서는 예산사정과 회계과정을, 감사원은 회계검사를, 조달청에서는 물자의 구매와 공급을 주로 취급하고, 그리고 교육과학기술부에서는 예산의 편성과 집행 등 교육경비의 수입, 관리, 지출을 총괄한다. 지방 교육 재정기구는 교육청의 재정담당부서가 된다. 교육청의 재정에 관한 기구로서는 서울특별시와 경기도에는 기획관리실의 기획예산 담당관, 부산, 대구, 인천, 광주, 대전 등 광역시와 도의 교육청에는 관리국에 재무과가 있다.

2) 교육재정법령

교육재정에 직접 관련된 법령으로는 지방교육자치에 관한 법률, 사립학교법, 지방교육재정 교부금법, 교육세법, 지방교육양여금법, 교육환경개선특별회계법 등이 있다. 지방교육자치에 관한 법률은 제45조 교육·학예에 관한 경비, 제26조 의무교육경비, 제47조 교육비 특별회계, 제48조 교육비의 보조로 구성되어 있다.

사립학교법 중 교육재정에 관한 것은 사립학교법 제2장 학교법인에 관한 규정에 포함되어 있다. 지방교육재정교부금법은 지방자치단체가 교육기간 및 교육행정기관을 설치·운영함에 필요한 재원의 전부 또는 일부를 국가가 교부하여 교육의 균형있는 발전을 도모함을 목적으로 하고 있다(동법 제1조).

교육세법(1958. 8. 28, 법률 제496조)은 의무교육비의 조달을 목적으로 제정되었던 목적세였다. 교육세는 국세로서의 교육세와 지방세로서의 교육세의 두 가지 종류로 구분되어 있었다. 교육세는 교육재정의 독립을 위한 큰 의의를 가지고 있었으며 또한 의무교육 발전에 공헌이 컸다. 그럼에도 불구하고 1961년 5·16 군사혁명 이후 종합행정의 이론과 예산통합의 원칙에 밀려 폐지되었다. 1970년 중반부터 교육자치제의 재정적 기반을 확보하기 위한 노력의 일환으로 교육세제의 부활에 관한 논의가 활발하게 진행되었다.

1981년 말 새로운 형태의 목적세로서 교육세법이 제정되어 1982년부터 시행되었다. 이것을 시한부 목적세로서 1차에서는 1982년~1986년까지, 다시 연기되어 2차로는 1987~1991년까지 그 이후로는 5년 시한의 독립세로부터 영구세로 바뀜으로 인해 시한이 폐지되었다. 교육세는 교육의 질적 향상을 도모하기 위해 필요한 교육재정의 확충에 소요되는 재원을 확보함을 목적으로 한다(교육세법 제1조).

지방교육양여금법(1990. 12. 31, 법률 제4301조)은 국세 수입의 일부를 국가가 지방 자치단체의 교육행정기관에 양여하여 지방교육재정을 확충함으로써 지방교육의 균형있는 발전을 도모하려는 의도에서 제정되었다. 지빙교육양여금법의 재원은 국세와 지방세의 조정 등에 관한 법률 제5조 제2항(국가는 제2조에 규정된 국세의 수입 중 교육세의 금액을 교육세법 제1조에 규정된 목적에 사용하게 하기 위하여 지방자치단체에 양여한다. 본조 신설, 1990. 12. 31.)의 규정에 의해 양여되는 교육세 수입 금액으로 한다고 되어 있다.

5. 교육비의 정의와 수입

교육비란 교육활동을 위해 지출되는 모든 비용을 말한다. 그러나 교육비는 회계절차, 부담자, 교육목적과의 관련성, 그리고 사용목적에 따라 분류 · 정의할 수 있다. 교육비는 〈그림 9-1〉과 같이 공교육비와 사교육비, 공부담교육비와 사부담교육비, 직접교육비와 간접교육비로 분류되며 또한, 인건비 · 운영비 · 시설비 · 표준교육비도 분류되고 있다.

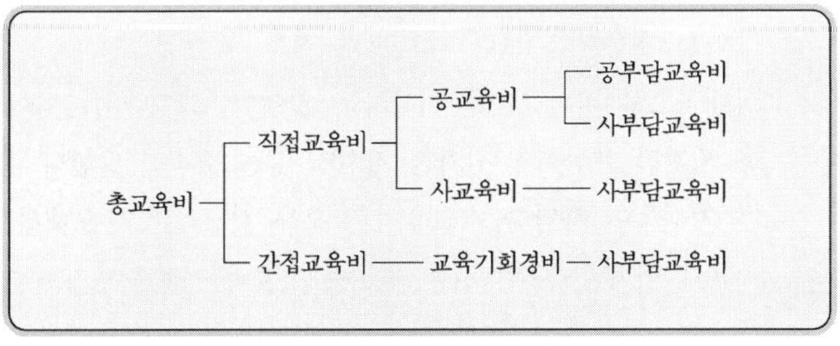

〈그림 9-1〉 교육비 개념간의 관계

1) 공교육비와 사교육비

교육비의 운영형태, 즉 회계절차 여하에 따라 공교육비와 사교육비로 나눈다. 공교육비란 교육활동을 재정적으로 지위하기 위하여 국가나 공공단체가 합리적인 회계절차에 의하여 지급하는 경비를 말한다.

〈표 9-1〉 학생 1인당 공교육비 (단위 : 천원)

구분	초등학교	중학교	고등학교	대학교
1970	12	25	32	157
1975	27	40	73	313
1980	119	157	150	1,036
1985	319	300	398	1,210
1990	566	699	787	1,906
1995	1,412	1,412	1,758	4,227
2000	2,023	2,690	2,840	5,591
2220	2,362	2,362	3,376	6,036

위의 〈표 9-1〉에서 학생 1인당 공교육비는 경상가를 기준으로 산출해 초등학교, 중학교, 고등학교, 대학교별로 보면 1980년대 이후 각 학교급별로 꾸준히 증가하는 추세이고, 그 규모는 대학교, 고등학교, 중학교, 초등학교 순으로 나타나고 있다. 학생 1인당 공교육비는 교육의 질적 수준을 대변하는 대표적인 지표라고 할 수 있다. 학교급별 비교에 있어서 1980년대 이전에는 초등학교 대비 대학교의 학생 1인당 공교육비는 10배 이상 차이가 났지만, 2000년대에는 그 차이가 2.7배로 축소되었다.

이는 초등학교 보다 대학교의 경우 학생 1인당 공교육비의 증가가 상대적으로 미비했음을 시사하는 것이다. 사교육비는 교육활동에 투입은 되지만 예산회계 절차를 거치지 않는 경비를 말한다. 흔히 학부형들은 자신들이 부담하는 교육비를 모두 사교육비로 오해하고 있으나, 그 가운데 입학금 · 수업료 등 예산에 계상되는 것은 공교육비에 속한다.

2) 공부담 교육비와 사부담 교육비

공부담 교육비는 국가 · 지방자치단체 · 학교법인 등의 공공단체가 부담하는 교육비를 말하며, 사부담 교육비는 학부모가 부담하는 경비로, 여기에는 공납금 등의 공교육비와 교재대 · 학용품비 등의 사교육비가 모두 포함된다.

3) 직접교육비와 간접교육비

직접교육비는 교육목적을 달성하기 위한 교육활동에 지출되는 모든 공 · 사 교육비를 말한다. 한편, 간접교육비는 교육기간 중에 취업할 수 없기 때문에 유실된 또는 포기된 수입을 뜻한다. 다시 말하면 교육기회 때문에 간접적으로 포기된 소득이기 때문에 기회비용이라고도 한다.

4) 인건비 · 운영비 · 시설비

인건비는 교육활동을 수행하거나 지원하는 데 필요한 용역을 구입하기 위한 경비로, 학교경비 중 교직원의 봉급 · 정액수당 · 연구수당 및 기타 수당이 인건비에 해당된다. 운영비는 교육활동을 수행하거나 지원하는 데 필요한 경비로 학교경비 중 여비, 수용비, 실험실습지 등이 해당된다. 시설비는 교육활동을 위해 장기간 사용이 가능한 자본형성을 위한 경비로, 시설의 신축 · 개축 및 보수 등의 경비가 포함된다.

5) 표준교육비

표준교육비는 공교육활동을 유지하기 위하여 필요한 최소한도의 경비를 말한다. 따라서 일명 최저소요교육비로 이해될 때에는 교육의 질과 교육의 기회를 보장하고 또 주어진 교육체제의 목표를 달성하기 위해서는 어떠한 일이 있더라도 표준교육비로 산정된 경비는 확보하여야 한다는 것이 기본 전제로 되어 있다.

제 2 절 교육예산

1. 예산의 의미와 원칙

교육재정은 예산으로 구체화된다. 예산이란 일정기간의 교육을 위한 수입과 지출의 예정 금액을 숫자로 표시한 계획서이다. 일정기간이란 회계연도를 말하며 우리나라의 경우 매년 1월 1일부터 12월 31일까지의 1년간이다. 수입은 재원의 확보나 조달을 의미하며 예산상 세입이라고 표시되며 지출은 세출로 나타나는데 교육경비의 기능별 배분을 말한다.

일반적으로 예산의 편성과 집행의 민주화와 합리화를 기하기 위한 준거나 지침이 되는 원칙은 다음과 같다.

첫째, 공개성의 원칙이다. 예산은 그 주요절차가 국민들에게 공개되어야 한다. 예산의 편성, 심의, 집행 등이 공개되어야 한다. 이는 예산의 대부분이 국민이 부담한 조세로 이루어져 있으므로 공개되어야 하며, 재정적 민주주의 하에서 예산의 공개는 정부의 의무인 것이다.

둘째, 명료성의 원칙이다. 예산은 모든 국민이 쉽게 이해 할 수 있도록 세입 · 세출을 합리적으로 분류 · 표시하고 수지추계와 수입의 출처 및 지출의 용도를 명시해야 한다는 것이다.

셋째, 한정성의 원칙이다. 예산의 내용은 명세하게 사업별 또는 품목별로 특성화됨과 동시에 일정한 시간적인 제한을 받고 있는 것이며 원칙적으로 1년을 시한으로 삼고 있다.

넷째, 사전승인의 원칙이다. 예산은 이것이 실시되는 회계기간 그 이전에 작성이 되어 국회의 의견을 거쳐 성립된 후에 승인된 범위 내에서 집행되어야 한다.

다섯째, 통일성의 원칙이다. 특정한 세입과 특정한 세출을 직결 시켜서는 안 되며, 모든 세입과 세출은 각각 통일적으로 정리하고 전체의 세입에서 세출을 지변한다는 것을 말한다. 그러나 특별회계의 목적세 등은 예외로 인정되고 있다.

여섯째, 단일성의 원칙이다. 세입·세출은 모두 예산에 편입하여야 한다는 예산총계주의 원칙이다. 즉, 조세수입을 예산에 계상하는 경우 징세비를 공제한 순수입만을 계상하는 순계예산을 사용해서는 안 된다는 것이나.

여덟째, 엄밀성의 원칙이다. 예산은 예산액을 산출하는데 있어서는 엄밀한 사정의 자료와 실적 등을 토대로 하여 편성된다. 이와 같이 함으로써 예산과 결산은 일치하게 되고 집행과정에 있어서도 차질이 없게 된다. 이상과 같은 원칙은 사실예산을 통제하는 수단으로 작용한다.

2. 예산의 종류

1) 일반회계예산과 특별회계예산

일반회계예산은 일반적인 재정수입(조세, 전매수입 등)으로 하며, 국가가 당연히 시행해야 할 일반행정활동에 필요한 지출을 세출로 하고 있다. 이러한 일반예산은 정부예산의 기본이 된다. 특별회계예산은 국가가 특정사업을 운영할 때, 특정한 자금을 보유하여 운영할 때, 특정한 세입으로 특정한 세출을 충당함으로써 일반의 세입과 세출은 구분하여 경리하는 회계이다.

2) 본예산, 수정예산과 추가경정예산

정부는 회계연도 개시 90일 전까지 예산안을 국회에 제출하게 되어 있는데 이것이 본예산이다. 수정예산이란 정부가 예산안을 국회에 제출한 후 심의·확정되기 전에 부득이한 사정으로 그 내용의 일부를 수정하여 확정된 예산을 말한다(예산회계법 제30조). 국회를 통과할 때 수

정예산안은 본예산 속에 흡수된다. 추가예산이란 예산이 확정된 후에 생긴 사유로 인해 이미 성립된 예산을 수정한 예산을 말한다(헌법 제9조. 예산회계법 제30조). 경정예산이란 본예산 성립 후에 생긴 사유로 인해 이미 성립된 예산을 그 지출한도액 내에서 변경을 가하는 예산안이다. 추가예산과 경정예산은 동시에 일어나기 때문에 합쳐서 추가결정예산이라 한다(헌법 제56조 예산회계법 제33조).

3) 잠정예산, 가예산, 준예산

잠정예산, 준예산, 가예산은 모두 회계연도 개시일이 경과해도 국회에서 통과되지 않을 때 취해지는 예산제도이다. 잠정예산은 수개월분에 해당하는 예산을 잠정적으로 지출하도록 허가하는 예산이며, 가예산은 부득이한 사유로 예산이 국회를 통과하지 못하고 있을 때 1개월분의 금액을 의결로 집행할 수 있도록 하는 예산이다. 준예산은 회계연도 개시일 30일 전까지 예산이 성립되지 못할 경우에 전년도에 준해서 지출하는 예산이다.

3. 교육예산의 과정

교육예산은 여러 가지로 구분될 수 있으나 여기서는 국가 예산, 즉 교육부예산을 중심으로 하여, 예산의 과정을 살펴보고자 한다. 예산은 매년 정부에 의해 편성되고 국회의 심의·의결을 거쳐 확정되며, 이 예산은 관계 부서에 의해 집행된다. 그리고 감사원의 검사를 받아 그 결심이 국회에 제출되어, 국회의 승인을 받으면 정부의 예산집행의 책임은 해제되고 당해 예산의 기능은 완결된다. 이처럼 예산편성에서부터 그 책임해제에 이르는 일련의 과정을 예산과정이라 한다. 우리나라 회계연도는 매년 1월 1일 시작하여 12월 31일에 끝난다. 매년 시행되는 예산과정을 단계별로 설명하면 다음과 같다.

1) 예산편성

매년 2월말까지 교육과학기술부 장관은 다음 년도 신입사업이나 경제기획원 장관이 정하는 주요 계속사업에 관한 사업계획서를 경제기획원 장관에게 제출함으로써 예산편성절차가 시작된다. 그러나 본격적인 예산편성작업은 다음과 같은 절차를 밟는다.

① 경제기획원 장관은 예산편성지침을 기인하여 국무회의 심의와 대통령의 승인을 거쳐 매년 3월 31일까지 중앙관서의 장에서 시달한다. 이 예산편성지침에는 재정운영의 기본방향, 예산사정의 기초가 되는 예산단가 및 예산편성상의 기술적인 문제가 포함된다.

② 경제기획원 장관의 예산편성지침이 시달되면, 교육과학기술부 예산담당관은 장관명의로 보내 각 국장과 관서장에게 예산요구서 작성에 필요한 자료의 제출을 의뢰하고 예산편성의 대체적 지시를 내리게 된다.

③ 교육과학기술부 각 국과 각 과서의 예산담당관은 예산편성지침과 장관의 지시 및 국장 또는 관서장의 지시를 종합하여 세입·세출 예산요구서를 작성한 후 장관에게 보고하면, 교육과학기술부 예산 담당관은 종합·조정하여 세입·세출예산요구서안을 마련하게 된다.

④ 장관 또는 차관 주제하에 각 실국장·부예산담당관 등이 참석하여 예산요구서를 최종적으로 결정·작성한다.

⑤ 교육과학기술부는 최종적으로 작성된 예산요구서를 경제기획원의 예산편성지침 및 기준에 명시된 필요한 서류를 첨부하여 매년 5월 31일까지 경제기획원 장관에게 제출한다.

⑥ 경제기획원 예산국은 교육과학기술부가 제출한 예산요구서를 분석·검토한다.

⑦ 이러한 사정이 끝나면 소정의 절차를 거쳐 국무회의의 심의와 대통령의 승인을 얻어 회계연도 개시 90일 전까지 국회에 제출함으로써, 예산안의 편성이 완료된다. 국회에 예산안을 제출할 때에는 예산회계법

에 정한 일정한 형식을 갖추어야 한다. 즉, 예산총칙, 세입・세출예산, 계속비, 명시이월비, 국고채무 부담행위 등이 포함되어야 한다.

2) 예산의 심의

예산의 심의는 국회의 고유권한이다 .여기에서는 예산의 심의과정을 살펴보고자 한다. 정부예산이 국회에 제출되면 다음과 같은 과정을 거친다.

① 대통령의 전반적인 예산의 방향과 정책에 대한 시정연설
② 교육과학기술부 장관의 신년도 시정방향과 예산의 내용에 대한 설명
③ 정책질의, 상임위원회(보통 소위원회)의 예비심의 및 계수 조정
④ 예산결산위원회의 종합심사에 회부, 국정전반에 관한 정책질의
⑤ 국회 본회의 회부, 심의
⑥ 예산결산위원회의 수정안과 정부원안이 부문별로 표결로 예산안 확정・의결

3) 예산의 집행

예산의 집행이란 국가의 수입 지출을 실행하는 모든 행위로, 지출원인 행위나 국고 채무부담행위의 실행도 포함된다. 예산집행의 목적은 의회의 의도를 구현하고, 예산성립 후 변동에 적응하기 위한 신축성을 유지하는 데 있다.

① 예산의 배정 : 예산이 성립되면 교육과학기술부 장관은 사업운영계획과 예산배정 요구서를 재정경제부장관에게 제출한다. 재정경제부장관은 이를 토대로 하여 월별자금계획을 작성한다. 재정경제부장관은 교육과학기술부 장관이 제출한 예산배정요구서에 의거하여 4분기별로 예산배정계획을 작성하고, 국무의회의 심의를 거쳐 대통령의 승인을 얻어

교육과학기술부장관에게 분기별로 예산을 배정한다.

② 예산의 재배정 : 교육과학기술부장관은 재정경제부에서 배정받은 범위 내에서 산하기관에 예산을 재배정한다.

③ 지출원인행위 : 지출원인 행위는 교육과학기술부장관과 그 위임을 받은 재무관이 예산배정 금액 범위 내에서 법령에 의하여 행한다.

④ 지출행위 : 지출행위기관은 교육과학기술부장관이 임명한 지출관이 되며 재무관에 의한 지출원인행위가 이루어지면 월별 지출한도 범위 내에시 수표를 발행헌다.

⑤ 지급행위 : 한국은행은 지출관이 발행한 수표의 제시를 받았을 때는 현금을 지불한다.

4) 결산 및 회계검사

결산이란 1회계연도 내의 세입과 세출의 실적을 확정적 계수로서 표시하는 행위이며, 회계검사는 예산과정의 최종단계로서 회계책임을 규명하는 일종의 내적 통제수단이다. 이 회계검사는 감사원에서 담당하고 있으며, 결산검사의 절차는 다음과 같다.

① 예산집행이 끝나면 교육과학기술부장관은 그 소관에 속하는 세입·세의 결산보고서, 계속비 결산보고서 및 국가의 채무에 관한 계산서를 작성하여, 다음 연도 2월 말일까지 재정경제부장관에게 제출한다.

② 재정경제부장관은 이에 따라 세입·세출의 결산을 작성하여 국무회의의 심의를 거쳐 대통령의 승인을 얻는다. 그 후 재정경제부장관은 세입·세출 결산에 각 중앙관서의 세입·세출 결산보고서, 계속비 결산보고서 및 국가의 채무에 관한 계산서를 첨부하여 다음 연도 6월 10일까지 기획예산처장관 및 감사원에 제출한다.

③ 감사원은 결산의 확인보다 회계상의 비위에 대한 시정을 요구하게 된다. 감사원은 결산검사가 완료되면, 즉 세입·세출결산서를 검사한 후 그 보고서를 다음 연도 8월 20일까지 재정경제부장관에게 송부

하여 정부는 감사원 검사를 거친 세입·세출 결산을 회계연도마다 다음 회계연도 개시 120일 전까지 국회에 제출한다.

④ 국회에 제출된 세입·세출 결산은 각 상임분과위원회(교육위원회)에 회부되어 심사되며, 이 심사결과에 의견을 첨부하여 예산결산위원회의 종합심사를 거쳐 본회의에 상정·의결하게 된다.

회계검사의 대상이 되는 회계기록은 타인에 의해 작성되어야 한다. 회계검사의 궁극적 목적은 대국민적 책임에 있으므로 회계검사기관은 합법성·효율성 등에 따라 정부의 재정활동을 검증하여 그 결과를 국회에 보고해야 한다. 결산은 독립기관에 의해 검사를 받아야 하며, 국회의 승인에 의해 정부의 예산집행 책임이 해제된다.

감사원은 결산검사와 회계검사는 물론 행정기관 및 공무원의 직무에 관한 감찰기능까지 담당하고 있다. 감사원은 세입·세출의 결산을 검사하고 대통령과 익년도 국회에 보고하게 되어 있다. 검사결과에 따라 회계관계 직원 등의 위법·부정 등이 있다고 인정될 때는 소속장관에게 시정·주의 기타 상당한 조치를 요구할 수 있다. 그 외에도 법률이나 제도 및 행정개선이 필요한 사항은 소속장관에게 그 개선을 요구할 수 있고 출납공무원 및 회계관계 직원 등에 대한 징계·문책처분을 소속장관 또는 감독기관에 요구할 수 있다.

제 3 절 교육수입

교육수입이란 국가나 지방자치단체가 확정된 교육경비를 조달하기 위하여 그 재원으로 삼는 제수입을 말한다. 오늘날 우리의 경우 교육수입은 일반재정으로부터 배당받는 간접적인 성격을 가진 것과 수업료, 사용료 등과 같은 직접적인 성격을 가진 것으로 대별할 수 있다. 그러나 교육수입의 중요한 대상은 직접적인 성격을 띤 수업료, 사용료 등이다. 또한 지방교육 자치에 관한 법률 제45조의 규정에 의한 공비수입과 기성회비, 실험실습비, 자율적 경비 등과 같은 사비수입으로 구분할 수 있으나 교육수입은 주로 공비수입을 의미한다.

1. 특별부과금, 수수료, 사용료, 재산수입

특별부과금은 지방자치단체의 일반부과금과는 달리 특별한 목적사업을 수행하기 위하여 그 지방민에게 부과하는 부담금으로 지방세법에 근거를 두어 부과해야 한다. 수수료는 개인을 위한 사무실에 대한 대가이며, 사용료는 공공시설의 사용에 대한 대가이다. 재산수입은 공유재산의 임대, 매각, 교환, 기타 처분에 의하여 생기는 수입이다.

2. 지방교육재정교부금

지방교육재정교부금은 지방교육재정에서 가장 큰 재원이 되고 있다. 지방교육재정교부금은 지방자치단체가 교육기간 및 교육행정기관을 설치 경영함에 필요한 재원을 국고에서 교부하여 교육의 균형 있는 발전을 도모하려는 것이다.

3. 지방교육양여금

국세 수입의 일부를 국가가 지방자치단체의 교육행정기관에 양여하여 지방교육재정을 확충함으로써 지방교육의 균형 있는 발전을 도모하려는 것이다. 양여금의 양여기준은 당해 연도의 전전년도 11월 1일 현재 시·도의 인구비율에 따라 양여한다. 양여금의 용도는 교육기간, 교육행정기관 등의 시설 및 교직원의 인건비 등 교육의 질적 향상에 필요한 경비로 사용한다.

4. 일반회계로부터의 전입금

지방자치단체의 교육재정은 원칙적으로 당해 자치단체의 수입으로 충당해야 할 지방자치의 원칙에도 부합되며 교육의 자주성 유지에도 기여할 수 있다. 그러므로 지방자치단체의 일반회계로부터 전입금은 제도상 교육비특별회계의 중요한 재원이 되어야 한다.

제 4 절 교육재원

국가나 공공단체가 교육경비의 재원으로 삼는 것은 다양하다. 일반적으로 교육재원은 공비 수입원만을 의미하나 각종의 사비수입원까지도 포함시켜 생각할 수 있다.

교육비의 수입원은 그 기준에 따라 다양하게 분류될 수 있다. 수입의 규칙성을 기준으로 하여, 매년 규칙적으로 반복하여 유입되는 경상수입과 불규칙적이고 임시적으로 유입되는 임시수입이 있다.

우리나라 교육재원을 좀더 구체적으로 중앙정부의 교육과학기술부 예산과 지바자치단체의 교육비 특별회계로 나누어 알아보고자 한다.

1. 교육과학기술부 예산

일반적으로 교육과학기술부 예산이라 함은 교육과학기술부의 세출예산을 의미한다. 왜냐하면 교육과학기술부의 세입예산은 국세청과 관세청이 징수하는 조세수입이외에 교육과학기술부과 소관하여 징수하는 정부의 세외수입과 회계간의 거래에 따른 전입예산으로 구성되므로 큰 의미를 부여하기가 어렵다. 중앙정부 일반회계 2000년 세입예산은 86조

7천억 원으로 국세수입이 69조원, 세외수입이 6조 2천억 원, 국채발행이 11조 5천억 원으로 구성되어 있다. 결국 국채원리금도 향후 조세수입으로 보전해야 한다고 할 때 교육과학기술부예산의 대부분 재원도 국민들의 일반적인 부담으로 마련된 조세수입임을 알 수 있다.

실제 교육과학기술부 세입예산은 각종 국립학교의 입학금과 수업료, 수입대체경비, 차관수입, 실습수입 등으로 구성되는 건물대여료 등으로 이루어지는 일반회계와 교육세수입 중 교육환경개선특별회계로 전입되는 부분을 제외한 총액으로 이루어지는 지방교육양여금관리 특별회계, 그리고 교육세 7,000억 원으로 편성되는 교육환경개선특별회계로 구성된다.

교육과학기술부의 세출예산은 크게 일반회계와 특별회계로 구성된다. 일반적으로 교육예산이라 할 때는 국고와 지방교육재정으로 구성되는 일반회계를 말하지만 교육과학기술부 살림과 관계되는 특별회계에는 사학진흥기금융자와 서울대 분당병원 건립융자 등의 지원을 위한 재정융자특별회계, 국립대학의 이전을 위한 국유재산관리특별회계, 농어촌 실업고 학과개편, 농어촌고교의 공립전문대 전환, 그리고 농어촌출신 대학생학자금융자를 위하여 한국장학회기금출연을 위한 농어촌특별세 관리특별회계, 교육세를 재원으로 하여 각 시도교육에 인구비율로 배분되는 지방교육양여금관리특별회계, 그리고 〈교육환경개선 5조원 투자계획〉에 따라 시설투자재원으로 교육환경개선특별회계 등 5개가 있다.

〈그림 9-2〉와 같이 정부예산 대비 교육과학기술부 예산은 1965년 153.3억 원에서 꾸준히 증가하여 1980년에 1조 991.6억 원으로 증가하였다. 1990년대 이후 교육과학기술부 예산을 급격하게 증가하여 2002년에는 22조 278.3억 원으로 늘어났다. 교육과학기술부 예산의 절대액은 해를 거듭할수록 증가해 왔다. 이는 정부 예산 규모가 커지는 데 따라 일어날 수 있는 자연스러운 현상일 수도 있으나, 평균적으로 보면 교육과학기술부 예산의 증가율이 정부 예산의 증가율을 웃돌고 있다는 데서 시사 받을 수 있다. 적어도 정부의 교육과학기술부에 대한 관심은

여타 부문과 비교할 때 상대적으로 많이 주어야 온 셈이라 할 수 있다.

교육과학기술부 전체 예산중 일반회계의 지방재교육재정교부금의 비중이 가장 크고 다음으로 특별회계의 지방교육양여금관리가 크다. 이처럼 교육인적자원부 예산의 약 80%가 지방교육재원이 됨을 알 수 있다.

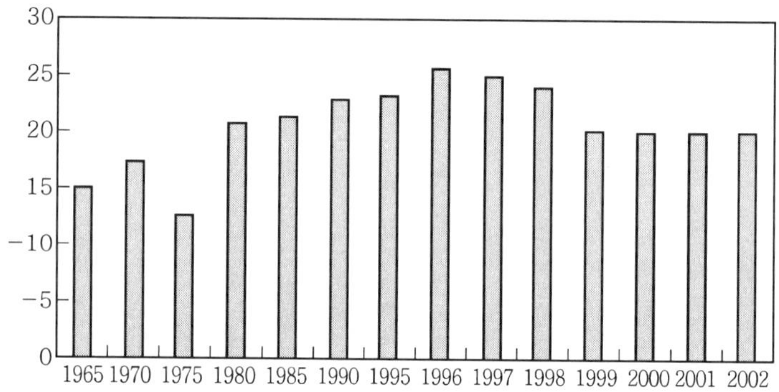

〈그림 9-2〉 연도별 정부예산 대비 교육과학기술부 예산

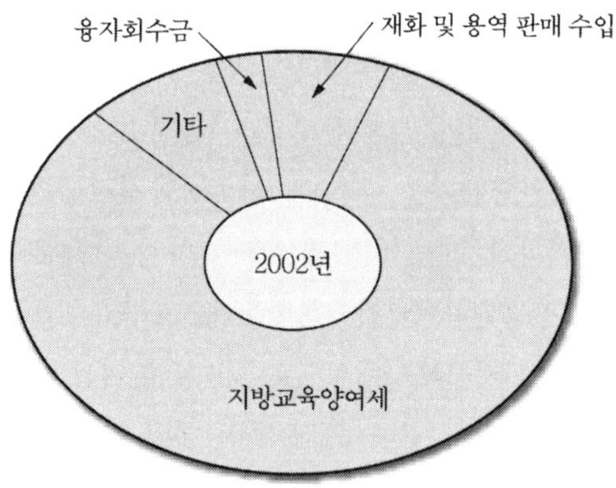

〈그림 9-3〉 교육과학기술부 세입

구 분	2002	2001	증감(△)
총 계	3,995,207	3,888,852	66,355
◎ 일반회계	234,139	214,514	19,625
재산수입	12,162	13,781	381
경상 이전 수입	9,757	3,844	5,913
재화 및 용역 판매 수입	174,724	166,508	8,215
수입 대체 경비 수입	16,042	13,076	2,966
고정자산매각대	2,062	2,500	△438
융자 회수금	17,392	14,805	2,587
차관 수입	—	—	—
◎ 지방교육양여금관리 특별회계	3,672,632	3,624,401	48,231
지방교육양여세	3,672,632	3,624,401	48,231
전년도이월금	—	—	—
◎ 국유재산 특별회계	32,917	34,268	△1,351
고정재산매각대	1,858	5,611	△3,753
토지 및 무형재산매각대	31,059	28,657	2,402
◎ 책임운영기관특별회계	15,519	15,669	△150
손익계정	15,283	12,821	2,462
자본계정	236	2,848	△2,612

2. 시 · 도(지방자치단체) 교육비 특별회계(지방교육재원)

현재 지방교육예산은 지방교육자치가 광역단위에만 실시되고 있기 때문에 전국적으로 16개 광역자치단체의 교육비 특별회계로 편성 · 운영되고 있다. 1991년 이전에는 지방교육비 특별회계가 시도교육비특별회계와 시 · 군 교육비 특별회계로 분리 · 운영되었으나, 1991년 지방교육자치가 실시되면서 시 · 군교육비 특별회계는 시도교육비특별회계에 통합되어 운영되고 있다.

우선 시 · 도 교육비특별회계의 세입은 〈표 9-2〉에 나타나 있는 바와 같이 국가부담 수입, 지방자치단체 일반회계부담수입, 지방자치단체교육비특별회계 자체 부담수입 등으로 구성되어 있다. 국가부담수입으로는 지방교육재정교부금, 지방교육양여금, 국고지원금 등이 있고, 지방정부의 일반회계 부담수입으로는 서울과 부산의 공립 중등학교 교원 봉급 100% 및 50% 상당액의 전입금과 서울특별시 및 6개 광역시의 담배소비세 전입금, 그리고 시·도세의 일부 등 법정전입금이 주를 이루고 있다. 이외에도 도서관 운영비 충당 목적의 비법정전입금 및 지원금이 있다. 교육비특별회계 자체부담수입으로는 재산수입, 입학금 및 수업료, 사용료 및 수수료, 잡수입, 이월금 등이 있다.

〈표 9-2〉 지방자치단체 교육비특별회계 세입예산 (단위 : 100만원, %)

구 분	1994			1998	
총 계	10,675,143	100.0		18,508,691	100.0
국가부담수입	8,860,447	83.0		15,778,407	85.2
-교육환경개선교부금				625,265	3.4
-지방교육재정교부금	6,625,278	58.7		8,957,256	3.4
-지방교육양여금	2,586,119	24.2		6,066,420	32.8
-국고지원금	9,050	0.1		129,466	0.7
일반회계부담수입	626,060	5.9		1,194,209	6.5
-법정전입금	611,203	5.7		1,171,776	6.3
-비법정전입금	14,278	0.1		21,416	0.1
-지원금	579	0.01		1,017	0.0
특별회계자체부담수입	1,188,465	11.1		1,534,842	8.3
-재산수입	48,881	0.5		36,941	02
-입학금 및 수업료	853,757	8.0		1,245,237	6.7
-사용료 및 수수료	10,743	0.1		13,113	0.1
-잡수입	40,092	0,4		95,539	0.5
-이월금	234,992	2.2		44,012	0.8
기타(주민부담수입)	171	0.002		1,233	0.07

이 중에서 가장 중요한 재원은 지방교육재정교부금 및 지방교육양여금으로 이는 1998년 현재 지방교육재정 총액의 48.4%와 32.8%로 합하여 81.2%를 차지하고 있다. 다음으로 큰 비중을 점하는 재원은 학생들이 부담하는 입학금 및 수업료로 전체 세입재원의 6.7%를 차지하고 있다. 지방자치단체 일반회계로부터의 법정전입금은 세입예산총액의 6.5%

로, 이 중 공립중등교원의 봉급을 부담하는 서울과 부산의 부담이 69%를 넘고 있는 실정이나 이나마도 1996 이래 시·도세의 일부(2.6%)가 법정으로 전입되면서 편중도가 상당히 낮아진 것이다.

전체적으로 볼 때, 지방교육비 특별회계 세입예산 중 국가부담수입이 차지하는 비중이 85.2%로 재원의 중앙정부 의존도가 매우 높음을 알 수 있다. 여기에 지방자치단체의 일반회계가 부담하고 있는 6.5%를 합하면 91.7%에 달하는 규모가 의존재원으로 구성되고 있다. 따라서 순수한 의미의 지방교육비특별회계의 재정자립도는 8.3%에 불과한 실정이다.

1998년 지방교육비특별회계 세입예산을 1994년과 비교하여 볼 때, 거의 의미있는 변화는 찾아보기 어렵다. 국가부담 수입비중이 83%에서 85.2%로 조금 늘어났고, 일반회계 부담수입도 5.9% 수준에서 6.5%로 조금 늘어난 반면 특별회계자체부담수입은 11.1%에서 8.3%로 줄어든 것으로 나타난다. 구체적으로 살펴보면 지방교육재정교부금의 비중이 58.7%에서 48.4%로 크게 줄어든 데 비해 지방교육양여금이 24.2%에서 32.8%로 크게 증가하고 있음을 알 수 있다. 일반회계의 법정전입금이 5.7%에서 6.3%로 늘어난 것은 시·도세의 전입 때문이라는 것은 앞에서 밝힌 바 있다.

〈표 9-3〉 지방 교육비 특별회계 세출 내용 (단위 : 억원, %)

시·도	총계	교육 위원회비	교육 행정비	교육 사업비	학교비	사학 지원비	시설비	기타
총계	185,086	107	114,083	2,109	17,797	19,181	30,420	1,389
	100.0	0.1	61.6	1.1	9.6	10.4	16.4	0.8
서울	28,406	8	18,548	248	3,254	3,938	2,296	114
	100.0	0.0	65.3	0.9	11.5	13.9	8.1	0.4
광역시	45,594	28	26,816	496	3,697	5,014	9,073	470
	100.0	0.1	58.8	1.1	8.1	11.0	19.9	1.0
도	111,086	71	68,719	1,365	10,846	10,229	19,051	805
	100.0	0.1	61.9	1.2	9.8	9.2	17.1	0.7

〈표 9-3〉은 지방교육비특별회계의 세출예산 내역을 정리한 것이다. 시 · 도교육비 특별회계의 세출예산은 크게 교육행정비, 교육사업비, 학교비, 사학지원비, 시설비, 제지출경비, 예비비, 교육위원회비로 구성되어 있다. 이 중 가장 비중이 큰 항목은 교육행정비로서 1998년 현재 전체 세출예산의 61.6%를 차지하고 있다. 이러한 교육행정비는 교원급여관리비, 일반직 급여관리비, 교육행정 및 지원기관 운영비 등에 지출되고 있다. 두 번째로 비중이 큰 항목은 시설비(16.4%)로, 이는 학교시설비, 학교교육환경개선비, 기관시설비 등의 항목으로 지출되고 있다. 사학지원비도 전체 세출 예산의 10.4%를 차지하고 있는데, 이는 사학운영지원비, 사학시설지원비, 사회교육환경개선시설비 등의 항목으로 지출되고 있다. 그러나 이러한 세출내역 중 시설비는 학생의 신규유입 등으로 시설수요가 많은 6대 광역시와 경기도 등에 집중되어 있고 사학지원비의 경우도 사학비중이 상대적으로 높은 서울특별시와 6대 광역시 등에 집중되는 등 지역에 따라 상당한 차이가 나고 있다.

이러한 세출예산 중에서 학교비는 공립 각급학교의 경상운영비로 이의 단위학교 배분과정은 매우 복잡하게 되어 있다. 현행 학교운영비는 도급경비 형식으로 운영되는 것이 일반적이며, 인건비, 물건비, 경상이전, 자산취득경비 등에 소요된다. 현재 시 · 도별 학교운영비 배분기준은 다양하게 적용되고 있는바 전형적으로 교 · 급당경비 기준이 대표적이라 할 수 있지만 지역에 따라서는 이외에도 교원당, 학생당경비 기준이 추가되는 경우가 있다. 학생의 입장에서 교육비의 수준이 교육의 질을 결정한다는 연구결과(반상진, 1997)에 따르면 학교운영비의 지원이 많은 지역의 학교에 재학하는 것이 그렇지 않은 경우보다 비교우위에 설 수 있으므로 학교교육비의 비중증대 및 지원방법의 개선에 지속적인 노력이 경주되어야 한다.

1) 지방교육재정 교부금

지방교육재정 교부금은 지방자치단체가 교육기관 및 교육행정기관을 설치·경영하는 데 필요한 재원의 전부 또는 일부를 국가가 교부하여 교육의 균형있는 발전을 도모함을 목적으로 하는 재원으로 보통교부금과 특별교부금으로 나눈다. 이들의 재원은 아래의 〈그림 9-4〉와 같다.

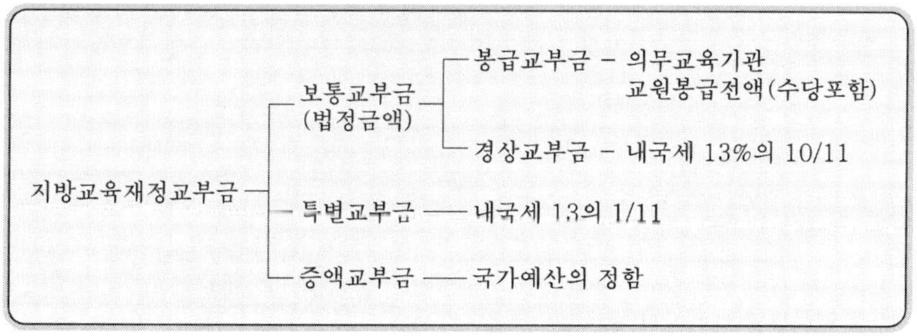

〈그림 9-4〉 지방교육재정 교부금의 구조

2) 지방교육양여금

지방교육양여금은 지방교육재정을 확충하여 지방교육의 균형 발전을 목적으로 국가가 지방자치단체에게 양여하는 것이다. 이 양여금은 1981년 12월 5일에 제정되었던 교육세법을 1990년 12월 말에 제3차 개정에 의하여 제원확충과 영구세화한 교육세 전액이 재원으로 되고 있다. 현행 교육세는 국세 4종과 지방세 7종이며, 그 부과세율은 〈표 9-4〉와 같다. 그러나 세원별로 교육세는 징수액이 매년 경기에 따라 다르게 나타나는 문제점을 가지고 있다.

〈표 9-4〉 세원별 교육세 징수 추이(단위: 억 원).

구분	세 목	91	92	93	94	95	96	97	98
국세	1. 금융 · 보험업자수입금액(0.5%)	1,419	1,709	1,863	2,290	2,760	3,162	3,707	5,296
	2. 특별소비세액(30%,등유15%)	3,406	4,165	4,494	5,595	6,421	7,813	8,037	5,037
	3. 주세액(10-30%)	2,543	3,107	3,166	3,527	4,381	5,184	4,182	4,398
	4. 교통세액(15%)						2,481	7,578	8,809
	수입제세분	740	451	466	637	920	1,038	1,163	647
	과년도수입					3	10	9	
	소 계	8,108	9,432	9,989	12,049	14,485	19,688	24,676	24,187
지방세	5. 등록세액(20%)	8,108	9,432	9,989	12,049	14,485	19,688	24,676	24,187
	6. 경주 · 마권세액(50%)	3,802	4,148	5,101	6,130	7,177	8,004	8,914	6,687
	7. 균등할주민세액(10-25%)	79	126	138	144	184	159	272	210
	8. 재산세액(20%)	545	710	790	958	922	1,062	774	1,304
	9. 종합토지세액(20%)	978	1,309	1,650	2,039	2,438	2,478	3,159	2,498
	10. 자동차세액(30%)	1,594	2,107	2,660	3,422	3,785	4,638	4,196	6,169
	11. 담배소비세액(40%)						3,290	8,654	9,159
	과년도수입	—	198	264	300	506	945	976	—
	소 계	7,161	8,791	10,800	13,347	15,446	21,558	29,309	27,844
전년도 이월금		—	—	2,341				322	—
합 계		15,269	20,074	23,130	25,396	29,931	41,246	54,307	52,031

3) 교육환경개선특별회계

교육환경개선특별회계는 초등학교, 중등학교 및 특수학교의 노후시설의 개선과 교원편의시설의 확충 등을 위하여 1989년 말에 제정된 교육환경개선특별회계법에 의하여 설치된 것이다. 재원은 일반회계로부터의 전입금, 다른 회계로부터의 전입금 및 예수금, 기타 수입금 등으로 확보되었다. 일반회계로부터의 전입금은 교육세의 50%에 해당하는 예산액 등으로 충당하였다. 1996년부터 2000년까지 5개년 매년 7,000억 원씩 총 3조 5,000억 원을 투자하였다. 이를 재원으로 각급하고 노후교실 및 책 · 걸상의 교체, 교실의 난방시설 등을 개선, 교원의 편의시설 등을 확보하였다.

4) 지방자치단체로부터의 전입금

지방자치단체로부터의 전입금은 지방자치단체 일반회계에서 교육비 특별회계로 경비를 지원하는 것을 말한다. 전입금의 내역을 보면, 의무교육기관의 교원을 제외한 공립중등 교원봉급에 있어서 서울은 그 전액, 부산은 그 반액을 전입금으로 충당하도록 되어 있다. 또한, 시·구 및 자치구는 대통령이 정하는 바에 따라 관할 구역 안에 있는 고등학교 이하 각급 학교 교육경비의 일부를 보조할 수 있도록 되어 있다. 그리고 "학교용지 확보에 관한 특례법"의 규정에 따라 시·도는 학교용지를 확보하는데 소요되는 경비의 50%를 부담하도록 되어 있다.

3. 사립학교 예산

1998년 현재 우리나라 각급 학교에서 사립학교가 차지하는 비중은 매우 높다. 유치원에서 대학에 이르기까지 전체 학교 중에서 사립학교가 차지하는 비중을 학생수를 기준으로 살펴보며, 유치원 75.2%, 초등학교 1.4%, 중학교 23.1%, 일반계고 58.9%, 실업계고 53.5%, 특수학교 60.8%, 전문대학 96.3%, 대학 76.4%로 나타나고 있다. 이러한 사학의 비중을 고려할 때, 사립학교예산은 공교육비를 구성하는 중요한 요소라 할 수 있다. 이러한 사학의 비중 이외에도 현실적으로 볼 때 사립학교 예산에는 정부가 지원하는 교육예산이 포함되어 있기 때문에 사학교육비 자체가 공교육비를 구성하는 아주 중요한 부분이다. 사립학교 예산은 국· 공립학교와는 달리 단위학교별로 독자적으로 예산을 편성하여 운영한다.

1998년 유치원에서 대학에 이르기까지 모든 학교급의 교비예산규모를 보면 〈표 9-5〉에 나타나 있는 바와 같다. 사립학교 교비 총세입예산 규모는 10조 6,515억 원으로 이는 교육부 예산〈특별회계포함〉의 58.8%에 해당한다. 교비 세입예산을 재원별로 살펴보면, 학생들이 부담하는 사용료와 수수료가 전체예산의 59.9%를 차지하고 있으며, 다음으로 국가보조금과 법인전입금, 그리고 기부금이 27.6%를 차지하고 있다. 이는 사립학교 예산의 거의 대부분이 학생의 납입금과 국가 및 재단의 전입보조금, 그리고 기부금으로 충당되고 있음을 말해주다.

〈표 9-5〉 1998년도 사립학교(교비) 예산(단위: 100만원, %)

수 입			지 출		
관별	예산	구성비	관별	예산	구성비
총계	10,651,523	100.0	총계	9,659,630	100.0
사용료, 수수료	6,381,007	59.9	인건비	5,515,482	57.1
전입금, 보조금, 기부금	2,941,083	27.6	연구장학비	1,148,715	11.9
이월금	524,137	4.9	관리운영비	1,318,213	13.6
과년도수입, 잡수입	474,169	4.5	상환금	69,571	0.7
차입금	331,127	3.1	재산조성비	1,154,655	12.0
			예비비, 이월금, 기타	452,994	4.7

이를 1994년과 비교하여 볼 때, 두 항목이 차지하는 비중에는 큰 차이가 없으나 사용료와 수수료는 1994년의 61.6%에서 59.9%로 1.7%가 줄어들었고, 전입, 보조금 및 기부금은 1994년의 32.5%에서 27.6%로 4.9%가 감소한 반면 이월금과 과년도 수입이 크게 늘어난 것으로 나타났다. 이는 전체 예산에서 학생부담분이 감소하고 있음을 나타낸다. 그러나 이는 사학예산의 총량규모를 기준으로 한 분석이기 때문에 나타나는 현상으로 중등사학의 경우는 학생부담이 상대적으로 축소되었다고 볼 수 있으나, 고등교육기관의 경우는 큰 변화가 없을 것으로 보이며 이는 중등사학의 경우는 상대적으로 정부 부담이 차지하는 비중이 계속적으로 증가하고 있기 때문이다.

세출예산의 경우, 전체예산의 경우, 전체예산의 57.1%가 인건비로 지출되고 있어 인건비의 비중이 상당히 높음을 알 수 있다. 이러한 높은 인건비 비중은 실제 교육효과를 거두는 데 직접적으로 영향을 미치는 교수·학습활동이나 교육기자재 구입 등에 지출되는 예산규모를 상대적으로 감소시키고 있는데, 실제 사립학교 세출예산 중 재산조성비에

12.0%, 관리운영비에 13.6%가 지출되고 있다. 1994년과 비교할 때 인건비의 비중은 6.9% 낮아지고, 관리운영비 비중도 2.0%, 재산조성비의 비중도 1.6% 낮아진 반면, 연구장학비의 비중이 높아지고 있음을 시사한다.

4. 학교운영지원비 및 육(기)성 회계 예산

현재 단위학교를 기준으로 할 때, 교육비는 크게 교비, 학교운영지원비, 그리고 학생회비로 분류된다. 이러한 교육비는 각각 별도의 회계에 의해서 관리·운영되고 있는바 교비회계, 육성회 회계 및 학생회 회계가 그것이다. 이중 학생회회계는 학생회 활동을 지원하기 위한 것으로 고등학교 이상의 경우에만 해당되고 학생회에서는 직접 집행하는 경비로 그 규모가 미미하므로 본고에서는 교비회계와 육성회계만을 다루기로 한다.

앞에서 구성요소별로 살펴본 교육부예산, 지방교육비 특별회계, 그리고 사립학교비 예산은 결국 단위학교에서 보면 교비회계에 해당되는 것이며, 이러한 예산외에 단위학교별로 자율적으로 운영하는 육성회계가 있다. 이러한 육성회계는 사실상 법적인 기반이 취약한 상태에서 운영되어 오다가 최근에 초·중등교육법과 고등교육법을 새로 제정하면서 근거규정을 마련하였다. 국·공립 중학교와 고등학교의 경우는 학교운영지원비, 사립 중고의 경우는 육성회비, 고등교육기관의 경우는 기성회비로 운영되고 있는데 이를 위한 별도의 회계가 편성·운영되고 있지만 실제 지출용도는 부족한 학교교육비를 보충한다는 점에서 큰 차이를 찾아보기 어렵다.

〈표 9-6〉에 의하면, 1998년 육성회비 세출예산규모는 3조 7,192억 원으로 이 중 76.0%는 학생들로부터 징수한 회비수입이며 나머지는 원조·보조금 및 이월금 등으로 구성되어 있다. 한편, 세출예산을 살펴보면, 운영비의 비중이 가장 높아 총예산의 46.9%를 차지하고 있다. 나머

지는 인건비(32.4%)와 시설비(20.7%)로 각각 나타나고 있다.

〈표 9-6〉 육(기)성회비 예산의 총량 규모(단위: 100만원, %)

세 입			세 출		
총계	3,666,785	100.0	총계	3,719,210	100.
회비수입	2,786,504	76.0	인건비	1,204,676	32.4
기타	880,281	24.0	운영비	1,744,617	46.9
			시설비	769,917	20.7

주: 교육통계연보의 분류 중 기성(육성)회 세입세출예산에서 교원연구비는 인건비로, 시설사업비는 시설비로, 기타 항목은 모두 운영비로 계산하였음.
자료: 교육부, 「교육통계연보」, 1998.

참고문헌

김윤태(2003), 『교육행정 · 경영의 이해』, 서울 : 동문사

김홍주 · 한유경 · 김현철, (논문집) 한국의 교육비 규모와 그 추이 분석, 1998. 교육부, 교육통계, 2003.

교육개발원, 교육통계분석, 2003.

박정수(1999) 외, 교육재정의 안정적 확보방안

박종렬(1999) 외, 지식기반사회 구현을 위한 교육재정 확보 방안에 관한 연구

주삼환(2000) 외, 『교육행정 및 교육경영』, 학지사

제10장

장 학 론

10
chapter

장 학 론

장학(supervision)은 교육행정 실제에서뿐만 아니라 교육행정학 이론 체계에서도 중요한 위치를 점하고 있다. 장학기능은 교육행정조직에서 핵심적 요소가 되고 있으며, 학교 내에서도 교육과정의 운영 내지 수업 개선을 위하여 필수 불가결한 기능으로 인식되고 있다. 한 때 장학은 감독적 차원에서, 주로 학사에 관한 사항을 시찰·감독하는 데 역점을 둔 것이 사실이다. 그러나 오늘날 장학 개념은 크게 변모되었으며, 관점에 따라 다양하게 해석되고 있다.

장학을 실제 주관하는 주체가 누구냐에 따라 장학의 성격이나 기능이 달라지며, 장학의 강조점을 어디에 두느냐에 따라 여러 가지 장학개념이 성립될 수 있다. 즉, 장학의 의미도 그 초점을 ① 행정, ② 교육과정, ③ 교수, ④ 인간관계, ⑤ 경영, ⑥ 지도성 등에 따라 각각 다르게 정의할 수 있는 것이다. 사실, 장학개념은 교육활동의 발달과 교육행정활동의 전문화 추세에 궤를 같이하면서 변화·발전되어 왔다. 즉, 시학에 의한 장학으로부터 전문적·기술적 지도·조언과 협동적 교육지도성을 강조하는 장학 단계로 발전되어 온 것이다.

장학의 유형은 여러 가지로 분류될 수 있으며, 각 유형에 따라 장학의 내용과 방법 및 기술의 특색이 있으며 이것은 장학 개념을 이해하는 데에도 유효한 체계를 제공한다. 오늘날 장학 담당자로는 교육행정기관에서 장학업무를 담당하고 있는 장학사·장학관 등 행정가 외에도 교장·교감·부장교사 및 동료교사까지도 포함하여 교육연구관(사), 지역사회의 민간장학위원까지도 포함된다. 따라서 장학에 관한 전문적 지식과 기술을 소유한 다양한 인사가 적절한 장학 기능을 수행함을 알 수 있다.

이 독특한 역할을 수행하는데 필요한 자질로서, 장학 담당자는 법규상의 신분 외에도 그의 역할 수행에 필요한 전문적 지식과 능력을 소유해야 한다. 즉, 그는 실무적·인화적·경영적 측면에서 독특한 기술들(지식과 능력)을 갖추지 않으면 안 된다.

이 장에서는 먼저 장학의 개념을 여러 관점에서 고찰하고 장학의 유형과 장학 담당자의 신분·역할·자질 등을 다루어 장학 실제의 효과를 높일 수 있는 장학 행정의 과제 및 해결 방법을 모색해 보고자 한다.

제1절 장학의 개념

영어로 supervision이라는 말은 어원적으로 superior와 vision의 합성어로서 「높은 곳에서 우수한 사람이」, 「본다」라는 뜻이다. 다시 말하면 oversight라는 의미로서 감독 또는 감시를 의미한다. 따라서 supervision의 담당자인 supervisor는 「높은 곳에서 훌륭한 눈으로 보는 사람」이란 말로 해석되어, 감독자를 의미하게 된다(백현기, 1958). 우리나라에서도 해방 전까지 supervision을 시학관 또는 시학이라고 부른 것은, 일본의 영향을 받은 때문이기도 했지만 사실 장학의 발달사를 보아도 처음에는 권위주의적 시학의 방법이 유행하였던 것이다.

해방 후 우리나라는 미국의 영향을 받아, supervision이 「지도·조언」 또는 「장학」으로 번역·사용되어 왔다(강길수, 1957). 오늘날 장학 개념이 해방 전 장학 개념과 다른 의미로 통용되고 있는 것은 사실이다. 그러나 우리나라에서는 장학 개념이 사용자의 입장에 따라 다른 의미를 띠고 있기 때문에 개념상 혼동이 일어나고 있다. 먼저 그 원인을 규명하고 현대 장학 개념을 간추려 보고자 한다.

첫째, 용어가 통일되어 있지 않다. 장학이란 용어가 가장 널리 사용되고 있지만, 그밖에도 지도 조언, 지도행정 등의 용어가 모두 사용되고 있다. 지도·조언은 현대적 장학 개념의 본질이 교사에 대한 지도와 조언에 중점을 두고 있음을 강조하여 새로 도입된 개념이다. 그러나 이념상 그러할 뿐 실제로는 통용되지 못하고 있다. 한편 지도 행정은 관리 행정과는 대조되는 개념으로 사용되고 있다. 즉, 지도행정은 교육내용 측면의 인사·재정·시설 등에 관한 관리면의 행정과 구별하여 사용된다. 그러나 지도 행정 교육과정이나 교과서에 관한 행정은 물론, 학생 지도에 관한 행정을 포함하여 보다 넓은 의미의 개념이며, 장학행정은 지도 행정의 핵심적 부분이지만 동일시할 수는 없다. 뿐만 아니라 관리행정과 지도행정업무 한계가 모호하다.

둘째, 장학사(관)가 행하는 행정사무 가운데 장학이 아닐 경우가 있고, 학교장이나 교육감의 소관 업무 중에도 장학에 관한 것이 있는 데서 혼돈이 일어나고 있다. 교육청의 교육정책국 계통에 근무하는 장학사 가운데 교원의 인사 및 근무 평점을 관장하는 경우가 있어, 그 업무 한계가 장학개념을 벗어나고 있다. 반면에 일반 행정가의 업무 가운데에도 관리 행정과 구별되는 장학 행정의 면도 있다.

셋째, 장학의 대상 영역이 광범위하여, 행정과 장학의 한계가 명화하지 않다. 일반적으로 장학은 수업의 효과를 높이기 위하여 교사들에게 지도·조언하는 것으로 정의되지만, 장학활동의 범위는 그것에 그치지 않는다. 학습지도·생활지도·현직 교육·학교운영·교육과정 운영 등에 관한 문제도 장학의 대상이 되고 있다. 예컨대, 학사 시찰의 경우 모든 부문의 교육활동이 장학의 대상이 되고 있고, 행정과 장학의 구분이 명확하지 않다.

넷째, 외국의 장학개념과 우리나라의 그것이 반드시 일치되지 않는다. 우리나라에서 현실적으로 이루어지고 있는 장학활동이나 법규면에서 본 것을 토대로 하는 것과 외국에서 도입한 교육 이론에 기초를 두고 이념적 면에서 접근한 개념과는 격차가 있다. 여기서 법규적 접근은 장학개념을 법규 해석적으로 파악하는 것으로써, 교육과학기술부의 장학기능, 시·도 및 시·군·구 교육청의 장학활동을 말한다. 그것은 계선조직을 통한 제반 행정 업무를 보좌하는 막료활동을 말하지만, 법제상 교육과학기술부나 지방교육행정조직에서 계선조직의 기능이 강하다. 한편, 이념적 접근에 의하면 장학은 수업개선을 위하여 제공되는 지도·조언을 의미하는 것으로 서진국의 장학개념을 말한다.

이상과 같은 여러 가지 원인 때문에 장학개념을 단 한 가지로 정의로 명확히 규정하기란 어렵다. 사실, 학자들 간에도 장학개념에 대한 합의를 보지 못하고 있으며, 강조점과 접근 방법에 따라 장학의 개념이 다양하게 정의되고 있다. 와일즈(J. Wiles)와 본디(I. Bondi)는 여러 학자들이 주장하는 장학개념을 ① 행정 ② 교육과정, ③ 수업, ④ 인간관계, ⑤ 경영, ⑥ 지도성 등 6가지 측면으로 나누어 정리한 바 있다. 이 분류 체계에 따라 장학개념의 정의를 간추리면 다음과 같다.

첫째, 장학을 교육행정(administration)의 일부 또는 연장으로 보는 입장이 있다.

① 장학은 교육체제의 적정 교수 기대를 달성하는 데 주로 초점을 둔 학교 행정의 한 국민이다.

② 장학은 학교체제의 구성원이 학교의 주요 교육목표를 달성하는 데 직접 영향을 줌으로써 학교 운영을 유지 또는 변화시키기 위하여 성인과 사물을 다루는 것이다.

③ 장학은 학교 목표의 어느 측면에 대해 책임을 전 교내의 사람들이 그 목표를 성취하는 데 있어서 그들을 도와주는 타인들에게 직접 의존하면서 사용하는 하나의 과정이다. 말하자면 타인을 통해 학교 목

표를 성취하는 활동은 장학 행위이며, 타인에 의존하지 않고 직접 수행하는 조직활동은 행정행위이다.

이상 행정의 연장 또는 그 일부의 기능으로 보는 장학관은 현재 우리나라에서 지배적인 경향이다. 교육행정의 분야에서 장학론(백현기, 1958) · 장학행정(강영삼, 1982) 지도행정 등으로 다루어지고 있는 것은 그 예라 하겠으며, 장학이 주로 교육 행정조직의 장학 담당자가 수행하는 것으로 인식되고 있는 점에서도 그러하다.

둘째, 장학을 교육과정(curriculum)의 측면에 강조를 두고 정의하는 입장이 있다.

① 장학은 교수-학습 상태의 개선 · 향상을 위해 교사들을 도와주는 것이다.
② 장학은 학생들의 학습을 증대시키기 위해 적용될 수업방법의 개선에 직접 영향을 주는 인적 · 물적 자원을 조정하는 일이다.
③ 장학은 수업개선을 목적으로 행하는 전문적 교육자의 행동이다.

이상과 같이 장학을 수업 개선을 목적으로 하여, 교사들에 대한 전문적 · 기술적 지도 · 조언 내지 보조 활동으로 정의하는 입장은 오늘날 장학의 이념적 또는 기능적 차원에서 크게 강조되고 있다. 이것은 바로 교사의 수업행위나 수업기술을 개선시켜 학습자의 학습효과를 증대시키려는 데 목적을 두고 있는 수업장학의 개념을 말한다. 이 입장은 장학의 본질로서 국내외 학자들에게 널리 받아들여지기도 한다. 우리의 장학에서 취약점은 바로 이 분야로 볼 수 있다.

넷째, 학교 현장에서 일하는 교직원과 장학 담당자 사이의 인간관계(human relations)에 초점을 맞추어 장학을 정의하는 입장이 있다.

① 수업장학행위(instructional supervision behavior)는 학생들의 학습기회 제공과 실현을 유지 · 변화 · 개선하는 방법으로, 교수 행위 체제와

의 상호작용을 위해 조직이 공식적으로 제공하는 부가적 행위 체제(additional behavior system)로 가정된다.

② 장학 담당자와 교사와의 관계에서 생산적인 직무 관계성(productive working relationship)을 조성하는 것은 장학 담당자에게 가장 결정적인 일이다.

③ 인간자원적 장학(human resources supervision)은 개인의 욕구와 학교의 목표 및 과업과의 통합을 강조한다. 이것을 달성하는 한 가지 방법은 교사들에게 의미 있는 일의 중요성을 강조하고 과업 성취로부터 나오는 교사의 만족을 동기유발과 수업 개선의 관건으로 봄으로써 가능하다.

인간관계 측면에서 보는 장학개념은 주로 장학 담당자와 교사와의 인간관계 및 상호작용을 강조하고 있음을 알 수 있다. 더 나아가 인적자원적 장학의 기본 가정은 인간적 조직에서만 인간적인 학급과 인간적인 교육과정의 설계가 성취될 수 있다는 것이다.

다섯째, 장학을 경영(management)의 한 형태로 정의하는 입장이 있다. 이 입장에 의하면 장학 담당자는 일의 과정을 지시하고 안내하는 책임이 있다. 그리고 업무 체제가 기술적 생산 체제이든 또는 인간 봉사체제이든, 그것은 장학 담당자의 역할을 결정하는 가장 의미 있는 요인이 된다. 결국 경영적 측면에서 보는 장학 개념은 학교를 일종의 생산 체제로 보고 조직 경영의 측면에서 장학을 다루려고 함을 알 수 있다.

여섯째, 지도성(leadership) 측면에서 장학 개념을 정의하는 입장이다.

① 장학의 과업은 교사들에게 가르치는 방법을 가르치는 것이고, 공교육을 개혁하는데 있어서, 좀더 구체적으로는 교육과정 · 교수 · 교육형태 등에서 전문적 지도성을 발휘하는 것이다.

② 장학 담당자는 행정 · 교육과정 · 교수 등의 궤도 범위에서 벗어나야 한다. 장학은 행정 · 교육과정 · 교수를 연결하고 학습과 관련된 학교 활동을 조정하는 지도성 기능이다.

③ 장학 담당자는 교수 지도자이며, 교육지도성을 행사할 수 있다.

그래 장학 담당자의 역할을 지도성 차원에서 보려는 견해가 부각되고 있다. 학교의 교육목표를 달성하는 데 있어서 교사들과 교장 사이에서 장학 담당자는 조직에서 수평 또는 수직적으로 적절한 역할을 수행한다는 것이다. 뿐만 아니라 장학 담당자의 범위도 확대되고 있어 장학은 앞의 다섯 가지 측면의 장학 개념을 관통하는 지도성 개념으로 종합될 수도 있다. 이러한 관점에서, 향후 장학 지도성(supervisory leadership)은 학교의 교육 활동을 개선하는 데 관건이 될 것이다.

위에서 장학 개념이 관점이나 강조점에 따라 얼마나 다양하게 정의되는가를 알 수 있었을 것이다. 이것은 학교 교육에 대한 새로운 도전이 끊임없이 있어 왔고 그 양상도 다양한데 그 근본적 이유를 찾을 수 있다. 이에 따라 장학의 범위와 방법도 다양하게 전개되어온 것이다. 요컨대 장학 개념은 한마디로 정의할 수는 없으나, 교육 행정 내지 학교경영의 한 과정으로서, 교수-학습 과정을 개선하고 학교의 목표를 성취하기 위하여 장학 담당자가 행사하는 교육 지도성이라 하겠다.

제 2 절 장학 담당자의 자격과 역할

장학 담당자는 장학 기능과 역할을 담당하는 모든 사람을 의미하기 때문에 단순히 장학사나 장학관이라는 직명을 가진 자만이 장학 담당자는 아니다. 즉, 장학 담당자는 ① 장학 직위에 있는 사람, ② 권한과 영향력을 행사함으로써 실제 학교 운영의 차이를 조성하는 사람, ③ 특수한 조직 기능에 시간을 보내는 사람을 말한다. 역시 전형적인 장학 담당자로 들 수 있는 인사는 집단 상황에서 다른 사람에게 영향을 주도록 되어 있는 주관자나 교사들이 정서적으로 지지하고 전문적 지도를 받을 수 있는 덕망과 권리가 있는 핵심적 인물임에 틀림없다. 본 장에서는 장학 담당자의 신분・역할・자질 등을 중심으로 살펴보겠다.

1. 장학 담당자의 신분

교육공무원법상 장학직은 장학관과 장학사에 한정되어 있으나 교육행정의 각 단계에서 장학 행정을 담당하고 있는 사람은 모두 장학 담당자에 포함됨은 물론이다. 따라서 장학 행정 담당 요인으로서는 장학직 이외에도 교육감・교육장 및 교장・교감을 들 수 있다. 물론 이들 외에도 전술한 장학의 유형에서 알 수 있는 바와 같이 수업 개선을 위해 노력하는 부장교사・동료교사・연구사 등은 모두 장학기능을 수행할 수 있다. 그러나 여기서는 장학 기능의 요원으로서 ① 장학관・장학사, ② 교육감・교육장, ③ 교장・교감을 중심으로 장학 담당자의 법률상 신분을 개관한다.

1) 장학관 및 장학사

장학관은 교육인적자원부의 학교 정책실에서 장학 방침의 수립을 비롯하여 ① 학교정책, ② 교육과정・교과서 개발, ③ 교원종합정책, ④ 생활지도 등에 관한 주요 기획 및 지원, 그리고 전문직 지도・조언을 하는 계선 조직의 위치에 있으며, 지방 교육행정조직(시・도 및 시・군・구 교육청)에서는 학무행정 계통의 국・과장 또는 담당관으로서 막료적 기능을 하되, 교육과학기술부에서와 같이 계선기능을 주로 하고 있다.

장학관은 교육공무원법에 의한 자격기준에 맞는 자이어야 한다. 교육공무원법 제9조 별표에 의한 그 자격 기준은 ① 대학・사범대학・교육대학 졸업자로서 7년 이상의 교육경력이나 2년 이상의 교육경력을 포함한 7년 이상의 교육행정경력 또는 교육 연구경력이 있는 자, ② 2년제 교육대학 또는 전문대학 졸업자로서 9년 이상의 교육행정경력 또는 교육행정경력이 있는 자, ③ 행정고등고시 합격자로서 4년 이상의 교육경력이나 교육행정경력 또는 교육연구경력이 있는 자, ④ 2년 이상의 장학사·교육연구사의 경력이 있는 자, ⑤ 11년 이상의 교육경력이나 2년 이상의 교육경력을 포함한 11년 이상의 교육연구경력이 있는 자, ⑥ 박사학위를 소지한 자로 규정되어 있다.

장학사는 교육청에서 유치원 교육·초등교육·중등교육 또는 사회교육 운영지도에 관한 업무를 직접 담당하고 있다. 역시 막료기능과 계선기능을 동시에 수행하고 있다. 장학사의 1법정 자격 기준은 ① 대학·사범대학·교육대학 졸업자로서 5년 이상의 교육경력이나 2년 이상의 교육경력을 포함한 5년 이상의 교육행정경력 또는 교육 연구경력이 있는 자, ② 9년 이상의 교육경력이나 2년 이상의 교육경력을 포함한 9년 이상의 교육행정경력 또는 교육연구경력이 있는 자로 되어 있다.

이상 장학관과 장학사의 자격기준은 경력중심주의를 토대로 하고 있으며, 교육경력을 포함시켰다는 데 특색이 있다. 그러나 실제 선발시에는 위의 자격 기준보다 더 많은 경력과 능력을 요구하고 있다. 우리나라에서는 아직도 장학직을 배출시키는 양성제도나 직전교육제도가 없다. 장학직의 선발은 ① 공개 전형, ② 특별 채용, ③ 전직 등 세 가지 형태로 이루어지지만, 장학사는 주로 공개 전형(서류 전형, 1차 전형 : 필답고사, 2차 전형 : 면접·컴퓨터 활용 능력 평가·교과 전문성 평가 및 학교 현장 조사)으로 선발한다.

2) 교육감 및 교육장

교육의 전문성과 지방 교육의 특수성을 살리기 위하여 교육·학예에 관한 사무의 집행기관으로서 서울특별시, 각 직할시·도에 교육감을 두고 있으며, 각 시·군·구에는 시·도의 교육·학예에 관한 사무를 분장하기 위하여 시·도의 하급 교육행정기관으로 교육청을 두고 교육청에 장학관으로 보하는 교육장을 두고 있다. 따라서 교육감과 교육장은 당해 지방의 실질적인 장학 행정의 집행기관이요, 책임자이다.

교육감은 ① 학식과 덕망이 높고 시·도 의회 의원이 피선거권이 있는 자로서 정당의 당원이 아니어야 하며, ② 교육 또는 교육 전문직 경력이 5년 이상 있거나 양 경력을 합하여 5년 이상 있는 자로서 학교운영위원회 전원으로 구성된 교육감 선거인단에서 선출된다.

교육장은 장학관으로 보하게 되어 있으며, 그 자격은 ① 행정고등고시 합격자로서 4년 이상의 교육경력이나 교육행정경력 또는 교육연구경력이 있는 자, ② 대학·사범대학·교육대학 졸업자로서 7년 이상의 교육경력이나 2년 이상의 교육경력이 있는 자, ③ 2년제 교육대학 또는 전문대학 졸업자로서 9년 이상의 교육경력이나 2년 이상의 교육경력을 포함한 9년 이상의 교육행정경력 또는 교육연구가 있는 자, ④ 고등학교 졸업자 또는 이와 동등 이상의 경력을 가진 자로서 12년 이상의 교육경력이나 2년 이상의 교육경력을 포함한 12년 이상의 교육행정 경력 또는 교육연구가 있는 자, 그리고 ⑤ 장학사·교육 연구사 또는 초등학교 이상의 학교 교장으로서 5년 이상 근무한 경력이 있는 자이다.

교육감과 교육장이 장학기능의 중요성을 얼마나 이해하고 또 그것을 어떠한 방식으로 실천하느냐에 따라 장학행정의 성패가 결정될 정도로 그들이 갖는 장학관은 매우 중요하다. 오늘날 우리의 교육행정이 관리행정 위주로 되어 있고 장학행정은 부차적인 인상을 주고 있어 교육행정의 관료화 현상이 두드러지고 있는 것도 사실이다. 다행히 근래 교육의 민주화·자율화의 분위기가 고조됨에 따라 이러한 현상은 크게 개선되어 가고 있고 교내 자율 장학과 지구별 자율 장학이 활성화될 것이 기대된다.

3) 교장 및 교감

교내 장학의 핵심은 교장과 교장을 보좌하는 교감이다. 교장은 교내 장학의 중추적 지도자로서, 관리적 기능과 장학기능을 수행하는 이원적 성격을 가지고 있다. 교장의 장학 기능에 대한 이해와 그 실천 방식은 학교에서의 장학의 성패를 좌우한다. 교장은 ① 교감 자격증을 가지고

3년 이상의 교육경력과 소정의 재교육을 받은 자, ② 학식과 덕망이 높은 자로서 교원 자격 검정 위원회의 추천에 의하여 교육과학기술부장관의 인가를 받은 자, ③ 교육대학·전문대학의 학장으로 근무한 경력이 있는 자(이것은 중등학교 교장에 한함), ④ 특수학교의 교장 자격증을 가진 자이며, 교감은 교장을 보좌하여 교무를 관리하며 학생을 교육하고, 교장 유고시에는 교장을 대리한다.

교감은 교장을 보좌하며 교장과 교사의 중간적 위치에서 조정·지도·조언 및 교직원에 대한 사원 인사로서의 역할을 한다. 각급 학교 교장 및 교감은 초·중등 교육법 제21조 제1항의 별표 1에 의한 법정 자격 기준에 맞는 자로서 자격증이 있어야 한다. 교감의 자격 기준은 ① 1급 정교사 자격증을 가지고 3년 이상의 교육경력과 소정의 재교육을 받은 자, ② 2급 정교사 자격증을 가지고 6년 이상의 교육경력과 소정의 재교육을 받은 자, ③ 교육대학의 교수·부교수로서 6년 이상의 교육경험이 있는 자(중등학교 교감에 한함), 특수학교의 교감 자격증을 가진 자로 규정되어 있다.

2. 장학 담당자의 역할

앞에서 개관한 장학 담당자의 법률상의 신분을 통해, 장학 담당자의 역할의 윤곽을 알 수 있다. 그리고 각 장학 담당자의 위치에 따라 그 구체적 역할이 다르다는 것도 알 수 있다. 예컨대 지위가 높을수록 정책 개발에 치중하고, 학교 현장의 장학 담당자는 신임 교사의 수업 개선이나 담당 업무수행을 도와주는 역할을 한다. 따라서 장학 자체는 다양한 직위에 있는 사람들이 각각 상이한 방식으로 수행하는 독특한 기능이다.

그러나 학교 체제에서 직위와는 무관하게 장학 담당자들에게 기대되는 역할 행동에는 공통적인 측면이 있다. 이 공통적 요소는 ① 달성되어야 할 바람직한 목적이나 결과를 결정하는, ② 그 목적을 이룩하는 프로그램과 절차를 개발하는 일, 그리고 ③ 실제 달성된 결과를 평가하는 일이다.

장학 담당자의 역할은 ① 교육 프로그램의 지도자로서의 전문성에 크게 의존하고, ② 두 개의 세계에서 살며 두 가지 언어를 사용해야 하며, ③ 그들의 권한 상의 한계가 있다는 점에서 다른 행정직 역할과 구별되는 특징이 있다. 이 특징을 부연하면 다음과 같다.

첫째, 장학 담당자는 교육 및 수업문제에서 전문가일 것이 기대된다. 교육 및 수업 지도자로서 그들 업무의 주된 관심 영역은 다음과 같다.

① 교육과정 및 교수 목표
② 교육 프로그램의 내용 조절
③ 대안과 선택
④ 교육과정 및 교수 혁신
⑤ 구조화된 지식
⑥ 학습 진단 조직 및 수업시간 계획 유형
⑦ 과와 단원 기획
⑧ 학습 자료의 평가와 선정
⑨ 교사의 유형 · 학생의 학습 활동에 대한 영향
⑩ 교육적 만남의 개발과 평가
⑪ 교수 양식 · 방법 및 절차
⑫ 교실의 학습 분위기
⑬ 교사 · 학생 및 프로그램 평가

둘째, 장학 담당자가 교사의 언어와 행정가의 언어를 사용하면서 두 가지 세계에서 살고 있다는 것이다. 교사와 행정가는 각각 다른 관점에서 종종 서로 이해할 수 없는 일을 한다. 사실 대부분의 행정가는 한때 교사였었다. 그러나 일단 다른 세계에 들어가 전과 다른 압력을 받으면 교사가 당면한 문제를 이해하기 어려운 경우가 많다. 반면에 교사들은 학교를 제한된 그리고 종종 비현실적인 관점에서 생각한다. 교사들은 행정가와 행정가의 역할에 대해 동정하지 않는 경우가 많다. 장학 담당자는 결국 두 세계에서 살고, 두 세계에서 소외되지 않으면서, 두 체제간의 커뮤니케이션과 관점상의 어려움을 중간에서 조장하지 않을 수 없다.

셋째, 장학 담당자의 특징으로는 장학 담당자 권한에 대한 한계성을 들 수 있다. 장학 담당자는 종종 계선 소식으로서보나는 막료 조직으로 이해된다. 그래서 그들은 교육 및 수업 지도자로서 그들이 가지고 있는 지식에 의해 부여되는 기능적 권한과 교사 및 행정가 양자에게 영향을 주는 권한의 원천으로서의 개인적인 지도성 특성에 크게 의존한다.

유능한 행정가들도 똑같이 기능적 권에 의존하고 있지만 조직 계층상 분명한 그들의 상위직으로부터 나오는 공식적 권한에 의해 향상되거나 지지된다.

장학 지도자는 교육 발전의 관건 요인으로서 뿐만 아니라, 교육행정 행위에 있어서 지도적 지위를 차지하고 있어서 그들의 능력과 자질, 식견과 통찰력, 지도성 등은 매우 중요하다. 역할이란 특정 지위를 차지한 개인에게 요구되는 구체적인 행동이나 기대를 말하기 때문에 장학 지도자의 역할도 다양하게 규정될 수 있겠으나 다음에서는 교육 행정가의 보편성과 공통성에 역점을 두어 주요 역할을 다섯 가지로 구분하여 제시하기로 한다.

첫째, 의사결정자로서의 역할을 수행한다. 교육행정이 교육조직이나 교육행정조직 속에서의 단적·협동적 행위를 토대로 이루어지며, 조직체의 의사결정은 그와 같은 협동 행위의 기본 방향을 결정하고 지침을 마련하는 것이므로 교육행정의 과업 수행에 있어서 의사 결정은 가장 핵심적인 과정의 하나이다. 교육행정가로서의 장학 지도자는 교육조직체나 교육행정기관의 의사결정에서 가장 중요한 영향력을 행사한다. 즉, 장학지도자는 인사는 물론 재적의 배분, 시설의 관리, 정보의 제공과 관리, 교육과정의 개발, 평가 등에 있어서 중요한 의사결정자로서의 역할을 수행한다.

둘째, 관리자로서의 역할을 수행한다. 장학지도자는 인사・재정・시설・사무 등의 관리 업무를 통솔하고 지도・감독해 나가야 한다. 그리고 이러한 관리업무는 대부분 결재・보고 등의 형식을 통하여 교육행정가의 감독과 통제를 받도록 제도화되어 있다. 교육행정가로서의 장학지도자는 오늘날 발달하는 새로운 관리 기술이나 기법을 익혀 능동적으로 관리 업무를 수행해야 할 필요가 있다.

셋째, 인화 조성자로서의 역할을 수행한다. 장학지도자는 교육조직 구성원들간에 인화를 조성하고 갈등을 해소하여 협력과 단결을 조성하는 화합과 조성의 선도적 역할을 수행해야 한다. 특히 장학지도자에게는 장학을 효율적으로 수행하기 위해 교사들의 동기를 유발하고, 원활한 의사소통을 통해 원만한 인간관계를 유지하게 하는 인화 조성자로서의 역할이 더욱 강조된다.

넷째, 기획・평가자로서의 역할을 수행한다. 장학 지도자는 그가 소속하는 기관이나 부서에서 업무를 기획하고, 평가하는데 있어서 주도적인 역할을 담당해야 한다. 오늘날 교육의 규모가 방대해지고 그 내용이 복잡해지면서 교육의 합리성과 효율성을 극대화하기 위한 교육 기획과 평가 활동이 강조되고 있다. 더욱이 교육의 공공성에 대한 인식이 높아지고 교육행정의 성격이 고도의 공익성을 지니고 있으며, 그 집행이 막대한 공공 재정에 의존하는 면이 강함으로 납세자에 대한 교육의 책무성 강화 차원에서도 평가 활동이 더욱 강조되고 있다. 장학 지도자는 사전에 지적・합리적 준비를 철저히 하여 과업의 집행을 효율적으로 추진하고 행정의 전 과정과 성과를 평가하는 역할을 수행해야 한다. Ben M. Harris는 장학의 과업으로서 다음과 같이 10가지를 들고 있다.

① 교육과정 개발
② 수업을 위한 조직

③ 교직원 확보
④ 시설 확보
⑤ 학습자료 확보
⑥ 현직 교육 계획
⑦ 교직원 적응 지도
⑧ 학생 지원 업무
⑨ 섭외 업무
⑩ 수업 평가

물론 장학담당자가 어느 조직, 어느 부서에서 근무를 하는가에 따라 그 역할에 차이가 있을 수 있다. 교육과학기술부나 이에 준하는 조직의 부서에 근무할 때와 시·도 교육청에서 근무할 때 그리고 지역 교육청, 교원연수원이나 학생수련원에서 근무 할 때 등 그 조직이나 부서에 따라 그 과업이나 역할 수행이 조금씩 달라질 수 있겠으나 근본적으로 교사의 수업 기술을 향상시키고 학생 생활 지도의 능력을 함양시키는 데 초점을 맞춘 제반 교육 활동의 원활한 수행을 위한 지도자 역할을 다하는 것이 장학담당자가 해야 할 가장 근본적인 역할이라 하겠다.

역할이란 특정 지위를 차지한 개인에게 요구되는 구체적인 행동이나 기대를 말하는 것으로 장학 담당자의 역할도 다양하게 규정될 수 있겠다. 김종철은 장학 담당자의 역할을 교육행정가의 보편성과 공통성에 역점을 두고 다음과 같이 그 역할을 구분하고 있다.

첫째, 의사결정자로서의 역할 수행으로 장학 담당자가 인사를 비롯하여 재정의 배분, 시설 관리, 각종 교육정보의 제공과 관리, 교육과정의 개발, 교육 평가 등에 있어서 의사결정자로서의 주요한 역할을 수행해야 한다.

둘째, 관리자로서의 역할이다. 장학 담당자는 교육행정의 전반적인 면에서 이를 관리하는 업무와 지도 감독하는 총체적 통솔을 해 나가는 역할을 수행함을 말한다.

셋째, 인화 조정자로서의 역할을 수행한다. 장학 담당자는 교사들이 교육활동을 능동적이고 적극적으로 수행할 수 있도록 동기를 유발하고 조직 내의 원만한 인간관계를 유지하도록 하기 위하여 원활한 의사소통은 물론 갈등 해소를 위한 필요한 조치를 취하는 등 교직 사회는 물론 유관기관과의 인간관계를 원만히 이끌어 가는 역할을 수행해야 한다.

넷째, 기획평가자로서의 역할이다. 평가는 모든 역할 수행의 과정을 되돌아보고 시행착오를 수정하여 새로운 발전적 역할을 수행하기 위한 수단이다. 특히 오늘날 교육행정이 고도의 공익성을 지니고 있으므로 교육의 합리성과 효율성을 높이기 위하여 기획과 평가는 교육의 전 과정에서 적절하게 이루어져야 하는 바 이를 수행하는 것이 장학 담당자의 역할이다.

1) 장학 지도자의 지도성

장학의 궁극적인 목적은 수업의 개선을 통해 학생들의 교육목표 달성을 극대화하는데 있으며, 이를 위해 학생들을 도와줄 교사들에게 직접적으로 의지하는 활동이다. 즉, 장학은 다른 사람(교사)을 통해서 목표를 성취하려는 활동이기 때문에 장학의 과정에서는 교사와의 인간관계와 이들을 이끌어 나갈 지도성이 중시된다. 그런데 장학에서의 지도성은 강압과 경쟁, 엄격한 통제에 의해서 생산성이 증가될 수 있는 기업 조직에서의 감독과는 성질이 전혀 다르다는 점을 상기할 필요가 있다.

왜냐하면 장학은 수업에서의 교사의 자율을 전제로 하지 않으면 안 되기 때문이다. 즉, 장학은 교사의 자율적 결정을 인정하면서도, 자율적으로 수업을 개선하도록 외적으로 영향을 주되, 이것은 어디까지나 비강제적이어야 할 뿐만 아니라 설득적이어야 하며, 그러면서도 수업의 개선을 선도하는 방향 제시 활동이어야 하고, 교사를 보다 발전과 성장 지향적으로 동기를 유발시키며 유도하는 활동이어야 한다.

장학의 이 같은 측면을 강조하여 이종재(1984)는 장학을 '교사의 자율적인 교수 행위의 개선을 위하여 교사에게 직접·간접으로 작용하는 지도성'으로 정의하고, 교육지도성을 정책지도성(Policy leadership), 학교 조직 관리 지도성(Organizational leadership), 교수지도성(Instructional leadership)의 요소로 구성될 수 있다고 본다. 정책지도성은 가르침에 있어서 바람직한 것 또는 개선의 내용을 이루는 생각(ideas)을 정립하고 다른 교육정책과 조정을 이루어 발휘되는 지도성을 의미한다. 학교 조직 관리의 지도성은 학교의 조직 안에서 교사가 교직의 전문성을 발휘하고 계속 성장할 수 있도록 학교 조직을 관리하는 데 발휘되는 지도성을 의미한다. 교수지도성은 교사가 학교교육의 교수 장면에서 당면하는 문제와 수업의 개선을 위하여 제기되는 과제를 해결하도록 구체적으로 제공되는 지도성을 뜻한다.

다음에서는 지도성이론과 지도성의 두 가지 차원, 지도성 유형 및 지도성의 근거 등과 관련하여 장학 지도자의 지도성을 생각해 보기로 한다.

(1) 지도성 이론

지도성이란 조직의 공동 목표 달성에 자발적이고 적극적으로 참여하도록 구성원에게 영향을 주는 행위이다. 그러므로 훌륭한 지도자 밑에서는 구성원들의 사기와 충성이 높아지고, 협동적 노력이 나타나지만, 그렇지 못한 지도자 밑에서는 갈등과 대립, 불만이 커서 조직의 비능률을 초래한다. 따라서 지도성이론은 모든 조직의 경영에 있어서 공통된 관심사이며 그 내용도 복잡하고 다양하다. 여기서는 지도성이론을 크게 세 가지로 구분하여 요약·설명하기로 한다.

특성이론은 지도성에 대한 심리학적 점근 방법으로, 어떤 위대한 인간이나 특정인이 가지고 있는 사회 심리적·신체적·정신적 특성으로 보고 그러한 특성을 분류학적으로 정리·종합하려는 이론이다. 즉, 지도자는 일반적으로 정력, 지능, 언어 유창성, 지배력, 책임감, 결단력, 재치, 성취 동기, 사회성 등과 같은 특성이 있어야 지도성을 발휘할 수 있다고 본다. 그러나 성격 특성이 너무 다양하고, 모든 상황과 문화에 공통적인 특성을 발견하기 어렵고, 그러한 특성을 측정·기술하기가 어렵다는 문제가 지도자의 품성은 어떠해야 한다라고 말할 때는 바로 지도성의 이러한 특성 이론적 관점에서 접근하려는 것이다.

상황이론은 지도성에 대한 사회학적 접근 방법으로 사회적 상황을 중요시한다. 즉, 지도자의 행동은 사회적 상황에 따라 유동적이고 지도성의 효과도 다르다는 것이다. 이것은 지도자가 속해 있는 시대적 상황과 집단의 성격 등에 의해 지도성의 효과가 좌우됨을 시사하는 것으로 지도성의 역동적 가변성을 강조하는 것이다.

교환이론은 지도성에 대한 행동과학적 접근으로, 지도자와 집단 성원, 또는 집단성원 상호간의 사회적 상호작용의 토대 위에서 일종의 주고받는 가치의 교환에 의해 지도성이 성립된다는 것이다. 즉, 지도자와 추종자간에는 서로 주고받는 교환 관계 속에서 상호간의 기대를 만족시킬 수 있다는 것으로 어느 의미에서는 상황 이론의 한 변형으로 볼 수도 있는 이론이다.

(2) 지도성의 두 가지 차원

헬핀(Halpin)은 지도자 형태 기술 질문지(Leader Behavior Description Questionnaire)를 사용하여 지도자의 지도성 행동을 점수화하고, 그 결과를 가지고 지도성에 대한 이론을 발전시켰다. Halpin은 지도성 과업중심과 인간관계 중심의 두 가지 차원으로 처음 분류하였고, Maccoby는 생산 중심과 구성원 중심으로, 그리고 Getzels와 Guba는 기관 중심과 개인 중심으로 나누어 설명하고 있다.

여기서 과업·생산·기관 중심의 차원은 조직의 목적과 필요를 충족시켜 주려는 효과성의 측면으로, 합리성과 절약 등을 강조하는 고전적 조직 이론의 주된 관심 대상이었다. 그리고 인간관계·구성원·개인 중심의 차원은 조직 구성원 개개인의 욕구와 필요를 우선적으로 충족시켜 주려는 능률성의 차원으로, 조직 운영에서 비공식조직, 비경제적 보상, 사회규범, 집단 압력 등과 같은 사회적·심리적 조건을 강조하는 인간관계론의 주된 연구 대상이었다.

장학지도자가 발휘하는 지도성도 과업 중심의 차원과 인간관계 중심의 차원으로 구분할 수 있다. 즉, 장학지도자는 학교의 본래 목적이 교육목표 달성에 있으므로 공식 조직과 물리적 환경 등을 관리하고, 구성원들에 대한 기대와 과업 수행의 절차들을 명료화함으로써 장학과 학교경영의 효과성을 높여야 한다. 그리고 다른 한 편으로는 교사들에게 친절하고, 지원적 환경을 조성하며 원만한 인간관계를 유지하여 장학의 능률성을 높여야 한다. 특히 학교 내에서의 인간관계는 그 자체가 교육적 의의가 있을 뿐더러 학습 과정에 영향을 주어 학습의 효과를 좌우하고, 행정 과정에 영향을 주어 행정의 효능을 좌우하기 때문이다.

(3) 지도성 유형

지도성 유형의 전통적인 구분은 자유방임적 지도성, 전제적 지도성, 민주적 지도성으로 구분하는 것이다. Lippitt와 White는 이 세 가지 지도성 유형 중 구성원에게 동기를 유발시켜 주고, 방향감을 제시해 주며 구성원들을 의사 결정에 참여시켜 그들의 능력을 충분히 활용하는 민주적 지도성이 가장 이상적임을 밝히고 있다. 한편 Blake와 Mouton은 지도성의 두 가지 차원을 바탕으로 지도 유형을 다섯 가지로 분류하고 있다. 즉, 지도성의 유형을 ① 최소형, ② 동호인 클럽형, ③ 중간형, ④ 과업형, ⑤ 최대형으로 구분하고, 지도성의 두 차원을 통합하여 행사하는 최대형이 이상적이라고 하였다. Barnard도 두 차원을 능률과 효과라는 용어로 표현하고 있지만 뜻하는 바는 같다고 하겠다.

그런데 Hersey와 Blanchard 등은 두 가지 차원으로 설명되는 바람직한 지도성 이론에 이의를 제기하고, 3차원의 요소들로 바람직한 지도성을 설명하려고 한다. 즉, 과업 중심의 차원과 인간관계 중심의 차원에 상황적 요인으로 구성원의 성숙 수준을 추가하여 상황에 따라 효과적인 지도성 유형이 다르다고 하였다. 다시 말해서 지도유형에 대한 단일 규범 이론은 문화나 상황, 교육 수준 등의 차이 때문에 제한과 비현실성을 내포한다는 것이다. 이것은 지도성의 두 가지 차원을 고려하되 상황에 따라 강조점을 달리해야 한다는 사은과 공의는 불가편폐요, 다만 경중의 구분이 있으니 운영의 묘를 기해야 한다는 옛말이 잘 지적해 주고 있다.

(4) 지도성 근거와 지도자의 권위

조직의 지도자가 지도성을 발휘하게 되는 근거는 5가지로 나누어 볼 수 있다.

① 지식이나 능력 때문에 갖게 되는 전문성(Expert power)
② 동일시 대상이기 때문에 갖게 되는 신뢰성(Referent power)
③ 합법적으로 부여된 정당성(Legitimate power)
④ 보상을 줄 수 있는 효능성(Reward power)
⑤ 처벌을 할 수 있는 통제성(Coercive power)이 바로 그것이다.

물론 장학지도자는 이상의 모든 근거에 기초하여 지도성을 발휘할 수 있으나, 전문성이나 신뢰성을 근거로 지도성을 발휘할 때 지도성이 효과적이고, 정당성, 효능성, 통제성을 근거로 할 때 비효과적이다. 왜냐하면 지도성은 권위(authority)를 불가결의 요인으로 하며, 권위를 인정받지 않고서는 지도자가 될 수 없는데, 신뢰성과 전문성에 근거한 권위는 스스로 만들어 가는 실질적인 권위로 인정받아 추종자들이 수락하지만, 정당성·효능성·통제성에 근거한 권위는 외적으로 주어지는 것이기 때문에 외적으로 계속 보장되지 않으면 권위가 권위로서 인정을 받지 못하기 때문이다.

권위는 권력과는 달라서 그것을 받아들이는 측에서 인정하고 승복하며 그것을 받아들일 때에만 의미가 있다. 왜냐하면 권위는 권위주의와는 달리 수락의 한계(area of acceptance)가, 있기 때문이다. 권위주의는 강자에 대하여는 무비판적으로 복종하는 태도를 취하면서 반대로 자기보다 약한 사람에 대하여는 위압적 자세를 취하며 복종을 강요하려는 배타적이며 독단적인 성향으로 권위와는 구분된다.

3. 장학 담당자의 자질

장학 담당자는 앞에서 말한 신분상의 자격 이외에 장학 기능 또는 역할을 수행하는 데 필요한 기술(skill)이 있어야 한다. 이 기술은 필수적인 지식과 능력을 의미하며, 학습될 수 있고 기술될 수도 있다. 그리고 그 존재 양식은 다양하다.

캐츠(Katz)는 유능한 행정가의 기술로서 실무적(technical)·인화적(human)·전체파악적(conceptual) 기술 등 세 가지를 정의한 바 있다. 만(F. C. Mann)은 감독자의 필수적 기술을 확인하여 정의를 내리는 개념적 틀을 제안했다. 만은 감독자 기술혼합(supervisory skill mix) 속에 실무적·인화적 기술 영역과 경영적 능력을 포함시켰다. 여기서 실무적 기술이란, 어느 특수 감독직과 관련된 주요 기능 또는 과업을 수행하는 데 요구되는 특수 지식을 말한다.

인화적 기술은 다른 사람과 함께 일하고 또 그들이 잘 일하도록 동기 유발시키는 능력을 말한다. 경영적 기술은 의사결정을 하고 감독자가 책임진 작업 단위의 목표를 달성하는 데 있어서 중요한 조직 관계를 아는 능력을 말한다. 만(Mann)은 조직 계층별로 요구되는 기술의 비중이 다르다고 말한다. 예컨대, 일선 감독자는 실무적·인화적 기술이 제1차적이며, 고위 지도층에게는 경영적 기술이 제일 중요한 것으로 본다. 이러한 기술 혼합(skill mix)의 개념은 학교에서의 전문적 역할에도 적용될 수 있다.

예컨대, 비록 환경에 따라 차이가 있지만, 교장의 역할은 경영적 기술의 사용 비중이 제일 크고(60%), 다음이 실무적(25%), 인화적(15%) 기술의 순서로 사용된다. 수업 장학 담당자의 기술은 교수에 관한 실무적 기술의 사용이 제일 많고(50%), 다음이 인화적(30%), 경영적(20%) 기술의 순서로 배분된다. 물론 이들 기술들은 독립적으로 적용되는 것은 아니다. 수업장학의 복잡성을 고려할 때, 이 세 가지 기술을 적절히 선택하여 배합하는 것이 장학 담당자의 전문적 책임이다. 그러면 학교에서 수업장학을 수행하는 데 필요한 인화적 · 경영적 · 실무적 기술을 구성하고 있는 기술들은 무엇인지, 그 구체적 내용을 다음에 열거해 본다.

1) 인화적 기술(human skills)

인화적 기술을 폭넓게 사용하는 것은 교수행위에 직접 영향을 주는 수업행위에 매우 중요하다. 학교는 독특한 인간 조직이며, 그 일의 질과 효과는 과정 · 시설 · 자원만이 아니라 인간간의 상호작용 및 이해의 성격과 정도에 크게 의존하고 있다. 학교 문제는 대부분 사람의 문제이므로 장학 담당자는 인화적 기술을 사용하지 않을 수 없다. 이미 기술 혼합의 개념에서 말한 바와 같이 각 기술은 상호의존적이어서 경영적 · 실무적 기술은 이 인화적 기술에 의해 지지된다. 인화적 기술 가운데에는 학습될 수 있고 연마될 수 있는 것이 있다. 그러나 어떤 것은 자신과 타인에 대한 태도에 크게 의존한다. 요컨대, 인화적 기술은 인간간의 상호작용과 직접적인 개인적 접촉에 관련된 것들을 말한다. 수업 장학 담당자의 인화적 기술에 관한 구체적 내용을 개괄하면 다음과 같다.

① 장학 담당자는 교사의 개인차(욕구 및 인성)에 반응해야 한다.

② 장학 담당자는 교직원의 장점과 잠재력을 진단해야 한다.

③ 장학 담당자는 가치 명료화 과정의 전문가가 되는 것은 아닐지라도 적어도 그 과정에 포함된 몇 가지 기법을 사용할 수 있어야 한다.

④ 장학 담당자는 교사들이 가지고 있는 지각의 공통성과 차이점을 증명하려는 데 있어서 다양한 절차를 사용할 필요가 있다.

⑤ 장학 담당자는 교사들의 공약을 받아 내도록 조직의 목적을 번역 또는 해석할 수 있어야 한다.

⑥ 장학 담당자는 집단 토의를 주재할 수 있어야 한다.

⑦ 장학 담당자는 말을 삼가고 교사의 말에 신중하게 반응하며, 또

알기 쉽게 바꾸게 말함(paraphrasing)으로써 남의 말을 경청하는 기술을 개발해야 한다.

⑧ 장학 담당자는 특히 수업 관찰 후 장학 협의회를 실시하는 기술을 가져야 한다. 협의 중, 장학 담당에게는 카운슬링의 기술(수락・내성・명료화・탐색・침묵 등의 모든 반응행동)이 필요할 때도 있다.

⑨ 장학 담당자는 장학 협의회보다는 덜 공식적인, 교사와의 협동적 상호작용을 실시하는 기술이 있어야 한다. 이것은 상담역(consultant)과 같은 기술이다.

⑩ 장학 담당자는 화제가 불쾌하고 태도가 화나게 할 때에도 교사와 단호하게 대면하는 기술이 있어야 한다.

⑪ 장학 담당자에게는 교사 집단의 갈등을 해소하는 기술이 또한 중요하다.

⑫ 장학 담당자는 교직원간의 협동을 자극하는 기술이 있어야 한다.

⑬ 장학 담당자는 전문적 행동・일상 행동 및 타인과의 상호작용 면에서 교사들에게 모범을 보여야 한다.

2) 경영적 기술(managerial skills)

이 기술은 수업개선을 가져오고 조직 목표를 향상시키는 방향으로 조직을 조정하려는 것이다. 동일한 조직 내에서 여러 가지 경영기술이 적용되며 또 동일한 경영기술이 조직내 다른 계층에 있는 개인들에 의해 빈번히 사용된다. 수업 장학 담당자가 학교조직에 영향을 주기 위해 사용하는 경영기술의 범위와 그 복잡성을 개괄하면 다음과 같다.

① 장학 담당자는 학교가 봉사하는 지역사회의 특성을 알아내는 기술이 있어야 한다.

② 장학 담당자는 교사의 욕구를 사정(assessing teacher needs)할 수 있는 기술이 있어야 한다. 이것은 교사가 믿는 이상적 교육 여건을 확인하고 현실에 관한 자료를 수집하는 것이다. 교사들이 이상과 현실의

차를 인식할 때 변호가 가장 쉽게 받아들여진다.

③ 장학 담당자는 수업과 변화에 대한 우선 순위를 수립할 수 있어야 한다.

④ 장학 담당자는 교육환경(행정스타일, 교직원의 특성, 학습 상황 등)을 분석하는 기술이 있어야 한다. 이것은 조직의 책무성과 활성화를 결정하는 데에도 필수적인 기술이다.

⑤ 장학 담당자는 PERT/CPM과 같은 기획 체제(planning systems)를 활용할 수 있는 기술이 있어야 한다.

⑥ 장학 담당자는 일어날 수 있는 많은 분열 사태를 예상하고 전체 계획에서 가능한 상화적응적 대안들(contingency alternatives)을 마련할 수 있어야 한다.

⑦ 장학 담당자는 수업활동을 감독(monitor)하거나 통제할 수 있어야 한다.

⑧ 장학 담당자는 어떤 종류의 책임(위원회 사회자로 초청, 과제수락, 각종 보고 등)을 교사들에게 위양함으로써 그들의 전문적 능력 개발에 기여해야 한다.

⑨ 장학 담당자는 자신의 시간을 적절하게 편성하고 교사들의 시간 편성과정을 돕고 수업개선과업의 진도와 완성에 대한 시간 계획을 수립할 수 있어야 한다.

⑩ 장학 담당자는 최선의 결과가 나오도록 인적·기술적·물적 자원을 수업활동에 배분하는 기술의 시범을 보일 수 있어야 한다.

⑪ 장학 담당자는 교사들의 직무상의 스트레스를 감소시켜 주기 위하여 학교 환경에 개입하여 그것을 수정할 수 있어야 한다.

⑫ 장학 담당자는 작성·제시·발행·보고서의 보존, 기타 기록물을 통해 학교 조직 수업활동에 관한 기록을 분명하게 제공할 수 있어야 한다.

3) 실무적 기술(technical skills)

이 기술은 가르치는 역할에서 성공적인 경험을 한 결과이며 수업에 관한 이론과 개념에 기초를 두고 있다. 이 실무적 기술은 수업장학 담당자가 수업체제와 밀접하고 계속적인 접촉을 하면서 업무를 수행해야 한다는 면에서 특히 중요하다.

① 장학 담당자는 수업에 필요한 자원을 선정하는 기준을 수립해야 한다.

② 장학 담당자는 수업과정을 연구하기 위하여 수업 관찰 제도(도구)를 활용하는데 익숙해야 한다. 어떤 체제는 언어적 또는 비언어적 상호작용에 초점을 맞추며 또 어떤 관찰체제는 질문의 분석, 가르치는 행동의 논리, 수업의 조직에 도움을 준다.

③ 장학 담당자는 수업 관찰 체제를 적용하여 수립된 자료를 분석·사용하는 기술이 있어야 한다.

④ 장학 담당자는 수업 목표를 유도하는 과정과 명료한 목표를 세우는 기술이 있어야 한다.

⑤ 장학 담당자는 학습의 영역(인지적·정의적·심리운동적)과 수준의 입장에서 수업 목표를 분석하는 기술이 있어야 한다.

⑥ 장학 담당자는 연구에서 발견된 사실을 적용하는 능력을 시범하는 다양한 기술이 있어야 한다. 이 기술에는 교육 측정의 개념과 조작, 통계학, 연구 설계가 포함된다.

⑦ 장학 담당자는 수업 상황을 분석하고 수업 과정에 공헌하거나 저해하는 상황의 측면을 결정할 수 있어야 한다. 이 상황은 시간·교사진·시설·비품·지원업무·조직의 관심 등 수업 과정에 영향을 주는 환경 요소를 말한다.

⑧ 장학 담당자는 수업전달체계(수업과정·방법 또는 절차)를 설계하고 개발하는 기술이 있어야 한다.

⑨ 장학 담당자는 수업과 학습 개선에 공헌하는 평가 절차를 개발해야 한다.

⑩ 장학 담당자는 수업 과제 또는 학습 과제 분석을 할 수 있어야 한다.

⑪ 장학 담당자는 수업하는 능력과 기술의 시범을 보일 필요가 있다. 이것은 교사들의 동료적 존경과 신뢰를 얻는 기초가 된다.

이상 여러 측면의 장학 담당자의 자질을 분석해 볼 때, 장학 담당자는 교육과정 및 교수-학습이론 · 조직이론 · 지도성이론 · 의사결정이론 · 인간관계이론 · 체제이론 · 커뮤니케이션이론 등에 숙지해야 함을 알 수 있다. 이러한 장학 담당자의 자질을 학자들은 인성적 측면과 전문적 측면으로 다루고 있다.

(1) 인성적 측면에서의 자질

① 타인으로부터 존경과 신뢰를 받을 수 있는 능력

② 타인과의 기분 반응에 뛰어난 감정 이입의 감수성

③ 역동적이고 적극적으로 업무에 집착할 수 있는 정열

④ 역경에 직면하여도 그 위기관리를 낙관적이고 자신 있게 처리할 문제 대응력

⑤ 관행에서 탈피하여 새로움에 도전하고 생산적 선택을 도모하는 창의성

⑥ 안온하고 평화로운 분위기로 이끄는 유머 감각

⑦ 전체성과 균형성의 감각으로 상대적 가치를 평가할 수 있는 상대적 가치관

⑧ 집단원 모두가 헌신적으로 일할 수 있도록 도모하는 성실성

⑨ 문제 해결과 대안 제시를 위한 다양한 경험과 지식 등을 들고 있다.

(2) 전문적 측면에서의 자질

① 폭넓은 교양

② 전문성 교육

③ 교수 기술

④ 교육과정 역할에 관한 명확한 지식

⑤ 지도선 기술

⑥ 학습자료와 교수 방법에 관한 지식

⑦ 생산적 교수-학습 요소를 평가하고 해석할 수 있는 능력

⑧ 과정과 결과의 중요성에 관한 지식

⑨ 실험과 연구에 관한 숙달

⑩ 인성 및 전문성 신장을 계속할 의욕과 능력 등을 들고 있다.

이상으로 미루어 볼 때 장학 담당자의 자질은 지적인 측면에서나 정의적인 측면에서 보다 탁월하게 지도자의 역할을 다할 수 있는 자질을 요구하고 있다고 보겠다.

제3절 장학의 유형

장학의 유형도 앞에서 다룬 장학의 개념과 같이 관점에 따라 다르게 분류할 수 있다. 여기서는 우리나라 장학 실제에서 장학의 주체(조직)에 따라 강조되는 업무를 중심으로 장학의 유형을 분류해 보고자 한다.

1. 중앙장학(교육장학, 행정장학)

중앙장학은 중앙교육행정기관인 교육과학기술부 내에서 이루어지는 모든 장학활동을 말한다. 교육과학기술부는 장학방침을 수립하고 교육청은 이 장학방침을 기준으로 교육활동의 전반적인 기획, 조사, 연구, 관리, 지도, 감독 등을 통하여 중앙의 교육행정업무를 보좌하는 참모적 기능을 수행한다.

교육과학기술부 장학은 교육과학기술부 내의 학교정책실을 중심으로 이루어지는 것으로 시·도 및 시·군·구 교육청 또는 학교를 대상으로 실시하는 장학을 말한다. 학교정책은 학교정책의 수립, 각급 학교에 대한 장학지도, 교육과정 정책수립, 교과서발행 관계업무, 교원종합정책 수립, 지원 등 교육행정에서 광범위한 참여를 하고 있다.

교육과학기술부 장학행정을 학교정책이 주축이 되어 수행하지만 교육 자치 지원국의 일부 과와 기타 일반 행정조직도 모두 장학행정과 관련된 업무를 수행한다고 볼 수 있다.

교육과학기술부 장학활동은 전국의 학교와 지방교육 행정기관이 교육과학기술부의 장학방침과 교육시책의 구현 계획을 얼마나 잘 수립하고 실천하고 있는가를 지도·감독하는 데 초점을 두고 있다. 이를 위하여 정기적인 방문을 통한 학사 시찰을 비롯하여 연구 학교 운영, 현직 교육 실시, 협의회 등의 방법이 사용되고 있다.

1) 종합장학

교육개혁의 추진 및 교육시책 구현의 공감대를 형성하고, 자율적·창의적 교육 활동을 전개하도록 학교경영 전반에 대해 확인·협의·지원하는데 주안점을 둔다. 종합 장학은 학교별 2년 주기로 실시하며, 장학관을 반장으로 하고 2~3명의 장학사로 장학 반을 구성한다. 장학의 주체 및 방법은 학교와 사전에 협의·조정하고, 주로 학교 현황 파악 및 수업 참관을 통해 학교가 스스로 교육 개혁과 교육시책의 추진 방안을 모색하도록 지원하며, 학교의 특색과 우수 사례를 발굴하여 타교에도 일반화하고, 우수 교원을 격려·포상하도록 한다.

2) 담임장학

장학사가 담당 학교의 교육활동 전반에 걸쳐 수시로 전문적 지도에 임함으로써 학교교육의 발전을 도모하는 것으로, 특히 학년 초나 학기 초 교육계획 수립단계에서 장학방침이나 교육청 역점 업무가 학교 실정에 맞게 반영되도록 지도한다. 또한 담당 장학사는 월 1회 정도 학교 방문을 통해 교육 계획의 추진 상황, 교육과정 편성 운영, 교수-학습 및 평가 방법, 특별활동 및 생활지도, 학교자체평가, 자율장학, 기타 학교의 현안 문제 등에 대한 협의·지도·조언 및 정보 제공과 의견 교환에 힘쓴다.

3) 요청장학

현안 문세 해결을 위해서나 시범 및 연구 과제 해결, 특수 업무 추진, 특정 교과에 대한 전문적인 도움을 위해서 학교의 요청이 올 때 그 분야의 전문가인 장학 담당자가 요청 분야에 대한 사전 실태 분석과 지원책을 강구하고, 요청 과제의 단계적 해결책을 모색하여 지도·조언해 주는 것으로, 자율장학의 방법 개선 및 프로그램 개발, 교수-학습지도 및 평가 방법 개선 등 현장 문제 개선을 위해 바람직한 방법이라고 하겠다.

4) 특별장학

학교경영문제에 대한 사전 진단 및 예방적 지도, 학교장의 위상 제고 및 지도력 강화를 위한 행·재정적 지원, 문제 사태의 해결을 위한 전문적 집중적 지원, 상호보완적 정보교환 등을 위주로 하는 장학활동이다.

2. 지방장학(학무장학)

지방교육행정기관 장학은 시·도 및 시·군·구 교육청에서 이루어지는 모든 장학활동을 말한다. 교육과학기술부의 교육 지표, 장학 방침 또는 교육 시책 등을 지역의 특성에 맞게 구현, 계획을 수립하여 실천하는 장학 활동을 말한다. 시·도 교육청에서는 교육정책국 또는 교육국이 중심이 되어 장학행정 위주로 활동이 전개된다.

① 지방교육인 시·도 교육청과 그 하급 교육행정기관(하급 교육청)에서 이루어지는 장학행정이다.

② 교육활동을 위한 장학 지도, 교원의 인사 관리, 학생 생활 지도, 교육기관의 감독을 통해 지방의 교육행정 업무를 관할하는 행정 활동이다.

③ 주로 시·도 교육청의 초등교육국과 중등교육국 그리고 하급 교육청의 학무국 또는 학무과를 중심으로 이루어지지만 인접 부서에서도 그 고유 업무와 관련되어 장학활동을 수행하고 있다.

그러나 우리나라 지방장학은 ① 장학 담당자의 절대 부족과 양성되는 연수체계가 미흡하고, ② 장학직의 업무 내용에 있어 일반 업무의 비중이 높고, 장학업무가 과다하며, ③ 교직원과 교육 전문직간의 임용체계가 미분화되어 있어 장학직이 승진을 위한 과정으로 인식되는 등 장학행정상의 문제로 인하여 교육과정 운영의 개선이나 학교 현장의 수업개선을 위하여 전문적으로 지도·조언하는 기회가 부족한 것이 현실이다.

3. 교내장학(교내 자율장학)

교내 자율장학은 종래 교육 행정기관 주도하에 이루어지던 장학과는 달리, 단위 학교들이 교장을 중심으로 하여 교수-학습 과정 내지 교육과정 운영의 개선과 교사의 전문성 신장을 위하여 교사를 지도·조언하는 데 초점을 두는 자율적 장학 활동을 말한다. 실제 교내 장학은 교장 외에도 교감, 부장교사, 동료고사 등이 담당할 수 있으며 인근 다른 학교의 교장 또는 부장교사들과 장학협력기구를 구성하여 상호 방문을 통한 수업장학을 할 수도 있다. 이를 위해 교육청이 전문적, 행·재정적 지원을 해야 함은 물론이다.

우리나라와 같이 장학사의 절대수가 부족한 상황에서는 교내장학을 적극 추진해 나가는 것이 현실이며 효과적인 장학이 될 것이다. 따라서 교육과학기술부나 교육청은 교내 자율장학을 권장하고 있으며 이러한 장학방침에 따라 교내 자율장학에 관련된 중요한 행사가 있을 때 교장은 교육청에 통보하고 장학관의 지도·조언을 요청하고 있다. 교내 자율장학은 교육의 민주화·자율화가 고조됨에 따라 더욱 활성화될 것으로 기대된다.

교내장학은 수업개선에 제1차적 목적이 있기 때문에 수업장학(instructional supervision) 또는 수업지도성(instructional leadership) 의 개념과 통한다. 다시 말하면 그것은 학교의 목표를 보다 잘 성취할 수 있도록 교사들이 그들의 수업 행동이나 기술을 향상시키는 데 도움을 주는 것이다.

교내장학 유형으로는 ① 수업장학 또는 임상장학(clinical supervision), ② 동료장학(peer supervision), ③ 약식장학, ④ 자율적 장학(self defected supervision), ⑤ 자체연수, ⑥ 행정적 감독(administrative monitoring) 등을 들 수 있다. 그러나 이 유형들은 학교 상황과 장학 대상에 따라 선택적 대안으로 사용되어야 한다. 즉, 각 교사로 하여금 위의 장학적 대안 중에서 자기에게 필요한 것을 선택할 수 있게 하고, 장학 담당자도 학교 상황과 각 교사에게 알맞은 방법을 선택적으로 차등을 두어 적용해야 한다는 것이다.

예컨대 캐츠(L. katz)의 분류에 따라 교사의 경력 주기(career cycle)를 ① 생존기(survival stage), ② 정착기(consolidation stage): 약 3, 4년 후, ③ 갱신기(renewal stage): 약 5년 후, ④ 성숙기(martyry stage)라고 할 때 제1기는 임상장학, 제2기는 동료장학, 제3기는 전문적 모임, 교실방문, 전문학술지, 교사 센터, 비디오에 의한 자기 분석 등을 자극하고, 제4기는 대학원 수강 또는 자율적 장학에 의한 선택적 장학이 좋을 것이다(주삼환, 1984).

1) 임상장학(Clinical Supervision)

임상장학은 장학 분야에서 근래 새롭게 발전되어 관심을 불러일으키고 있는 장학의 유형으로 하버드대학의 코간(M. Cogan)과 골드해머(R. Goldhammer) 등에 의해 개발되고 애치슨(Acheson)에 의해 발전되었다.

임상장학이라는 용어가 의사와 환자의 관계를 내포한 용어이기 때문에 거부감을 느끼는 교사들도 있다. 의사가 환자를 치료할 때, 1:1 관계에서 이루어지며, 전문적 지식과 경험을 토대로 병의 증상과 원인을 체계적으로 진단하여 최선을 다하는 특징을 장학에 활용한 것이 임상장학이다.

〈표 10-1〉 임상장학의 절차 비교

Cogan	reavis & Goldhammer	Acheson & Gall
① 교사, 장학 담당자의 관계 확립	① 관찰 전 협의회	① 계획 협의회
② 교사와 함께 계획하기		
③ 수업 관찰 계획		
④ 수업 관찰	② 수업 관찰	② 수업 관찰
⑤ 관찰 자료 분석	③ 분석과 전략 ④ 장학 협의회 ⑤ 협의회 후 분석	③ 피드백 협의회
⑥ 협의회 개최		
⑦ 협의회		
⑧ 새로운 계획		

교사의 수업 상황에 초점을 맞추어, 장학 담당자와 교사가 1:1의 친밀한 관계 속에서 수업 계획을 협의하고 녹음·녹화·체크리스트 등 도구를 사용하여 수업을 관찰하고, 관찰 결과에 대하여 진지한 협의의 과정을 밟아 가면서, 교사가 가지고 있는 교수 문제를 해결하고, 교수 기술을 향상시키는 체계적인 방법이기 때문에 교육현장에서 아주 중요한 장학이라고 할 수 있다.

교육의 본질이자 핵심인 수업 개선을 위한, 수업장학과 임상장학에 초점을 맞춰야 한다. 수업장학은 실험 상황에서가 아니라 가능한 한 수업현장에 임해서 대면적인 1:1의 관계에서 하는 것이 가장 효과적이라고 할 수 있다. 그래서 임상장학이 모든 장학의 기본이 되는 것이다.

임상장학의 과정을 요약하면 다음과 같다.

〈표 10-2〉 임상장학의 과정

목표	교실 수업의 개선, 수업의 문제점 진단·해결, 교사 평가, 교사의 전문적 지식 발전에 도움을 줌.
특징	민주적 교사 중심적인 장학, 교사와 장학사간의 친밀한 동료적 인간관계 형성, 교사의 자발적인 노력 강조, 수업 분석에 중점을 둔 상호 작용 과정
절차	1단계 : 교사와 장학 담당자간의 관계 수립 교사와 장학 담당자가 상호 신뢰적, 동료적 관계를 수립한다. 임상장학의 필요성, 특성, 장학의 이점, 교사의 역할에 관해 이해시킨다. 2단계 : 교사와 함께 수업 계획 작성 교사와 장학사가 협력하여 수업 계획을 세우고, 예상되는 문제, 교수자료 및 전략, 학습과정, 평가를 위한 준비를 한다. 3단계 : 관찰 전략 기획 관찰 목표, 과정, 자료수집 등을 계획한다. 4단계 : 수업관찰 장학 담당자는 단독 또는 다른 관찰자와 함께 수업을 관찰한다. 5단계 : 교수-학습 과정 분석 수업 관찰 후 교사와 장학 담당자는 문제점을 분석한다. 6단계 : 협의회 전략 기획 장학 담당자 혼자서 교사와의 협의회를 위한 대안 및 계획을 짠다. 7단계 : 협의회 교사와 장학 담당자가 참석하여 협의한다. 8단계 : 기획 재개 교사와 장학 담당자는 학습 행동에서 변화되어야 할 것들에 관해 결정한다.
유의점	1) 교사에 대한 평가의 성격이 아닌 교사와 동료적 인간관계가 형성되어 상호 신뢰하는 관계가 형성되었을 때 그 효과를 높일 수 있다. 2) 임상장학이 교사의 전문성을 향상시키기 위해서 꼭 필요한 것이라는 점을 이해시키는 것이 중요하다. 3) 수업을 관찰하여 그 자료를 정확하고 객관적으로 제공하는 일이 중요하다. 4) 행정 중심에서 수업 중심으로, 지시 중심에서 현장 중심으로, 상하 관계에서 대등한 관계로 나아가야 한다.

(1) 개념

동료장학은 협력장학, 협동적 전문성 개발 등 여러 가지로 표현되고 있다. 일반적으로 2명 이상의 교사가 서로 수업을 관찰하고, 관찰 사항에 관하여 상호 조언하며, 서로의 관심사에 대하여 토의함으로써 자신들의 전문적 성장을 위하여 함께 연구하는, 제법 공식화된 과정이다. 수업 관찰, 분석 및 피드백(feedback)의 과정에 주로 초점을 맞출 때 최선의 장학 담당자는 교사들 자신이 될 것이다.

동료장학은 임상장학에 비해 학교현장에서 사용하기 쉬운 장학이다. 엄격한 장학훈련이 필요하지도 않고 엄격한 공식적 협의회도 필수적이지 않다. 동료장학은 장학 담당자와 팀을 이루어 함께 일하는 동료장학, 장학 담당자와 교사가 공동 협력하는 동료장학, 교사와 교사가 서로 협력하는 동료장학 등 세 가지의 측면에서 고려해 볼 때, 현장에서는 주로 교사와 교사간의 동료장학이 가장 즉각적이고 친근감을 주며 만족스러운 도움을 줄 수 있기 때문에 많이 이루어지고 있다. 동료교사가 장학의 전문가는 아니지만 수업의 전문가이기 때문에 최소한 수업개선을 위해서 충분히 도움을 주고받을 수 있다.

(2) 성격

① 동료관계는 매우 형식적이고 제도적이다.

② 수업 연구의 경우 보통 2회 이상 서로의 수업을 관찰하고 협의를 갖는데 동의한다.

③ 동료관계는 동료들 상호 관계만 존재한다.

④ 동료관계는 평가적이 아니다.

(3) 형태

동료장학은 2~3명의 교사가 상호 돌아가며 관찰하는 소규모의 프로그램으로부터 한 팀의 교사들이 수업 기능의 여러 가지 측면에서 협동하는, 매우 이상적이고 종합적인 계획에 이르기까지 여러 형태가 있다.

① 경력이 있는 교사와 초임 교사 간에 수업을 공개, 관찰하고 상호 의견을 교환함으로써 과제 해결이나 수업 방법의 개선을 도모하는 것으로, 교사의 전문적 발달 영역 중 교과 지도에 초점이 주어져 있다.

동료장학은 임상장학보다 덜 집중적이고, 체계적이므로 Gold Hammer 등의 임상장학과정을 줄여서 적용해도 무방하다.

② 동료 교사들 간에 공식적이거나 비공식적인 일련의 협의를 통하여 어떤 주제에 관하여 서로 경험, 정보, 아이디어, 도움, 충고, 조언 등을 교환하거나 서로 공동 과제와 공동 관심사를 협의하거나, 공동과업을 추진하는 활동으로 동 학년 · 동 교과 · 동 부서 협의회 등이 대표적 형태이다. 이것은 교과 지도 외에 특활 · 재량 활동 지도, 학교 교육 계획, 생활 · 행사 지도, 시청각 기자재 활용, 학급 경영, 학교 평가, 학부모 동창회, 지역 사회와의 유대 등 그 주제가 매우 다양하다.

③ 교과별 · 학년별 · 교육 영역별 소집단 연수, 연구 · 시범 · 실험 영역 연수, 당면 연구, 과제별 연수 등 각종 자체 연수를 계획, 추진, 평가함에 있어 공동 연구자로서 서로 경험 · 정보 · 아이디어를 교환하며, 때로는 강사나 자원 인사로서 공동으로 협력하는 동료장학이다. 임상장학, 동료장학, 자기장학의 결과로 얻어진 수업 개선 및 수업과제 해결을 위한 좋은 정보나 아이디어를 다른 교사들에게 전파, 일반화하기 위한 연수는 매우 바람직한 연구중심 동료장학이다. 자체 연수 방법으로는 강의식, 토의식, 전달식, 실기 · 실험 · 실습 중심, 현지답사 · 현장 방문 · 견학 중심 연수 등이 있다.

(4) 추진과정

① 구성 : 동 학년, 동 교과, 관심 분야 교사 등으로 구성한다.

② 운영 방법

• 계획 수립 단계 : 동료 장학에 참여하는 전체 교사들 간의 공동 작업으로, 대체로 아래의 과정을 밟는데 필요시에는 교장, 교감도 참여할 수 있다. 협의 → 수업 공개자, 연구발표자 → 수업 연구 과제, 확인 선정 → 개략적이고 잠적인 해결 · 개선 방안 논의 → 수업상황 정보교환 → 사전 교재 연구 → 공동협의회 수업 지도안 작성 → 수업 참관 계획 수립

• 수업 관찰 단계: 수업 활동의 전반적인 과정에 대한 이해 제고 → 수업 공개, 연구 발표 → 수업 관찰 교사는 수업 관찰 기록표에 따라

수업 관찰 → 연구 과제 해결, 수업 개선을 위한 구체적이고 개관적인 자료 수집 → 수업 관찰 결과 분석 · 정리 → 협의회를 위한 자료를 작성한다.

• 관찰 후 협의회 단계 : 수업 관찰 결과 중심으로 자유로운 논의 → 수업 연구 과제의 해결 · 개선 또는 수업 개선을 위한 방안 설정 → 수업에 적용 · 평가하기 위해 추가적인 수업 관찰 · 계획 또는 설정된 방안을 일반화하기 위한 노력과 교사들 스스로 자기 적용 · 자기 평가의 노력을 하게 한다. → 수행된 장학 활동의 전 과정에 대한 반성 · 평가 실시한다.

3) 약식장학(일상장학)

(1) 개념

약식장학은 교장 · 교감이 간헐적으로 짧은 시간 동안 학급 순시나 수업 참관을 통하여 수업 및 학급경영 활동을 관찰하고 교사들에게 지도 · 조언하는 방법이다.

교사들의 수업활동과 학급경영활동을 포함하여 학교교육 및 경영의 전반에 관련하여 이를 개선을 위한 교장이나 교감의 적극적인 의지와 노력, 그리고 지도성 표현 방식이다. 약식 장학을 통하여 교장이나 교감은 교사들이 미리 준비한 수업 활동이나 학급경영 활동이 아닌, 평상시의 자연스러운 수업 활동이나 학급경영 활동을 관찰할 수 있으며, 이에 대하여 의미있는 지도 · 조언을 제공할 수 있다. 또한 약식 장학을 통하여 교장이나 교감은 학교교육, 학교경영, 그리고 학교 풍토 등 전반 영역에 걸쳐 학교를 파악하는데 필요한 정보를 수집할 수 있다.

1단계 약식 장학의 계획 수립	2단계 약식 장학의 실행	3단계 약식 장학의 결과 협의
학습 순시 · 수업 참관 계획 수립 교사들과의 의사 소통	학급 순시 · 수업 참관 실시 학급 순시 · 수업 참관 결과 정리	교사에게 환류 제공 추후 약식 장학 발전 논의

4) 지구자율장학

(1) 개념

지구 내 인접한 학교들 간 또는 교원들 간에 교육활동의 개선을 위하여 학교와 교원들의 자율적인 참여와 합력을 기초로 하여 추진되는 상호 협력적인 장학이다. 교육 프로그램 및 교육정보 교환, 교육연구 및 특색 사업의 공동 추진, 교육 현안의 협의·조정, 협동적 교육·학예활동, 교직원 학예·친목활동 등이 추진되는 상호 협력적인 장학활동이다.

(2) 활동

① 교육 프로그램 및 교육정보 교환
- 교육활동 방문·참관 및 교육 프로그램의 교환
- 수업 연구·시범 수업 공개 및 참관
- 학교경영 우수 사례 발굴·전파
- 활동 및 학사 일정 등에 대한 정보 교환

② 교육연구 및 특색 사업의 공동 추진
- 공동 연구 및 공동 과제 협의·추진
- 학교별 과제 분담 연구 및 발표회
- 교과교육연구회 활동
- 특색 사업 공동 추진
- 합동 연수·강연회·세미나·발표회 등 개최

③ 교육 현안의 협의·조정
- 학교별 교육 현안의 협의·조정
- 지구 교육 현안의 협의·조정

④ 협동적 교육·학예 활동
- 공동 교육 활동 협의·추진
- 공동 교외 생활 지도 협의·추진
- 공동 학예 활동 협의·추진(합창 대회, 문예 백일장, 체육대회, 미

술대회, 특별활동 발표회 및 전시회, 과학 경진 대회 및 전시회, 기념행사 등 각종 학예·경연 대회 및 행사)

⑤ 교직원 학예·친목 활동

- 학교 간 교직원 실기 대회, 전시회, 발표회 등 학예 활동
- 학교 간 교직원 체육대회, 등산 대회, 동호인 활동 등 친목 활동

5) 자체 연수

전체 교직원을 대상으로 그들의 교육 활동 개선을 위해 그들의 필요와 요구에 대해 학교 내외의 인적·물적 자원을 활용하여 단위 학교 자체에서 실시하는 연수 활동이다. 각종 교내 연수를 중심으로 한 자체 연수는 동 학년 협의회나 동 교과 협의회 등의 동료 장학과 연결되는 경우가 많다.

6) 행정적 감독

교장·교감이 예고 없이 학급 순시나 수업 참관을 통하여, 교사가 부과된 과제와 책임을 전문적인 방법으로 수행하고 있는지의 여부를 확인하고, 그 느낌이나 발견 사항, 긍정적 측면과 개선점 등을 교사에게 지도·조언하는 전통적 장학이다. 여기서 감독이란 말은 환영할 만한 말은 아니지만 현실적으로 이 유형의 장학은 어느 나라를 막론하고 시행되고 있다. 예고 없이 교실에 잠깐 들르거나 창가에서 기웃거리는 형태의 장학은 나름대로 어떤 장점이 있거나 쉬운 방법이기 때문일지도 모른다. 유능하고 신뢰를 받는 지도자가 이 방법을 쓸 때에는 교사들이 이익을 얻을 수 있기도 하다.

4. 자기장학

1) 개념

장학은 원래 상급자가 됐든 동료가 되었든 다른 사람이 있어야 한다.

그런데 자기 장학은 교사 혼자서 자신을 장학한다는 것이기 때문에 용어상으로는 모순이 있다. 그러나 장학의 목적이 교사의 교수 기술 향상에 있다면 자기 장학이 가능하고 오히려 자기 장학이 더 바람직하다고 본다. 외부의 강요나 지도에 의해서보다는 교사 자신이 전문적 성장을 위하여 스스로 계획을 세우고 실천하고 향상시킬 수 있는 자기 장학은 교사의 자율과 동기 유발에 있어서 가장 바람직한 상태라고 본다. 교직 경험을 충분히 갖고 있고, 성숙하고 독립적이며, 동기 유발이 잘 되어 자율성이 강한 교사에게는 스스로 교수 기술 향상에 노력하게 하는 자율적 자기장학이 타율 장학보다 더 효과적일 수 있다.

자기장학의 방법으로는 교사가 수업시간에 녹음기나 녹화기를 설치하여 관찰 자료를 수집하여 자기 분석을 할 수도 있고, 학생이나 학부모로부터 수업에 대한 피드백 자료를 수집하여 분석해서 수업 개선 방안을 찾는 방법도 있을 수 있다. 물론 교사가 스스로 동료교사나 교장·교감의 도움을 요청할 수도 있다. 또 교사가 스스로 전문 독서를 계획적으로 한다던지, 연구와 연수를 한다던지, 대학원에 등록하여 교직 전문성 향상을 위하여 노력하는 것도 자기 장학의 범주에 포함시킬 수 있다.

앞에서도 여러 번 강조되었던 것처럼 교사는 스스로 성장하고자 노력해야 장학적 효과를 가져올 수 있다. 그래서 자기장학은 모든 사람에게 적용 가능한 것은 아니라고 본다. 다른 사람의 도움을 받는 장학이 더 효과적이라면 그런 교사에게는 임상장학이나 동료장학을 적용하는 것이 더 좋을 것이다. 자율적 장학은 비교적 교직 경력이 많고 유능한 교사들에게 적합하고 효과적인 장학 방법이다. 자기장학의 형태로는 자기 수업 반성, 1인 1과제 연구, 대학원 수강, 문헌 연구, 전문가 상담, 방문·견학 등을 포함한 각종 자기 연찬 활동을 들 수 있다. 전문직 종사자로서의 교사는 자기 성장과 자기 발전을 위해 끊임없이 노력해야 한다는 당위성에 비추어 볼 때 자기장학의 의미는 크다고 하겠다.

2) 방법

① 스스로 자신의 수업을 녹음 또는 녹화하고 이를 분석하여 자기 반성의 자료로 삼는다.

② 스스로 교사 평가 체크리스트를 이용하여 자신의 교육활동을 평가·분석하여 자기반성·자기발전의 자료로 삼는다.

③ 자신의 수업이나 특별활동지도, 생활지도, 그리고 학급경영 등에 관련하여 학생들과의 면담이나 학생을 대상으로 한 의견 조사를 통하여 자기 반성·자기 발전의 자료를 수집한다.

④ 1인 1과제 연구 혹은 개인(현장)연구 등을 통하여 자기 발전을 도모한다.

⑤ 교직활동 전반에 관련된 전문 서적이나 전문 자료를 탐독·활용하여 자기 발전의 자료로 삼는다.

⑥ 전공 교과 영역, 교육학 영역 또는 관련 영역에서의 대학원 과정(4년제 대학 과정, 방통대 과정 등 포함) 수강을 통하여 자기 발전을 도모한다.

⑦ 교직전문단체, 연구기관, 학술단체, 대학 또는 관련 사회기관이나 단체 등 전문기관을 방문하거나 전문가와 면담을 통하여 자기 발전의 자료를 수집한다.

⑧ 교육활동에 관련이 되는 현장에 대한 방문이나 견학 등을 통하여 자기 발전의 자료를 수집한다.

⑨ 각종 연수회, 교과 연수회, 학술발표회, 강연회, 시범 수업 공개회 등에 참석하거나 학교 상호 방문 프로그램에 참여하여 자기 발전을 도모한다.

그 외에서 TV와 라디오 등의 방송 매체가 제공하는 교원 연수 프로그램이나 교원 연수와 관련된 비디오 테이프 등의 시청을 통하여 자기 발전을 도모한다.

제 4 절 장학행정의 과제 및 해결방안

21세기는 지식 정보화 사회다. 새로운 시대에 맞게 우리의 생각도 바뀌고, 사회 구조도 바뀌어야 하고, 우리의 교육도 바뀌어야 한다. 교육을 바꾸려면 이에 맞게 장학도 바뀌어야 한다. 이러한 생각을 갖고 21세기 교육이 나아가야 할 방향을 논의하고자 한다.

1. 장학에 대한 인식의 전환

먼저 장학을 보는 눈, 관점이 달라져야겠다. 장학은 누구를 위한 것인가? 누구보다도 먼저 교사 자신을 위한 것이다. 교사로 하여금 교직에서 보람을 느끼고, 행복을 느끼며 교사의 교수 기술을 향상시켜 교직에서 의미를 찾고 자신감을 갖게 하는 장학으로 관점을 바르게 잡아야 한다. 능력을 최대한 발휘하게 하여 자아실현을 도와주는 장학으로 관점이 바뀌어야 한다. 행복한 교사에게서 배우는 학생이라야 행복해 질 수 있다.

장학은 교육의 본질을 다루는 것으로 여러 교육 활동 중에서도 가장 중요하고 핵심적인 분야이다. 장학이 효과가 금방 겉으로 드러나지 않는다고 하여 우선순위에서 변두리로 밀려나는 신세가 되어서는 결코 안 된다. 이렇게 교사들이 장학을 남의 것으로 생각지 않고, 또 변두리 일로 생각하지 않게 되어 장학을 수용하고 적극적으로 장학에 참여하는 장학 문화가 형성되어야 한다. 교사들 사이에 스스로 성장하고자 하는 자율의 문화, 참여의 문화, 학습의 문화가 학교에 형성되어야 한다. 그리고 동료 교사들끼리 서로 도와주고 성장하려는 노력을 격려하는 동료 문화, 신뢰의 문화가 형성되어야 장학은 효과를 발휘하게 된다. 새로운 시대정신에 맞게 장학관과 장학 문화가 먼저 변하고 형성되기를 기대한다.

장학의 발전을 위해서는 우선적으로 장학에 관계하는 교육과학기술부, 시 · 도 교육청, 지역교육, 관련기관, 그리고 학교에 근무하는 모든 교육행정가, 교육전문직, 교원, 그리고 관련 직원들이 장학에 대해서 다음과 같은 새로운 인식을 가져야 할 것이 요구된다.

첫째, 장학은 교육과학기술부와 시 · 도 교육청 그리고 지역 교육 등 교육행정기관을 위한 활동이 아니라 학교를 위한 활동이다. 이는 지극히 당연해 보이는 명제임에도 불구하고 종래 교육행정기관이나 학교 현장에서 이에 대한 오해가 없지 않았다. 장학의 본질적인 기능은 학교 현장에서 교육활동의 개선을 도와주는 것에 있다. 물론 이러한 기능이 충분히 수행될 수 있는 조건이 갖추어져 있는가 하는 것은 또 다른 논의가 필요한 문제이다.

전통적으로 학교는 장학의 객체로서 피동적이고 소극적인 입장에 있었다. 그러나 이제는 학교가 장학의 주체로서 보다 능동적이고 적극적으로 그리고 독립적으로 나름대로의 독특한 상황과 조건을 고려하여 장학을 실천하려는 노력이 요구된다. 이를 위하여 교육과학기술부, 시 · 도 교육청 그리고 지역 교육은 다양한 장학 프로그램을 연구 · 개발 · 보급 · 평가하고, 전문적 장학 요원을 교육 · 확보하고, 학교에 대한 각종 지원을 강화하여야 할 것이다.

둘째, 장학은 장학사(관)들만이 하는 활동이 아니라 학교 내의 교장, 교감, 부장교사, 교사 그리고 일반 교직원 모두가 함께 하는 활동이다. 흔히 장학은 장학사(관)를 포함한 교육 행정가와 교육 전문직, 그리고 학교 현장에서 교장 · 교감들만이 하는 활동으로 이해되어 온 면이 적지 않다. 이는 대체로 장학을 누가 하는가 하는 점에 초점을 두어 그 담당자의 역할을 강조한 것에서 연유한다.

이제는 장학을 역할(role)로 보기보다는 과정(process)으로 보려는 노력이 요구된다. 장학을 역할로 보면, 장학은 단지 장학사(관), 또는 일부 교육행정가, 교육전문직, 그리고 교장 · 교감 등 소수의 사람들만이 수행하는 공식적인 활동으로 보여진다. 그러나 장학을 과정으로 보면, 학교에서 어떠한 형태로든지 교육 활동의 개선과 관련하여 주고받는 공식적 또는 비공식적, 전문적 또는 일상적 지도·조언 등의 행위에 관여하게 되는 모든 사람들은 일종의 장학 활동에 참여하는 것으로 볼 수 있음은 앞에서도 논의되었다.

다음 표는 장학을 보는 두 관점을 비교한 것이다. [역할로서의 장학]은 '누가 하는가?'에 그 초점이 있으며, 장학을 제공하는 사람과 장학을 받는 사람의 상하 관계가 전제된다. 이러한 장학에서 교사는 장학의 객체로서 피동적이고 수동적인 입장에 있게 되며, 교사의 입장에서 보면 장학은 '주어지는 장학'의 성격을 가질 수밖에 없다.

〈표 10-3〉 장학을 보는 관점

장학을 보는 관점		역할로서의 장학(role)	과정으로서의 장학 (process)
초점		누가하는가?	어떻게 하는가?
참여자간 관계		상하관계 전제	협동관계 전제
장학의 성격		주어지는 장학	함께하는 장학
주된 장학 형태		상급 행정기관 주도의 장학	학교 현장 주도의 자율 장학
용어의 예	임상장학	의사와 환자의 관계 부각 - 장학 담당자 : 의사 - 교사 : 환자 → 거부감	의사가 환자를 치료하는 과정상의 특징 활용 -대면적 : 1:1관계 -체계적 : 계획적, 도구 사용 -윤리적 : 문제 해결 노력
	장학지도, 장학협의	장학지도	장학협의

반대로 '과정으로서의 장학'은 '어떻게 하는가?' 즉 '어떠한 방법, 절차, 과정을 통하여 교육 활동의 개선을 위하여 활용될 수 있는 좋은 지식, 기술, 정보, 아이디어, 경험, 도움, 조언 등을 나누어 갖는가?'에 그 초점이 있다. 이 때에는 장학에 참여하는 사람들 간의 상하 관계보다는 협동 관계가 전제된다. 이러한 장학에서 교사는 장학에 보다 능동적이고 적극적으로 임할 수 있다. 교사의 입장에서 보면 장학은 '함께하는

장학'의 성격을 가질 수 있다. 물론 이때에도 장학 담당자 · 교장 · 교감의 합리적 지도성은 중요하다.

장학에 있어서 학교와 교직원들의 자율성과 책무성을 존중하고, 장학을 장학사(관)들만이 하는 특정한 '역할'로서 보다는 교육활동의 개선을 위한 '공동 노력의 과정'으로 이해하려는 인식의 전환이 모두에게 요구된다. 전통적인 장학의 관점에서 보면 장학 담당자는 단지 교사들을 대상으로 지도 · 조언을 제공하는 입장에만 있는 것으로 보인다. 그러나 공동 노력의 과정으로서 장학을 이해하면, 장학사(관), 교장, 교감 등의 장학 담당자도 교사들과의 협력적인 상호작용을 통해 그들을 도와줄 뿐만 아니라 스스로의 발전을 위한 자극이나 정보를 얻을 수도 있는 것이다. 그야말로 '한 수 가르쳐 준다'는 생각에서 '서로 가르쳐 주고, 서로 배운다'는 생각으로 일대 전환이 요구되는 것이다.

셋째, 장학은 지시 · 감독 · 통제 위주의 활동이 아니라 지도 · 조언 · 자율 위주의 활동이다. 장학의 본질적인 기능이 학교에서의 교육활동의 개선에 있다고 할 때 장학의 성격과 방법도 교육활동이 지향해야 할 성격 및 방법과 조화를 이루어야 할 것이다. 학교에서의 교육활동은 학생들의 전인적 성장 · 발달, 즉 궁극적으로 학생들이 자율성을 올바르게 행사할 수 있는 태도 · 의지 · 능력을 키워주는 것을 목표로 하는 것으로 이해할 수 있다. 이와 연결하여 교육활동에 종사하는 교직원들의 전문적인 자율성, 그리고 단위 학교의 외부 기관으로부터의 자율성도 최대한 존중되어야 한다. 동료장학 자율성 행사의 주체가 되는 기관이나 개인은 반드시 자율성을 올바르고 합당하게 행사하려는 의지나 태도가 필요할 뿐 아니라, 이를 행사할 수 있는 능력도 구비하고 있어야 함은 재론의 여지가 없는 것이다. 책임을 수반하지 않는 자율성은 무사 안일이나 방종에 흐르게 됨도 쉽게 이해할 수 있다. 장학에 있어서도 종래의 부분적으로 인식되어 왔던 '지시 · 감독 · 통제 위주의 장학'에서 지도 · 조언 · 자율 위주의 장학'으로 전환이 요구된다. 이를 위해서는 교장, 교감, 부장교사, 교사들 모두가 올바르고 합당하게 그리고 책임감 있는 방향으로 자율성을 행사하고자 하는 태도·의지·능력을 갖추려는 노력이 있어야 한다.

넷째, 장학은 교사들에게 귀찮고 부담을 주는 활동이 아니라 교사들이 교직 생활의 전체 기간 동안 외부로부터 학교와 교사들에게 주어져 오던 장학은 그 내용과 방법에 있어서 교사들을 부담스럽게 하는 것, 그리고 그들과는 상관이 없는 불필요한 것이라는 오해를 받을 소지가 없지 않았다.

그러나 이제 장학의 본질적 기능의 회복 그리고 학교 현장 중심의 자율적인 장학의 활성화를 위한 노력이 높아져 가고 있는 시점에서 장학에 대한 부정적인 인식은 해소되어야 할 것이다. 교사들 스스로가 장학이 본질적으로 교육 발전, 학교 발전, 그리고 교사 자신의 전문적·개인적 성장·발달을 위하여 꼭 필요한 것임을 충분히 이해하고, 장학에 대한 보다 긍정적이고 수용적인 인식과 자세를 가지려고 노력해야 한다. 학교에서 효과적인 장학은 교장, 교감 또는 장학사(관)의 의지와 노력뿐만 아니라 일반 교사들의 장학에 대한 긍정적인 이해와 자발적이고 적극적인 참여 의지 및 노력이 있어야 가능하기 때문이다.

다섯째, 장학은 획일적이고 집단적인 성격의 활동이 아니라 학교의 상황과 조건 그리고 교사들의 필요와 요구를 바탕으로 한, 다양하고 개별적인 성격의 활동이다. 장학이 학교의 교육 발전과 교사들의 성장·발달을 도와주는 장학이 되기 위해서는 마땅히 교육 활동이 실제로 전개되고 있는 학교 현장의 독특한 상황과 조건, 그리고 교사들의 필요와 요구를 존중하는 방향으로 이루어져야 한다.

교사들의 성장·발달을 도와주는 장학 활동은 대화와 협의를 통하여 교사의 필요와 요에 대한 상호 이해를 높이고, 이에 부응하기 위한 적절한 장학 방법을 선정·활용하는 방향으로 전개되어야 할 것이다. 교사들의 교직 경험과 개인적 경험이 같지 않다는 점을 고려할 때, 장학 활동도 종래 획일적이고 집단적인 경향이 강했던 점에서 탈피하여 다양화, 개별화, 구체화되어야 할 것이다.

지금까지 장학의 개념과 유형, 장학 담당자의 자격과 역할에 대해 살펴보고, 앞으로 장학이 나아가야 할 방향에 대해 살펴보았다. 장학이 무엇이냐, 장학이 하는 일이 무엇이냐의 문제도 장학을 어떻게 보느냐에 따라 다양해질 수밖에 없다.

장학은 그 효과가 금방 나타나지 않아 경시되기 쉬우나 지식정보 사회의 승부도 결국 교육의 질에 있다는 점을 감안하면 이 교육의 질을 관리하는 것은 장학으로서 우리의 경우 교육적 에너지를 집중하지 않을 수 없다. 우선 장학은 학교에서 수업을 개선하고 향상시켜 주는 기능을 한다. 뭐니뭐니 해도 학교에서 수업만큼 중요한 것은 없다. 학교에서 가장 중요한 수업을 개선시키기 위한 장학이야말로 여러 교육 활동 중에서 중요한 분야가 아닐 수 없다. 더구나 지식 정보사회가 되면서 세계 모든 나라가 지식과 정보 교육에 최우선 순위를 두고 있으므로, 교육은 결국 수업의 질 향상·수업 개선을 위한 장학을 중시하는 경향이다.

최근에 장학의 발전적 기능으로 제시되고 있는 것을 보면, ① 교육의 질 통제와 유지 기능, ② 교직 발전 기능, ③ 자원 봉사 기능, ④ 변화·재구조와 계획 기능 등을 들고 있다.

첫째, 우리나라 교육의 질을 통제·유지·관리하는 기능을 한다. 이는 중앙의 교육과학기술부 수준, 교육청 수준, 학교 수준의 모든 수준에서 교육의 질 관리 노력을 해야 한다. 교육과학기술부에 교육의 방향과 목표를 설정하고 이에 맞게 교육과정이 개발되고 관리·운영되어야 한다.

둘째, 장학은 교직 발전의 기능을 한다. 교원의 계속적인 전문적 성장을 도와주려는 것이 장학이다. 교사가 가지고 있는 잠재능력을 최대한 발휘하게 하여 교사의 자아실현을 도와주려는 것이 장학이다. 장학이 이 기능만 제대로 한다면 교사들이 장학에 대하여 부정적인 태도를 가질 이유가 없다. 교사들이 장학을 지시·감독·통제의 기능으로 보았고 또 그들에게 그렇게 비추어졌기 때문에 장학에 부정적이었던 것이다. 이제부터라도 장학의 기능을 올바르게 바로 잡아야겠다.

셋째, 장학은 자원봉사의 기능을 한다. 활용 가능한 교재제작, 매체지원, 서기적 보조, 학부모 참여, 건강 보조, 통합적 기술 환경 제공, 정보 제공, 분석 제공, 피드백 제공, 반성적 실천 지원, 지역사회 참여 지원, 기술 공학적 지원 등이 모두 장학의 기능이다. 이런 지원 기능도 중앙 수준, 교육청 수준, 학교 수준에서 이루어져야 할 장학 기능으로 앞으로 계속 활성화되어야 한다. 교사는 이런 지원 기능 없이 학생들을 잘 가르칠 수 없다.

넷째, 장학은 변화·재구조의 계획 기능을 한다. 최근에 우리나라에서 교육 개혁이란 이름으로 교육 관리들이 교육 현장을 흔들어 놓은 것들이 모두 사실은 교육전문직에 의하여 장학에서 해야 할 기능이다. 장학은 근본적으로 사람(교사)을 변화시키고, 일과 직업(교직)을 변화시키고, 조직을 변화·발전시키려는 것이다. 교육 혁신과 개혁은 장학적 기능이며 장학을 통해서 이루어져야 한다.

참고문헌

강길수(1957), 『교육행정』, 서울: 풍국학원
강영삼(1982), 『장학행정』, 신중식 외, 『현대교육행정』, 서울: 교육출판사
김윤태(2003), 『교육행정·경영의 이해』, 동문사
김종철(1982), 『교육행정의 이론과 실제』, 서울: 교육과학사
백현기(1958), 『교육행정학』, 서울: 을유문화사
이종재(1984), 장학의 개념과 체제에 관한 소고, 교육행정학 연구 제2권 제1호
주삼환(1984), 장학시도 방법과 절차의 합리화, 교육행정학 연구

제11장

교육지도성이론

11
chapter

교육지도성이론

오늘날 조직이나 집단을 성공적으로 이끌어 가는 핵심적 요소로 지도성이 필요하다는 인식이 확산되고 있다. 훌륭한 지도자 밑에는 사기와 충성이 높아지고 협동적 노력이 나타나 조직을 성공적으로 이끌 수 있으나, 그렇지 못한 지도자 밑에는 갈등과 대립으로 조직을 효율적으로 이끌어 나갈 수 없다. 이에 교육조직에서도 교육행정가의 지도성은 그 조직의 성공여부를 결정하는 중요한 요인이 되기 때문이다. 교육행정가는 그 맡은 조직의 책임자로서 그 조직을 효율적이고 성공적으로 이끌어 나갈 책임과 의무가 있다.

전 세계는 오늘날 "문명사적 대전환"이라는 새로운 변화 속에서 인간이 만들어내는 지식, 즉 지적 능력에 의하여 그 국가의 경쟁력이 결정되는 지식기반의 사회에 살고 있다. 국가경쟁력은 그러한 능력을 갖춘 인재를 키워낼 수 있는 교육체제와 지식체제에 따라 결정된다고 하여도 과언은 아니다. 이에 교육의 질은 그 어느 때 보다도 중요한 국가경쟁력 강화의 수단으로 간주되고 있어 학교조직에서 총체적 질 관리를 절실히 요구하고 있는 실정이다. 이러한 학교조직의 총체적 질 관리 및 학교 조직의 효율적 운영을 통하여 성공적으로 이끌어 나가기 위해서는 교육행정가의 지도성이 그 어느 때보다 중요한 요인으로 인식되고 있다.

지도성에 관한 관심은 테일러가 제창한 과학적 관리론이 지배하던 시대보다는 인간 관계론이 중시되는 최근에 들어와 그 중요성이 강조되고 있다. 특히 교육행정가가 관심을 두어야 할 교육지도성은 다른 행정가에게 볼 수 없는 특수 지도성이며, 교육 행정의 특수성과 핵심을 파악하는 데 있어서 강조해야 할 특수 지도성 요인이라 할 수 있다(김윤태, 2003).

따라서 본 장에서는 먼저 지도성에 관한 일반적 개념과 지도성에 관한 여러 이론들을 고찰하여 보고, 이것을 근거로 교육행정과 지도성의 관계, 그리고 학교의 질 관리와 지도성에 대하여 논하고자 한다.

제1절 지도성의 개념

어떤 조직이든지 계급적 서열이 존재하면서 상·하 간에 명령과 복종의 관계가 존재하기 마련이다. 그러나 조직의 모든 구성원은 의사결정의 주체로서 생각하고 행동하기 때문에 상·하 간의 관계가 원만할 때 비로소 그 조직은 합리적, 능률적, 효과적인 목표달성이 가능하다. 이에 상·하 간에 바람직한 협조체제를 확보하여 조직을 성공적으로 이끌기 위한 핵심적 요인으로 지도성에 관한 인식이 강조되고 있다.

교육행정에서 이처럼 지도성이 중요시되고 있음에도 지도성에 대한 분명한 개념이 정리되지 못하고 다양한 견해들이 제기되고 있다. 이러한 다양한 견해들을 살펴보면 다음과 같다.

Bass는 지도성에 대하여 "목표달성을 우하여 개인이나 집단에 영향을 미치는 능력"으로, Merton은 지도자와 다른 사람과의 상호작용의 관계에서 "다른 사람이 그들을 원하기 때문에 따르는 대인관계"로 지도성 개념을 파악하고 있다. 이에 비하여 Lipham & Hoeh는 변화의 관점에서 "사회체제내의 상호작용에서 새로운 구조를 선도하는 개인의 활동"으로 파악하고 있다.

이러한 견해를 바탕으로 지도성의 개념들을 정의한 견해들을 살펴보면 ① 지도자는 과정에 관련된 집단행동을 조정하고 지시하는 일을 맡는 집단 속의 한 사람이다(Fielder, 1967). ② 조직 지도성의 본질은 조직의 일상적인 지시에 대한 기계적인 복종 이상으로 영향력의 증대를 말한다(Katz & Khan, 1978). ③ 지도성은 두 사람 이상으로 이루어진 집단 속에서 발생되며, 집단 목표달성과 관련하여 집단 구성원의 행동에 영향을 미친다(House & Baetz). ④ 지도성은 지도자와 구성원들이 공유하는 목표를 추구하도록 집단을 이끄는 개인이 보여주는 설득의 과정이나 모범이다(Gardner, 1990) 등으로 지도성의 개념을 정의하고 있다.

어떤 조직에서 지휘와 통솔하는 책임과 권한을 가진 사람을 일반적으로 지도자라고 부른다. 지도자는 지도자로서 속성을 가지면서 의사결정이나 목표달성과정에서 부하의 의사결정과정을 고려하고 그들에게 의욕과 동기를 유발하고 그들의 활동을 조정하는 역할을 한다. 이러한 기술적 활동이 지도성으로 조직을 성공적으로 이끌기 위한 핵심적 요소라 할 수 있다(김윤태, 2003).

제 2 절 지도성에 관한 제이론

지도성이론은 지도성을 구성하고 있는 요인과 지도성의 성격 및 결과를 설명하는 체계로서 크게 특성이론, 행동이론, 상황이론으로 구분할 수 있다.

1. 심리학적 입장 : 특성이론

지도성에 관한 초기의 연구는 주로 심리학적 연구와 사회학적 연구가 주류를 형성하였다. 심리학적 연구는 이상적 지도자, 즉 훌륭한 지도자는 어떤 특성을 많이 가져야 하며, 어떤 특성을 최소한 가져야 하느냐를 기술하는 이상적 지도자의 개념을 파악하는 입장으로 지도성을 조사하는 최선의 방법은 좋고 나쁜 지도자를 관찰하고 그들의 특징이 어떻게 다른가를 판단하는 방법이다. 이에 심리적 연구는 지도자는 비지도자와 구별되는 개인의 육체적, 심리적 또는 사회적 특성을 확인하는데 주로 관심을 가지는 접근방법이다.

따라서 특성이론은 지도자는 다른 사람과 다른 어떤 특성을 지니고 있다고 가정하고, 이를 파악하여 보편적 특성으로 입증하려는 이론이다(Stogdill, 1948년 연구). 스터그딜은 지도성에 관한 1948년과 1970년의 연구를 보면 다음과 같은 결론을 내리고 있다(김윤태, 2003).

① 지도자의 위치에 있는 사람은 ㉠ 지능, ㉡ 학식, ㉢ 신뢰성, ㉣ 활동과 사회적 참여, ㉤ 사회·경제적 지위가 그의 집단구성원들보다 우월하다.

② 지도자에 요구되는 자질, 특성, 기능은 그가 지도자로서 기능하는 상황에 따라 결정되는데 ㉠ 사회성, ㉡ 솔선력, ㉢ 끈기, ㉣ 일을 수행하는 방법의 지식, ㉤ 자신, ㉥ 상황에 대한 민첩성과 통찰력, ㉦ 협동성, ㉧ 인기, ㉨ 적응, ㉩ 말솜씨 등이 그의 집단 구성원 보다 어느 정도 우월하다.

③ 지도성과 관계가 높은 항목은 독창력, 인기, 사회성, 판단력, 진취성, 탁월해지려는 욕구, 유머, 협동성, 생동감, 운동능력의 순이라 말하고 있으며, 지도성과 상관이 낮은 변인으로는 연령, 신장, 체중, 체격, 체력, 외모, 지배력, 기분통제 등이라고 지적하고 있다.

이를 근거로 지도성과 관련이 있는 요소들은 다음과 같이 분류하고 있다.

- 능력 : 지능, 민첩성, 말솜씨, 독창력, 판단력
- 업적 : 학식, 지식, 운동의 소양
- 책임 : 신뢰성, 솔선력, 견고성, 적극성, 자신감, 탁월 욕구
- 참여 : 활동, 사회성, 협동성, 적응성, 유머
- 지위 : 사회-경제적 지위와 인기
- 상황 : 정신적 수준, 지위, 기능, 부하의 욕구와 흥미, 달성할 목표 등

결국 스터그딜의 연구를 종합, 분석해 보면 "한 개인이 몇 가지 특징들을 조합하여 소유했다고 해서 지도자가 되는 것이 아니고, 지도자의 개인적 특징의 유형이 부하의 특징, 활동 및 목표와 어떤 적절한 관계를 나타내어야 한다는 것이다", 또한 Kimbrough & Nunnery의 지도성에 관한 연구를 요약하면 다음과 같다(남정걸, 2002).

① 지도자는 지도를 받고 있는 집단의 평균 지능보다 지능이 조금 높다.

② 지도자는 정서적으로 성숙하고, 자신을 보이고, 목표 지향적이고 주도적으로 행동하고, 책임수행을 신뢰하고, 집단이 직면하는 문제에 대한 통찰력이 있고, 성공하려는 꾸준하고 강한 행동의 경향이 있다.

③ 지도자는 목표 달성에 있어서 인간이 핵심적인 것임을 알고 있다. 그러므로 그들은 타인과 의사소통을 시도하고, 사교적인 경향이 있고, 인간에 대한 사려고 깊고, 타인의 협조를 추구한다.

④ 그런 특성, 특징들이 지도자로서의 효과적인 직무수행을 보장하는 것은 아니며, 그것들이 결여됐다고 해서 효과적 직무수행을 저해하는 것은 아니다. 이들은 지도자로서 직무수행을 할 확률을 높일 따름이다.

기브(C. A. Gibb)는 지도성에 관한 관계문헌을 종합, 분석하여 부적절한 측정, 각 연구물로부터 나온 자료 비교의 부족, 지도성을 적절하게 기술할 수 없는 것 등을 예로 들어 지도자를 특징짓는 어느 일관성 있는 특성유형을 발견하는 데 실패했다고 하였다. 그러나 오늘날 몇 가지 유형의 인성적 특성은 지도자와 비지도자를 구분하는데 도움이 된다고 보고 있으며, 인성적 특징과 상황을 관련시키려는 조사가 계속 되고 있다.

2. 사회학적 입장 : 상황이론

사회학적 입장이란 특성이론에 대한 반론으로 나타난 것이다. 지도자와 지도자의 성패를 결정하는 것은 지도자가 처한 상황과의 관계가 중요하며, 상황이 다르면 지도자의 특성도 달라진다는 것이다. 즉, 모든 상황에서 최적한 지도자의 특성이나 행동은 있을 수 없다는 전제하에 효과적인 지도성의 행동은 상황에 의해 조건지어진다는 입장으로 지도자의 행위나 성취에 적절한 상황의 속성을 분석하고, 밝히려는 것이 상황이론이라 할 수 있다.

Filly & House는 상황에 영향을 주는 요인으로 ① 조직의 역사, ② 조직의 주변 사회, ③ 조직이 요구하는 직무자격, ④ 조직을 지배하는 심리적 환경, ⑤ 지도자가 수행하는 직무, ⑥ 집단의 규모, ⑦ 집단구성원들의 노력 정도, ⑧ 부하들의 상사에 대한 기대, ⑨ 집단구성원의 성격, ⑩ 의사결정에 필요한 시간 등을 들고 있다. Hoy & Miskel은 학교에서의 지도자의 행동에 영향을 주는 수많은 상황적 요인은 다음과 같다.

- 부하의 특성 : 교육, 연령, 지식과 경험, 불명료성에 대한 관용, 책임, 권력
- 조직의 구조적 특성 : 규모, 계층구조, 공식화, 기술
- 지도자의 역할 특성 : 직위 권력, 과업의 형태와 난이도, 처리 규

칙, 수행 내용과 수행 능력에 대한 기대

- 내적 환경 : 풍토, 문화, 개방성, 참여정도, 집단 분위기, 가치관 및 규범
- 외적 환경 : 복잡성, 안정성, 불확실성, 자원, 의존성, 제도화

상황이론 역시 지도성을 결정하는 요인을 사회적 상황만으로 설명하려는 것도 잘못이다. 상황이 따름에 따라, 거기에 적합한 지도성을 요구한다는 가정 하에 다양한 상황에서의 의의 있는 지도성을 밝히려고 시도하였으나 그렇게 생산적이지는 못하였다. 그것은 상황에 영향을 주는 요인들이 수없이 많기 때문이다(남정걸, 2002).

3. 행동과학적 입장 : 행동이론, 지도성 유형론

지도성을 가장 생산적으로 연구하자면 심리학적 요인과 사회학적 요인 또는 개인적 특성과 상황적 요인의 양자가 다 지도성의 결정요인임을 인정하여 어느 하나만을 배타적으로 강조할 것이 아니라 양자의 대립을 피하고, 어떤 상황에서 관찰된 지도자의 행위에 관심을 두고 접근하여야 할 것이다. 이것이 행동과학적 입장이다. 즉 행동이론은 효과적인 지도자의 행동과 비효과적인 지도자 행동을 비교, 분석하는 방법으로 성공적인 지도자의 행동을 파악하여 지도성을 이해하려는 입장이다.

오늘날 행동과학적 연구는 지도자가 나타내는 행동 양식의 차이점을 유형화는 지도성 유형론이 일반적 경향이다. 즉 지도자가 어떤 종류의 사람인가 또는 지도성에 미치는 상황적 요인이 무엇인가를 밝히기보다는 실제의 집단 과정상에서 유사한, 또는 차별적인 지도성을 발휘하는 지도자를 한데 묶어서 몇 가지로 지도자를 분류하는 것이다. 지도성 유형론의 대표적인 것은 조직의 목표나 생산성 또는 과업을 우선시하는 지도성과 조직의 성원의요구나 인간관계를 우선시하는 두 범주의 지도성이다.

이러한 행동과학적 입장의 행동이론의 대표적 연구로는 ① 레빈, 리피트 및 화이트의 실험연구, ② 미시간대학의 리커트의 연구, ③ 오하이오 주립대의 연구, ④ 블레이크와 무튼의 관리망 이론 등을 들 수 있다.

1) 레빈, 리피트 및 화이트(Lewin, Lippitt & White)의 실험연구

지도성에 대한 행동과학적 접근을 시도한 실험연구는 1938년에 레빈, 리피트 및 화이트가 수행한 아이오와대학의 연구를 들 수 있다. 이 연구는 11세 소년들을 각 5명으로 구성된 4개의 집단을 만들어 각종 재료를 주어 장난감을 만들게 하고, 한 집단은 통제형 집단으로 하고, 나머지 3개의 집단은 교사들로 하여금, 전제형, 민주형, 자유방임형 지도자의 역할을 연출하게 하여, 각 지도 유형이 집단구성원의 태도와 생산성에 미치는 영향을 연구한 실험이다. 지도성 유형에 대한 결과는 다음과 같이 정리할 수 있다.

① 전제적 지도성 : 매우 지시적으로 의사결정에서 구성원의 참여를 허락하지 않는다. 지도자가 모든 권한과 책임으로 일한다.

② 민주적 지도성 : 지도자가 집단 토의와 의사결정 참여를 권장한다.

③ 자유방임적 지도성 : 지도자가 집단에 완전히 자유를 주고 모든 것을 각 개인의 결정에 맡긴다. 지도성을 제공하지 않는다.

연구결과 집단구성원은 민주적 지도성을 가장 좋아했으며, 전제적 지도성보다는 자유방임적 지도성을 선호하였다. 전제적 지도성은 공격적이거나 또는 무기력한 행동을 불러 일으켰다. 자유방임적 지도성 아래에서는 가장 높은 공격적 행동이 나타났다. 생산성은 민주적 지도성 보다는 전체적 지도성에서 약간 높게 나타났으며, 자유방임적 지도성 아래서 가장 낮게 나타났다. 장기적으로는 전제적 지도성이 민주적 지도성 보다 낮게 나타났다. 결론적으로 지도자의 행동 유형은 집단의 행동과 생산성에 미치는 효과가 크다고 하겠다.

2) 미시간(Michigan)대학의 연구

미시간 대학연구소의 소장 리커트(R. Likert)와 그의 동료들은 1947년에 다양한 산업조직의 지도자(감독) 및 종업원들로부터 자료를 수집, 분석하고 지도자(감독)의 유형을 직무중심과 종업원 중심으로 분류하여 연구한 결과를 보면 생산부서의 감독은 태도면에서 종업원 중심이었으며, 생산부서의 감독은 직무중심이었음을 발견하였다. 즉, 직무 중심적 지도성은 종업원의 과업과 과업수행을 강조한 반면, 종업원 중심 지도성은 종업원의 개인적 욕구와 인간관계의 발전을 강조하였다. 따라서 미시간 대학의 연구 결과는 생산성을 높이는 지도자는 과업과 인간관계를 다함께 강조하는 지도자였다는 점이다.

3) 오하이오주립대의 연구

지도성 연구에 있어서 행동과학적 방법은 헴펠, 프라이쉬만, 스터그릴, 샤를 및 페틴스키가 오하이오 주립대에서 1950년 행한 연구를 들 수 있다. 이들 중 Hemphill & Coons이 개발한 지도자 행위 기술지(LBDQ)를 이용하여 Halpin이 미국 교육감과 한국전에 참여한 공군 지휘관들을 대상으로 연구를 실시하였다. 이 연구에서 지도자 행동을 구조중심(과업중심)과 인화중심(배려중심)으로 분류하였다.

구조중심은 과업중심이라고 할 수 있는데 지도자가 집단 활동을 조직하고 각 구성원의 역할을 규정하여 과업을 맡기고, 계획을 세우고, 방법을 설정하여 추진하는 행위이고, 배려중심이란 인화중심 또는 인간관계중심이라고도 할 수 있는 데 지도자와 집단 간에 상호 신뢰, 존경, 온정과 편안한 분위기를 자아내는 행위로서 집단 성원의 욕구에 깊은 관심을 보이고 의사결정에 참여하게 하여 하의상달의 의사가 소통을 고무시키는 행위이다.

Halpin은 구조중심과 배려중심이라는 두 차원의 결합 관계에 따라 지도성 유형이 달라지는 것을 설명하기 위하여 아래와 같이 분도를 작성하였다.

		배려(인화)중심	
		저	고
구조중심	고	낮은 배려 높은 구조 Ⅳ	높은 배려 높은 구조 Ⅰ
	저	낮은 배려 낮은 구조 Ⅲ	높은 배려 낮은 구조 Ⅱ

〈그림 11-1〉 지도성 행위의 4분도

Ⅰ상한에 속한 지도자는 고도로 효과적이라고 평가되는 반면, Ⅲ상한에 속한 지도자들은 가장 비효과적이어서 그들의 행위는 흔히 집단에 혼란을 야기한다. Ⅳ상한에 있는 지도자 들은 규율이 엄하고 냉철하게 일을 시키는 사람들이기 때문에 그들은 인간을 조직이라는 기계의 부품으로 취급하는 경향이 있다. Ⅱ상한에 속한 지도자들은 역시 비효과적이다. 이들은 인간적 친절이 넘쳐흐르지만 효과적인 과업 수행에는 별로 공헌하지 못한다고 설명하고 있다(남정걸, 2002).

LBDQ는 기업, 행정, 군대 조직뿐만 아니라 교육조직에서도 지도성을 연구하는 데 널리 이용되었다. LBDQ가 유능한 지도자는 과업, 인화 두 차원에서 점수가 높은 사람이라는 것을 나타내었지만, 어떤 비율로 될 때 최선의 조화가 되는지를 밝혀내지 못하고 있다. 그러나 LBDQ는 지도자의 인화 및 과업 두 차원을 제시하고 이를 배합시키면서 지도자의 행동 특성을 실증적으로 밝혀냈다는 데 그 의의가 있다.

4) 브레이크와 무튼의 관리망(managerial grid) 연구

브레이크와 무튼은 관리자의 행동을 인간에 대한 관심과 생산에 대한 과욕심으로 구분하여 관리자의 지도성 유형을 기술하였다. 인간에 관한 관심은 종축으로, 생산에 관한 관심은 횡축으로 하여 각각 관심도에 따라 1~9까지 척도로 구분하여 81칸으로 된 관리망을 도형화하였다. 이 망(grid)은 관리자들이 그들 자신의 지도성 유형을 확인하는 것을 도와주고, 부하들이 그들의 지도성 유형에 의해 어떻게 영향을 받는지를 이해하며, 종업원의 욕구에 일치하는 대안적 지도성 유형의 사용을 설득하도록 설계되었다.

브레이크와 무튼의 관리망에 의하면 81개의 지도성 유형을 가정할 수 있지만 5가지의 주요 지도성 유형을 기술하였다.

① 과업형 관리자 : 인적 요인의 개입을 최소한 줄이는 방향으로 작업 조건을 마련함으로써 운영 능률을 확보한다. 이 지도자는 생산 극대화에 관심이 많다.

② 컨트리클럽형 관리자 : 인간관계를 만족시키기 위하여 사람들의 요구에 대하여 주의를 기울여 편안하고 우장 있는 조직 분위기와 작업 속도가 이루어진다. 이 지도자는 동료와 부하 사이의 좋은 감정을 가장 강조한다.

③ 무기력형 관리자 : 요구되는 작업을 수행하는 데 최소한의 노력을 하는 것이 조직구성원의 자격유지에 적절하다.

④ 중도형 관리자 : 작업상의 필요와 만족 수준의 직원 사기를 유지하려는 욕구간의 균형을 취함으로써 적절한 조직성과가 가능하다.

⑤ 팀형 관리자 : 헌신적 사랑을 통해 작업이 이루어지기 때문에 목표달성을 위하여 상호이해를 통하여 상호 존경하는 관계가 형성된다. 이 지도자는 집단구성원의 광범한 참여를 통해 질과 양에 있어서 높은 결과를 얻기 위하여 목표 중심 접근을 취한다.

브레이크와 무튼은 인간과 생산의 두 차원에서 모두 가장 높은 팀형 관리자가 가장 이상적이라고 지적하였다. 관리망 이론은 조직발전을 위한 기법의 하나로 감수성 훈련과 티 그룹(T-Group)보다 이상적이라는 평을 받고 있다(김윤태, 2003).

4. 상황적응접 접근 : 상황중심이론

위의 특성이론과 행동이론은 지도자의 지도성을 설명하는 데 충분하지 못하다는 것을 발견하고, 1970년대 이후지도성 연구를 이끌어 오고 있는 것이 상황적응적 접근이다. 이는 어느 하나의 지도성 유형이 효과적이며, 어떤 유형이 지도성은 가장 졸렬하고 비효과적이라고 하는 것은 비현실적이라는 것이다. 즉, 어떤 유형의 지도성도 상황여하에 따라서는 효과적일 수도 있고, 또한 비효과적일 수도 있기 때문이다.

따라서 지도성이란 지도자의 자질이나 특성 또는 지도 유형뿐만 아니라 지도자가 처한 상황과 추종자들의 성숙도와 기대, 과업의 성격, 집단이나 조직의 대내·외적 영향력 등을 고려하고 특히 이들 요인의 상호작용관계에 관심을 가져야 한다는 이론이 상화적응이론 이다. 이 이론의 대표적 연구로는 Fielder의 연구, Reddin의 연구, Hersey와 Blanchard의 연구이다.

1) Fiedler의 연구

피들러는 효과적인 지도자가 되기 위해서는 지도자와 부하 간에 심리적 거리를 두어야 한다고 전제하고, 심리적으로 거리를 두는 관리자(PDM)와 심리적으로 밀착된 관리자(PCM)로 두 가지 유형의 지도자형을 제안하였다. PDM은 더 능률적이며, 업무전문가라고 한다면, PCM은 비능률적이며, 인간관계 전문가라고 할 수 있다.

피들러는 이 이론을 더욱 발전시켜 상황적응론을 만들어냈다. 이 이론이 제안하는 지도성 모형에 의하면 지도자는 영향력과 권력의 행사를 본질로 하지만, 이들 영향력을 행사하려면 그가 처한 상황에 따라 그 행사 태도가 다를 수밖에 없다고 보았다. 따라서 지도자가 처한 상황을 다음과 같이 세 가지로 분류하고 있다.

① 지도자와 부하의 정의적 관계 : 이것은 지도자가 부하로부터 받는 신임, 충성의 정도와 지도자가 부하들에 의하여 매력적 인물로 지각되는 정도를 말하며, 피들러는 이것을 사회적 측정에 의하여 측정된다.

② 과업구조 : 과업이 상부로부터 주어진 정도를 말한다. 이를 측정할 때, ㉠ 결정이 상부의 결재를 받은 정도, ㉡ 집단원들에게 그 일의 내용이 알려진 내용, ㉢ 업무수행 방법의 다양성, ㉣ 문제에 대한 정답의 수 등에 의한다.

③ 지도자의 지위권력 : 지도자가 공식 지위를 자지함으로써 생기는 권력을 말한다. 지도자가 가지고 있는 보상과 처벌권 및 공식적 권한이 포함되며, 또 그의 배경으로 조직이 지도자를 지지하는 것까지도 포함된다. 피들러는 지도성 유형은 지도자의 동기체제에 의해 결정되지만, 그 효과는 상황의 유리성과 어떻게 결합하느냐에 따라 좌우된다고 보고, 지도자가 함께 일하는 데 가장 어려운 사람의 척도(LPC)를 개발하여 LPC 점수가 높게 나온 지도자는 과업수행을 위한 요건으로 인화관계를 중시하는 관계성 동기형이며, 반대로 LPC가 낮은 지도자는 과업동기형이라고 하였다.

이러한 피들러의 지도자의 행동 유형은 단일 연속선상에서 과업 지향형과 관계 지향형 두 가지 행동으로 분류함으로써 일차원적 이론으로 되돌아갔다는 비판을 받는다.

2) Reddin의 연구

레딘은 오하이오 주립대학의 4분면과 블레이크와 무튼의 관리망 연구에서와 같이 지도자의 유형을 과업차원과 관계성 차원으로 구분하여 지도자의 기본적 행동 유형을 ① 분리형(높은 과업, 낮은 관계성), ② 관계형(낮은 과업, 높은 관계성), ③ 헌신형(높은 과업, 낮은 관계성), ④ 통합형(높은 과업, 높은 관계성) 등 네 가지로 분류하였다. 이어 그는 과업차원과 관계성 차원에 효과성 차원을 추가하여 삼차원 관리유형 이론을 제시하였다.

즉, 레딘은 적절한 유형에 영향을 주는 상황의 기본 요소로 ① 과업 수행과 관련 된 기술, ② 조직 행동에 영향을 주는 조직철학, ③ 상사, ④ 동료, ⑤ 부하 등 다섯 가지를 들고, 네 가지의 기본적 지도자 유형에 효과성을 추가하여, ① 경영자형, ② 타협자형, ③ 관료형, ④ 유기자형, ⑤ 자선적 전제자형, ⑥ 전제자형, ⑦ 개발자형, ⑧ 선교사형 등 8가지로 분류하였다. 이것을 레딘의 삼차원적 지도성 모형이라 한다(김윤태, 2003).

레딘의 모형은 종래 이차원적 지도성 모형에 효과성 차원을 추가하여 3차원적 지도성 개념을 도입하였다는 점과 모든 상황에 단 하나의 이상적 지도자 행동 유형을 기술하지 않았다는 점에서 의의를 찾을 수 있다. 이 이론은 지도성 유형의 효과성을 알맞게 조절하는 데 있어서 상황의 잠재적 중요성에 관심을 불러 일으켰던 것이다. 그러나 이 모형은 체계적인 실험적 검증을 결여하고 있어, 제한적 지지를 받을 뿐이다.

3) Hersey와 Blanchar의 연구

허시와 브랜차드는 선행 연구결과를 검토한 후 이들 연구들은 규범적 또는 최선의 지도성 유형이 없다는 것을 보여주는 경향이 있다고 요약하면서, 성공적 지도자들은 집단과 특수상황의 요구를 충족시키기 위해 그들의 행동을 적응시킨다고 하였다. 이 연구는 지도성 효과(E)는 지도자(I)와 추종자(f) 및 조직의 특수한 상황(s)이나 환경 여하에 의하여 결정된다고 하여 E=f(i, f, s)라는 등식으로 설명하였다(남정걸, 2002).

이에 효과적인 지도자는 지도성 행위의 양식을 상황과 추종자들의 요구에 적응시킬 수 있어야 한다. 그들은 헴핀의 구조중심 및 배려중심과 유사한 개념으로 각각 과업행위와 관계행위라는 용어를 사용하여 ① 참여형, ② 설득형, ③ 위임형, ④ 지시형 등 네 개의 기본적 지도성 행위를 설정하였다.

그리고 이들 추종자들의 성숙도(높음, 중간, 낮음)와 관련하여 곡선으로 파악하고 있다. 여기서 성숙도란 ① 높지만 달성 가능한 목표를 설정하는 능력(성취동기), ② 기꺼이 책임을 질 수 있는 능력, ③ 개인이나 집단의 교육정도나 경험 등을 말한다.

지도자가 자기 책임 하에 있는 개인이나 집단의 성숙수준이 낮으면 과업 중심적 행위를 높이고 인간관계 중심 행위를 줄이는 지도성을 발휘하고, 성취수준이 높아감에 따라 ① 높은 과업과 낮은 인간관계(지시형) → ② 높은 과업과 높은 인간관계(설득형) → ③ 높은 인간관계와 낮은 과업(참여형) → ④ 낮은 인간관계와 낮은 과업(위임형)으로 변경해야 한다. 따라서 지도자는 집단 내의 각 개인의 성숙도와 아울러 집단의 성숙 수준을 측정, 평가할 수 있어야 한다.

허시와 브랜차드는 특히 학교 내에서의 학생들의 경우처럼 그 집단이 같은 분야의 직업을 하는 가운데 상호작용의 빈도가 많은 경우에는 더욱 그럴 필요가 있다는 것이다. 그래서 교사는 집단으로서의 학습의 성숙 수준과 학급 내의 개인으로서의 성숙 수준이 서로 다르다는 것을 알게 되고, 개개 학생을 지도할 때와 학급을 집단으로 지도할 때 아주 다르게 행동하지 않으면 안된다. 따라서 허시와 브랜차드의 지도성이론은 한 지도자가 조직성원의 성숙도에 따라 점차적으로 지도성을 변화시켜 나감으로써 지도성효과를 극대화할 수 있다는 점과 조직성원의 성숙 수준에 상응하는 지도성 유형을 제시하였다는 점에서 의의를 찾을 수 있으나, 반면 상황변수로서 구성원의 성숙도만을 강조한 것은 재검토되어야 할 문제라고 할 수 있다.

5. 변혁적 접근 : 변화 지향적 지도성이론

1970년대 후반부터 지도자 행동의 바람직한 측면을 추구하는 과정에서 변혁적, 카리스마적, 비전지향적, 영감적인 지도성이라는 새로운 지도성이론이 관심을 불러일으켰다. 변화지향적 지도성이론은 번수(J. M.

Burns)의 교환론적 지도성과 변화 지향적 지도성을 논한 데서 출발한 이론이다. 교환론적 지도성은 지도자와 추종자간의 타협이나 교환적인 행동으로 보는 이론으로, 지도자가 추종자가 일을 잘하면 긍정적 강화나 승진, 금전적 보상을 더해 주고, 추종자는 그것을 대가로 일을 하여, 결국 양자간의 타협과정을 통해 이를 조정하는 관계에 있다. 이에 교환론적 지도성은 교육체제 외부에서 오는 영향에 대처하기에는 부적절한 것으로 비판되어, 이를 극복하기 위한 이론으로 대두된 것이 변화지향적 지도성이론이다.

변화지향적 지도성이란 비록 지도자가 권력을 사용하여 추종자의 행위에 영향을 미치지만 지도자의 능력은 추종자의 태도를 변화시키고, 그들의 동기와 도덕수준을 고양시키며, 추종자와 통합적인 과정을 통해 조직의 사명감을 형성하는 것이다. 변화지향적 지도성의 초점은 인간의 잠재능력을 각성시키고, 고위의 욕구를 충족시키며, 동기를 유발하여 고도의 사명감을 가지고 업무수행을 하도록 지도자와 추종자의 기대를 고조시키는 데 있다.

변화지향적 지도성은 보다 고차적인 변화를 지향하여 고유체제 내부의 미시적 환경과 외부의 거시적 환경과의 최적의 통합점을 형성하는 과정이다. 그러기 위해서는 지도자는 비전을 설정하여 장기적 전략계획을 세우고, 변동하는 외부와 내부의 상황을 판단하여, 조직의 목적을 보다 크게 성취하도록 추종자를 동기 유발하는 사람이다. 그런 과정에서 추종자들은 지도자에 대한 신뢰와 충성심, 감탄과 존경심을 갖게 된다. 그러므로 변화지향적 지도성은 어떤 면에서 카리스마적 지도성과 비슷하다. 그러나 카리스마적 지도성 이론은 지도자가 초자연적 목적과 권력에 대한 강한 욕구를 가지고 있으며, 추종자들이 그를 우상화한다는 점에서 변화지향적 지도성 이론과 다르다. 지도자는 어느 정도 카리스마를 나타낼 수는 있으나 반드시 그럴 필요는 없다는 것이다. Leithood는 여러 연구를 종합, 분석하여 학교장의 변화지향적 지도성의 차원을 다음과 같이 설명하고 있다.

① 카리스마, 영감, 비전 : 교사들이 장기간 추구할 기본적 목적의식을 갖도록 한다.

② 목적합의 : 비전을 지향하는 목적을 설정한다.

③ 높은 성과 기대 : 교사들의 질 높은 교육 기대

④ 개인별 배려 : 교사 존중과 개인감정과 욕구에 관심

⑤ 지적 자극 : 교사 자신의 수행에 대한 반성과 평가

⑥ 모델링 : 언행일치를 통해 교사들에게 모범을 보임

⑦ 수시보상 : 교사들의 성취에 대해 수시로 보상한다.

⑧ 구조화 : 교사들의 의사결정에 참여 기회를 제공한다.

⑨ 문화형성 : 구성원들에게 규범, 가치, 신념 등을 공유하도록 한다.

노종희는 변화지향적 지도성을 연구한 학자들이 공통적으로 제시한 것으로 ① 비전 설정 및 공유 ② 인간존중, ③ 지적자극, ④ 높은 성과 기대, ⑤ 목표수용, ⑥ 솔선수범, ⑦ 학교문화창조, ⑧ 집단 참여 허용 등 8가지를 추출하였다.

변화적 지도성은 우리가 이상적 지도자를 논할 때 마음속에 품는 지도상에 가까운 요소들로, 비전을 제시하고 솔선수범하여 사람을 개발하고, 팀을 만들어 조직을 변혁하는 지도성을 말한다고 할 수 있을 것이다.

제 3 절 교육행정과 지도성

교육행정가는 한 단위기관의 장으로 전문적 행정가인 동시에 적절한 교육지도성을 발휘하는 지도자이다. 교육 전문가의 역할은 교육 수요자가 학교로부터 무엇을 원하는지를 찾아내어 교육 서비스를 전달하는 것이지만, 교육지도자는 교육 목적과 방향에 관심을 두고, 그 자체가 얼마나 적합한지를 판단하여 수행하여야 한다. 즉 교육행정은 목적 달

성을 위한 최선의 수단이지만, 교육 지도성은 목적 그 자체가 얼마나 적합한가를 판단한다고 할 수 있다. 이에 교육행정가는 관리 능력 이외에 교육지도성을 요함을 알 수 있다.

따라서 교육행정가는 교육지도성을 핵심으로 하며 관리직, 또는 기타 역할은 아무리 중요하더라도 이를 도와주는 것으로 파악하여야 한다. 효과적인 교육행정가는 확실히 훌륭한 관리와 정치에 관심을 두고 있지만 교육지도성이 최고의 관심사가 되어야 한다. 이에 교육지도성을 교육과정 및 수업의 전문가로서의 역할, 장학전문가로서의 역할, 그리고 안정과 변화의 촉진자로서의 역할로 구분하여 교육지도성에 대하여 살펴보고자 한다.

1. 교육과정 및 수업의 전문가로서의 지도성과 역할

장학관을 위시한 단위학교의 교장, 교감은 교육과정과 수업의 질을 개선함에 있어서 직접적이고 전문적으로 집중적 노력을 촉진하는 역할을 한다. 특히 교수-학습의 효과를 극대화하는 것이 핵심적 역할로써 인사나 재무와 같은 다른 역할 담당자가 물적, 행정적 자원을 제공하도록 하여야 한다.

교장, 교감은 교육과정을 학교 현실에 맞게 구성하여 학습을 향상시키고, 학습 분위기를 조성할 책임을 지고 있다. 반면, 교사들은 수업의 전문가로 학습 환경을 조성하여 학습을 전개하여 교육과정을 실현할 역할을 담당하여야 한다.

교장과 교사는 모든 학생들이 인간적이며, 효과적인 방법으로 학습하기를 바란다. 그러나 교장은 교사들보다도 학부모의 불평에 대하여 더 염려한다. 수많은 교육과정과 수업의 역할에서 기능과 접촉 간의 관계를 보면, 그 역할 책임과 각 접촉 및 관계망이 중복되는 성질이 있다. 이것은 잠재적인 각 역할을 충분히 가동하여 수업을 개선하기 위해서는 상당한 협동과 집단작업이 필요함을 알 수 있다.

2. 장학전문가로서의 지도성과 역할

장학의 실제나 연구를 수행함에 있어서 지도성이론에 내포된 중요한 가정을 도출해 보면 다음과 같다.

첫째, 지도성이란 학교교육목표를 달성하기 위한 집단과정에서 나타나는 기능이면서 어디까지나 집단의 성원들에게 영향력을 행사한다는 것이다. 장학사 전문가의 지도성이나 장학의 질을 결정하는 것은 장학을 받는 교사들과의 상호작용의 결과로 나타나는 것이지, 장학 전문가 혼자의 힘으로 결정되는 것은 아니다.

둘째, 교사집단에 영향력을 행사함에 있어서는 장학사라는 직위에 부여된 법적 권위만을 지나치게 강조해서는 안 되며, 전문성에 바탕을 둔 권위를 동시에 행사하여야 한다.

셋째, 장학사가 지도성을 행사함에 있어서는 교사와의 관계에서 하향적인 '위에서 아래로'라기보다는 교사의 선문성도 인정하는 내등한 관계에서 권한을 공유하는 지도성을 발휘한다.

넷째, 한 집단의 지도자는 복수이므로 장학사만이 지도성을 발휘하고, 교사의 지도자는 장학사뿐이라는 생각을 버린다.

다섯째, 장학사는 교사의 자질, 욕구, 능력을 인식하고, 지도성을 발휘함에 있어서 상황에 따라 그들의 참여 기회를 가능한 한 확대하여야 한다.

여섯째, 장학사로서의 지도성의 기본 유형을 상황에 따라 달리 적용할 수 있는 적응력을 가져야 효과를 거둘 수 있을 것이다.

결국 지도자로서의 장학사는 거시적이고 장기적인 안목과 더불어 교사들에게 영감과 지적 자극을 주는 능력을 겸비해야 할 것이다. 그리고 항상 변화를 주도할 수 있는 창의성, 독창성, 그리고 적응성이 필요하고, 새로운 것을 추구하는 데서 오는 부담을 감당할 능력과 자질이 요구된다. 그러나 장학의 실제에 있어서 교육계의 보수적인 문화와 현상에 안주하려는 타성 등을 인식하고, 장학에서도 일관성, 안정성, 예측 가능성, 동조성 등을 강조하는 측면을 간과해서도 안될 것이다.

3. 안정과 변화촉진자로서의 지도성과 역할

라팜(J. M. Lipham)은 행정가와 지도자를 구분하여, 행정가는 조직의 목적을 달성하기 위하여 기존의 구조나 절차를 활용하는 사람으로 안정 유지에 중점을 두고 있는 반면에, 지도자는 새로운 구조를 주도하거나 조직의 목표를 달성하기 위한 절차 또는 목표를 변화시키는 사람으로 변화촉진에 두고 있다고 정의하였다. 그러나 실제로 조직의 목적이나 구조의 유지와 변화가 모두 교육행정가에 요구되는 기능이라고 하겠다.

오늘날과 같이 급격히 변화하는 사회에서 교육체제가 능동적으로 대처하기 위해서 교육 행정가는 체제내부의 안정을 유지하는 한편 체제환경 변화에 적응하도록 체제를 변화시켜야 한다. 교육 행정가는 교육지도자라는 입장에서 교육체제의 안정유지와 변화촉진의 두 역할을 조화 있게 수행해야 할 것이다.

특히 오늘날 변화지향적 지도성이 강조되면서 교육 행정가는 단순히 정책이나 규정을 집행하는 행정가를 넘어서 지도자로서의 구실과 역할을 충실히 수행하여야 한다. 이에 John Gardner가 제시한 지도자로서의 특징은 매우 시사하는 바가 크다고 할 수 있다.

① 지도자는 직접적인 문제를 넘어서 장기적으로 생각한다.

② 지도자는 그들이 지도하고 있는 부서나 기관의 밖을 생각하고, 조직의 차원에서 이들 상호간의 관계를 파악할 뿐 아니라 외부 환경과의 관계도 고려한다.

③ 지도자는 자기 관할 밖의 사람들에게도 접근하며 영향을 미친다.

④ 지도자는 비전, 가치, 동기를 강조한다. 그리하여 지도자와 성원간

의 상호작용에서 비합리적인, 무의식적인 요소를 직관적으로 파악한다.

⑤ 지도자는 구성원간의 상충된 다양한 요구를 처리할 정치적 기술이 있다.

⑥ 지도자는 결코 현상 유지를 수용하지 않는다. 그는 항상 갱신의 입장에서 생각한다(남정걸, 2002).

제4절 학교교육의 질 관리와 지도성

학교교육에 대한 요구가 다양화하여 변화고 있으며, 또한 그 변화의 속도도 더욱 빨라질 것이다. 이와 같은 환경에 효과적으로 대응할 수 있기 위해서는 단위학교가 자발적으로 그리고 지속적으로 발전해 나가는 이른바 생동적인 조직체가 되어야 한다. 이것이 총체적 질 관리를 위한 학교경영 지향점이 되어야 한다. 즉, 모든 학교가 쫓아가야 할 단일의 정형화된 경영 지침이나 틀을 추구하기보다는 단위학교가 스스로 발전해 나갈 수 있는 조건 확충을 학교 경영 혁신의 목표로 삼아야 한다. 이에 학교의 질 관리를 위한 지도성을 살펴보면 다음과 같다.

첫째, 학습조직으로서의 학교를 창출해야 한다. 학교에서 가장 중요시되어야 하는 것은 학생들의 교육이므로 학교자체가 학습을 위한 하나의 장으로 작용하기 위해서는 학교구성원들이 협동적인 학교문화 속에서 교육의 본질 추구라는 목표를 성취하도록 교육의 질 개선과 함께 변혁 지향적 지도성을 특징으로 하는 학습조직으로서의 학교가 창출되어야 할 것이다.

둘째, 학교장의 민주적이고 변혁 지향적 지도성이 강화되어야 할 것이다. 학교장은 학교 경영 내지 학교 행정에 있어서 기획가 및 의사결정자로서의 역할, 학교경영의 집행자로서의 학사운영과 관리의 운영, 교내 자율장학을 활성화하여 교사의 전문성 신장을 유도하는 역할, 학부모 및 지역사회에 대한 조정자 등의 역할로 학교조직의 질을 개선하기 위해서는 학교 운영에서 핵심적인 위치를 차지하고 있는 학교장의 성공적인 지도성이 없이는 불가능하다. 학교조직 혁신에 대한 열쇠는 학교장이 가지고 있다고 해도 과언이 아닌 만큼 학교장의 지도성은 학교조직에 대한 다양한 교육적 욕구가 쏟아지는 현 상황 속에서 더욱 중요하다.

셋째, 새로운 학교경영 철학의 채택과 헌신적인 학교문화를 조성해야 한다. 우리나라의 학교조직은 관료주의 하에서 학교장이 학교 내의 모든 의사결정권을 독점해 왔으나, 오늘날 교육자치제, 학교운영위원회가 도입됨으로써 학교 구성원들의 참여 폭이 확대되었다고 할 수 있으나, 아직도 여전히 미흡한 상태이다. 학교조직의 풍토를 개선해야만 학교운영의 효율화를 기하고, 인간중심적 학교 경영이 가능하다. 이에 학교조직 개선을 위한 비전과 목적을 지속적으로 추구하여 학교장의 권위가 아닌 사실과 자료를 근거한 의사결정, 학교장과 학교 구성원의 공동체 의식, 교사와 학교장의 전문성에 기반을 둔 의사결정이라는 새로운 철학의 채택이 이루어져야 한다.

넷째, 학교장은 비전을 설정하고, 이를 단계적으로 실천해 나가면서 학교 구성원의 전문성을 개발·극대화하고 그들의 각기 다른 생각을 조정·통합하는 능력 등 합리적이고, 민주적 지도성이 있어야 한다. 아울러 지속적으로 전문성 신장을 위한 노력을 기울이고, 학교 공통의 문제에 관심을 기울이며, 학교 발전에 헌신적인 교사가 있어야 한다.

마지막으로, 학교 개혁과 혁신을 성공적으로 추진하기 위해서는 학교 외부에서의 적절한 배려가 있어야 한다. 국가나 지방 수준에서 안정적이고 타당한 학교 정책을 펴 나감으로써 단위학교가 지역의 특수성과 학교 실정에 맞게 독창적, 자율적으로 학교를 운영하고 그 책임을 다할 수 있도록 해야 한다. 아울러 학교 운영에 필요한 지식과 정보, 재정적 지원이 충분히 제공될 수 있도록 해야 한다. 특히, 학교의 효과적인 변화를 지원할 수 있도록 학교 간, 학교와 행정기관 및 연구기관 간 정보

교류가 활성화될 수 있는 조치가 필요하다.

이상과 같이 학교의 질 관리를 성공적인 양질의 조직이 되기 위해 관리자가 헌신적인 양질의 리더십을 갖는다는 전제 위에서 출발한다. 이 리더십은 양질의 학교조직이 되기 위해 필요한 변화를 실천하려는 관리자를 격려한다. 이러한 변화는 학교구성원의 참여를 조장하고, 학교구성원에게 권한을 부여하며, 효과적인 보상체제를 정립하고, 고객의 욕구와 기대를 확인하기 위해 고객, 학교조직 구성원 및 관리자들 사이의 지속적인 피드백을 활용하는 것 등을 포함하여 지속적이고 합리석으로 추진될 때 학교조직의 질 관리의 효과가 극대화되고, 인간중심의 교육을 실현할 수 있을 것이다.

참고문헌

김윤태(2003), 『교육행정 · 경영의 이해』, 서울: 동문사

남정걸(2002), 『장학의 이론과 실제』, 서울: 교육과학사

정일환(2000), 『교육정책론 -이론과 적용-』, 서울: 원미사

기타, 인터넷 자료 등

Bernad M. Bass. ed., Stogdill's Handbook of Leadership: A Survey of Theory and Research and research, revised and expanded ed. New York: The Free Press, 1981.

Fielder Fred E. "A contingency Model of Leadership Model of Leadership Effectiveness." In Advances in Experimental Social Psychology, ed. L. Berkawitz, New York: Academic Press, 1967.

"Validation and Extention of Contingency Model of Leadership effectiveness: A Review of Empirical Findings." Psychological Bulletin 76(1971): 131.

Katz. Daniel, and Robert L. Khan. The Social Psychology of Organization. New York: House & Baetz.

James M. Lipham and James A. Hoeh, Jr., The Principalships: Foundations na Functions. New York: Harper & Row, 1974.

M. L. Blum and J. C. Naylor, Industrial Psychology: Its Theoritical and social Foundation. New York: Harper & Row, Publishers, 1968.

제12장

학교행정론

12
chapter

학교행정론

제 1 절 학교행정과 학교경영

1. 학교경영의 개념

하나의 학교를 단위로 하여 행정이 실시될 때의 학교행정을 학교경영이라고 본다. 즉, 좁은 의미의 학교행정은 학교경영과 같은 의미로 사용된다. 학교가 그 본래의 교육목적을 효과 있게 달성하는 데 필요한 인적 · 물적 제반조건을 정비 · 확립하고 학교교육의 협력적 체계를 조직할 뿐만 아니라, 그 조직체를 통제하는 작용을 말한다. 학교경영을 학교관리라고 부르기도 하나, 양자의 뜻이 동일하지는 않다(배호순, 1990).

학교관리는 객관적 · 타율적 · 법규적 · 관료적 · 집권적 체제로서 학교를 운영하여, 교육목표 달성에 간접적으로 영향을 미치는 보조적인 활동이며, 주로 인사 · 재적 · 시설 등에 가해지는 배려이고 교장의 권한은 교육청의 위임사항에 의한 것이므로 교장은 행정기관의 말단 관리자의 위치에 서게 되는 것이다. 학교경영은 동일한 관리체제라 하더라도 교장의 주관적·자율적·이상적·민주적·분권적 관점에서 교육목표 달성에 직접 주체적으로 영향을 미치는 활동으로써, 주로 교육정책·방침·내용·학습지도·교사의 활동에 대한 교직 자체의 전문성에 관한 것이다(남정걸, 1981).

한 마디로 학교경영이란 교육목표를 효율적으로 달성하기 위하여 교장과 교직원 집단이 협력하여 수행하는 조직적 활동이며 총괄적 작용이라 하겠다(김윤태, 2003).

2. 학교경영의 기획

학교경영 기획의 목적은 학교 내 제반 교육활동의 효율성을 높이고 지역사회에 대한 학교교육의 타당성을 극대화하려는 데 있다.

1) 상황분석과 목표

상황분석은 학교체제의 현황을 체제 내외의 많은 변인과 관련시켜 확인하고 당면 문제 및 필요성 등을 분석하는 단계이다. 이 단계에서는 학교교육의 상위목표, 지역사회의 특성 및 교육적 요구 학생·교원 및 시설 등 학교실태 등이 분석된다.

2) 학교교육 목표의 설정

상황분석을 토대로 규명된 문제, 외부로부터의 요청 및 압력, 상위목표에 제시된 것 등을 종합하여, 학생들이 궁극적으로 도달해야 할 인간상 또는 행동특성을 장기적인 안목으로 결정한다.

3) 학교경영 목표의 설정

학교경영 목표는 교육목표를 달성하기 위해 수행되어야 할 경영상의 기본방향이 제시된 것이다. 경영목표는 학교가 학생을 교육하는 기본적 단위 경영체라는 입장에서 학교경영 활동 전 영역에 걸쳐 포괄적으로 설정되어야 한다. 경영목표는 학교경영에 참여하는 모든 교직원이 투입하는 노력을 합목적적으로 유도하기 위한 경영의 기본방향이다. 따라서 경영목표는 학교의 경영활동이나 교장의 의사결정이 합리적인가를 판단하게 하며, 아울러 경영성과의 측정과 평가의 기준이 된다.

4) 경영방침의 설정

경영방침은 경영목표가 더욱 구체화된 경영활동의 지침이다. 즉, 그것은 경영목표 달성을 위해 채택해야 할 기본지침 내지 활동의 원칙을 말한다. 경영목표와 경영방침은 목적과 수단과의 관계를 가진다. 목표 달성에 필요한 몇 가지 조건을 구체화한 것이 바로 방침이다(김윤태, 2003).

3. 학교경영의 형태

학교경영의 형태는 크게 전통적 학교, 진보적 학교, 지역사회학교로 나눌 수 있다

1) 전통적 학교

사회집단이나 국가로부터 계승된 사상 · 제도 · 풍속 · 습관 등의 사회적 전통이나 고전적 문화유산을 전달함으로써 사회적 적응을 지도하는 데 중점을 두고 경영하는 학교이다. 이는 교육의 보수적 기능이 주가 되는 학교경영으로 지식의 전달이나 아동의 훈련 등에 주력하고 자라나는 새 세대가 당면한 여러 문제를 창의적으로 해결할 수 있는 능력 배양이 소홀하게 되며, 아동 · 학생의 흥미 · 욕구 · 능력 등 심리적 특성을 고려되지 않는다. 성인의 의사만으로 만들어진 교육내용을 주입시키는 데에 중점을 둠으로써 실생활 적응능력과는 유리된 단순한 지식위주의 학습장이 되는 정적인 학교이다.

2) 진보적 학교

주지교육과 성인중심의 전통적인 학교경영에 반기를 들어, 학교경영의 중심을 아동·학생의 심리적 제반 특성과 그들의 생활적응력 함양에 두는 학교경영이다. 이는 진보주의교육 이론이 학교경영에 반영된 것으로, 미국 듀이의 교육사상에서 비롯되었다. 그는 1896년 미국 시카고 사범대학에 실험학교를 부설하여 아동중심학교와 생활학교의 모범을 보여 주었는데, 많은 교육실천가들이 그 뒤를 이어 아동·학생의 창의와 자유를 존중하는 민주적 생활중심의 학교경영을 하게 되었다.

3) 지역사회학교

지역사회와 유리되어 있는 전통주의 학교경영의 결함, 그리고 참된 인류의 문화적 유산의 의의를 망각하여 지나치게 아동흥미본위로 흐른 교육의 결함을 보완·시정하기 위한 학교경영의 형이다. 이는 개인과 사회와의 관계, 학교와 지역사회와의 관계를 중시하고 거기서 공동문제의 해결에 합동하는 능력과 사회적 태도를 배양하는 데 힘쓰는 학교경영이다.

4. 학교경영의 방향

민주적인 인격형성은 학교경영에서부터 반영되어야 할 가장 기본적인 요소이다. 따라서 오늘날 참된 민주적 학교경영은 다음과 같은 방향에서 이루어져야 한다.

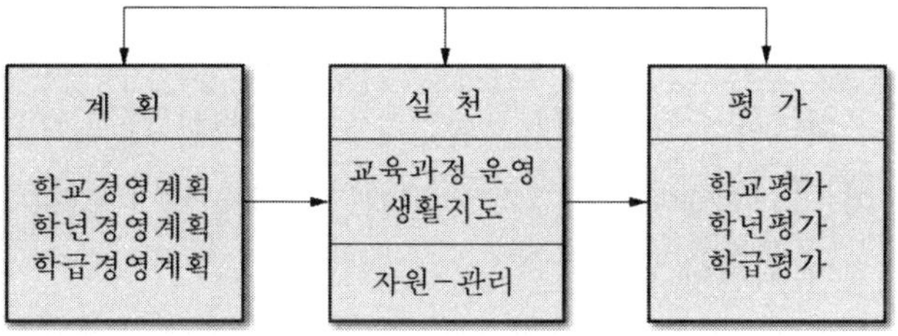

〈그림 12-1〉 학교경영체제

1) 민주화 방향

민주생활의 기본은 개인이므로 모든 학교경영활동은 교육대상인 아동에 근거를 두어야 한다. 따라서 상부의 명령이나 지시만 따르는 관료적인 학교경영이나 아동들의 욕구나 필요를 도외시하고 짜여진 교육과정의 내용만을 일방적으로 주입하려는 형식적·강제적 학교경영은 지양되어야 한다. 피교육자의 개성과 사회성을 최대한 발전시키는 데 힘쓰기 위하여 학교경영이 집중되어야 하고, 아동·학생의 민주적 성장을 도모해야 한다. 그러므로 학교경영은 아동·학생의 요구는 물론, 전교직원의 집단협의를 통하여 교육목표를 세우고 방법을 모색하며, 지역사회 안사들의 여론이나 건설적인 의견을 받아들이는 것이라야 한다.

2) 근대화 방향

근대의 과학적인 각종 문명이기를 학교교육에서 최대한 활용하는 교육이 되어야 한다. 시청각교구·과학기구 등을 활용하여 교육의 성과를 높이도록 이를 확보해야 하며, 서적이나 칠판에만 의존하는 교육이 아니라, 관찰·실험·실습·현장학습을 많이 할 수 있게 하는 학교경영이 되어야 한다. 학교의 환경구성도 형식적인 장식이나 전시효과에만 그치는 것이 아니라 아동·학생의 학습에 직결되는 것이어야 하며, 그들의 창의성을 개발해 주는 시책이 되어야 한다.

3) 지역화 방향

지역사회에서 교재를 발견하고 지역사회 내의 인적 자원을 확보하여 아동의 학습이 곧 그가 생활하는 지역사회와 직결되도록 하는 학교경영이 되어야 한다.

5. 학교경영의 영역

이 활동영역은 계획·조직·명령·조정 및 통제의 기능을 거쳐서 수행되는 것으로, 학교가 수행해야 할 원래의 모든 활동 중에서 직접지도활동과 밀접한 관계가 있는 교수활동과 교재연구·준비·고사·채점·평가·지도안 작성·지도에 필요한 제반 부책장성 및 기입 등을 제외한 모든 활동이다. 학교경영 업무내용을 크게 묶어 인사관계·시설관계·재정회계관계·공공관계 및 기타의 영역으로 나누며, 기타 속에는 아동에 관한 기록보관·생활지도·교육과정 개선 등이 포함된다(배호순, 1990).

6. 학교경영의 실천

실천기능은 수립된 계획을 효율적으로 집행하여 경영의 성과를 극대화 하고자 하는 모든 활동과정을 말한다.

1) 조직편성

조직편성이란, 동적 관리활동으로서 학교교육 목표의 효율적 달성을 위한 분업적 협동 체제를 구성함을 의미한다. 이것은 경영관리의 한 도구로 활용되며, 책임과 업무 분담 아래 구조적으로 맺어지는 협동적 관계를 성립시키기 위해 필요하다. 학교조직은 교육조직, 사무조직, 운영조직 등으로 구분된다.

2) 교육조직

교육조직은 교장 - 교감 - 주임교사 - 학급담임교사로 이어지는 조직형태로서 교육과정 운영을 직접 담당하는 조직형태이다. 이 교육조직은 학교조직의 핵을 이루는 기간 조직으로서 계선조직의 성격을 가진다. 교육조직은 학교 교육활동 그 자체의 조직이라 하겠으며, 교수-학습조직·연구-연수조직 등이 여기에 포함된다. 이 조직은 학교의 기본 목표라 할 교육을 전담하는 조직으로써 교육에 관한 중요한 의사결정 및 명령권한이 계선에 따라 각 계층에 미치게 된다.

3) 학교사무조직

학교사무조직은 교수기능과 사무기능을 중복하여 그 직무를 수행하는 부장교사가 중간관리층을 이루며, 그 협력자인 평교사 그리고 사무직으로 편성되어, 경영층에 대하여 계선 및 막료의 권한을 가지고 있다.

4) 운영조직

운영조직은 구조상 분업적 조직기능을 가진 교육조직이나 사무조직과는 달리 관련 조직들을 조정하고 유기적으로 통합하여 활동을 효율적으로 촉진하기 위한 조직이다. 운영조직은 의사결정의 합리화·민주화를 위해 필요한 조직이다. 이상으로 운영조직은 의사결정 또는 막료조직이라 하겠으며 교육조직과 사무조직은 집행조직으로 볼 수 있다.

7. 학교경영의 평가

학교경영의 평가활동은 투입의 평가, 과정의 평가 및 산출의 평가로 이루어진다. 투입의 평가는 기획의 최종단계에서 이루어지는 것이기는 하지만 실제로는 기획과정의 모든 세부적 단계에서 실시된다. 따라서 투입평가는 계획에 대한 평가로 볼 수 있으며, 계획의 방향 내지 목표

설정의 타당한 근거 및 목표의 명료화를 전제로 하면서, 계획에 투입된 인적 · 물적 · 재정적 제요소와 활동에 대한 평가를 포함한다.

과정의 평가는 실천평가를 의미한다. 그것은 모든 활동과 절차가 계획대로 운영되고 있는가를 평가하여, 현장에서 그 일을 담당하는 사람들에게 시정 조치하는 것을 말한다.

산출평가는 학교경영의 성과를 종합적으로 판단하는 과정이다. 그러나 산출평가는 학교경영의 마지막 단계에서뿐만 아니라 과정 중에도 실시된다. 주로 교육성과와 경영성과를 목표에 비추어 평가하여 목표달성도를 판단한 후 다음 계획에 환류된다. 이 때, 산출평가의 개념은 학교경영 성과를 정해진 기준 내지 척도에 의해 그 달성도를 판정하고 개선책을 마련하는 것은 물론 학교조직 전체적 관점에서 학교의 기능과 활동현상을 분석 · 검토하여 합리적 보완책을 마련하는 것까지도 포괄하는 넓은 의미로 사용된다.

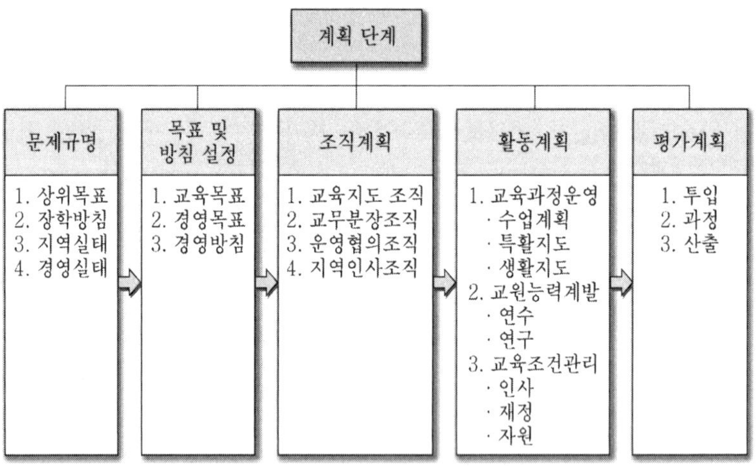

〈그림 12-2〉 학교경영계획 수립 절차 모형

1) 평가의 영역

(1) 투입평가 영역

투입평가는 주로 목표도달을 위한 여러 자원의 활용방법을 결정하는

데 정보를 제공하려는 것이므로, 계획에 투입된 인적·물적·시간적 모든 자원과 목표달성을 위한 전략이 평가대상이다. 투입평가의 내용으로는 교원수, 학생수, 사무직원수, 학교운영비, 수업비용, 실험·실습비, 도서구입비, 교원보수, 연구·연수비, 납입금, 장학금, 교실면적, 실험실습실, 특별교실, 교수-학습 자료 및 매체, 수업일수, 주당 수업 시간수, 경영자 및 교원의 전문적 능력, 학생의 질적 수준, 전년도 경영목표 달성도, 교육목표 및 프로그램의 타당성, 교육 프로그램의 종류 등을 들 수 있다.

(2) 과정평가 영역

학급경영 과정평가의 영역으로는 교과진도, 학습자료 활용도, 교재연구 및 수업준비, 학습분위기, 학습부진아 지도, 상담활동, 현장학습 운동, 학부모의 관계 등을 들 수 있다.

학년경영 과정평가 영역으로는 학년경영 계획 수행상의 문제, 교육과정 시간 운영, 동학년 또는 학급군 교사협의회 운영, 학년 내 교과진도 조정, 교수-학습 자료 및 매체의 활용, 교재연구 및 발표, 교과전담 교수제 운영, 시간표 운영, 교사간의 협조, 학년경영 참가, 학급경영록 및 결재 등을 들 수 있다.

(3) 산출평가의 영역

학급경영의 산출평가 영역은 학업성취도, 학습태도, 학습흥미, 기초학습 능력 등을 들 수 있으며, 학년경영의 산출평가영역은 학년목표 달성도, 학업성취도, 학습태도, 학습흥미, 기초학습능력, 교사의 수업기술, 교사들 간의 협조, 학년경영 참여도, 교수-학습 자료 및 매체활용도 등을 들 수 있다.

학교경영 산출평가의 영역은 학교경영 목표의 달성도, 학업성취도·진학률·취업률 및 기타 진로지도의 성과, 행동발달 및 체력의 변화, 기초학습 능력의 향상, 수업기술의 향상, 교사들의 후생, 학교 시설 및 설비의 확보율, 예산관리의 합리성, 학부모 및 지역사회의 신뢰도 등을 예로 들 수 있다.

2) 평가의 과정

(1) 평가의 기획

평가를 위한 기획단계는 학교의 특수상황을 분석하는 것으로부터 시작한다. 현존하는 상황의 검토는 평가목적에 관한 결정을 하는데 필요한 정보를 제공하며, 이것을 통해 적합한 평가목적 및 세부목표를 설정하고 또한 사용된 과정과 결과로 나타날 성과를 측정하는 수단을 결정하게 된다.

일단 목표가 설정되고 모든 자원이 결정되면, 교사 개인의 목표가 학교목표 및 지역목표와 양립할 수 있는지에 대한 검토와 동의가 뒤따라야 하며, 필요한 자원 사용을 보장하는 데 우선권이 주어져야 한다.

측정수단은 활동이 시작되기 전과 정보가 수집되기 전에 개발되어야 한다. 또한 평가자와 교사들은 활동이 시작되기 전에 과정 및 산출에 관한 측정수단에 동의해야 한다.

(2) 정보의 수집

이 단계는 계획된 절차를 실천하는 활동전개와 이 활동기간 중 발생한 것에 관한 정보를 수집하는 과정과 산출의 측정 두 부분으로 구성된다. 여기에서 이루어지는 측정은 목적 및 목표가 달성되었는지에 관한 결정을 하는 데 필요한 모든 정보를 수집하는 것을 포함한다. 그것은 학급관찰, 학급 외 관찰, 검사 실시, 학생관찰 기록, 부모 및 학생으로부터 정보 획득, 교사로부터 자체보고 정보, 라디오 및 텔레비전 녹화방법에 의한 활동기록 등과 같은 여러 가지 활동을 포함한다.

(3) 정보의 활용

정보의 분석과 해석은 교사와 행정가가 교실 내·외에서 사용한 절차를 검토하는 것이다. 그 정보는 여러 출처로부터 수집된다. 결정이 의미있고 관계자들에게 도움이 되기 위해서는 자료의 면밀한 수집과 분석에 앞서 수집된 전체 정보에 대한 의미있는 바를 첨가해야 한다.

성과의 분석과 해석 또한 이 평가과정 단계에서 일어난다. 교사들은 학생들의 학업성취·행동·정의적 성과 등이 그들이 설정했던 목표에 도달했는지를 알고 싶어한다. 반면에 교장들은 그들의 현직연수와 장학의 결과가 기대한 수준인지에 대해 관심이 있다. 평가의 결과는 모든 경영단위에 통보되어 학생지도의 자료로서, 교사의 반성자료로서, 다음 학년도 경영계획 입안 자료로서 널리 활용하게 된다(김윤태, 2003).

제 2 절 인사관리와 조직관리

1. 조직의 개념

조직이란 사람들이 효과적으로 협동하기 위한 수단이라고 할 수 있다. 일반적으로 조직이란 어떤 특정 목적을 추구하기 위해서 일정 규범에 따라서 인간, 노동 및 자원들 사이에 어떤 관계를 설정하여 하나의 공식적인 체제를 형성하는 공식적 조직을 일컫는다(배호순, 1990).

행정에 있어서 조직은 가장 기본적 개념의 하나가 된다. 현대적 조직의 개념을 파악하는 데 있어서 중요한 것은 조직구조를 중심으로 하여 공식적 조직과 비공식적 또는 자생적 조직, 명문화된 기구표에 나타나 있는 그대로의 조직을 말한다. 공식적 조직은 권한의 계층, 명료한 책임분담, 표준화된 업무수행, 비정의 인간관계 등을 특징으로 한다. 이에 비해 비공식적 조직은 자연발생적 조직으로서 형식적 조직체 안에 있는 성원간에 직접적 면접관계를 통해 이루어지며, 사회심리학자들이 말하는 준거집단 또는 심리성 집단의 성격을 띠게 된다.

또한 행정조직의 구조적 개념을 이해하는데 있어서 중요한 것은 계선조직, 막료조직, 보조조직의 구별이다. 계선조직은 행정이나 경영에 있어서 국장-과장-계장-계원 등의 수직적인 지휘·감독 계통을 이루고 있는 것을 말하며, 막료조직은 계선조직의 원활한 활동을 위해 자문·지원하는 조직으로서 기획관리실이 이에 해당한다. 그리고 보조조직은 보조기관의 조직을 말하는 것으로 계선조직의 기능을 부분적으로 심화·보조하기 위해 계선조직과는 별개로 그 외곽 또는 내부에 설치된 기관을 말한다.

여러 학자들이 정의하는 조직개념을 종합해 보면, 조직의 특징으로서 다음과 같은 것을 들 수 있다.

① 조직은 어떤 특정한 목적 또는 목표를 가지고 있다.

② 조직은 사람들로 구성되지만 개별적인 구성원의 존재와는 별개의 실체를 형성한다.

③ 조직 내에는 분화와 통합에 관한 공식적 구조와 과정이 있으며, 반드시 비공식적 또는 자생적 관계가 형성된다.

④ 조직에는 경계가 있어서 조직과 그 환경을 구별하게 해준다.

⑤ 조직은 개방체제로서 언제나 구 조직이 놓여 있는 환경과 영향을 주고받는 상호작용을 한다.

⑥ 조직은 규모가 크고 그 구성이 복잡하여도 어느 정도 합리성의 지배를 받는다.

2. 조직의 원리

조직의 원리는 여러 조직활동 중 능률을 향상시키는 데 직접 도움이 된다고 평가되고 유형화된 조직활동의 원리를 말한다. 조직이론에서 지금까지 제시되었던 이론을 종합·정리하면 다음과 같다.

1) 계층제의 원리

이 원리는 조직의 구조와 형태면에 관한 원리이다. 조직은 보통 피라미드의 계층제를 이루고 있다. 계층이란 조직의 공동목표 달성을 위한 업무수행에 관하여 권한과 책임의 정도에 따라 등급을 매긴 것, 즉 조직구조의 상하관계를 의미한다.

무니에 의하면 계층제는 그 자체의 독자적 원칙 과정과 효과를 가지고 있으며, 그것은 지도성, 권한과 책임의 위양, 직무의 규정 등 세 요소로 구성된다.

2) 통솔범위의 원리

이 원리는 한 사람의 지도자가 직접 통솔할 수 있는 부하의 수에 관한 원리를 말한다. 이 원리는 인간의 능력에는 한계가 있기 때문에 한 사람의 상관은 일정 수 이상의 부하는 직접 통솔 할 수 없다는 전제에서 출발한다.

홀데인위원회는 10명이 이상적이며 12명을 초과해서는 안 된다고 했으며, 페이욜은 5~6명, 어윅은 상위책임자의 경우 4명, 하위층은 8~12명, 그라이쿠너스는 계층제 상부층 5~6명 말단은 20명을 적정 규모라고 주장한다.

3) 명령통일의 원리

이 원리는 부하는 오직 한 사람의 상관으로부터 명령이나 지시를 받고 한 상관에게 보고하도록 한다는 것이다. 하나의 단위조직에는 오직 1인의 장만 있어야 하며, 이 한 명의 장에게 그 단위 조직을 운영할 최종 권한을 부여해야 한다는 것이다. 명령통일의 원리는 명령의 중복성을 피하게 하고 계층의 질서를 확립시켜 줄 뿐만 아니라 업무처리의 능률을 가져오고 책임소재를 분명히 하는 데 도움이 된다. 그러나 오늘날 전문인으로 구성되는 막료의 기능이 자문 및 보조기능 이상으로 확대, 강화되고 있어 명령통일의 원리는 많은 한계를 드러낸다(김윤태, 2003).

3. 조직의 목적 및 기능

조직 목표랑 조직이 구현하고자 하는 바람직한 상태를 의미한다. 조직의 기본 목표란 공식적 조직이 달성하고자 하는 목적을 의미한다. 조직 목표는 학자에 따라 다소간의 표현상 차이는 있으나, 일반적으로 높은 생산성, 높은 통합성, 높은 사기 등으로 요약하여 표현할 수 있다. 조직 내의 비공식 집단은 그들의 목표가 공식 조직의 목표와 일치할 경우, 목표 달성을 효과적으로 수행할 수 있는 반면에 그들의 목표가 공식 조직의 목표와 불일치할 경우, 부조화로 인한 갈등을 초래하게 된다. 그러므로 공식적 조직과 비공식적 조직의 목표를 조화시키려는 노력은 조직 연구에 있어서 매우 중요한 과제이다.

조직의 기능은 생산기능과 유지기능으로 구분할 수 있는데, 공식 조직에서는 생산 기능을 강조하고, 비공식 조직은 유지기능을 강조하는 측면이 있다. 또한 공식 조직에서는 역할이 강조되고, 비공식 조직에서는 인간관계가 강조된다.

4. 조직에 관한 제이론

1) 관료제이론

관료제는 대규모의 복잡한 조직이 그 조직 목표를 달성하기 위하여 수많은 조직 구성원을 다루는 행정 체제이다. 관료제이론은 베버가 체계화한 이론으로서 그 원리는 역할을 수행하는 개인에 초점이 있는 것이 아니라 관료 조직 위계상의 역할에 초점을 두고 능률성을 강조한데 있다. 관료제의 특징을 프레스러스(POresthus)는 다음 5가지로 제시하고 있다.

① 업무의 명확한 분담

② 비합리적 감정의 요소, 즉 정실 배제 가능성

③ 전문적 업무에 따라 배치될 인력 자원의 능률성 극대화

④ 일정 훈련과 자격이 있으면 업무 수행이 가능하므로 경제·사회적 불평 등의 해소에 기여할 수 있다는 점 등이다.

그러나 오늘날 관료제는 많은 비판을 받고 있다. 즉, 원래는 목표 달성의 능률화를 합리적으로 이룩하기 위하여 관료체세를 활용하였으나, 조직 자체를 유지하기 위하여 목적을 이용하는 관료제의 역기능 현상이 나타나게 되었다. 또한 인간을 비능률적·비인간적·비민주적 성격으로 만들어내는 일면을 배제할 수 없다. 그럼에도 불구하고 관료제화의 경향은 전체 사회의 저변에 이르기까지 침투하고 있는바, 이는 지금까지 나온 어느 이론보다도 능률적이기 때문이다.

2) 체제접근이론

① 체제 : 어떤 정해진 목적을 달성하기 위하여 각 구성 요소와 전체가 유기적으로 관련하여 조화롭게 기능하는 관계의 집합을 의미한다.

② 체제접근 : 의사결정자나 계획자에게 보다 체계적이고 합리적으로 문제 해결과 목표 달성을 할 수 있도록 도와주는 사고 양식, 즉 체제를 정적 상태가 아닌 동적인 개념으로 파악하는 사고 절차라고 할 수 있다. 이러한 체제 접근을 일컬어 문제를 분석하고 해결하는 데 통용되는 논리적 문제 해결 과정의 한 형태로 규성하고 체제접근 일반모형을 다음과 같이 제시한다.

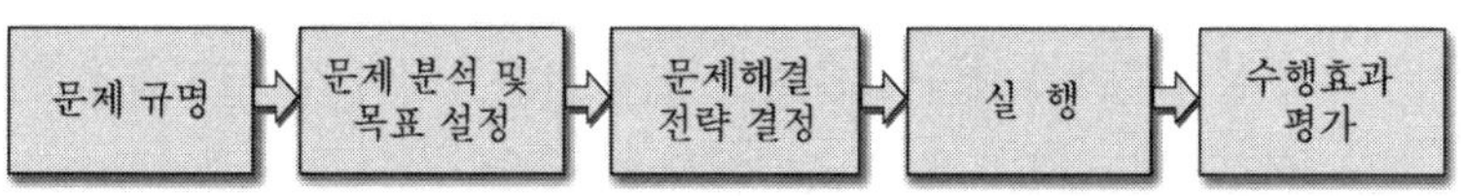

이와 같이 체제 접근의 주요 절차는 명확한 설정, 대안의 창출, 대안의 실행, 평가, 피드백 등을 포함한다. 이 같은 과정을 거침으로써 전체

체제의 조화로운 운영과 산출의 극대화를 지향하려는 것이다.

3) 조직 풍토에 관한 이론

조직 풍토에 관한 이론은 크게 두 가지 입장이 있다. 첫째, 조직 풍토는 조직 체제나 조직 목표와 같은 조직 변인과 밀접한 관련을 갖는데, 조직 내의 인간관계가 주로 풍토를 결정짓는다는 입장이다. 둘째는 조직 변인을 위주로 다루면서 인간관계는 과업과 동떨어질 수 없으며, 조직내 개인 변인과 조직 변인간의 상호 작용 속에서 풍토를 설명할 수 있다는 입장이다. 이러한 관점의 차이는 조직 풍토 연구의 접근 방법에 차이를 가져온다.

지금까지 조직 풍토를 분석하는 데 유용하게 사용되어 온 것으로는 헬핀(Halpin)의 OCDQ(Organizational Climate Description Questionnaire)를 들 수 있다. OCDQ는 교사들의 지각을 통해서 조직 풍토를 볼 수 있도록 한 질문지이다. 핼핀은 학교 풍토를 결정하는 데 작용하는 행동 변인을 교사와 교장의 행동으로 나누어 교사집단의 특징 요인을 자유방임, 사기, 친밀성의 4가지 하위 요소로 구분하였고, 교장 행동 특성 요인을 초연성, 생산성, 추진성, 사려성 등의 4가지 하위 개념으로 구분하였다.

그는 이러한 8가지 변인에 따라 개인 요인, 집단 요인, 리더 요인 등 3가지 풍토 변인으로 분류하고, 실제로 학교 조직 풍토를 개방적 풍토, 자율적 풍토, 통제적 풍토, 친교적 풍토, 간섭적 풍토, 폐쇄적 풍토 등 6가지 유형으로 분류하고 있다.

4) 행동과학적 접근이론

행동과학적 접근이론으로서는 인간관계이론, 사회과정이론, 조직건강이론, 등을 들 수 있다. 인간관계이론에서는 그리피스의 인간관계론을 중심으로 매슬로의 욕구체계이론, 맥그리거의 X-Y이론, 아지리스의 미숙·성숙이론, 허츠버그의 동기·위생 이론 등을 들 수 있는데, 이들은 동기이론으로 불리어진다.

사회과정모형이론은 1950년대에 게젤스와 규바에 의해 제시된 하나의 가설적 개념 모형으로서 오늘날 행정이론 면에서 많은 시사를 주는 모형이다. 사회화 과정 모형은 구조적인 조직 규범적 측면과 인성적 측면의 양 차원으로 설명된다.

조직건강이론은 밀레스, 오웬스 등의 학자들이 조직 건강의 개념을 밝힌 데서 비롯하였다. 이들은 건강의 개념을 환경 변화에 적응하고 대처해 나가는 능력으로서 혁신성과 유사한 개념으로 보고, 학교에서의 조직 건강의 개념을 효과적으로 기능을 수행하면서 성장·발전하는 학교조직의 능력이라고 정의하였다(배호구, 1990).

5. 교육인사행정의 개념

1) 교육인사행정의 정의

교육인사행정이란 교육직원을 대상으로 하는 인사사무를 의미한다. 교육인사행정은 교육조직의 목적을 효과적으로 달성하는 데 필요한 유능한 교육직원의 채용과 그들의 계속적인 능력개발과 사기앙양을 도모하는 일련의 과정이라 할 수 있다. 이 가운데 어느 한 과정만 잘 안되어도 인사행정은 병들게 된다는 면에서 인사행정은 이들 세 과정의 통합된 노력으로 보아야 한다. 채용과정에는 인력계획·모집·시험·임명의 순으로 포함되며, 능력개발에는 교육·훈련은 물론, 발전인주의 현대 행정에서 강조되는 근무성적 평정·승진·전보 등이 또한 포함된다. 그리고 사기에는 동기유발이론과 동기와 사기와의 관계가 포함된다(김윤태, 2003).

2) 교육인사행정의 개념 및 특성

교육인사행정은 학교교육을 담당하거나 지원하는 인적 자원의 확보·배치·관리하며, 그들을 위한 근무조건을 확립하고, 교육의 전문성을 향상시키기 위한 일련의 행정지원활동을 의미한다.

그러므로 교육인사행정은 교직원의 신분과 자격, 수요와 공급, 교육과 훈련, 선발과 신규 채용, 근무평정, 승진, 전직·전보·보수와 후생, 근무 부담, 신분 보장, 징계, 퇴직제도, 교직 단체, 인간관계, 사기, 윤리 강령 등에 관한 광범한 영역을 그 내용으로 하고 있다(배호구, 1990).

3) 인사행정의 기본 이념

첫째, 인사행정은 수단이 아니고 목적으로 다루어져야 한다.

둘째, 인사행정은 집단에 기반을 두고 운영되어야 한다.

셋째, 인사행정가는 동료적인 입장에서 행정에 임해야 한다.

넷째, 인사행정은 각자의 능력에 따라 적재적소에 배치되어야 한다.

4) 교육인사행정의 원칙

첫째, 전문성 확립의 원칙이다. 교직을 수행하는 교원과 교육전문직들은 교육에 관한 전문성을 필요로 한다.

둘째, 실적주의와 연공서열주의와 적정배합의 원칙이다. 실적주의는 구성원의 직무수행능력과 수용태세 등 가치적 기준을 강조하는 입장이고, 연공서열주의는 근무 연수·연령·경력·학력 등의 기준을 강조하는 입장이다.

셋째, 공정성 유지의 원칙이다. 학교급별, 공·사립별, 성별, 지역 등의 이유로 인해 차등을 두어서는 안 될 것이며 누구에게나 능력에 따라 동등한 기회가 부여되어야 할 것이다.

넷째, 적재적소 배치의 원칙이다. 구성원 자신의 능력과 적성·흥미 등에 맞는 일을 맡기는 것이 조직의 능률향상 측면이나 개인의 동기유발 측면에서 절실히 필요할 것이다.

다섯째, 적정수급의 원칙이다. 교원의 수요와 공급을 적정하고도 원활하게 조절하는 일도 매우 중요하다.

5) 인사행정의 영역

교육인사행정의 영역은 교육직원의 모집은 물론 퇴직에 이르기까지 광범위한 내용이 포함되어 있다 .여러 학자가 분류한 영역을 종합하면 교원의 자격, 신규임용, 전보 및 전직, 승진, 복무규정, 보수, 신분보장 및 징계 등을 들 수 있다(이상기, 2000).

(1) 임용

임용이란 교육 공무원의 신분을 발생·변경·소멸시키는 행위로서, 신규 채용, 승진, 전보, 휴직, 복직, 면직 및 파면을 총칭하는 개념이다.

[교사의 신규 임용]

교원을 채용하는 일반적 과정은 교원수습 계획·모집·시험·임명 등의 순서를 밟아 이루어진다. 신규 채용은 외부로부터 공직의 결원을 보충하는 활동으로서, 공개경쟁채용과 특별채용의 두 가지가 있다. 전자는 공개경쟁시험을 통해서 임용 후보자를 결정하는 실적주의의 원칙에 따라 충원하는 것이며, 후자는 이를 보완하고 임용구조의 융통성을 부여하려는 제도이다. 교원의 경우, 국·공립의 교원양성기관 졸업자와 기타 교원양성기관 졸업자를 대상으로 하여 공개경쟁을 통해 임용후보자를 선발한다. 선발과 임용방법이 국·공립학교와 사립학교간, 대학과 대학 이외의 교원 사이에 큰 차이가 있다.

① 공개 전형에 의하여 선발된 자로 함

② 공개 전형 방법 : 필기시험, 실기시험 및 면접

③ 응시 연령 : 최초 시험 예정일 현재 40세 이하(특별한 경우 45세 이하)

④ 응시 자격 : 채용 예정일에 해당하는 교사자격증 취득자(서울시 교육연구원, 1998)

[승진 임용]

승진 임용의 원칙으로는 성적주의 원칙, 단계적 승진의 원칙, 무시험의 원칙, 자격자 임용 원칙을 들 수 있다. 승진 임용의 방법으로는 승진 후보자 명부를 작성하고 등재된 순에 따라 승진 임용 대상을 선정한다. 승진 후보자 명부는 근무성적 평정, 경력 평정, 연수 성적 평정 및 가산점 등을 합한 점수 순위에 따라 등재·작성한다.

[인사발령]

① 전보, 강임, 면직, 징계, 직위해제, 휴직, 복직, 호봉재확정, 승급, 전출·전입, 각종 위원 임명, 위촉 또는 해임, 해촉시

② 교원 및 각급 학교의 교사 전보시, 인사발령 통지서의 교부로 임용장 수여에 갈음할 수 있다.

③ 인사기록카드 및 발령대장의 기록·보관한다.

④ 인사보고 : 전보, 승급, 국내연수, 국외연수, 국외출장, 포상, 사망, 징계처분, 직위해제, 휴직, 복직, 겸임 및 파견근무 사유발생시 발령일 또는 당해 사유 발생일로부터 7일 이내에 임용권자에게 보고한다(서울시교육연구원, 1998).

평정의 종류	평정 실시 기준일 및 시기	평정자와 확인자	평가 결과의 보고
경력평정	· 매년 12월 31일 기준 정기적 실시 · 신규채용, 승진, 전직 또는 강임된 자가 있거나 상위자격 취득자가 있을 때 사유발생 2월 이내 정기 평정일 현재 기준으로 평정	승진후보자 명부 작성권자가 정함	확인자는 평정 결과를 평정 후 10일 이내에 평정대상자의 임용권자에게 보고
근무성적 평정	매년 12월 31일 기준 정기적으로 실시		
연수성적 및 가산점 평정	매년 12월 31일 기준 승진 후보자 명부 조정 시기		

(2) 교원의 자질과 자격

교원은 직무를 효율적으로 수행하기 위하여 일정 수준의 자질을 갖추어야 한다. 자질이란 교육과 훈련을 통하여 계발해야 할 일반적인 특성을 의미하고 자격이란 일정한 자질을 공식적으로 인정한 것으로 자격증이라는 수단으로 표시된다. 교원은 그 기능의 공공성, 중요성에 비추어 자질을 자격증을 표시하도록 하는 교원 자격증 제도를 택하는 것이 일반적인 추세이다.

6. 현행 교육인사제도의 발전 방향

1) 주요 문제 및 원인 진단

현행 교육인사행정 제도의 주요 문제로서는 교원의 사기 저하 및 교직 의식 약화, 교원 자질 및 전문성 미흡 등이 있다. 이상과 같은 문제점이 파생된 주요 원인을 들면 다음과 같다.

① 교직의 직급·직능 미분화 : 교육의 자율성과 전문성이 충분히 투영되지 못한 교원 조직의 횡적·종적 직능 미분화를 생각할 수 있다.
② 임용·승진 체계의 불합리 : 승진 기회의 부족, 임용 기준 및 절차의 불명료성·객관성·공정성의 미흡 등을 들 수 있다.
③ 경제적 처우 미흡 : 다른 전문 직종에 비해 처우가 미흡하다는 점은 부수법에서 교원을 우대해야 한다는 기본 정신에 배치되고 있다.
④ 사회적 인정·기대 저하 : 교직을 낮게 평가하고, 교직에 긍지를 느끼지 못할 때 효율적인 업무 수행을 기대하기 어렵다.

이상과 같은 현상들이 교원의 사기를 전체적으로 저하시키고, 사명감 결여를 초래하게 되었다. 뿐만 아니라 근무 조건이 미약하고, 양성 체계 운영이 비효율적이며, 연수 체계가 형식화됨으로써 교원의 자질 및 교직 의식을 크게 저하시키는 결과를 낳게 되었다.

2) 발전방향

① 정책 방향 : 교원이 교육에 전념할 수 있는 여건 조성, 교원의 자질 향상 및 전문성 확립, 우수 교원 인력의 유치, 인사 관리의 합리화 등을 들 수 있다.

② 주요 정책 과제 : 교원의 직급·직능 분화, 자격·임용 제도의 합리화, 양성·연수 체계의 쇄신, 보수 인상 및 부수 체계의 쇄신, 근무 조건 개선 및 복지·후생의 확충, 교육행정의 전문성 확립 등이다.

제 3 절 재무관리와 문서 및 시설관리

1. 재무관리

1) 학교예산의 개념

학교예산이란 일정기간 동안 학교가 교육활동을 실천해 나가는데 필요한 세입과 세출의 체계적인 계획서를 말한다. 학교예산회계제도가 도입되기 전에도 초·중등교육법 제32조 제1항 제2호에는 학교의 예산안 및 결산에 관한 사항이 학교운영위원회의 심의사항 중 하나로 규정되어 있었으나 학교예산의 범위나 예산과정에 대한 규정이 없어 학교에서는 관례나 지침에 따라 각기 운영하여 왔다. 그러나 학교예산회계제도의 도입으로 그 범위와 예산과정이 명확하게 규정되었다. 학교회계의 회계연도는 매년 3월 1일에 시작하여 다음해 2월 말일에 종료되며 예산편성, 예산심의, 예산집행, 결산의 과정을 거치게 된다.

학교에서는 교육비 특별회계 예산(사립학교는 학교비 예산)과 학교

운영지원의 예산(사립학교는 육성회 예산)을 적절히 조화시켜 합리적으로 배분, 효율적으로 학교경영을 도모하여야 한다. 학교장은 학교구성원의 의견을 반영하여 세입예산과 세출예산으로 이루어지는 학교예산안을 편성하여 학교운영위원회에 제출한다. 학교운영위원회가 예산을 심의한 후에 그 결과를 학교장에게 통보하면 학교장은 예산을 확정한다. 확정된 예산을 실행하는 것이 예산집행이다.

세입은 국가의 일반회계 또는 지방자치단체의 교육비특별회계로부터의 전입금 등 여러 가지 수입으로 이루어지고 세출은 학교운영 및 학교시설의 설치 등을 위하여 필요한 일체의 경비 지출로 이루어진다. 학교회계란 예산을 집행하는 과정에서 수입과 지출의 관리와 운용에 관한 계산제도를 의미한다.

2) 예산의 종류

① 본예산 : 한 회계연도간의 단위학교활동을 모두 반영하여 편성되고 학교운영위원회의 심의를 거쳐 확정·성립된 매 회계연도의 최초의 예산을 말한다.

② 수정예산 : 학교장이 예산안을 학교운영위원회에 제출한 후 학교운영위원회의 심의가 종료하기 전에 학교장이 다시 예산안 내용의 일부를 수정하여 제출하는 예산을 말한다.

③ 추가경정예산 : 예산 성립 후에 생긴 사유로 인하여 필요한 경비의 과부족이 생길 때 본예산에 추가 또는 변경을 가한 예산을 말한다.

3) 학교의 예산

(1) 학교회계의 개념

회계란 두 가지 의미가 있다. 하나는 수입과 지출의 관리와 운용에 관한 계산제도(accounting)라는 의미와 은행의 예금계좌와 같이 수입과 지출을 관리하는 틀로서의 계좌(account)라는 의미가 있다.

학교예산회계제도가 도입되기 이전까지는 학교에 은행 계좌와 같은 회계가 설치되어 있지 않아 개별 경비가 각각 관리되어 왔다. 따라서 학교현장에서는 이들 경비가 모두 학교운영을 위해 사용되는 것이라는 면에서, 경비별로 큰 차이가 없음에도 개별 통장과 장부로 관리되어 왔었다. 하지만 학교예산회계제도가 도입되어 국·공립의 초·중·고등학교 및 특수학교에 학교회계를 설치하여 수입과 지출을 통합하여 관리할 수 있게 되었다. 학교회계는 학교에 수입되는 경비와 지출되는 경비를 담아서 운영하는 은행계좌와 같은 기능을 한다.

이와 같이 학교회계가 수입과 지출을 담는 하나의 그릇과 같은 역할을 하기 때문에 학교현장에서는 그 그릇의 범위 안에서 자율적으로 재정을 운영할 수 있게 되었다. 종래 일상경비의 경우 집행 잔액이 남는 경우에는 그 잔액을 교육청으로 반납하였으나 학교예산회계제도의 도입으로 다음 해로 이월하여 사용할 수 있게 되었다. 학교시설 사용료나 수수료의 경우에도 종래에는 국고나 교육청금고로 납부하였으나 학교예산회계제도의 도입으로 예산에 편성하여 학교에서 직접 사용할 수 있게 되었다.

(2) 회계연도 및 예산과정

학교회계의 회계연도는 매년 3월 1일에 시작하여 다음해 2월 말일에 종료된다. 학교의 장은 회계연도마다 학교회계세입세출예산안을 편성하며 회계연도 개시 30일 전까지 학교운영위원회에 제출하여야 한다. 학교운영위원회는 학교회계세입세출예산안을 회계연도 개시 5일 전까지 심의하여야 한다. 학교의 장은 회계연도마다 결산서를 작성하여 회계연도 종료 후 2월 이내에 학교운영위원회에 제출하여야 한다.

(3) 예산안이 확정되지 않은 경우의 예산집행

새로운 회계연도가 개시될 때까지 확정되지 않은 경우에는 교직원 등의 인건비, 학교교육에 직접 사용되는 교육비, 학교시설의 유지관리비, 법령상 지급의무가 있는 경비, 이미 예산으로 확정된 경비에 대해서는 전년도 예산에 준하여 집행할 수 있다.

(4) 예산운영의 원칙

일반적으로 예산제도는 다음과 같은 원칙에 의거하여 운영되어야 한다.

① 공개성의 원칙 : 예산의 편성심의 집행은 그 전 과정을 통하여 국민에게 공개되어야 한다.

② 명료성의 원칙 : 예산은 그 내용이 명료하게 계상되어야 하며 음성수입이나 은닉된 내용을 포함해서는 안 된다.

③ 사전승인의 원칙 : 수입과 지출은 회계연도가 시작되기 전에 국회의 승인을 얻어서 결정되어야 한다.

④ 엄밀성의 원칙 : 예산과 결산이 일치되도록 편성하고 집행되어야 한다.

⑤ 한정성의 원칙 : 비목간의 유용이 금지되고 예산초과지출 또는 예산의 지출이 금지되며 한정된 회계연도 내에서 사용하도록 한다.

⑥ 단일성의 원칙 : 예산은 그 형식이 단일하여야 하며 추가예산 특별회계 등은 억제되어야 한다. 통일성의 원리라고도 한다.

⑦ 수지간의 담보금지의 원칙 : 특정수입으로 특정 경비에 충당하도록 결정해서는 안 된다.

⑧ 완전성의 원칙 : 정부의 수입지출은 전부 예산에 계상되어야 한다는 것으로서 수입 징수에 필요한 경비를 공제한 잔액인 순수입만을 계상하는 예산순계주의를 배격하는 것이며 예산총계주의라고 한다.

5) 학교예산의 심의

학교운영위원회제도가 도입되기 전에는, 학교의 예・결산 관련업무를 학교장과 서무담당자가 처리하고, 일반 교사 또는 학부모에게 공개하지 않는 경우가 일반적이었다. 한마디로 학교재정은 아무나 들여다볼 수 없는 비밀의 화원처럼 운영되어, 학교에 대한 불신과 의혹의 원인으로 작용한 측면이 없지 않았다. 학교운영위원회가 예산을 심의하도록 한 것은 학교 구성원들의 다양한 요구를 예산에 반영하고, 학교 재정의 운용을 투명하게 하여, 궁극적으로 학교의 교육력을 높이고자 하는 데에 그 취지가 있다.

예·결산심의가 형식적인 절차에 그치지 않고 실효성을 갖기 위해서는 운영위원들이 예·결산에 대한 기본적 지식을 갖추고, 학교재정 운용의 흐름을 이해해야 할 뿐만 아니라 예산의 편성단계에서부터 교사와 학생들의 교육적 수요를 파악하고 이를 예산에 반영하기 위해 적극적으로 노력하는 것이 절대적으로 필요하다. 예산안 작성이 완료되고 나면, 심의과정에서 이에 대한 부분적인 수정이 가능하다 해도 예산의 기본 틀을 고치기 어렵다. 이미 집행된 예산에 대해 결산심의에서 그 부당성을 따지기보다는 예산이 수립되기 전에 적극적으로 교육적 수요와 의견을 수렴하여 투자의 우선순위를 정하고, 이를 예산 편성시에 체계적으로 반영하는 것이 운영위원회가 예산을 심의하도록 한 취지를 실현하는 것이다.

공립학교의 경우 고등학교 이하 학급 학교의 예산은 세입·세출로 나누어 살펴보면 다음과 같다. 세입 예산은 교육비 특별회계, 전입금학부모 부담 수입, 자체 수입, 과년도 수입, 학교발전기금 전입금, 보조금 및 지원금, 이월금 등으로 이루어져 있다. 세출예산은 인건비, 학교운영비, 수익자부담, 교육비예비비로 이루어져 있다.

초등학교와 중·고등학교의 세입예산은 유사하나, 다른 점은 중·고등학교에서는 학부모 부담수입에 학교운영지원비가 포함되어 있는 점이다. 학교운영지원비의 결정은 학교의 재정수요, 물가, 지역실정 등을 감안하여 예산편성 이전에 학교운영위원회의 심의를 거쳐 자율적으로 정한다.

[예산 심의시 유의할 점]

① 예산이 교사와 학생의 교육적 필요 및 시급한 현안문제 해결에 우선 순위를 두고 편성되었는지를 살펴야 한다. 바람직한 예산은 가능

한 한 교육과정 운영에 필요한 직접교육비를 최대한 계상하고 여비나 업무추진비 등 간접교육비는 최소한의 소요액만을 산정한 것이라 할 수 있다.

② 예산을 심의할 때에는 예산서 수치의 정확성을 따지기보다는 학교교육계획서 등에 제시된 대로 학교교육목표의 달성을 위한 교육활동이 효과적으로 전개될 수 있도록 재원이 합리적으로 배분·편성 되었는가에 중점을 두어야 한다.

③ 예산을 심의하는 과정에서 예산의 항목간, 비목간 금액의 조정이나 감액은 가능하다. 그러나 예산의 중요부분을 변경하는 경우 또는 예산이 추가되는 비목을 신설하는 경우에는 관련 교직원의 설명을 들어 당초의 취지를 분명히 이해하고 학교장의 동의를 얻는 등 학교 구성원 모두가 공감할 수 있는 예산이 되도록 노력하여야 한다.

2. 학교시설관리

학교시설이란 학교교육의 목표에 따른 학교의 교육적 기능을 원활히 수행할 수 있도록 설치된 학교의 물리적 환경을 총칭한다. 그러므로 학교시설은 학교의 교육목표를 달성하기 위한 수단으로서 이해되어야 하고, 이는 학교시설이 학교의 기능에 따라 결정되어야 한다는 것을 의미한다.

학교시설관리의 중요성은 교육시설이 학교교육의 결과에 큰 영향을 줄 뿐 아니라 이러한 시설 관리는 지역사회와의 연계성 확보, 학교교육의 다양화에 따르는 필연적인 요구에 부응하기 위해서도 필요할 것이다. 이러한 교육시설은 대략 학교의 구성요소들 중 물적 부분을 의미하는데 좀더 구체적으로 설명하면 학교교육의 목적을 효과적·효율적으로 달성하기 위하여 학교 내·외에 설치·구비된 비교적 규모가 작고, 가동적인 것들이다.

교육시설은 교육활동을 위해 사용된다. 교육시설은 교육활동을 보다 효과적이고 효율적으로 수행하는 데 도움을 줄 수 있어야 한다. 교육시설은 다른 시설들에 비하여 형태의 다양성, 활용 범위의 제한성 및 비영리성, 공간의 광범위성을 가지고 있다. 뿐만 아니라 교육시설은 피교육자의 흥미를 유발할 수 있어야 하며 학습자 개개인과 학습 내용들의 다양성을 고려한 시설이어야 하고, 도덕성과 인간성을 중시하는 구조적 특성을 가지고 있어야 한다는 점들이 특징이라고 볼 수 있다. 학습자나 교육자들로 하여금 교육활동과 학습활동에 도움을 줄 수 있는 시설도 있지만 때로는 간접적인 도움을 주거나 학습자들의 일상생활에 도움을 줄 수 있는 것이다.

1) 학교시설의 개념

학교시설이란 학생들의 교육을 위하여 계속적으로 이용되는 물적 조건으로 학교 건물, 교지, 공작물 등을 포함하는 포괄적인 개념을 의미한다. 여기서 교지란 학교용 토지로서 녹지대, 운동장, 학교실습지, 교재원 등을 포함하며, 학교 건물은 학교에 달린 건축물로서 교사, 강당, 실내체육관, 기숙사 등을 의미한다. 또 설비란 시설과는 달리 비교적 분량이 적어도 쉽게 이동할 수 있는 물건으로 교구, 사무용구, 조명장치, 및 난방시설 등을 포함한다.

학교시설은 교육을 하기 위한 지원조건이기 때문에 학교교육과의 역동적 관계에서 그 기능이 이해되어야 하며, 따라서 교육활동의 성격여하에 따라 학교시설은 설계되어 건조되고 유지·관리 되어야 한다. 즉, 교육목적을 효율적·능률적으로 달성하기 위해 설치한 학교의 물리적 환경을 총칭하는 학교시설은 어디까지나 교육활동과 아동·학생들의 성장·발달을 지원하는 데 전적으로 공헌해야 한다.

2) 학교시설의 특징

시설은 조직의 목표 달성에 가장 효과적인 형태로 설비되고 유지·관리되어야 한다. 학교시설은 어디까지나 교육목적을 달성하기 위한 시설이라야 한다. 그러므로 학교시설은 건강과 안전에 대한 충분한 고려가 있어야 할 안정성, 다양한 활동과 장래 보충계획 등을 고려한 융통성, 보기에 아름답고 명랑한 학습 환경을 조성하는 미관성, 상호간에 기능적 조정이 고려되어 조화로운 연계를 가져야 할 연계성, 이용하는 데 편한 이용성, 관리하는 데 편한 관리성, 긴 안목을 가지고 계획함에 있어서의 경제성 등을 특징으로 한다.

3) 학교시설의 종류

이러한 학교시설에는 학교의 물리적 환경을 구성하는 교지, 학교건물, 설비, 기기, 교재, 교구 등이 포함된다. 학교시설은 외관시설과 내부시설로 대별되며, 외곽시설은 다시 지적시설과 건물시설로 구분된다. 일정한 형태의 공간, 즉 토지인 지적시설에는 교사대지, 체육장, 실습지 등이 포함되고, 건물시설에는 보통교실, 특별교실, 관리실, 강당, 체육관 등의 건축물이 포함된다. 내부시설은 외관시설 내에 설치되거나 비치되는 시설물로서 교구, 설비 등이 이에 포함된다. 학교시설의 유형은 분류하여 정리하면 다음과 같다.

〈표 12-3〉 학교시설 분류

외곽시설	지적시설	교사대지
		체육장
		실습지
	건물시설	보통교실, 특별교실, 시청각실, 도서실, 상담실, 관리실, 양호실, 변소, 휴게실, 탈의실, 부속실습실, 강당, 체육관, 수영장, 기숙사, 급식시설, 교원사택, 온실, 어학실습실, 생활지도관, 학습자료실, 온수공급실 등
내부시설	교구, 설비	

4) 학교시설의 조건

일반적으로 학교시설에서 고려되어야 할 점으로는 안정성, 경제성, 심미성, 가능성 등의 고려가 요청되고 있다. 학교시설의 조건은 학교가 그 고유한 교육기능을 충분히 발휘하기 위해 필요한 것으로서 이들을 살펴보면 다음과 같다.

(1) 안정성에 대한 고려

학교시설은 위험성으로부터 학생들을 보호할 수 있고, 학생들의 신체적 특성에 비추어 그들의 건강을 도울 수 있도록 설계되어 있어야 한다. 안전성에 대한 고려는 차량 등의 위험, 철로연변의 교통위험, 절벽, 고압선, 위험물 취급공장 등의 위험과 채광, 실내온도, 통풍, 청결 및 불결한 음료수, 낡은 유리창, 오물탱크, 위험한 축대, 노출된 전선, 구멍 뚫린 마루 등의 내적인 위험 등에 대해 고려를 해야 한다.

(2) 융통성에 대한 고려

학교시설이 융통성과 미래성을 가지려면 한 가지 시설이 여러 가지 목적과 용도에 맞게 사용될 수 있어야 하고 수업 내용이나 방법의 변화에 대처하여 쉽게 증축이나 개축이 가능해야 한다. 기타 학교시설을 지역사회의 여러 실용적인 목적에 맞도록 개방하여 사용할 수 있게 할 필요도 있다.

(3) 심리성에 대한 고려

학교시설이 아름다워서 눈으로 보기에 즐거운 인상을 주며, 소박하고 단순한 듯 하면서도 균형 잡히고 부드러운 느낌을 안겨주는 것이라면 그 속에서 생활하는 학생에게 주는 교육적 효과는 매우 크다. 학교 환경을 아름답게 꾸미는 데는 근원적으로 학교의 위치를 잘 잡아야 되지만 그 밖에 창문, 지붕, 안과 밖 책상 등의 색깔, 모양에서부터 교실 안에 놓을 조그마한 소속물에 이르기까지도 세심한 주의를 기울여, 아름답고 정돈된 환경이 되도록 하여야 한다.

(4) 연계성에 대한 고려

학교시설은 그것을 이용하는 교육활동이 다른 교육활동과 잘 조화되어 서로 방해하지 않고 진행되어야 하고, 동시에 관계있는 시설, 학생에게 이용도가 많은 시설끼리는 서로 가깝게 있도록 계획되어야 한다.

적절한 분리성, 타당한 접근성은 학교 시설에 있어 안전성의 문제와도 관계가 있다.

(5) 이용성에 대한 고려

학교시설은 장식으로서가 아니라 교육활동을 위한 이용물로서의 역할을 다하여야 한다. 따라서 시설을 마련함에 있어서는 이용도가 높은 것부터 우선적으로 갖추어야 하며, 장만된 시설은 잘 이용되어 효율성을 높여야 한다.

(6) 관리성에 대한 고려

학교시설은 그 취급이 용이, 간편하고 관리가 편리하며 시간, 노력, 금전이 덜 드는 것이 좋다. 고장이 잘 나기 때문에 자주 수선을 해야 하는 것이나 필요한 때마다 혹은 계절이 바뀔 때마다 손질을 하여야 하는 시설은 바람직하지 못하다.

(7) 경제성에 대한 고려

학교시설을 계획하는 데는 장기적인 경제성이 고려되어야 한다. 학교시설은 재정적 지원에 크게 좌우되므로 주어진 재정적 조건 아래에서 가장 경제적이며, 효율적인 시설을 마련해야 한다. 경제성의 기준은 융통성, 이용성 및 관리성에 대한 고려와도 관계가 있다.

(8) 가능성에 대한 고려

오늘날의 교육활동은 그 내용이나 방법 면에서 빠른 속도로 발달 및 변화하고 다양화되어 간다. 따라서 교육 시설은 이러한 교육적 수요와 요구에 부응하여 교육적 효과를 최대화하는 것이어야 할 것이다. 교육시설은 제한된 교육공간을 기능적으로 어떻게 활용하느냐 하는 문제를 충분히 연구, 검토해 냄으로써 교육 프로그램과 시설 계획 간의 괴리를 좁혀줄 수 있어야 할 것이다.

5) 학교시설에 관한 제 법규

학교시설도 교육행정의 법치행정의 원리에 따라 교육기본법을 위시한 관계법규에 의해 설치·운영·관리되어야 한다. 일선 초·중등 학교시설에 관계되는 주요 법규는 다음과 같다.

① 교육기본법
② 초·중등교육법
③ 학교시설·설비기준령
④ 학교시설사업촉진법 및 동시행령
⑤ 건축법, 동시행령과 동시행규칙 및 건축물의 구조기준 등에 관한 규칙
⑥ 도시계획법, 동시행령과 동시행규칙 및 도시계획 시설기준에 관한 규칙
⑦ 토지구획정리사업법 및 동시행령
⑧ 학교보건법 및 시행령
⑨ 학교운동장의 개방 및 이용에 관한 규칙

(1) 교사의 유형

① 폐쇄형 : 건물이 사방을 둘러싸고 있는 구자형을 의미한다. 이 유형은 토지 이용도가 높아 도시형으로 유리하며, 각 교실간에 연결이 용이하여 급수배관, 전선배치 등 부대시설을 설치하는 데 경제적이다. 그러나 학생 활동에 혼잡을 가져올 우려가 있으며, 채광, 통풍이 좋지 않고, 방화에 불리하며, 확장이 곤란하다는 단점이 있다.

② 개방형 : 폐쇄형에서 어느 한 쪽이 트인 형태로서 알파벳 대문자의 E, U, H, L, T 등의 형태로 교사가 위치한 것이다. 이 유형은 공간이 넓어 학생활동이 자유롭고 채광, 통풍 등이 잘되고 화재나 기타 재난에서 쉽게 피할 수 있으며 교사의 확충이 용이하다. 그러나 각 교실간의 연결이 다소 곤란하며, 급수배관 전선배치 등 부대적 시설에 경비

가 많이 들며 토지이용도가 낮다는 단점이 있다.

③ 분산형 : 독립된 교사를 여러 곳에 분산하여 놓은 형태로서 대개 일자형의 교사를 방향에 적합하게 배치한 것이다. 분산형은 채광, 통풍이 좋고, 화재나 재난을 손쉽게 피할 수 있고, 확장이 용이하다는 장점도 있으나, 토지이용도가 낮고 부대시설에 경비가 많이 든다는 단점도 지니고 있는 유형이다.

(2) 교실운영의 형태

교실운영의 형태상으로 구분하면 학급교실형, 학급교실·특별교실 병용형, Platoon Type 및 교과교실형이 있다.

① 학급 교실형 : 학급 담임제를 채택하고 있는 대개의 초등학교에서 운영하고 있는 형태로서 이는 학급마다 보통교실을 하나씩 배당하여 그 학습의 고정된 교실로 정하고 모든 교육활동을 배당된 교실에서만 하고 별도의 특수교실을 설치하지 않는다. 장점으로는 첫째, 학생들이 각기 자기교실이라고 애착심과 안정감을 가질 수 있고, 둘째, 학습도구를 가지고 교실을 옮기는 혼잡이나 불편이 없으며, 셋째, 따라서 비품의 관리나 청소도 잘 할 수 있다 .그러나 특별한 교과를 학습하는데 필요한 시설과 교구를 사용할 수 없고, 각 교과학습에 알맞은 환경과 학습분위기를 가질 수 없다는 단점이 있다.

② 학급교실·특별교실 병용형 : 중등학교에서 많이 사용하는 형태로서 학급수에 상당하는 학급 교실을 가지고 있으면서도 또한 별도로 몇 개의 특별 교실을 가지고 있는 방식이다. 일반적으로 학급교실에서는 일반교과를, 특별교실에서는 과학, 음악, 미술, 가사 등의 교과를 학습한다. 장점으로는 첫째, 교수-학습의 효과를 증진시킬 수 있으며, 둘째, 실험실습을 통한 교수-학습이 가능하고, 셋째, 학습분위기를 조정할 수 있다는 등의 장점이 있으나, 교실의 시설비가 많이 들며 특별교실에서 수업하는 동안 학급 교실이 비어 있기 때문에 교실의 이용도가 낮다는 단점이 있다.

③ Platoon Type : 이는 교실의 이용률을 높이기 위해 고안된 형태로서, 학교의 전체학급을 2개조로 나누어 한쪽이 보통교실을 사용하는 한편 다른 한쪽은 특별교실을 사용하는 수업을 하는 방식이다. 장점으로는 첫째, 교실의 이용률을 증대시키며, 둘째, 교과의 목적에 상응하는 시설을 이용할 수 있다는 것이며, 단점으로는 학생들에게 안정감 및 교실에 대한 애착심을 심어주지 못하며, 조직적인 교대가 어렵다는 것이다.

④ 교과교실형 : 이 방식은 학급에게 주어진 일정한 교실이 없고 교과시간에 따라 지정된 교과교실에서 학습을 하는 것이다. 장점으로는 첫째, 학습환경을 학습목적에 적합하게 조성함으로써 학습능률을 올릴 수 있으며, 둘째, 각 교과에 적합한 학습시설이 준비되어 학습효과를 증진시킬 수 있다는 점이다. 단점은 교과 시간표의 운영과 학생의 학습관리가 어려우며, 학생들의 안정감, 애착심 등이 결여되기 쉽다는 것이다.

(3) 학교시설의 유지 · 관리

학교의 시설관리에 있어 가장 중요한 것은 정기적인 시설점검과 지속적인 관심이라 할 수 있다. 모든 시설물은 신축당시의 공사감독에 철저를 기함도 중요하지만, 준공 후 적기에 합당한 방법을 문의 · 강구하여 유지 · 보수 · 교체함으로써 막대한 예산의 절약과 학생안전사고를 미연에 방지하는 데 학교시설관리의 목적이 있다. 따라서 학교에서는 시설담당자를 지정하여 정기적인 점검을 통하여 그 기록부를 보존하여야 한다.

3. 학교의 사무관리

1) 사무관리의 개념

사무관리란 한 조직의 목적을 수행하는 과정에서 수반되는 제반 기록과 장부의 작성 · 보관 · 공문서와 제 보고의 처리, 회계 및 경리 등을 처리하는 행위이다. 사무관리는 교육행정의 일부분이며 동시에 교육행정활동에 수반되는 지원적 보조활동을 말한다. G. R. Terry는 사무를 계획·조직하고 인원·물자·기계·방법·금전 및 대상자 사이의 관계를 조정하는 잠재적인 힘으로서 행정의 목적을 달성하도록 지위하고 통제하는 행위를 사무관리라고 하였다.

사무관리는 원래 F. W. Taylor의 과학적 관리의 이론을 그대로 사무실의 과학적 관리로 전용한 것이 1920년대의 W. H. Leffingwell에 의하여 체계화되고, 1932년에 E. M. Robinson이 사무관리의 교본을 발간함으로써 더욱 체계화되었다.

이와 같은 사무의 작업적 측면에서 체계화된 사무관리는 1950년대의 관리의 근대화로 행정의 목표를 달성하는데 기여할 수 있도록 정보를 수집하고, 가공하며, 저장하고 그리고 필요한데 활용한다는 기능적 개념으로 바뀌게 되었다.

2) 사무관리의 원칙

사무관리에 관해서는 3'S의 원칙이 강조되고 있다. 즉, 표준화(standardization), 간소화(simplification), 전문화(specialization)의 세 가지를 말한다.

① 사무의 표준화 : 사무의 표준화는 서식이나 절차 등에 관하여 표준화된 규격 내지 기준을 확립할 필요성이 절실해진 데서 비롯된다. 사무의 표준화는 사무관리의 효율화를 기하기 위한 기본 조건이다.

② 사무의 간소화 : 사무의 간소화는 관료화의 촉진으로 필요 이상으로 복잡해지고 업무량도 계속 늘어나고 있어 여기에 따른 비효율을 경감시키고 업무의 효율을 높이려는 데서 비롯된다.

③ 사무의 전문화 : 사무의 전문화는 업무의 독자성과 업무수행에 있어서의 수월성 보장을 전제로 하는 것으로 사무관리에 종사하는 사람들의 적성 및 자질과 능력을 고려하고 적재적소에의 배치, 연수와 자기연찬을 통하여 그들의 윤리의식을 높이고 직무수행능력을 향상·발

전시켜 나가야 함을 의미하는 것이다. 물론 사무관리에는 신속성과 정확성이 요구됨을 말할 필요도 없다.

(1) 학교 사무의 내용

① 학교 사무의 분류 기준

학교사무내용의 분류에는 첫째, 각 기관 및 단체 등을 대상으로 나누는 입장과, 둘째, 학생성장에 도움을 주는 물적 관계와 인적 관계로 나누는 입장, 셋째, 직접 교육활동과 간접적인 사무관계로 나누는 입장, 넷째, 주기성에 따라 나누는 입장 등이 있다.

② 학교 사무의 내용

학교사무를 교장의 직무내용으로 나누어 보면 다음과 같다.

- 교지 · 교사에 관한 관리사항
- 교구 및 학교의 제반 시설에 대한 관리사항
- 행정기관으로서의 관리사항
- 교육활동계획에 관한 관리사항
- 교직원에 대한 인사 관리사항
- 학생에 대한 입 · 퇴학 관리사항
- 학생생활지도에 관한 관리사항
- 대외관계에 대한 관리사항

③ 사무관리방법

- 인습적 관리방식 : 현대적 사무관리는 이른바 과학적 사무관리를 지향하고 있다고 할 것이다. 이에 대한 G. R. Terry의 견해를 살펴보면 과거의 전통과 관례를 존중하여 이것에 의존하는 관리방식이다. 이 방식의 기본철학은 "나의 선인들에게 훌륭하고 충분하였던 것은 나에게도 훌륭하고 충분하다"라는 과거에 있었던 것을 둘도 없이 신봉하는 것이다. 따라서 "왜, 무엇 때문에"와 같은 비판적 태도가 결여되며 새로운 방법을 발견하는 노력이 전혀 없는 것이다. 대부분이 정적인 활동이며 따라서 관리활동에 근소한 영향 밖에는 주지 못한다.

• 관찰적 관리방법 : 이 방식은 주로 타인의 사무관리를 관찰하여 모방하는 것을 위주로 하는 관리방식이다. 기본철학은 "자기의 문제와 비슷한 일을 자기동료들은 어떻게 하고 있는지를 발견하고자 하며 그 발견된 방법과 요령을 적용하면서 자기문제를 해결한다"라는 것이다. 따라서 이 방법은 비교적 새로운 수법과 원칙을 활발하게 도입하는 것으로서 어느 정도 활동적이라 할 수 있다.

• 과학적 관리방법 : 이것은 언제나 최고의 방법을 찾는 것이라고 했다 이에 대해서 G. R. Terry는 과학적 방법의 과정을 10가지로 제시하고 있다. 즉,

- 해결할 문제 인식
- 예비적인 관찰과 분석 실시
- 가설적인 해결방안의 가정
- 완전하고 상세한 분석
- 중요한 자료의 수집
- 수집된 자료의 분류
- 문제에 대한 가설적인 해답작성
- 해답의 정확성 여부를 테스트
- 결과의 조절
- 문제 해답의 설명 등이다.

과학적 관리방법이란 과학의 원리와 수법을 적용하는 방식이며, 이는 개개의 사실이나 현실에 대하여 그것을 그대로 인정하고 받아들이는 것이 아니라 분석적으로 검토하여 객관적인 원리를 발견하려고 노력하며 주의깊은 관찰과 정밀한 기록 및 정확한 측정과 용의주도한 실험이나 실증 등에 기초하여 그 합리성과 타당성을 발견하려는 태도와 방법을 말하는 것이다. 이것은 또한 일단 내려진 결론에 만족하고 마는 것이 아니라, 발견되는 조건과 사정에 적용하도록 신속하게 움직이며 변

경된 조건과 사정에 맞는 새로운 결론을 끌어내기에 착안하려고 노력한다. 즉 새로운 객관성과 타당성을 발견하고자 계속적인 노력을 경주하며 항상 새로운 사태나 정세에 맞는 최선의 방법을 가장 합리적인 방법으로 탐구하고 노력하는 것이다. 현대의 사무관리가 과학적 관리를 지향하고 있음은 사무의 표준화, 간소화 및 전문화 즉 3'S 방법을 특징으로 하는 데서도 알 수 있다.

(2) 공부의 관리

① 공부의 의의

학교교육활동을 운영해 나가는 데는 여러 가지 기록을 하여 비치해 둘 표부가 필요한데, 이러한 맥락에서 나온 것이 공부이다. 공부란 법령의 규정에 따라 학교에 비치하여야 할 표부로서 일종의 장부이다. 학교교육에서 시행착오를 되풀이하지 않고 정상적인 교육을 수행하자면, 교육활동에 도움이 되는 내용을 각종 표부에 정연하게 기록하고 이를 활용해야 한다. 즉, 학교교육을 효율적이고 능률적으로 수행하기 위해서는 실시한 일에 관하여 계속적인 반성과 개선이 뒤따라야 한다. 이러한 것을 위해서는 수행한 일에 관해 공정하고 정확하게 기록하여 비치해 놓아야 한다.

공부는 지난날의 학교교육활동의 결과를 기록해 놓은 것이므로 장래의 학교교육에 필요한 자료와 정보를 제공할 뿐만 아니라, 반성과 개선의 근거가 되는 것이다. 그리고 이러한 공부는 공정성과 정확성을 그 생명으로 한다. 따라서 공부의 사실적 기술, 정황성 기술 및 객관적 기술, 주관적 기술 등이 문제가 되는 것이다. 공부는 사실적, 객관적 기술이 전제되나, 교육공부는 특수성 때문에 정황성, 주관성 기술이 또한 포함되고 있음을 유의할 필요가 있다.

② 공부의 종류

• 공부의 분류 기준 : 공부의 종류는 공부를 분류하는 기준에 따라 매우 다양하다.

㉠ 법규, 인사, 가족통계, 편제, 교재 및 재료, 교원의 복무, 진학지도, 수료 및 졸업, 복지후생 및 급여, 보건, 시설, 재정, 육성회 등 내용에 따른 기준

㉡ 특류, 갑류, 을류, 병류, 정류 등 비중에 따른 기준

㉢ 영구, 준영구, 10년, 5년, 3년, 1년 등 보존연한에 따른 기준

㉣ 교무, 학생지도, 연구, 일반서무 등 공부의 소관부서에 따른 기준

㉤ 법규 또는 행정지시에 의한 것, 관례적으로 시행하는 것, 공부의 근거에 따른 기준 등이 있다.

• 비중 및 보존 연한에 따른 분류 : 여기서는 공부의 비중 및 보존 연한에 따른 분류기준으로 공부를 분류하고자 하나, 공부에 관련된 규정이 변하므로 확정적인 것은 아니다.

㉠ 특류 : 영구보존

-교지, 교사, 운동장, 실습지, 사태도면
-이력서
-학교연혁지
-기밀 문서철
-상벌대장
-직원명부
-기타법령에 의한 공부
-도서대장
-제작부
-교육관계법규
-졸업대장
-생활기록부
-비품보존대장

㉡ 갑류 : 10년 보존

-학교일람표
-교과경영 관계서류
-지시록
-금전수지 관계서류
-통계관계
-특별이외의 보안 관계서
-신체검사표
-제증명관계서류
-생활기록보고부
-건강교육 관계서류
-단체의 예· 결산서

㉢ 을류

-전 · 입학 관계서류 -출근부 -교과용 도서배당표 -일지 -왕복문서 -학급경영관계 -환경구성관계	-출석부 -교과시간배당표 -계출서류 -연중, 월중 행사표 -학습보도관계 -생산관계

㉣ 병류 : 1년 보존의 잡서류

• 문서의 종류

㉠ 문서의 성질에 의한 구분

-법규문서 : 법률 : 대통령령, 총리령, 부령, 지방자치단체가 재정하는 조례 및 지방자치 단체장이 제정하는 규칙에 관한 문서
-지시문서 : 상급기관이 하급기관에 대하여 장기간에 걸쳐 그 권한의 행사를 일반적으로 지시하기 위해 발하는 명령인 훈련, 상급기관이 하급기관에 대하여 개별적, 구체적으로 발하는 명령인 지시, 법규문서 이외의 문서로서 반복적 행정사무의 기준을 제시하는 문서인 예규 및 당직, 출장, 특근 및 각종 휴가 등 일일업무에 관한 명령인 일일명령 등 상급기관이 그 하급기관 또는 소속 공무원에 대해 일정한 사항을 지시하는 문서
-공고문서 : 고시 및 공고 등 일정한 사항을 일반에게 알리기 위한 문서
-일반문서 : 위의 항에 해당하지 않는 모든 문서

㉡ 대상에 의한 구분

-교내문서 : 행정기관의 내부에서 지시, 명령, 협조보고 또는 통지하기 위하여 왕래하는 문서
-대외문서 : 국민이나 단체 및 다른 행정기관에 왕래하는 문서

㉢ 목적에 의한 구분 : ① 공문서, ② 사문서

㉣ 처리단계에 의한 구분 : 접수, 배부, 기안, 결재, 시행, 완결, 보관, 폐기문서

㉤ 공문서의 성립 및 효력 발생

[성립]

-공무서는 법령에 특별한 규정이 있는 경우를 제외하고는 당해 문서에 대하여 보조 및 보좌기관의 검토를 거쳐 결재권자의 결재가 있음으로써 성립한다.
-보조 및 보좌기관의 서명 또는 날인은 결재권자의 판단을 바르게 하기 위한 검토· 수정을 위한 것일 뿐이다.
-사인이 작성한 문서는 행정기관의 정당한 접수권능을 가진 자가 접수함으로써 공문서화한다.

[효력발생]

-법령에 특별한 규정이 없는 한 소정의 발송절차를 거쳐 그 결정된 의사가 상대방에게 도달됨으로써 효력 발생
-공고문서는 법령 또는 그 공문서에 특별한 규정이 없는 한 공고가 있는 후 5일이 경과한 날로부터 효력발생
-법령, 대통령령, 총리령, 부령, 조례 및 규칙은 법령에 특별한 규정이 없는 한 공포한 날로부터 20일이 경과함으로써 효력 발생

ⓑ 문서의 처리 : 처리한 문서의 접수 및 배부 문서의 기안, 문서의 협조, 문서의 결재 및 문서의 시행을 의미한다.

[문서의 접수 및 배부]

· 접수처
-문서과에서 접수
-처리과에서 직접 받은 전신문서는 지체없이 문서과에 인계
· 대상
-작성자가 국가기관, 개인, 단체이든, 건의 · 협조의 내용이든, 인편 · 우송 · 전화이든 간에 모두 접수대상이 되며
-문서과 이외에 과로 직송 또는 송달되어 온 문서는 지체없이 문서과로 인계한다.
· 분류
-문서과에서 소관 과별로 분류, 처리과로 이송
-소관과가 불분명한 경우 총무과 또는 서무과로 분류
· 접수 및 절차 :
-문서과의 절차
-처리과의 처리절차

[문서의 결재]

- ·결재는 기관의 의사를 결정할 권한이 있는 자가 기관의 의사를 결정하는 행위이다.
- ·결재의 종류
  - -결재 : 정규의 결재
  - -전결 : "위임전결규정"에 의해 보도· 보좌기관이 기관장으로부터 권한을 위임받아 행하는 결재
  - -대결 : 결재권자가 부재시 "직무대리규정"에 의해 대리권자가 행하는 결재

[문서의 시행]

- -시행물의 작성과 시행 수단 : 결재를 받은 문서 중 발신을 해야 할 문서에 대해서는 수신자의 수만큼 시행문을 작성하여 발신한다.
- -문서의 발송 : 문서과에서는 문서를 발송할 때에는 반드시 문서발송대장에 등재를 하고 기인원문과 시행문에 문서번호를 기재한 후에 시행물의 "끝"표시 오른쪽 여백에 발송인을 찍어 우편, 인편 또는 모사전송에 의해 발송함이 원칙이다.

제 4 절 교육과정 관리

1. 교육과정 관련법

초·중등교육법 제23조 제3항에 의하면, 유치원을 포함한 초·중등학교의 교과는 대통령령으로 정하며, 교육과정의 기준과 내용에 관한 기본적인 사항은 교육과학기술부장관이 정하도록 되어 있다. 아울러 교육감은 교육과학기술부장관이 정한 교육과정의 범위 안에서 지역의 실정에 적합한 기준과 내용을 정할 수 있다 지방 교육 자체에 관한 법률 27조에서도 교육과정 운영에 관한 사항을 교육감의 관장 사무로 규정하고 있다. 초·중등교육법 제23조 제1항에서는 각 학교는 소정의 교육과정을 운영하여야 한다고 되어 있다. 따라서 교육내용에 관한 전국적

인 공통적 기준인 교육과정을 결정하는 권한은 교육과학기술부장관에 있으며, 교육과정 운영의 책임은 시·도 교육감에게 있고, 각 학교는 소정의 교육과정을 운영할 책임이 있음을 알 수 있다.

따라서 교육과정에 관한 한 학교장의 재량의 범위는 좁다고 할 수 있으며, 교사에게 있어서 재량의 여지는 거의 없다고 할 수 있다. 특히 초·중등교육법 제29조 제1항은 학교에서는 국가가 저작권을 가지고 있거나 교육과학기술부장관의 검정 또는 인정한 교과용 도서를 사용하여야 한다고 규정하고 있다. 따라서 교육과정에 관한 학교상의 권한은 학년별, 학기별 교과목 편제와 시간 배당을 결정하는 정도이다. 현재 시행하고 있는 제7차 교육과정에서는 학교장의 재량시간을 확대하고, 고등학교 2,3학년의 경우에는 교과선택의 폭을 넓혀주고 있다.

초·중등학교는 연간 220일 이상 수업하도록 되어 있으며, 천재지변, 기타 교무형편상 부득이한 사유로 수업 일수를 충당할 수 없을 때에는 학교장의 신청에 의하여 감독청이 연간 수업일수에서 30일까지 감축을 허가할 수 있도록 되어 있다. 주단위로 운영되는 시간표를 배정할 때에는 과목별, 요일별로 균형이 유지되어야 하며, 교과특성에 따라 연속 운영이 가능하도록 해야 한다(윤정일, 1998).

2. 학교교육과정의 의의

사실대로 말하면, 종전의 교육과정은 우리나라의 모든 초·중등학교가 그대로 지켜야 할 절대적인 기준이었다면(사실은 형편대로, 능력대로 이행되었고, 교육과정 행정 측면에서는 아무도 그것을 문제삼지 않았지만), 새 교육과정은 학생의 개성을 존중하는 교육을 형편대로, 또 능력대로 실천할 수 있는 탄력적 성격을 가진 교육과정이다.

그러나 이러한 사실을 심각하게 생각하는 사람은 매우 적다. 이것은 현장의 교사들이 교육과정이 어떻게 바뀌든 실제의 수업은 교과서대로만 이루어져 왔다는 것을 뜻한다. 제6차 교육과정 또한 제7차 교육과정과 같은 성격을 지닌 것이었지만 우리는 오랫동안 국가수준 교육과정 유일체제에 젖어 있었기 때문에 대체로 그런 줄도 모르고 지냈다. 그렇다면 제7차 교육과정의 현장 적용과정에서도 교육과정의 기본정신이 구현되지 않고 편제만 지켜지는 수준에 그치고 수업자체는 개선되지 않는 현상이 반복될 수 있다.

교육과정정책이 교육과학기술부와 학교의 역할분담체제로 변화한 것은 교육과정 체제에 있어서 하나의 혁명이라고 할 수 있다. 즉, 교과서가 학교교육의 기본 설계도 역할을 수행하며 교육을 좌우하는 체제를 탈피하고, '학교교육과정'이 단위학교의 학교교육 기본 설계도로서 제자리를 잡고 학교교육을 결정하는 시대를 열게 된 것이다. 다시 말하면 교과서를 가르치는 것이 아니고, 교과서로 교육하는 이른바 '교육과정 중심 학교교육체제'가 열리게 된 것이다.

학교교육과정은 그 학교의 '교육과정위원회'를 통하여 교장과 교사가 합의하여 선택·결정한 그 학교의 실질적인 기본설계도에 해당하는 것이므로, 자연히 똑같은 교과서가 어느 학교에서나 똑같이 그 학교의 교육과정을 대신하는 것은 더 이상 불가능하게 된 것이다. 각 학교마다 개성 있고 다양한 교육을 특색있게 실천할 수 있게 되어 있는 '학교교육과정'이 학교교육의 주체가 됨으로써 학교마다 다양하고 창의적인 학교교육을 전개할 수 있게 되었기 때문이다.

3. 교육과정 운영상의 유의점

여기서는 학교교육과정을 편성·운영해 가는 과정에서 중지를 모아 보아야 할 몇 가지 사항을 짚어 본다.

① 학교교육과정의 편성·운영은 모든 교사가 동참하여 힘을 합할 때 성공적 결실을 맺을 수 있지만 여건상 학교교육과정위원회의 조직·운영에서 소수 정예화를 통하여 위원들의 전문성을 신장시키는 것

이 학교 교육과정 편성·운영이 더욱 효율적일 수 있다. 그러나 교단의 현실을 감안하면 위원의 소수 정예화는 학교 교육과정의 편성원칙이나 절차의 비민주성이라는 문제 제기를 초래할 수도 있다. 따라서, 학교교육과정의 효율적 편성·운영을 지향하면서도 가급적 많은 교사가 학교 교육과정의 편성·운영에 참여할 수 있는 다양한 방안의 모색을 노력하여야 할 필요가 있다.

② 다양한 체험활동과 경험의 기회 확대를 위한 학교교육활동은 행사활동 등 특별활동의 확대가 불가피해지면서 연간 수업시수의 확보에 많은 애로가 발생하고 교사의 부담도 증가하고 있다. 그러므로 특별활동을 축소하고 교과 관련행사는 관련교과 수업시수에 산정하는 방법을 생각해야 한다. 따라서 학교 주5일제 대비와 특별활동 및 교과교육활동의 내실 있는 운영, 연간 수업시수의 여유있는 확보를 위하여, 당분간은 연간 시수 확보 방안에 대하여, 장기적으로는 연간 수업시수 및 특별활동을 축소 조정하는 방안에 대한 연구가 있어야 한다.

③ 수준별 교육과정에 대한 이해도가 부족한 상태에서 출발한 제7차 교육과정은 초기에 많은 문제를 야기시켰다. 그러나 다양하고 꾸준한 연수를 통하여 수준별 교육과정에 대한 이해도를 높이고 수준별 교수·학습 방법의 연구가 활발해지면서 교사들은 수준별 수업에 대한 자신감이 생기고, 학생들은 다양한 교수·학습으로 인하여 학습 의욕을 높이고 학습에 흥미를 가지게 된 것으로 나타나고 있다. 그러면서도 교사와 학생은 수준별 수업이 학업 성취도 향상에는 크게 영향을 미치지 못한 것으로, 학급 간 수준별 이동수업의 실시에는 반대하는 경향이 많은 것으로 나타났다.

④ 창의적 재량활동은 이수 영역의 수 및 영역별 시간 배당에서 내용의 깊이, 지도교사의 전문성과 지도에 따른 부담의 증가 문제 등을 고려하여야 한다. 도 지도교사의 배정에서도 관련 영역의 전공, 수업시수의 형평성, 책임감 등의 문제를 안고 있다. 학교 주5일제 시행과 연계한 창의적 재량활동 운영 방법의 연구가 계속되어야 할 것이다.

⑤ 특별활동은 실질적인 교사활동이 이루어지는 학교의 교육활동이면서도 교사의 수업시수에는 산정되지 않고 있기 때문에 교과와 비교하여 상대적으로 중요성이 떨어지는 것으로 인식되고 있으며, 담임교사들의 불만을 야기시키는 하나의 요인이 되고 있다. 특별활동이 포함되는 표준시수제 도입이 필요하지만 우리 여건을 고려할 때 아직은 어려움이 많으며, 그 이전 단계로 특별활동 특히, 자치활동의 지도를 담임과 비담임이 분담하는 방안도 고려해 볼 수 있다.

4. 교육과정 관리

성공적인 교육과정을 관리하기 위해서 교육과학기술부, 시·도 및 지역 교육청 그리고 단위학교에서 노력해야 할 일은 다음과 같다.

1) 第7차 교육과정의 본래 취지를 살릴 수 있도록 단위학교의 교육과정 운영의 실질적인 융통성을 확대한다. 第7차 교육과정에서 도입하여 적용되고 있는 수준별 교육과정, 재량활동과 특별활동은 크게 보아 학생 중심 교육의 실현을 위한 장치들이라고 할 수 있다. 따라서 이러한 第7차 교육과정의 시도들이 꽃피울 수 있기 위해서는 단위학교에서 학생, 학부모, 지역사회의 실제 여건을 감안하여 구체화하는 학교현장의 자율적인 운영이 필수적으로 요청된다. 예를 들어, 초등학교의 수준별 교육과정 운영은 단위 시간의 심화보충 지도와 방과 후의 '나머지 공부'로 실천될 수 있고, 중학교의 창의적 재량활동과 특별활동 그리고 동아리 활동이 연계되어 학생들이 원하는 다양한 활동들을 내실 있게 체험할 수 있을 것이다. 이러한 융통성 있는 운영은 第7차 교육과정의 근본 취지를 충실히 이해한 바탕 위에서 가장 실행가능성이 높은 방안을 모색하는 것이라고 할 수 있을 것이다.

그런데 학교 실태를 보면, 대부분의 학교들이 이러한 융통성 있는 방안을 적극적으로 모색하여 교육과정의 운영의 내실화를 기하기보다는 형식적인 틀을 고수하는 운영 방식을 취하는 경우가 많다. 그리고 교사들 간의 합의과정이나 학교 차원의 교육과정 재구성에 대한 기회 부족으로 이러한 다양한 운영의 가능성에 대해 고려조차 하지 않는 경우가 많은 것이 실정이다. 따라서 각 수준에서 단위학교의 교육과정 운영이 융통성을 실질적으로 확대하는 방안을 모색해 나가야 할 것이다.

첫째, 교육과학기술부에서는 국가 수준의 교육과정 지침에 대한 홍보를 강화하고, 단위학교 교육과정 운영의 융통성을 실질적으로 확대하도록 권장해 나간다. 둘째, 교육과학기술부 혹은 각 시·도 교육청 단위로 운영한 연구시범 학교들의 다양한 교육과정 실천 자료들을 확대 보급하도록 한다. 셋째, 시·도 및 지역 교육청에서는 교무부장 등 단위학교의 교육과정 운영 책임자들에 대한 네트워크를 조직하여 실질적인 정보를 공유할 수 있도록 한다. 넷째, 단위학교에서는 학교 교육과정 편성을 형식적인 문서 작업에 그칠 것이 아니라, 학교 구성원들의 중지를 모으는 기회로 활용하여 실직적인 계획을 수립하고, 이를 일관성 있게 실천해 나가도록 한다.

2) 단위학교의 교육과정 운영에 대한 평가를 실시하고, 그에 따라 단위학교를 지원하도록 한다. 단위학교의 업무 가운데 교육과정 운영이 핵심이므로, 2003년부터는 체계적인 계획을 수립하여 학교 자체의 평가뿐만 아니라 교육청 수준 혹은 국가 수준의 교육과정 운영 평가를 실시하도록 한다.

이는 제7차 교육과정총론에서 이미 방침으로 제시한 바를 구체화시켜 실천해 나가는 것을 의미한다. 그리고 이러한 평가 결과에 따라 학교 운영에 대한 지원을 해 나가도록 한다. 예를 들어, 제7차 수준별 교육과정에서 운영하게 되는 특별보충과정은 학교별로 몇 %의 학생들에게 적용한다는 식의 획일적인 운영이 아니라, 학교별로 학생들의 수준을 감안하여 필요한 학교에 차등 지원할 수 있을 것이다.

3) 교사들에게 제7차 교육과정에 대한 워크숍 방식의 연수를 지속적으로 실시한다. 제7차 교육과정에서 재량활동과 특별활동은 상당한 비중을 차지하고 있다. 현재 초·중학교에서 운영되고 있는 재량활동과 특별활동은 다양한 방식으로 실천되고 있다. 어떤 경우에는 교육과정의 본래 취지를 충실히 살펴 창의적으로 운영되기도 하지만, 많은 경우에 본래의 취지를 제대로 살리지 못하는 방식으로 운영하여 교사와 학생들의 빈축을 사기도 한다. 이러한 현상은 학교교육 여건의 불비 등 다양한 원인이 작용하고 있지만, 가장 중요하게는 재량활동과 영역이 세분화된 제7차 특별활동에 대한 현장 교사들의 인식 부족이 문제다.

교사들은 교원양성기관에서 이러한 내용에 대해 학습할 기회를 갖지 못했을 뿐만 아니라, 새로운 교육과정에 대해서도 제대로 연수를 받지 못한 경우가 많다. 더구나 모든 교사들이 담당하는 교과목 수업에 일차적인 관심을 기울이고 있으므로 재량활동과 특별활동에 대해 연구 개발할 기회가 많지 않은 것이 사실이다 .이처럼 실제로 운영을 해 나가야 할 교사들의 인식 부족은 교육과정 운영의 부실을 초래하는 가장 큰 요인이 되고 있다.

따라서 단위학교에서 재량활동과 특별활동이 제대로 실천되게 하기 위해서는 지속적으로 교사들에 대한 연수를 실시할 필요가 있다. 특히 강의식, 전달식 연수가 아니라 교사들이 직접 근무학교에서의 재량활동과 특별활동 운영 계획을 수립하고 검토해 보며, 연구시범학교의 사례를 분석해 보는 등 구체적인 실천 방안을 익힐 수 있는 연수를 소규모로 연중 실시하여 교육과정이 학교 현장에 정착되도록 해야 한다.

4) 재량활동과 특별활동의 내실 있는 운영을 위한 연구 개발을 지원한다. 재량활동과 특별활동의 일부 영역은 제7차 교육 과정기에 우리 학교에 처음 도입 시도되는 것이다. 그런 만큼, 국가 수준의 교육과정 계획이 학교 현장에서 구체화되는 과정, 절차, 내용, 성과 등이 불분명한 것이 사실이다. 이로 인해 학교 현장에서는 많은 혼란과 오해가 발

생하고 있기도 하다. 따라서 교육과학기술부나 한국교육과정평가원에서는 현재 학교 현장에서 적용되고 있는 재량활동과 특별활동의 실태를 정확히 파악하고 이에 대한 문제점 분석과 개선 방안을 도출하는 연구를 할 필요가 있다. 그리고 다양한 우수 실천 사례들을 체계적으로 수집, 정리, 분석하여 우리 초·중학교 현장에서 재량활동과 특별활동을 본래의 취지에 맞게 정착시킬 수 있는 방안을 제시해야 할 것이다.

5) 교육과정 운영을 위해 단위학교 중심으로 학교교육의 여건을 지속적으로 개선해 나간다. 현 단계에서 고려해야 할 점은 우리나라 전체 수준에서 학교교육의 여건을 개선하는 방식만이 아니라, 단위학교별로 적재적소에 알맞은 개선의 틀로 바꾸어 나갈 필요가 있다는 점이다.

교육과정을 충실히 운영하기 위해 학교에 따라서는 교실 증축보다는 교사의 충원이나 행정보조원의 충원이 더 시급할 수도 있다. 또 컴퓨터나 비싼 멀티미디어 기자재의 구입보다는 전통적인 교재교구의 구입이 수업을 위해 더 필요할 수도 있다. 그런데 우리의 일선 학교에서는 이러한 섬세하고 구체적인 개선의 틀보다는 전체적인 정책 결정에 따른 여건 개선이 진행되고 그로 인해 단위학교에서의 구체적인 필요와 맞지 않는 경우도 발생하고 있다.

6) 단위학교의 장기적이고 체계적인 교육과정 운영을 위해 필요한 제도적인 개선을 모색한다. 마지막으로 제7차 교육과정의 완성을 위한 단위학교의 장기적이고 체계적인 교육과정 운영을 위한 제도적인 여건을 갖추어 나가야 할 것이다. 그것은 주로 다음과 같은 문제의 해결을 통해 이루어질 수 있을 것이다.

(1) 교원의 순환근무제 완화

우리 공립학교에서 교원들은 대개 4년을 전후로 학교를 이동하고 있다. 이는 교장, 평교사 마찬가지이다. 그런데 이러한 교사의 학교 이동은 단위학교별로 장기적인 교육과정 계획을 수립하여 운영할 수 없게 하는 근본적인 제약으로 작용하고 있다. 예를 들어, 제7차 교육과정에서 도입된 재량활동이나 특별활동의 운영은 단위학교에서 장기 계획을 수립하여 운영함으로써 학생들이 체계적이고 계열성 있는 학습 경험을 가질 수 있다. 초등학교의 경우에는 6년 간 학생들이 어떠한 경험을 하게 해줄 것인지에 대한 장기 계획이 있어야 하고, 중학교의 경우에는 3년간의 계획이 수립되어 있어야 비로소 체계적이고 계열적인 학습 경험이 가능할 것이다.

그런데 많은 학교들이 이에 대한 대강의 계획을 제시하고 있을 뿐, 구체적인 계획을 수립하고 있지 못하다. 그 가장 큰 이유는 계획 수립자와 실천자가 다른 경우가 많은 우리 학교의 교원조직의 불안정성 때문이다.

따라서 공립학교 교원들이 자신이 근무하는 단위학교의 교육과정 운영에 대해 책임을 질 수 있는 체재를 갖추어야 할 것이다. 만약 평교사들의 이동이 불가피하다면 학교장이라도 이동을 제한하여 단위학교 책임 경영제가 정착되는 방안을 모색하여야 할 것이다. 교육의 성과는 장기적이다. 특히, 교육과정 운영의 성과는 한 주기의 교육과정을 거쳤을 때에 평가할 수 있을 것이다. 그런데 현재 우리의 교원 순환 근무 체제는 이러한 책무성을 확인할 수 없는 체제이다. 이러한 체제는 반드시 개선되어야 할 것이다.

(2) 정기고사 및 학기 운영에 대하 재검토

단위학교의 전체적인 교육과정 운영의 실태를 보면, 초등학교와 중학교 모두 교육과정에 계획된 학습 진도를 맞추기에 급급한 양상을 보여준다. 곧 교과 수업이나 재량활동 및 특별활동이 매시간 충실하게 이루어지기보다는 시간표에 따라 진도를 나가기에 바쁜 것이다. 이러한 형편에서 수준별 수업, 개별화된 교육 활동이 충실히 이루어지기 어렵다. 한마디로 학교 교육과정의 운영은 대체로 항상 시간에 쫓겨 부실하게 운영되는 양상을 보여준다.

이렇게 학교 교육과정이 부실하게 운영되는 원인은 여러 가지가 있지만, 그 중 가장 큰 것은 중학교의 경우에는 1년에 4회 치러지는 정기고사(1,2학기 중간, 기말고사)로 인한 진도 맞추기에 실제 수업 시간의 손실 문제가 심각하고, 초등학교의 경우에는 정기 고사는 없지만 2월 학기가 부실하게 운영됨으로 해서 발생하는 실제 수업 시간의 손실이 크다. 따라서 장차 학교 교육과정 운영의 내실을 기하기 위해서는 학교의 정기고사 시간과 2월 학기의 문제를 교육과정 내용 분량과 관련지어 개선해 나가야 할 것이다.

5. 교육과정 평가

학교는 학교교육과정 편성과 운영의 적합성, 타당성, 효율성 등을 연 2회 이상 자체 평가하여 문제점과 개선점을 추출하고, 다음 학기, 학년도의 교육과정 편성·운영에 그 결과를 반영한다.

학교교육과정평가는 학생의 성장모습에 대한 평가, 교직원 활동, 교육과정 편성·운영의 적절성, 교육과정 중심의 교원 조직과 운영 등 모든 측면을 대상으로 한다. 그리고 평가의 참여자는 교직원, 학생, 학부모 등으로 하여 다양한 시각에서 평가되도록 하며 학교교육과정 평가계획은 평가할 내용과 척도를 포함하여 학교 교육과정을 편성할 때에 함께 수립한다.

교과학습평가는 학생의 학습 결과에 대한 동수 정하기 식의 전통적인 양적 평가를 지양하고, 교수-학습과정의 질적인 측면을 평가하여 그 과정의 개선을 도움으로써, 교사 개개인의 자질을 향상시키고 학생 개개인의 교육적 성장을 돕기 위한 평가를 실시함으로써 전인교육의 기틀을 다지고 도덕적 창조적 민주시민 육성에 기여하고자 한다.

행동발달 상황평가는 먼저 활동 특성에 따른 장면을 구체적으로 관찰한 다음 종합의견란에 문장으로 밝고 희망적이며 발전적인 면을 먼저 기술하고 부정적인 면을 나중에 기술하도록 한다.

재량활동평가는 학생들 활동 과정을 수행평가 중심의 다양한 방법으로 평가하되 개인의 학습 능력 향상과 정의적 영역에 관심을 두고 서술식으로 평가한다. 그리고 학습 활동에 대한 기능, 행동, 태도 평가 등의 누가 기록을 통하여 지적, 기능적, 정의적 평가 영역을 균형있게 평가하되 학생의 내재적인 동기와 자발적인 활동을 우선적으로 평가한다.

마지막으로 교육과정 편성·운영의 평가를 학년말에 실시한다. 평가 방법으로는 전 직원이 참여하여 작성한 계획에 의거하고 평가는 학생의 학업 성취도 평가, 학교 교육과정 자체의 평가, 학교 교육 과정 실행 여건의 평가 등으로 나누어 실시한다. 평가 내용으로는 학생의 성취도 평가(본교의 교육과정을 근거로 하여 각 학년별, 교과별 교과 목표의 달성 여부를 측정), 학교교육과정 자체의 평가(프로그램의 적절성, 학습량, 수준 등에 중점을 두어 평가), 실행 여건 평가(시설· 설비, 교재, 교구, 학습 자료 등 학습환경 및 학습 매체에 중점을 두고 평가), 평가 결과의 처리(평가 결과는 다음 학년도 학교교육과정의 수정, 보완 개선에 활용) 등이 있다.

제 5 절 학교운영위원회

1. 학교운영위원회 구성

「초·중등교육법」(제31조)에서는 학교운영의 자율성을 높이고 지역의 실정과 특성에 맞는 다양한 교육을 창의적으로 실시할 수 있도록 국·공립 및 사립 초등학교·중학교·고등학교 및 특수학교에 학교운영위원회를 구성·운영하도록 규정하고 있다.

국·공립학교에 두는 학교운영위원회는 당해 학교의 교원 대표·학부모 대표 및 지역사회 인사로 구성하며, 국·공립 및 사립학교에 두는 학교운영위원회의 위원 정수는 5인 이상 15인 이내의 범위 안에서 학교의 규모 등을 고려하여 대통령령으로 정한다. 학교운영위원회 중 국립학교에 두는 학교운영위원회의 구성·운영에 관하여 필요한 사항은 대통령령으로 정하고, 공립학교에 두는 학교운영위원회의 구성·운영에 관하여 필요한 사항은 대통령령이 정하는 범위 안에서 시·도의 조례로 정하며, 사립학교에 두는 학교운영위원회의 위원 구성에 관한 사항은 대통령령으로 정하고, 기타 운영에 관하여 필요한 사항은 정관으로 정한다.

「초·중등교육법 시행령」 제58조에 의하면, 국·공립의 초등학교·중학교·고등학교 및 특수학교에 두는 학교운영위원회 위원의 정수는 학생 수가 200명 미만인 학교의 경우 5인 이상 8인 이내, 학생수가 200명 이상 1천 명 미만인 학교의 경우 9인 이상 12인 이내, 학생수가 1천 명 이상인 학교의 경우 13인 이상 15인 이내로 학교의 규모 등을 고려하여 당해 학교의 학교운영위원회 규정으로 정하도록 되어 있다. 국·공립학교에 두는 운영위원회 위원의 구성 비율은 위원회 규정으로 정하되, 학부모위원(당해 학교의 학부모를 대표하는 자) 100분의 40 내지 100분의 50, 교원위원(당해 학교의 교원을 대표하는 자) 100분의 30 내지 100분의 40, 지역위원(당해 학교가 소재하는 지역을 생활근거지로 하는 자로서 교육행정에 관한 업무를 수행하는 공무원, 당해 학교가 소재하는 지역을 사업활동의 근거지로 하는 사업자, 당해 학교를 졸업한 자 기타 학교운영에 이바지하고자 하는 자) 100분의 10 내지 100분의 30이 되도록 한다.

국·공립의 실업계 고등학교 운영위원회 위원의 구성 비율은 위원회 규정으로 정하되, 학부모위원 100분의 30 내지 100분의 50으로 하며, 이 경우 지역위원 중 2분의 1 이상은 당해 학교가 소재하는 지역을 사업활동의 근거지로 하는 사업자로 선출하여야 한다.

국·공립학교의 장은 운영위원회의 당연직 교원위원이 된다. 학부모위원은 학부모 중에서 민주적 대의절차에 따라 학부모 전체회의에서 직접 선출된다. 다만, 학교의 규모·시설 등을 고려하여 위원회 규정이

정하는 바에 의하여 학급별 대표로 구성된 학부모 대표회의에서 선출할 수 있다. 당연직 교원위원을 제외한 교원위원은 교원 중에서 선출하되, 교직원 전체회의에서 무기명투표로 선출한다. 지역위원은 학부모위원 또는 교원위원의 추천을 받아 학부모위원 및 교원위원이 무기명투표로 선출한다. 운영위원회에는 위원장 및 부위원장 각 1인을 두되, 교원위원이 아닌 위원 중에서 무기명 투표로 선출한다.

사립학교 운영위원회 위원의 정수·선출 등에 관하여 이를 준용하되, 당연직 교원위원을 제외한 교원위원은 정관이 정한 절차에 따라 교직원 전체회의에서 추천한 자 중 학교의 장이 위촉한다(윤정일 외, 2009).

2. 학교운영위원회의 기능

학교운영위원회는 법정위원회로서 「초·중등교육법」과 시행령 및 조례에서 규정한 사항에 대하여 반드시 심의·자문하도록 되어 있다. 국·공립학교의 경우 심의기구, 사립학교의 경우 자문기구의 역할을 수행하고 있다.

주된 심의 및 자무사항은 ① 학교헌장 및 학칙의 제정 또는 개정에 관한 사항, ② 학교의 예산안 및 결산에 관한 사항, ③ 학교 교육과정의 운영 방법에 관한 사항, ④ 교과용 도서 및 교육 자료의 선정에 관한 사항, ⑤ 정규학습시간 종료 후 또는 방학기간 중의 교육활동 및 수련활동에 관한 사항, ⑥ 「교육공무원법」 제31조 제2항의 규정에 의한 초빙교원의 추천에 관한 사항, ⑦ 학교운영지원비의 조성·운용 및 사용에 관한 사항, ⑧ 학교급식에 관한 사항, ⑨ 대학입학 특별전형 중 학교장 추천에 관한 사항, ⑩ 학교운동부의 구성·운영에 관한 사항, ⑪ 학교운영에 대한 제안 및 건의사항, ⑫ 기타 대통령령, 시·도의 조례로 정하는 사항 등이다.

사립학교의 장은 위 각 호의 사항(⑥의 사항은 제외함)에 대하여 학교운영위원회의 자문을 거쳐야 하나, ①의 사항에 대하여는 학교법인의 요청이 있는 경우에 한한다. 국·공립 및 사립학교에 두는 학교운영위원회는 학교발전기금의 조성·운용 및 사용에 관한 사항에 대하여 심의·의결한다.

각 시·도의 「학교운영위원회 설치 및 운영에 관한 조례」에서는 '학생지도 지언, 수학여행이나 야외수련활동, 방과 후 교육활동 등 교육과정과 관련된 사항'이나 '교육비특별회계의 학교운영 지원비와 부모가 지원하는 일체의 지원비 등 학교운영의 예산 및 결산에 관한 사항' 등을 운영위원회 심의 안건으로 규정하고 있다.

학교의 장은 운영위원회에서 심의한 사항에 관한 운영위원회의 심의결과를 최대한 존중하여야 하며, 그 심의 결과와 다르게 시행하고자 하는 경우에는 이를 운영위원회와 관할청에 서면으로 통지하여야 한다. 국·공립학교의 장은 운영위원회의 심의를 거치는 경우 교육활동 및 학교운영에 중대한 차질이 발생할 우려가 있거나, 천재·지변 기타 불가항력의 사유로 운영위원회를 소집할 여유가 없을 때에는 운영위원회의 심의를 거치지 아니하고 이를 시행할 수 있다. 그러나 운영위원회의 심의를 거치지 아니하고 시행한 때에는 관련 사항과 그 사유를 지체없이 운영위원회와 관할청에서 서면으로 보고하여야 한다.

사립학교의 질은 운영위원회의 자문결과를 최대한 존중하여야 한다. 관할청은 사립학교의 장이 정당한 사유없이 학교발전기금의 조성 운용 및 사용에 관한 사용에 대립하여 운영위원회의 심의·의결의 결과와 다르게 시행하는 경우 또는 심의·의결의 결과를 시행하는 아니하는 경우나 정당한 사유 없이 자문을 서지지 아니하고 시행하는 경우에는 시정을 명할 수 있다.

구 「지방교육자치에 관한 법률」 제62조의 규정에 따라 학교운영위원회 위원 전원으로 교육위원 또는 교육감의 선거인단을 구성하였으나, 2006년 12월 20일 교육위원과 교육감을 지역주민의 직접선거에 의해 선출하도록 「지방교육자치에 관한 법률」(전부개정 2006. 12. 20. 법률 제8069호)이 전면 개정되었다. 따라서 학교운영위원의 교육위원 및 교육감 선거인단 기능은 폐지되었다. 학교운영위원의 선거인단 기능이 폐지됨에 따라 학교운영위원 선출 과정에서 발생하였던 정치적 잡음이 사라지게 되었지만, 학교운영위원에 대한 사회적 관심도 약화될 우려가 있다(윤정일 외, 2009).

제 6 절 교육행정 정보시스템(NEIS)

1. 교육행정 정보시스템의 개요

교육행정 정보시스템(National Education Information System; NEIS)은 단위학교 내 행정정보는 물론 전 교육행정기관에서 처리해야 하는 업무를 이사, 예산, 회계, 교무/학사, 보건 등 27개 영역으로 나누어 전자적으로 연계 처리하기 위한 시스템으로, 각 시·도 교육청(전국 16개 시·도 교육청)에 데이터베이스 서버를 두고 시·도 교육청은 시스템에 대한 행정적·재정적 지원을 하되, 교육과학기술부 장관과 시·도 교육감은 시스템의 유지·관리를 하되 직접 입력정보에 접근할 수는 없고, 권한을 인증받은 각급 학교의 담당교사가 필요한 개인 정보 등을 입력하고 관리하는 교육행정 정보시스템이다.

NEIS는 인터넷 환경에서 교육행정 업무와 정보를 공동 활용함으로써 행정정보 유통촉진을 통한 교유행정의 생산성과 투명성을 향상시키며, 교육행정기관이 보유한 행정정보를 인터넷을 통하여 국민에게 제공함으로써 '국민의 알 권리'를 충족시킴과 동시에 졸업증명서 등 연간 800만 건에 이르는 교육행정 관련 각종 증명서를 전국의 모든 교육기관에서 실시간 발급할 수 있도록 하여 원거리 이동으로 인한 국민의 불편함을 최소화하고자 한다. 또한 서식의 표준화와 업무처리 절차 및 방식의 개편, 관련 법령 및 제도의 정비를 통하여 행정의 효율성을 높이고 교원의 잡무처리 시간을 줄여 교원 본연의 업무인 가르치는 일에 전념할 수 있도록 하는 데 그 목적을 두고 있다(교육정보화백서, 2005).

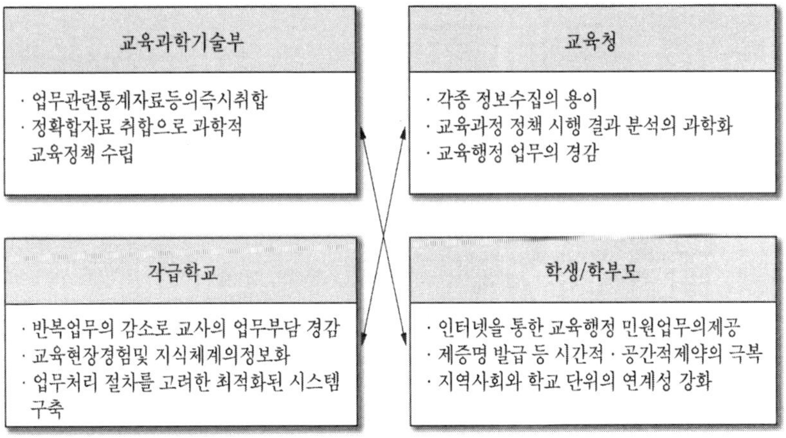

〈그림 12-4〉 NEIS의 구축 목적

교육행정 정보시스템 중 인사, 급여, 회계 등 22개 영역은 2002년 11월 4일에 개통하였으며, 교무/학사 등 5개 영역은 시범운영을 거쳐 2003년 3월부터 전면 개통하였다. 그러나 전교조 등 시민단체는 NEIS가 인권침해, 교원잡무 증가, 예산 낭비 등의 많은 문제점을 안고 있다고 비판하고, 국가인권위원회에 NEIS에 대한 진정서를 제출하였다. 이에, 국가인권위원회는 2003년 5월 '교유행정 정보시스템의 27개 개발영역 가운데 사생활의 비밀침해 등 인권침해 소지가 있는 교무/학사, 입(진)학 및 보건 영역은 입력 대상에서 제외하고, 교원인사기록 중 별지목록 기재 항목은 사생활의 비밀침해 등 인권침해 소지가 있으므로 입력항목에서 제외되도록 「교육공무원인사기록 및 인사사무처리규칙」을 개정하고, 개인정보의 누출로 인한 사생활 비밀침해 등 인권침해가 없도록 학교종합정보시스템(CS)에 대하 보안체계 강화 조치를 강구할 것을 권고 한다.'고 결정하였다.

교육과학기술부는 국가인권위원회의 권고를 수용하여 2005년 3월 「교육기본법」, 「초 · 중등교육법」 「학교보건법」을 개정하였으며, 교무/학사,

입(진)학, 보건 등 3개 영역에 대한 사항을 전면 재검토 후, 한국교육학술정보원에 의뢰하여 새로운 교무 업무시스템을 구축하여 2006년 3월 개통하였다. 2006년도부터 활용되고 있는 NEIS의 업무영역과 세무 업무내용은 〈표 12-5〉와 같다.

〈표 12-5〉 교육행정 정보시스템의 업무 영역 및 세부업무내용

단위업무	세부업무내용
기획	주요 업무, 기관평가
공보	보도자료 관리
법무	법률정보, 판례정보, 법령질의 해석
감사	감사계획 및 결과, 감사현황 분석, 감사자료 공유, 사이버 감사
재산등록	재산등록 대상 및 내역관리, 재산신고
교육통계	학교현황, 학생현황, 교원현황, 시설현황, 주요 업무통계 등
입(진)학	초등학교 취학, 중학교 입학, 고등학교 입학 등
장학	교육과정, 연구학교, 장학정보, 학생행사관리, 연구대회 등
교무/학사	학교교육과정, 학적, 성적, 학생생활기록부, 학생생활, 교과용 도서
검정고시	원서접수, 성적처리 고사장 관리, 합격처리 및 각종 통계산출
평생교육	평생교육 시설 및 교육 프로그램 관리, 학원 및 교습소 관리
보건	학교보건실 관리, 학교환경 관리, 건강기록부 및 보건 통계
체육	학교체육시설 관리, 운동부 및 선수 관리, 각종 현황 및 통계 관리
교원인사	정·현원, 임용시험, 인사기록, 임용발령, 호봉, 전보, 평정, 승진, 연수, 상훈 및 징계 복무, 기간제교사, 전문직 임용, 자격검정 관리
일반직 인사	정·현원, 임용시험, 인사기록, 임용발령, 호봉, 평정, 승진, 연수, 상훈 및 징계, 복무
급여	월급여, 연봉제, 명절휴가비, 연가보상비, 성과상여금, 연말정산, 기여금, 건가보험, 국민연금, 고용보험
민원	제 증명, 유기한 민원, 진정/건의/질의, 정보공개, 현황통계 등
비상계획	민방위 편성, 민방위 해제, 민방위 교육훈련, 공익근무요원 편성, 공익근무요원 관리
법인	법인정보, 예·결산, 법인 대장
시설	시설사업 관리, 학교시설승인, 학교시설사용승인, 시설유지 관리, 시설현황, 수용 계획
재산	공유재산관리계획, 재산대장 관리, 사용허가/대부 관리, 폐교재산 활용 관리
물품/교구/기자재	취득/운용 관리, 재물조사, 수급계획, 교구기준안 관리, 교구현황 관리, 실험실습 재료관리, 기자재 기준안 관리, 기자재 현황 관리, 기자재 통계

예산	예산편성, 예산배정, 예산이월, 예산운용, 예산통계
회계	세입, 세출, 세입세출 외 현금, 계약/압류, 결산, 자금
학교회계	예산, 세입, 세출, 결산, 세입 · 세출 외 현금, 세무관리, 발전기금
급식	학교급식통계, 급식관리, 급식 외 관리, 급식분석
시스템	코드 관리, 시스템연계, 보안, 사용자 인증 및 권한 관리, 로그 관리, 인터페이스 관리, 업무처리승인 관리

2. NEIS의 활용

1) 교직원

학교장이 기관정보관리자를 지정하면, 소속교육청 기관정보관리자가 학교의 기관정보관리자 개인 ID에 사용자등록(외부직원) 권한을 부여하고, 학교 기관정보관리자가 사용자등록(외부직원) 메뉴를 이용 Master ID를 등록하고 기관용 전자인증서를 등록한 후, 소속교육청 기관정보관리자가 학교 Master ID에 마스터 권한을 부여한다. 학교 기관정보관리자는 소속교육청에서 부여받은 마스터 권한으로 업무분장에 따라 학교 소속직원에게 페이지 권한 및 자료권한을 부여하여 NEIS를 활용하게 된다.

2) 학부모

NEIS 교무업무시스템 중 '내 자녀 바로 알기' 서비스를 활용하기 위해서는 먼저 NEIS Home-Edu 민원서비스(온라인 교육 민원서비스 -http://www.neis.go.kr)에 접속해야 한다. 초기화면서 자녀 학교의 해당 시 · 도 교육청을 선택한 후, 민원서비스에서 하단에 위치한 학부모 서비스의 학생정보 열람신청을 선택한다.

학부모 서비스를 사용하기 위해서는 반드시 신원인증을 먼저 해야 하는데, 성명, 주민등록번호 입력 후 인증 버튼을 클릭하여, 해당 인증서를 선택하여 로그인한다. 공인인증서는 6개 기관(한국정보인증, 한국

증권전산, 금융결재원, 한국전자인증, 한국무역정보통신, 한국전산원)에서 발급하는 공인인증서로 이용가능하지만, 한국전산원 인증서는 교원 및 교육공무원만 발급이 가능하다.

'내 자녀 바로 알기' 학부모 서비스의 정상 이용시간은 평일 08:00~20:00로 이외의 시간에도 서비스 이용이 가능하지만 시스템 점검 등으로 실지적인 이용 중단이 발생할 수 있다. 열람신청 대상은 현재 학교에 재학하고 있는 학생에 한하며, 졸업생의 경우 신청 및 열람을 할 수 없다.

신원 확인이 완료되면 이름과 주민번호가 자동으로 들어가며, 이후 신청자 정보와 대상 학생정보를 기입해야 한다. 처음 열람신청을 하는 경우는 필수입력사항(*)을 모두 기입하고(학생의 정보열람을 신청한 적이 있다면 학부모 정보에 이전에 기입했던 정보가 나타나며, 변동사항이 있을 경우 '수정'버튼을 눌러 정보를 변경한다), [학교찾기]를 눌러 학교명 박스에 자녀가 다니는 학교명을 넣은 후, 검색된 학교 목록에서 대상 학교명을 클릭하여 학교를 선택하고, 학생의 나머지 정보를 기입한다. 학교를 선택하면 과정까지의 정보가 자동으로 기입되며, 조회하고자 하는 학년, 이름, 주민번호가 정확해야 학에서 승인이 가능하다.

신청내역을 보기 위해서는 학교의 승인이 있어야 하며, 승인이 완료되면 학생정보 조회가 가능하다. 승인기간은 2~3일 정도 소요된다. 학부모 서비스의 열람 가능한 내용은 다음과 같습니다.

- 학교교육과정 : 교육과정, 편제명, 과목명, 이수시수, 단위 수 등
- 연/월간 학사일정 : 학교의 학사일정(체험학습일, 체육대회, 체력검사 등)
- 학생 출결상황 : 월별 수업일수, 결석/지각/조퇴/결과일수
- 성적 : 학기별 과목별 단위 수, 환산점수, 석차등급, 재적수 등
- 학교생활기록부 : 인적사항, 학적사항, 출결상황, 수상경력 등

조회되는 학생 관련정보는 현재 연도의 자료를 보여주며 성적과 학교생활기록부는 학교에서 학교생활기록부 작업이 끝난 내용만 보여준다(윤정일 외, 2009).

참고문헌

곽영우(1994), 『교육행정원론』, 서울: 정민사
교육과학기술부(2005), 교육정보화백서
김남순(1994), 『교육행정 및 경영의 이론과 실제』, 서울: 교육과학사
김윤태(1986), 『교육행정 · 경영신론』, 서울: 배영사
______(2001), 『교육행정 · 경영의 이해』, 서울: 동문사
______(2003), 『교육행정 · 경영의 이해』, 서울: 동문사
남정걸(1998), 『교육조직행위론』, 서울: 교육과학사
배호순(1990), 『교육학』, 서울: 화학사
서울특별시교육연구원(1998), 교직실무편람
손인수 외(1989), 『교육학개론』, 서울: 정민사
윤정일 외(1998), 『교육행정학원론』, 서울 : 학지사
________ (2009), 『교육행정학원론』, 서울: 학지사
윤종건(1999), 『21세기 학교조직 경영론』, 서울: 원미사
이상기 외(2000), 『교육행정 및 교육경영』, 서울: 형설출판사
이상기 · 옥장흠(1998), 『학교행정 및 교육경영』, 서울: 형성출판사
정일환(2000), 『교육정책론』, 서울: 원미사
한국교육과정평가원(2001), 제7차 교육과정정착을 위한 초 · 중학교 교육과정 실천방안 연구

제13장

학급경영

13 chapter

학급경영

제 1 절 학급경영의 이론적 기초

학급경영의 이론적 기초에서는 학급경영의 개념, 영역, 원리에 대하여 설명하고자 한다(윤정일 외, 1994).

1. 학급경영의 개념

학급은 교육목표를 달성하기 위해 인위적 · 합리적 · 의도적으로 구성된 집단이다. 또 그것은 동일한 지역사회에서 성장하여 공통의 생활경험을 가지고 신체적으로나 정신적으로 발단단계가 비슷한 동일 연령층의 아동들을 대상으로 보다 효과적인 교수와 학습을 위해 인위적이고 의도적으로 만든 학습집단이며 생활집단인 것이다.

학습경영이란 이러한 학급을 관리 · 운영하는 활동을 말한다. 그것은 교육목표를 달성하기 위한 학교교육활동의 기본단위로서 학급을 대상으로 교육목표 달성을 위한 계획 · 조직 · 실행 · 지도 · 평가 등을 시행하는 교육 활동이면서 동시에 교수-학습활동과 생활지도가 효율적으로 이루어질 수 있도록 도와주는 교육지원 활동이라고 할 수 있다.

이러한 교육활동과 교육지원 활동의 학급경영은 그 강조점을 어디에 두느냐에 따라 다양한 개념으로 정의되어 왔다. 이를 유사한 관점으로 분류해 보면 크게 ① 질서유지로서의 학급경영, ② 조건정비로서의 학급경영, ③ 교육경영으로서의 학급경영으로 나눌 수 있다(박병량, 1997).

① 질서유지로서의 학급경영 : 학급경영을 학급활동의 질서를 유지하기 위해 교사가 학급에서 행하는 모든 활동으로 보는 관점이다. 학급이나 학교에서 발생하는 문제행동을 다루는 일이라고 보는 훈육의 관점과 학생의 문제행동을 예방하고 선도하는 일이라고 보는 생활지도의 관점, 그리고 학급상황에 따라 요구되는 행동을 수행하도록 하는 일이라고 보는 학급 행동 지도의 관점 등이 여기에 속한다. '학급 내 질서의 문제를 해결하기 위해 교사가 사용하는 행동과 전략'이라고 정의하는 Doyle이 이러한 관점의 대표적 학자이다.

② 조건정비로서의 학급경영 : 학급경영을 수업을 위한 학습환경을 조성하는 일로 보는 관점이다. 이 관점은 학급활동을 수업과 경영활동으로 분리하고 경영활동은 수업을 위한 조건정비와 유지활동으로 한정하는 입장이다. "학급경영은 교수와 학습이 일어날 수 있는 환경을 확립하고 유지하는 데 필요한 조건과 규정으로 구성된다고 한 Duke가 이 관점의 대표적인 학자이다.

③ 교육경영으로서의 학급경영 : 학급경영을 경영학적 관점에서 교육조직을 경영한다는 차원으로 보는 입장이다. 이 관점은 학급조직도 다른 조직과 유사한 기능을 수행한다고 보는 다른 조직을 경영하는 방식을 학급경영에도 적용하려고 한다. 다만, 학급이 교육조직이므로 교육조직의 독특한 경영 특색이 반영되어야 한다고 보고 있다. 경영을 목표 성취에 필요한 조정과 협동에 관심을 갖는 조직의 기능이라고 정의하고 그러한 조직기능을 수행하는 교사의 활동을 학급 경영으로 보는

Johnson과 Brooks가 이 관점의 대표자들이다.

이러한 세 가지 관점 중에서 최근의 주도적 경향은 학급경영을 교육경영으로 보는 관점이다. 학급운영 혹은 관리를 경영으로 보는 것에 대해 다소의 부정적인 견해가 없는 것은 아니지만, 경영이라는 용어에는 그 부정적 이미지를 훨씬 뛰어넘는, 교육운영의 활동적이고 역동적인 측면을 기술·설명할 수 있는 적절한 개념적 의미가 내포되어 있기 때문에, 최근에는 학급경영이라는 용어가 아주 자연스럽게 사용되고 있다(조동섭, 1996).

이러한 관점에서 보면, 학급경영이란 "학급의 목적－학급 교육목표의 실현과 학급 구성원의 개인적·집단적 욕구 충족－을 효율적으로 달성하기 위해 인적·물적 자원을 활용하고 계획·조직·지도 통제하는 활동을 통해서 학급을 운영하는 활동"이라고 정의할 수 있을 것이다.

2. 학급경영의 영역

학급경영의 영역과 관련하여 두 가지 다른 입장이 있다. 하나는 수업활동과 경영활동을 분리하여 수업활동을 제외한 모든 학급활동을 학급경영의 영역으로 보는 입장이고, 다른 하나는 수업활동과 경영활동을 구분하지 아니하고 학급활동 전체를 학급경영의 영역으로 보는 입장이다(김명환 외, 1988).

수업과 경영을 분리하여 학급경영을 파악하려는 입장은 질서유지로서의 학급경영관과 조건정비로서의 학급경영관에서 나타난다. 특히 조건정비로서의 학급경영관에 기초하여 학급경영을 '수업활동을 지원하는 활동'으로 규정하고 경영활동을 조장활동과 유지활동으로 구분하는 Johnsonhk Bany의 견해에서 분명하게 나타난다.

그들에 따르면, 경영활동 중 조장활동(facilitation acivities)은 학급을 협동적 사회체제로 발전시키는 활동이다. 거기에는 ① 학급집단의 통합적이고 협동적인 관계 수립, ② 학급에서의 행동 기준이나 규칙의 확립과 과업수행 절차의 조정, ③ 문제해결 방식에 의한 학급체제 내의 조건 개선, ④ 학급체제 조건의 수정 및 변화 등의 활동이 포함된다. 이는 ① 학급활동을 위한 절차, 규칙 및 규범의 설정, ② 집단적 협력체제의 구축, ③ 문제 해결 방식 및 집단 특성의 변화에 대한 적응을 통해 학급의 내적 체제를 확립하는 데 목적이 있다.

유지활동(maintenance activities)은 학급집단의 인간관계에서 발생하는 문제들을 조정하는 과정으로서 역동적이고 안정감 있는 학급 분위기를 조성·유지하는 활동이다. 여기에는 학급 구성원의 갈등을 해소시키고 사기를 진작시키며, 환경의 변화에 대한 적응력을 키워 주는 활동 등이 포함된다. 유지활동은 집단과정의 효율성을 높이는데 일차적인 목적이 있다.

수업과 경영활동을 통합하여 학급활동 전체를 학급경영으로 보는 입장은 교육경영으로서의 학급경영관에서 나타난다. 학급경영을 수업활동을 포함한 학급활동 전체로 보고 학급경영활동을 체계화하고 있는 대표적인 학자는 Lemlech이다. 그는 교사의 역할 중에서 가장 중요한 것은 수업이라고 전제하고 학급경영은 교육과정을 계획하고 학급의 절차와 자원을 조직하고 효율성을 극대화하기 위한 환경을 정비하고 학생의 진도를 점검하고, 학급에서 발생 가능한 문제들을 예측하는 활동 등을 통해 학급활동 전체를 조화시키는 것이라고 주장하였다. 수업과 경영활동을 구별하지 아니하고 수업을 학급경영의 주된 내용으로 다루고 있는 것이다.

우리나라에서는 김명한 등이 이러한 주장을 펴고 있다. 그들은 수업이 학급경영 활동에 포함되어야 하는 이유로, ① 학급경영을 조건 정비와 관리의 측면에서만 파악하면 학급생활에서 가장 핵심적인 활동인 수업이 학급경영에서 소홀하게 취급될 수 있고, ② 학급은 최하위 단위 조직이므로 분업적이라기보다는 통합적인 성격을 지녀야 하며, ③ 실질적으로 학급에서 수업활동과 경영활동은 유기적 관련을 맺으면서 전개되기 때문에 경영활동과 수업활동을 명확히 구별하기 힘들다는 점을 들고 있다.

이러한 관점은 학급전담제를 채택하고 있는 초등학교의 경우에는 타당성을 가진다. 그러나 교과전담제를 채택하고 있는 중등학교에서는 학급담임교사의 수업활동이 제한적일 수밖에 없기 때문에 수업활동을 학급경영 활동의 영역에서 제외하는 것이 보다 현실적이라고 하겠다. 다만, 학급경영의 주체를 학급 담임교사만이 아닌 특정 학급과 관련을 맺고 있는 모든 교사로 본다면 수업활동을 학급경영에 포함시키는 것이 좋다고 볼 수 있다. 그 경우에도 학급경영에서 교과 담임교사는 어디까지나 보조적인 위치에 있다는 점에서 설득력이 약하다. 학급경영에 관한 논의가 대체로 초등학교 현장을 중심으로 이루어져 왔고, 학급경영에 있어서 담임교사의 비중도 중등학교 보다는 초등학교가 훨씬 크기 때문에 학급경영에 관한 대부분의 문헌에서는 학급 경영의 영역에 교과지도 활동을 포함시키고 있다.

학급경영의 영역에 무엇을 포함시킬 것인가에 대해서는 학자와 관점에 따라 상당한 견해차가 있다. 그러나 대체적으로 그 영역에는 교과지도, 특별활동지도, 생활지도, 환경 및 시설지도, 사무관리, 가정 및 지역사회와의 관계 유지 등이 포함되는 것으로 보고 있다. 구체적인 영역과 각 영역별 주요 활동은 다음과 같다.

① 교과지도 영역 : 교과지도, 특수아지도, 가정학습지도 등

② 특별활동지도 영역 : 자치활동지도, 클럽활동지도, 학교행사 등

③ 생활지도 영역 : 학업 및 교우관계 문제지도, 진학 및 진로지도, 건강 지도 등

④ 시설 환경관리 영역 : 시설 및 비품관리, 게시물 관리, 청소관리, 물리적 환경관리 등

⑤ 사무관리 영역 : 각종 장부관리, 학생기록물 관리, 각종 잡무처리 등

⑥ 가정 및 지역사회관계 관리 영역 : 학부모와의 관계 유지, 지역사

회와의 유대관계유지, 봉사활동 등

3. 학급경영의 원리

효과적이고 능률적인 학급경영을 위해서는 그 실천과정에서 반드시 지키고 따라야 할 기본원칙 혹은 원리들이 필요하다. 그러한 원리로서 남학식은 ① 자주성과 창의성, ② 정의성과 협동성, ③ 규율성과 질서성의 원리를 들고 있으며(김한식, 1991). 남정걸은 ① 타당성의 원리, ② 개별화의 원리, ③ 자율화의 원리, ④ 사회화의 원리, ⑤ 종합화의 원리, ⑥ 전문화의 원리를 제시한다(남정걸, 1992).

또 김영돈은 ① 자유의 원리, ② 협동의 원리, ③ 노작의 원리, ④ 창조의 원리, ⑤ 흥미의 원리, ⑥ 요구의 원리, ⑦ 접근의 원리, ⑧ 발전의 원리를 제안하고 있다(김영돈, 1983).

이러한 학급경영의 원리들은 너무 추상적이어서 실제적인 학급경영을 이도하기 위한 원리로는 부적절한 측면이 있다. 따라서 여기서는 학급담임을 처음 맡게 되는 교사가 취해야 할 자세를 중심으로 그 원리들을 간략하게 제시한다.

① 학년도 개시 후 며칠 내에 사용하기 편리하고 가장 효과적으로 학생들을 통제할 수 있는 방안을 마련하고, 필요한 행동 규칙을 설정한다. 학급 규칙을 설정할 때 학생들을 참여시켜야 한다.

② 학생들의 이름을 신속하게 외우고 자주 불러주도록 한다. 학생들을 꾸짖을 때에는 먼저 이해시켜야 하고, 비행에 대해서는 인간적인 감정을 유지하면서 우호적으로 그러나 엄정하게 처리해야 한다.

③ 교장 및 교감, 동료 교사들로부터 학급경영실무와 의사소통방식 등을 배워서 활용하는 것이 좋다.

④ 다른 교사의 학급경영 방식을 배우되, 단순히 모방하기보다는 자신만의 학급경영 방식을 찾도록 노력하는 것이 중요하다.

⑤ 학급경영은 다양하고 변화있게 계획하며, 활동의 속도에 변화와 리듬을 주는 것이 필요하다.

⑥ 소수의 학생들이 잘못한 것을 가지고 학급 전체를 벌주는 것을 피하고, 고함을 치거나 비하 또는 무시하는 행위를 삼가는 것이 좋다.

⑦ 학생들이 했으면 하는 행위를 교사 스스로 먼저 하여 모범이 되도록 한다. 학생들은 교사의 거울임을 명심해야 한다.

⑧ 학생들의 문제를 진단하고 해결책을 찾는 일에 보다 많은 시간을 보내고, 학생 이해를 통해 스트레스를 스스로 관리해야 한다.

제 2 절　담임교사의 임무와 자질

학생교육의 성과는 학생 자신, 학부모의 학생교육에 대한 관심, 그리고 교사의 학생교육에 대한 헌신에 의해 대부분 결정된다고 할 수 있을 것이다. 그래서 학년 초에 '학생의 담임이 누가 되느냐?' 하는 문제는 이제 학생 자신은 물론 학부모에 있어서도 지대한 관심사가 되고 있다. 학생들과 학부모들이 원하는 담임교사의 모습은 여교사, 남교사, 패기있는 신참교사, 노련한 경력교사, 인성교육을 우선하는 교사, 학력신장을 우선하는 교사, 엄격한 교사, 수용적인 교사 등과 같이 아주 다양하다. 그리고 학생들과 학부모들은 그들 자신의 취향에 맞는 담임교사가 임명되기를 바란다. 이러한 현상은 그만큼 학생이 속해 있는 학급의 담임교사가 학급학생들의 교육에 있어서 중요한 역할을 하고 있다는 사실을 반증해 준다고 할 수 있다.

교사들에 있어서도 학년 초에 자신이 맡게 될 학교 사무분장과 함께 주된 활동 영역과 대상이 될 학년, 학급과 학급학생들이 누구인지는 지대한 관심사가 아닐 수 없다. 그래서 교사들은 담임을 맡을지, 맡는다면 몇 학년을 맡을지에 대한 선택을 해야 하고, 교사들 간의 요구가 다르거나 담임 및 특정학년의 담임 기피현상이 생겨날 경우 학교 경영자들은 이에 대한 조정을 하고, 희망을 하지 않았거나 원치 않는 담임에 임명된 교사들에 대한 설득 노력을 해야만 할 것이다.

그리고 특정 학년, 특정 학급의 담임으로 임명될 경우 어떠한 학생들이 자신의 학급에 소속되었는지에 따라 개개 학생에 대한 지도전략과 함께 학생집단을 학생특성에 따라 유사한 그룹으로 나누어 집단별 지도전략을 수립해야 할 것이다. 물론 다임 교사의 노력과 지도력 여하에 따라 학급의 모습은 다양한 모습을 드러낼 것이다.

특히 초등학교에서는 한 사람의 담임교사가 한 학급의 학습지도와 생활지도를 전담하는 학급담임제를 채택하고 있으며, 고교전담제를 실시하는 중등학교에서도 1명의 학급담임을 지명하여 배치하고 있다. 학교단계에 관계없이 학급담임이 해야 할 임무는 학습지도와 생활지도를 포함하여 아주 다양하며, 그 임무에는 다음과 같은 사항들이 제시되고 있다(주삼환 외, 2000).

① 수업활동 : 수업활동은 학급 내 활동의 가장 큰 부분을 차지하며, 교사의 입장에서 보면 교수활동이고 학생의 입장에서 보면 학습활동이다. 이를 위해서 교사는 수업활동 이전에 학생들에게 어떤 경험을 학습하게 할 것인가 하는 방법을 계획하고, 그 결과를 평가해야 한다.

② 생활지도 : 학생의 안정적인 생활자세는 성공적인 학교생활의 전제조건이 된다. 교사는 학생들로 하여금 자신의 문제를 해결하도록 지도하고 도와주어야 한다. 특히 관심학생을 조기에 발견하고 학부모와 긴밀한 협조과계를 구축하여 개별적으로 특별지도를 해야 한다.

③ 특별활동지도 : 담임교사는 학급 내에서 이루어지는 학급회를 포함한 학생자치활동, 소풍, 수학여행, 체육대회, 각종 수련회를 포함한 단체활동, 그리고 학생 봉사활동에 대한 이해를 통해서, 그러한 활동이 의도하는 교육적 효과를 거둘 수 있도록 해야 한다.

④ 학급의 교실환경 정비 : 쾌적하고 정돈된 교실환경과 신뢰감에

기초한 사회심리적 환경 구성은 학급에서의 교수-학습을 안정적으로 진행하기 위한 필요조건이다. 그리고 교실의 물리적 환경구성에는 담임교사의 학급에 대한 관심이 일차적으로 반영된다.

⑤ 학급사무의 처리 : 담임교사는 학급운영과 관련성 있는 각종 사무와 학교 내의 다른 부서에서 요구하는 다양한 사무를 처리해야 한다. 관료화된 행정풍토에서는 실질적인 학생지도보다는 학생지도기록부를 잘 작성하는 것이 교사에 대한 책임 추궁을 면하는 길이기도 하다. 그리고 오늘날 행정적 전시효과를 위한 사무적인 잡무가 많아지면서 학생지도에 지장을 초래하고 있는 것이 큰 문제이다.

⑥ 학급운영에 대한 참여 : 담임교사는 학생들을 가르치고 학교생활을 지도하는 것 이외에도 교무회의, 교과협의회, 학년회의, 인사자문위원회의 구성원이 되어 학교행정에 직접적으로 참여하여 바람직한 교육환경의 구성을 위해 노력해야 한다.

학생에 대한 교육은 가정과 학교의 협조 아래 교사와 학생의 상호작용을 통해 이루어진다. 따라서 담임교사와 학생 사이의 원만한 인간관계 형성은 성공적인 학생교육을 위한 필수조건이다. 가정에서 자식이 무의식적으로 부모를 닮듯, 학교에서 학생들은 일차적으로 담임교사를 닮는다. 때문에 담임교사는 학생이 존경하고 따를 수 있는 어떤 자질을 갖추어야 하고, 학생이 선호하는 품성도 갖추어야 한다.

이종재 등이 연구한 이상적인 교사의 자질에 대한 조사에서 우리나라 사람들은 집단별로 다소의 차이를 보이고 있으나 '교육자로서 신념을 지닌 교사'(32.5%), 그리고 '학생에 대하여 깊은 관심과 사랑을 지닌 교사'(32.5%), 그리고 '인생에 대한 자세를 가르쳐 주는 교사'(16.8%)를 바람직한 교사상으로 보고 있다 .집단별 반응내용은 다음과 〈표 13-1〉과 같다.

〈표 13-1〉 이상적인 교사상에 대한 가치의식의 분포(%)

교사상	교사	학부모	학생	전체
담당과목의 실력	7.7(4)	7.2(5)	7.8(4)	7.6(4)
교육자로서의 신념	34.8(2)	33.5(1)	29.2(2)	32.5(2)
예절, 질서지도	2.7(5)	10.4(4)	3.3(6)	5.5(5)
요령 있는 수업지도	1.3(6)	6.6(6)	7.5(5)	5.1(6)
학생에 대한 깊은 관심, 사랑	35.3(1)	30.6(2)	31.5(1)	32.5(1)
인생에 대한 자세 지도	18.2(3)	11.6(3)	20.6(3)	16.8(3)
계	100.0	100.0	100.0	100.0

미국에서 실시한 교육에 대한 갤럽(Gallup)의 여론조사에서는 바람직한 교사의 특성이 다음과 같은 순위로 나타났다(Brainard, 1977).

① 이해와 의사소통의 가능성을 지닌 교사
② 어린이에게 공정한 원칙을 지닌 교사
③ 도덕적 특성을 지닌 교사
④ 사랑과 관심을 지닌 교사
⑤ 좋은 성품을 지닌 교사
⑥ 깔끔한 외모를 지닌 교사

교육전문가와 학부모단체, 교사단체들은 최근 들어 학생과 교사, 그리고 학부모 등 교육주체 간의 불신과 갈등으로 학교교육이 추락하면서 우리의 학교 교육 현장, 교육을 바로 세우기 위해 교사와 학부모가 실천할 수 있는 구체적인 지침으로 '교사와 학부모가 각각 지켜야 할 다섯 가지 지침'을 제시하고 있다(동아일보, 1999. 4. 6).

교사지침은 교사 스스로가 교직의 권위를 지키기 위하여 지켜야 할 지침이며, 학부모 지침에 대해서는 교사와 사회가 공동으로 학부모들에게 홍보할 필요가 있는 지침으로 여겨진다. 이들 지침을 제시하면 다음과 같다.

(1) 교사 수칙

① 모든 학생들을 동등하게 대하라. 아이들은 차별대우에 민감하다.

② 때리지는 말라. 자식의 빰을 때리는 선생은 없지 않겠는가.

③ 성적보다도 인성이나 소질을 소중히 여기자.

④ 끊임없는 관심을 가지자. 아이들은 자신을 이해하지 못하는 교사의 말을 따르지 않는다.

⑤ 소외받고 어려운 아이들을 더 배려하라. 그것이 실천하는 교육이다.

(2) 학부모 수칙

① 교사의 명예와 자존심을 존중하고 학교와 교사를 믿어야 한다.

② 내 아이만 생각하는 자식사랑은 그 주변의 교육을 망치는 죄악이다.

③ 절대로 촌지를 주지 말라. 선물을 하려면 정성이 담긴 선물을 하라.

④ 성적보다 아이의 소질과 개성을 살려달라고 하라.

⑤ 자녀문제와 관련하여 교사와 적절한 커뮤니케이션 통로를 유지하라. 그러나 교섭을 침해하지는 마라.

그러나 여기서 중요한 것은 무엇보다도 교사들은 '내 아이처럼' 학생을 사랑하고, 학부모들은 '내 아이만' 하는 생각을 버려야 우리의 학교교육의 본연의 임무를 다할 수 있고, 우리의 학생과 아이들이 건강하게 성장할 수 있다는 사실이다.

제 3 절 학급경영의 실제

학교경영의 실제에서는 학급운영의 조직, 학급 자율규범의 설정, 학급환경의 구성과 청소지도, 주번임무의 지도, 학급단체활동 지도 등을 논의하며, 이외에도 학생부를 포함한 문서사무 업무, 학부모를 포함한 지역사회 관련업무가 있으나 이들 내용은 학급경영의 주변적 업무로 보고 논의의 대상에 포함시키지 않았다(주삼환, 2000).

1. 학급운영의 조직

학년 초에 학생 상호간 교사와 학생 간의 상호 만남은 상당한 호기심의 대상이 되며, 이 때 학급운영조직의 구성은 이후의 1년간 학급생활에서 중요한 의미를 갖게 된다. 그리고 학급 내에서 이루어지는 여러 가지 행사나 활동에 학급 구성원 모두의 자발적이고 적극적인 참여를 이끌어 내기 위해서는 학급 구성원 모두가 학급의 일을 분담하고, 자신들의 개별적인 의견을 체계적으로 수렴할 수 있는 학급운영 구조를 확립해야만 한다. 학급운영조직에는 학급회와 운영위원회 조직, 각 부서 및 부서별 활동조직을 포함시켜 논의할 수 있다.

또한 학급운영의 조직에 있어서 반장과 부반장을 포함하나 학급임원의 선출은 단기적으로 1년간의 학급운영을 위한 조건을 확립하는 데 목적이 있으며, 장기적으로는 그 절차와 방법을 통해서 학생들로 하여금 민주적인 태도와 습관을 형성하고 올바른 민주시민의식을 형성하게 하여 앞으로 바람직한 민주시민으로 성장시키는 데 목적이 있다. 따라서 학급임원의 선출 과정을 통하여 학생들은 학급의 주인으로서 긍지와 자부심을 가질 수 있고, 그 절차를 통하여 민주주의의 실천과 지도자의 중요성을 학습할 수 있는 좋은 기회라고 할 수 있다.

학급운영의 조직구조는 학급의 상황과 학교의 학칙 등 상황에 따라 여러 가지 제한적 요소가 있을 수 있다. 따라서 다음에 제시하는 조직구조는 이상적인 학급운영을 위한 조직구조라기보다는 하나의 시안에 불과하며, 담임교사와 학생들의 중지를 모아 보다 효과적인 학급운영조직을 구성하는 것이 바람직할 것이다.

① 총회(학급회의) : 반장이 총회의 의장이 되고, 부반장은 부의장이

된다. 학급 구성원 모두가 참여해서 논의해야 할 중요한 일은 총회를 통하여 결정된다.

② 운영위원회 : 의장, 부의장, 각부 부장, 그리고 자발적 지원자 1~2명으로 구성한다. 여기에서는 각 부서로 모아진 의견을 논의하고 결정한다. 학급전체와 관련된 중요한 사항은 총회에 상정하여 논의한다. 여기서 결정되고 논의된 사항은 담임에게 통보하여 조언을 받은 후, 그 내용을 학급 전체에 발표한다.

③ 부서 : 학급 내에서 이루어지는 여러 활동을 영역별로 나누어 부서를 정하고 부원을 배치한다. 각 부서는 담당하는 행사를 주도적으로 실시한다.

학급의 부서에는 총무부, 환경부, 학습부, 독서부, 바른생활부, 미화부, 보건체육부 등을 둘 수 있으며, 각 부서가 해야 할 일은 다음과 같다. 물론, 부서의 조직은 학교의 종별이나 단계, 그리고 학급의 크기 등 학급의 사정에 따라 변경이 가능할 것이다.

① 총무부 : 회의록 작성, 학급비 관리, 학급행사 보조, 저축, 각종 성금수집, 다른 부서에 속하지 않은 사항, 필요에 따라 서기와 회계를 둔다.

② 학습부 : 바람직한 학습경험의 소개, 과제물 걷기, 학급문집 발간을 위한 자료 수집, 자율학습 수업시간의 정숙지도

③ 독서부 : 학급문고 관리, 좋은 책 소개하기, 독후감 수집 발표, 독서시간 운영, 윤독독서 관리

④ 바른생활부 : 물건 아껴쓰기, 생일잔치 및 친구들의 경조사 관련 활동, 국산품 애용 지도, 바른 말 고운 말 사용하기, 선행학생 추천, 용모단정, 이 달의 모범생 선정

⑤ 미화부 : 학급게시물의 제작 및 관리, 커튼 정리, 교실 청결 유지, 분리수거함 관리

⑥ 보건체육부 : 체육행사 추진, 아픈 친구 보살피기, 오락활동 추진, 건강법 및 건강상식 알리기

이러한 학급운영조직은 클럽활동조직, 교내환경심사, 소풍과 수학여행, 체육대회, 학생수련활동, 예술제 등을 포함한 학교단위의 행사 참여, 급훈과 학급 자율규범 설정, 생일 축하 잔치, 학급신문 제작 등을 포함하는 학급내 자체 행사를 추진하는 과정에서 활용될 수 있으며, 과제의 성격에 따라 별도의 작업팀 구성을 통해서 문제를 해결할 수도 있을 것이다.

2. 분단의 조직과 좌석의 배정

효과적인 분단의 조직과 좌석의 배정은 교사들이 학생들을 가장 잘 가르칠 수 있고, 학생들이 이를 통해 가장 잘 학습할 수 있도록 여건을 조성하기 위한 것이다. 특히 분단은 학급에서 여러 가지 활동을 위해 구성되는 학급의 하위집단으로서 분단을 조직하는 일반적인 목적은 ① 학습의 문제를 해소하고 학습에 대한 참여의식을 높임으로써 학습지도의 효과를 높이고, ② 분단의 여러 가지 활동을 통해 협동과 연대의식을 길러주며, ③ 학급 구성원들로 하여금 문제해결과 과업활동에 능동적으로 참여하게 함으로써 학급활동에 대한 참여의식을 높이고 자율성을 신장시키는 데 있다(김봉수, 1982: 286).

구체적인 분단편성의 방법과 기준을 살펴보면 다음과 같다(최현선, 1996: 339-341).

① 편성인원 : 팀워크와 능률을 고려하여 5~7명이 적당하다. 너무 많으면 분단의 의미가 없어지고, 적으면 능률에 문제가 생긴다.

② 지속시간 : 활동의 내용과 성질에 따라 다르지만, 대체로 1~2개월 정도가 적당하며, 1학기 정도면 충분하다.

③ 분단장 : 효율성의 측면에서 보면 분단장을 처음부터 끝까지 지속시키는 것이 좋으나, 교육적인 측면에서는 능력과 능률에 상관없이 돌아가면서 하는 것이 바람직하다.

④ 능력별 편성 : 일반적으로 동질편성보다는 이질편성이 좋다. 동질편성시에는 정서의 문제를 각별히 주의해야 한다.

⑤ 분단구성 : 분단을 편성할 때에는 본인의 요구나 희망을 반영하는 것이 바람직하다. 취미별 분단편성과 같은 경우는 더욱 그렇다.

분단의 조직과 함께 좌석의 배정 또한 학생들의 학습효과를 극대화시키는 측면에서 고려되어야 한다. 이러한 좌석의 배정은 학생 개인이 주로 접하는 학생을 결정해 주어 학생의 인성형성에 영향을 줄 뿐만 아니라, 교사가 칠판을 사용하여 수업을 할 경우 일부 학생들에게 신중한 주의가 필요하다. 또한 좌석을 고정시킬 경우 교실 건물의 배치상황에 따라 햇빛 때문에 학생들이 겪게 되는 문제도 고려해야 한다. 좌석의 배정에서 일반적으로 활용되는 원칙과 방법이 갖는 특징을 제시하면 다음과 같다.

① 시력과 청력에 이상이 있는 학생의 경우 앞자리에 우선 배치한다. 이 경우 나머지 다른 학생들의 양해가 있어야 할 것이다.

② 학생의 키와 번호 순서대로 좌석을 배치한다. 이 경우 배정좌석에 대한 학생들의 불만을 없앨 수 있고 키가 큰 학생에 의해 시야가 방해받지 않는 장점이 있으나, 관심분야별 학습촉신을 저해할 수 있다.

③ 등교하는 순서대로 학생이 원하는 자리에 앉게 한다. 이 경우 원하는 짝과 앉을 수 있고 수시로 짝을 바꿀 수 있는 장점이 있으나, 소외된 학생이 생길 수 있고 공부에 관심이 없는 학생이 뒷좌석으로 몰려 수업을 방해할 수 있다.

④ 제비뽑기에 의해 자리를 정한다. 이 경우 의도하지 않았던 다양한 학생들과 다양한 경험을 할 수 있는 장점이 있으나, 키가 큰 학생이 앞

자리에 앉음으로 인해 키가 작은 학생의 시야가 방해받을 수 있고 쉬는 시간에 좋아하는 친구를 찾아 가느라고 교실이 소란해질 수 있다.

⑤ 앞뒤 자리를 고정시킨 후 분단별로 1주일마다 한쪽 방향으로 순환시킨다. 학생들에게 변화를 주면서 비교적 공정한 학습 여건을 제공할 수 있는 장점이 있다. 반면에 다양한 대인적 경험을 제공할 수 없는 문제도 있다.

3. 학급 자율규범의 설정

학급 자율규범은 담임교사의 교육관이나 학급 구성원들의 바람직한 공동체구성 의지를 반영해야 하며, 일단 설정하면 학급 전체의 구성원이 준수해야 할 생활지침이 된다. 자율규범은 담임교사의 교육적 신념과 경험, 그리고 학급 구성원들의 요구와 동의를 통해서 설정될 수 있을 것이다. 초등학교 저학년과 차후에 수정해 나가는 방법도 사용될 수 있으며, 고학년과 학생 간 친밀성이 높은 경우에는 학급학생들의 요구와 동의, 그리고 상호간의 합의에 의해 규범을 설정하는 것도 좋은 방법이 될 수 있다.

중요한 것은 어떠한 경우든 간에 학급학생들의 동의가 있고, 모든 학생들이 필요하다고 인정해야 학급규범으로서 효력을 지닌다는 사실이다. 따라서 학습학생들의 합의와 동의를 전제로 학생들이 이 학급규범을 지킨다는 약속으로 학급규범에 서명하며 학급 전면에 게시하는 것도 좋을 것이다. 학급의 담임교사는 이러한 학급 자율규범의 예로서 다음과 같은 사례를 참고하여 창의적으로 설정할 수 있을 것이다.

① 제1조 : 학급 구성원 모두는 자신에게 부여된 임무를 성실하게 수행한다.

② 제2조 : 무단결석을 하지 않으며, 특별한 사유가 있는 경우 선생님께 전화 드린다.

③ 제3조 : 학습분위기를 조성하며, 수업 중에는 선생님의 말씀을 경청한다.

④ 제4조 : 용모를 단정히 하고, 학생의 신분에 맞는 언행을 한다.

⑤ 제5조 : 교실의 청결을 유지하며, 청소에 협조한다.

⑥ 제6조 : 학생 상호간에 인격을 존중하고, 다른 학생에게 피해를 주는 행동을 하지 않는다.

⑦ 제7조 : 학교시설과 비품을 소중히 다루며, 절약하는 생활에 앞장선다.

⑧ 제8조 : 학교 내에서 필요한 예외적 행동은 담임의 허락을 받아 하도록 한다.

⑨ 제9조 : 정당한 사유 없이 이상의 규칙을 어기는 학생에게는 다음의 〈표 13-2〉와 같이 벌점을 부과하며, 학생은 이를 수용해야 한다. 벌점이 일정수준에 이를 경우 벌칙을 적용한다.

⑩ 제10조 : 제2조에서 제8조까지의 규칙을 성실하게 지킨 학생에게는 다음의 〈표 13-2〉와 같이 상점을 부과한다. 그리고 월별로 학생이 얻은 상점에 해당하는 만큼의 벌점을 감하여 누적된 상점이 높은 순서에 따라 모범학생 추천 및 견학 기회의 우선권을 부여한다.

⑪ 벌칙 : 벌점이 10점 이상일 경우 학교 봉사와 함께 반성문을 제출하도록 하고, 벌점 20점 이상일 경우는 학부모를 소환하고 학교 봉사를 무겁게 부과하며, 벌점이 30점 이상일 경우는 징계조치를 취함과 동시에 그 내용을 학생생활부에 반영한다.

〈표 13-2〉 벌점과 상점의 기준

<table>
<tr><th>조항</th><th>내용</th><th>벌점항목</th><th>벌점</th><th>상점항목</th><th>상점</th></tr>
<tr><td rowspan="3">제2조</td><td rowspan="3">출석</td><td>무단결석</td><td>5</td><td>무결석(1월)</td><td>5</td></tr>
<tr><td>방과후 활동 및 자율학습 지각, 결석 통보 미이행</td><td>1</td><td>좌의 항목 준수(1월)</td><td>1</td></tr>
<tr><td>무단지각, 결과, 조퇴, 외출, 교내행사불참</td><td>2</td><td>좌의 항목 준수(1월)</td><td>3</td></tr>
<tr><td rowspan="3">제3조</td><td rowspan="3">수업</td><td>수업 준비 미비, 수업 중 껌 씹는 행위</td><td>1</td><td rowspan="2">수업 중 교사의 주의 경고를 받지 않은 학생(1월)</td><td rowspan="2">3</td></tr>
<tr><td>수업 중 소란행위, 잠자는 행위 통신기기 소음행위</td><td>3</td></tr>
<tr><td>수업 중 교사 지시 불이행</td><td>5</td><td>수업 중 칭찬(1회)</td><td>1</td></tr>
<tr><td rowspan="4">제4조</td><td rowspan="4">용모
와
언행</td><td>무스와 스프레이 사용, 두발 염색, 코팅, 퍼머, 삭발</td><td>2</td><td>좌의 항목 준수(1월)</td><td>2</td></tr>
<tr><td>교복미착용</td><td>3</td><td>좌의 항목 준수(1월)</td><td>1</td></tr>
<tr><td>공놀이, 지나친 소란행위, 음주행위, 오토바이 탑승</td><td>4</td><td>좌의 항목 준수(1월)</td><td>2</td></tr>
<tr><td>도박, 외설물 소지, 이성간 풍기문란, 흡연, 환각제 흡입</td><td>10</td><td>좌의 항목 준수(1월)</td><td>1</td></tr>
<tr><td rowspan="2">제5조</td><td rowspan="2">교실
청결</td><td rowspan="2">청소 도망, 주번활동 소홀, 쓰레기 투기, 실내에 침을 뱉는 행위, 실내화 · 실외화의 부적합한 사용</td><td>2</td><td>좌의 항목 준수(1월)</td><td>2</td></tr>
<tr><td>3</td><td>좌의 항목 준수(1월)</td><td>2</td></tr>
<tr><td rowspan="2">제6조</td><td rowspan="2">인격
존중</td><td>욕설과 별명을 부르는 행위, 도시락 빼앗는 행위</td><td>2</td><td>좌의 항목 준수(1월)</td><td>2</td></tr>
<tr><td>절도와 폭력행위, 금품각출 행위, 불량서클 가담</td><td>10</td><td>좌의 항목 준수(1월)</td><td>1</td></tr>
<tr><td rowspan="2">제7조</td><td rowspan="2">시설
이용</td><td>월담행위, 학교기물 훼손</td><td>2</td><td>좌의 항목 준수(1월)</td><td>1</td></tr>
<tr><td>학교기물 절취, 파괴</td><td>10</td><td>좌의 항목 준수(1월)</td><td>1</td></tr>
</table>

4. 교실환경구성과 청소지도

교실환경은 학급학생들에게 많은 생리적 · 심리적 · 사회적 영향을 주고 학업성취에도 많은 영향을 준다. 따라서 담임교사는 학년과 학기 초에 교사와 학생, 학생과 학생 간의 협동적 인간관계 형성을 통하여 교실환경 구성에 많은 관심을 갖도록 해야 한다. 특히 학년 초에 실내의 물리적 환경구성 활동을 교사와 학생, 학생 상호간에 협동심과 함께 일하는 보람을 느낄 수 있는 기회로 활용할 수도 있다.

윤형모는 교실환경 구성의 기본 원리로서 역동성, 균형성, 유용성, 건강성, 심미성, 입체성, 협동성, 능률성, 안정성의 원리를 들고 있다(윤형모, 1971: 117-118). 특히 교실의 비품을 정비할 때에는 학생들이 수시로 사용하는 것을 분산시키고, 교사와 학생들의 시야를 가리지 않도록 배치하며, 자주 사용하는 교수-학습자료는 항상 교사(교탁)옆에 두도록 하고, 어디서든 편한 자세로 교사의 말을 경청할 수 있도록 해야 한다(Evertson et al., 1997: 3-4).

교실의 물리적 환경으로서 교실의 바닥, 벽면, 천정 등이 청결하도록 하며, 학교당국의 협조를 얻어 적절한 조도·온도·습도를 유지하고 특히 교실 뒷면의 음료수대와 쓰레기통, 청소도구함 주변을 청결하게 한다. 또한 교실 전면과 후면의 환경구성은 학습에 도움이 될 수 있도록 구성해야 할 것이다. 윤형모는 이러한 교실환경의 구성방침으로서 정면은 간·정·성을 목표로 하고, 측면은 아·동·온을 목표로 하며, 배면은 정·노·쾌를 목표로 하여 구성해야 한다고 하였다(윤형모, 1971: 120-121). 실제로 담임교사와 학생들이 환경구성을 하는 과정에서 유념해야 될 사항을 제시하면 다음과 같다(주삼환, 2000).

① 교사와 학생이 함께 참여하도록 하여 학급의 환경구성을 학생교육의 중요한 기회로 활용한다.

② 칠판 양 옆의 전면 게시판은 부착물을 붙이지 않고 깨끗하게 처리하거나, 단순화시켜 활용하도록 해야 한다. 현란하거나 복잡한 게시물은 학생들의 시선을 분산시켜 칠판과 수업에 대한 집중력을 떨어뜨린다.

③ 고정된 자료보다는 필요에 따라 게시자료를 바꾸거나 누적할 수 있도록 게시란을 고안하는 등 가변성 있는 환경을 구성하여 교육적인 효과를 높이도록 한다.

④ 학교와 학급의 특성을 살릴 수 있는 독창적인 방법을 사용하되 너무 복잡하거나 강한 원색을 사용하여 조잡한 모습이 되지 않도록 한다. 게시물은 학급의 자랑과 행사, 건강과 취미, 환경과 NIE자료, 학습과 진로정보 등 학생의 건전한 성장에 도움이 되는 내용을 위주로 구성한다.

⑤ 글씨는 가능한 범위에서 도안체로 사용하되 너무 작지 않도록 하며, 바탕색과 글씨, 그리고 그림을 명도차를 이용하여 색감을 조절하도록 한다. 또한 학교행사와 계절의 변화에 따라 재구성할 수 있도록 고안한다.

청소 또한 쾌적한 학습환경을 조성하고 학생들의 위생을 유지하는데 있어 반드시 고려해야 할 선결조건이며, 학급 내 학생들이 공동체의식을 경험할 수 있는 좋은 기회이다. 뿐만 아니라 청소는 교사의 측면에서 보면 협동정신을 포함한 학생 인성교육을 위한 좋은 기회가 될 수 있다. 청소내용에 따라 나름대로 청소규칙을 제정하여 학생들로 하여금 실천하도록 하는 것도 좋을 것이다. 저학년 학생들에게 적용될 수 있는 일반적인 규칙을 제시하면 다음과 같다.

① 창문을 연다.

② 걸상을 책상 위에 올리고 책·걸상을 뒤로 옮긴다(전체).

③ 빗자루로 구석구석을 쓴 다음 앞부분부터 봉걸레 등을 이용해 닦는다.

④ 뒤로 옮겨진 책상을 다시 앞쪽으로 옮기고 뒤쪽을 쓸고 닦는다.

⑤ 모아진 쓰레기는 재활용이 가능한 것과 그렇지 않은 것으로 분리한 후 처리한다.

⑥ 손걸레로 책상과 교탁 위의 먼지를 닦으며 책상 줄을 맞춘다.

⑦ 쓴 걸레는 빨아 놓고 청소도구는 제자리에 잘 챙겨서 놓는다.

⑧ 교실 창문과 복도 창문을 닫는다.

⑨ 담임선생님에게 청소검사를 받는다.

⑩ 주번은 교실 창문과 문이 닫혀 있는지 다시 확인하고 문을 잠근 뒤 열쇠를 서무실 열쇠함에 걸어둔다.

5. 주번의 임무지도

주번은 담임과 주번교사와의 긴밀한 관계를 통해 학급에 일상적으로 이루어지는 학습활동을 위한 조건을 확보하고, 학급학생들이 필요로 하는 사항들을 대신해서 전달하며, 학급일지의 작성 등을 통해 학급 내에서 일어나는 역사를 기록하는 역할을 담당한다. 주번에 대해서는 다음과 같은 임무를 숙지시키고 확인해야 한다.

① 아침 일찍 등교하여 교실을 환기시키며 교실 청소를 한다.

② 주번 조회, 종례에 참석하여 주번교사의 지시를 받는다.

③ 교실 및 복도의 큰 쓰레기를 줍고, 쓰레기통 주변을 청결하게 유지하고 관리한다.

④ 교실 이동 수업이나 체육시간, 그리고 하교시에는 문단속을 하고 열쇠를 관리한다.

⑤ 수업이 끝날 때마다 칠판을 지우고, 칠판 주변의 분필가루를 제고하며, 여분의 분필을 확보해 둔다.

⑥ 쉬는 시간에는 분필가루와 학생의 빈번한 자리 이동으로 먼지가 지옥하므로 적당히 환기를 시킨다. 특히 환기 불량은 겨울에 많은 학급 학생들이 감기 걸리는 주된 원인이 된다.

⑦ 조례 전에 하루의 시간표를 교무실에서 확인하고 칠판에 적어둔다.

⑧ 교실 밖에서 수업할 때는 수업 담당교사의 지시를 받아 출석부를 관리한다.

⑨ 하루의 일과가 끝나면 학급일지를 작성하여 담임교사의 확인을 받아 주번교사에게 제출한다.

6. 학급 단체활동지도

소풍, 여행, 체육대회는 학급의 모든 학생들이 정규 교실수업을 하지 않고 교실과 학교를 벗어나는 것만으로 즐거워하고 많은 기대를 하는 활동이다. 단체활동을 통해서 학급 구성원들은 상호간에 일체감을 확인하고 서로를 이해할 수 있는 반면, 일부 학생들의 활동에 국한되는 행사가 되거나 그 내용에 있어서도 유행가나 인기가수들의 춤을 재현하는 활동으로 전개되어 대다수 학급학생들에게 의미없는 행사로 변질될 수 있다. 따라서 담임교사는 이러한 단체활동에 학급 구성원 모두가 참여하여 교육적 효과를 높일 수 있도록 하는 방안을 준비해야 할 것이다. 이러한 준비과정에서 담임교사가 참고해야 할 사항을 제시하면 다음과 같다.

① 단체 활동의 의의를 깨닫고 유익한 행사가 될 수 있도록 준비하자. 학년 또는 학급을 단위로 이루어지는 단체 활동은 단순히 놀기 위한 것이 아니라 교실수업에서 경험할 수 없는 내용을 학습하고, 학급 구성원 상호간의 일체감을 키우는 기회임을 설명하고 학생들의 협조를 구해야 한다.

② 활동이 이루어지는 동안에 공중도덕과 시간 약속이 지켜지고, 개인행동 및 안전사고가 없도록 지도하자. 이를 위해서는 질서 지키기, 쓰레기 버리지 않기, 허락되지 않은 개인행동은 하지 않기, 자연보호와 청결유지, 개인 물품관리 등의 원칙이 준수되도록 해야 한다. 특히 안전사고의 대부분은 학생의 임의적인 개별행동에서 생겨남을 명심하자.

③ 계획 없이 단체 활동을 실시하는 것보다는 철저한 사전준비를 통해 활동 중에 제기되는 불확실한 문제에 대비하도록 하자. 이를 위해서는 사전 준비물 갖추기, 팀이나 활동조 구성, 시간대별 활동 및 놀이계획 세우기 등의 사전 준비가 반드시 있어야 한다. 학생들이 할 수 있는

놀이는 학생 상호간에 협의하여 결정하도록 하자. 구체적인 놀이방법으로는 수건 돌리기, 장기자랑, 보물찾기, 노래대항시합, 출발 동서남북 OX 퀴즈 등을 들 수 있다.

④ 교사는 학생들과 단체활동을 같이 하면서도 학급담임임을 잊지 말자. 드러내지 않는 상태에서 학생들의 인원수를 세어 보고, 지나친 행동을 하는 학생과 외톨이가 되고 있는 학생이 없는지를 파악하자. 그래서 때로는 협조를 구하고 때로는 격려하자.

참고문헌

김봉수(1982), 『학교와 학급경영』, 서울: 형설출판사

김명한(1988) 외, 『교육행정 및 경영』, 서울: 형설출판사

김영돈(1983), 『학교 경영의 이론과 실제』, 서울: 교육과학사

남한석(1991), 『학교와 학급경영총론』, 서울: 형설출판사

남정걸(1992, 1996), 『교육행정 및 교육경영』, 서울: 교육과학사

동아일보(1999. 4. 6. 화), 23면

박병량(1997), 『학급경영』, 서울: 학지사

이종재(1981) 외, 한국인의 교육관, 서울: 한국교육개발원

이정석(1996), 몸으로 가르치니 다르고 입으로 가르치니 반항하네, 서울: 가리온

윤정일(1994) 외, 『교육행정학원론』, 서울: 학지사

윤형모(1971), 『학급경영의 계획과 기술』, 서울: 현대교육총서

주삼환(2000) 외, 『교육행정 및 교육경영』, 서울: 학지사

최희선(1996), 『학교·학급경영』, 서울: 형설출판사

Brainard, E(1997). An analysis of public attitude toward education: The annual gallup polls on education. The Journal of research and Dvelopment in Education, 10(1).

Evertsom, C, M., et al. (1997). Classroom management for elementary teacher(4th ed.). Boston: Alyn & Bacon.

Johnsom, L. V., & Bany, M. A(1970). Classroom management: Theory and skill trainning. NY: Macmillan Co.

Lemlech, J. K(1979). Classroom management NY:Harpet & Row.

찾아보기

[저자 소개]

• 장원동

연세대학교 교육대학원에서 석사학위를 받고, 미국 샌디에이고의 USIU에서 교육학 박사를 취득했다. 상지대학교 조교수와 원주 외솔회 부회장, 국회정책연구위원을 지냈고, 1997년에는 대통령표창 효행상을 수상하였다.

현재는 한국국민윤리학회 이사 및 외솔회 이사로 있으며, 서경대학교 아동학과 교수로 재직 중이다.

〈저서〉

『교육원리』(문음사, 1979), 『교육실습의 이론과 실제』(상조사, 1994), 『교육학개론』(상조사, 1996), 『현대인의 건강과 교육』(상조사, 1997), 『평생교육과 평생학습』(상조사, 1998), 『대학교수를 위한 교수법』(상조사, 1999), 『부모교육』(상조사, 2000), 『현대사회와 교육』(상조사, 2001), 『교육인사행정론』(상조사, 2004), 『교육행정 및 교육경영』(상조사, 2004), 『부모교육을 위한 아동발달의 이해』(상조사, 2006), 『외솔 최현배의 교육사상』(상조사, 2007), 『교육의 이해』(동문사, 2008), 『평생교육의 이해』(동문사, 2008, 문화관광부 우수학술도서), 『현대사회와 교육』(동문사, 2008), 『현대인의 건강교육』(교문사, 2008), 『현대인의 부모교육』(교문사, 2008) 등의 저서와 다수의 논문이 있다.

교육행정 및 교육경영

2009년 8월 5일 초판인쇄
2009년 8월 10일 초판발행

저 자 장 원 동
발행인 유 성 렬
발행처 청목출판사
서울특별시 영등포구 신길동 233-96
전화 (02) 849-6157(代) · 2820
FAX (02) 849-0817
등록 제318-1994-000090호

파본은 바꾸어 드립니다. 값 20,000원

http : //www.chongmok.co.kr

ISBN 978-89-5565-313-7